海峡を越えた旧石器人類

海峡を越えた旧石器人類

東北日本における細石刃石器群の技術と石材の変化

青木要祐著

知泉書館

目　　次

序　　章 ………………………………………………………………… 3
　第 1 節　本書の目的と意義 ………………………………………… 3
　第 2 節　本書の構成 ………………………………………………… 4

第 1 章　東北日本の細石刃石器群と黒曜石原産地分析における
　　　　　研究史と課題 ……………………………………………… 7
　第 1 節　東北日本の細石刃石器群 ………………………………… 7
　　第 1 項　日本列島における細石刃の確認 …………………………… 7
　　第 2 項　東北日本における細石刃の発見と型式設定 ……………… 8
　　第 3 項　「白滝形舟底石器」から白滝型細石刃核 ………………… 12
　　第 4 項　湧別技法を中心とした製作技法の整理 …………………… 13
　　第 5 項　北海道における白滝型細石刃石器群の位置付け ………… 18
　　第 6 項　本州東北部の稜柱系細石刃石器群 ………………………… 19
　　第 7 項　北方系細石刃石器群の分布と生業活動 …………………… 21
　　第 8 項　札滑型・幌加型細石刃核を含む北方系細石刃石器群の細分と
　　　　　　石器生産構造 ………………………………………………… 24
　　第 9 項　本州における白滝型細石刃石器群 ………………………… 26
　　第 10 項　小　結 ……………………………………………………… 27
　第 2 節　北方系細石刃石器群の黒曜石原産地分析 ……………… 27
　　第 1 項　黒曜石原産地分析の手法 …………………………………… 27
　　第 2 項　黒曜石原産地分析における課題 …………………………… 31
　　第 3 項　北方系細石刃石器群を対象とした黒曜石原産地分析 …… 33
　　第 4 項　小　結 ……………………………………………………… 36
　第 3 節　本書のねらい ……………………………………………… 36

vi 目 次

第2章　対象資料 ……………………………………………………………39

はじめに ………………………………………………………………………39

第1節　北海道の札滑型細石刃石器群 ……………………………………39

第1項　オルイカ2遺跡 ………………………………………………39

第2項　祝梅川上田遺跡 ………………………………………………43

第2節　北海道の白滝型細石刃石器群 ……………………………………44

第1項　白滝服部台遺跡 ………………………………………………44

第3節　タチカルシュナイ遺跡群 …………………………………………46

第1項　遺跡群の概要と立地 …………………………………………46

第2項　調査歴 …………………………………………………………51

第3項　白滝型細石刃核を含む遺跡・地点の概要 …………………53

第4項　タチカルシュナイ遺跡1958年調査の記録 …………………66

第5項　小　結 …………………………………………………………70

第4節　本州の札滑型細石刃石器群 ………………………………………70

第1項　角二山遺跡 ……………………………………………………70

第2項　荒屋遺跡 ………………………………………………………78

第5節　本州の白滝型細石刃石器群 ………………………………………82

第1項　薬莱山No.34遺跡 ……………………………………………82

第2項　樽口遺跡 ………………………………………………………87

第3項　上原E遺跡 ……………………………………………………89

第4項　宮ノ前遺跡 ……………………………………………………93

第5項　越中山遺跡 ……………………………………………………96

第3章　北海道の湧別技法白滝型に関する研究 …………………………99

はじめに ………………………………………………………………………99

第1節　細石刃核甲板面にみられる擦痕の微細痕跡的評価 …………100

第1項　分析の方法 …………………………………………………100

第2項　タチカルシュナイ第Ⅴ遺跡C地点出土資料 ……………100

第3項　タチカルシュナイ第Ⅱ遺跡出土細石刃核・作業面再生剝片
接合資料 ……………………………………………………102

第4項　小　結 ………………………………………………………107

第2節　白滝型細石刃にみられる擦痕の効果 …………………………108

第1項　細石刃の形態分析	108
第2項　細石刃製作技術の比較	114
第3項　細石刃核前面角の比較	116
第4項　小　結	118

第3節　擦痕の効果に関する製作実験 121
　第1項　実験の方法 121
　第2項　実験の結果 124
　第3項　小　結 127
第4節　北海道における白滝型細石刃石器群 129
　第1項　湧別技法白滝型および白滝型細石刃核の研究史的定義 129
　第2項　北海道における白滝型細石刃核 131
　第3項　北海道における白滝型細石刃石器群の器種組成とトゥール
　　　　　の素材供給 136
　第4項　北海道における湧別技法白滝型 142
　第5項　小　結 144

第4章　本州の湧別技法白滝型に関する研究 147
第1節　本州における湧別技法白滝型の変容 147
　第1項　本節のねらい 147
　第2項　薬莱山 No.34 遺跡における細石刃製作技術 148
　第3項　上原 E 遺跡の細石刃製作技術 157
　第4項　本州の湧別技法白滝型にみられる製作技術の変容 159
　第5項　小　結 160
第2節　本州における白滝型細石刃石器群 161
　第1項　本州における白滝型細石刃核 161
　第2項　白滝型に関連する細石刃核 169
　第3項　本州における白滝型細石刃石器群の器種組成とトゥールの
　　　　　素材供給 169
　第4項　本州における湧別技法白滝型 177
　第5項　小　結 181

viii　　　　　　　　目　　次

第 5 章　黒曜石製石器の原産地分析による石器石材研究 …………183
はじめに ………………………………………………………………183
第 1 節　分析の方法 …………………………………………………184
　第 1 項　EPMA を用いた分析方法 ………………………………184
　第 2 項　EDX を用いた分析方法 …………………………………187
第 2 節　黒曜石製石器の原産地分析の実践 ………………………197
　第 1 項　本節の背景と目的 ………………………………………197
　第 2 項　タチカルシュナイ第 V 遺跡 C 地点出土資料の EPMA による
　　　　　原産地分析 ………………………………………………198
　第 3 項　タチカルシュナイ第 V 遺跡 C 地点出土資料の EDX による
　　　　　原産地分析 ………………………………………………202
　第 4 項　EPMA と EDX による分析結果の比較 ………………207
第 3 節　本州における札滑型細石刃石器群の黒曜石原産地分析 …208
　第 1 項　角二山遺跡 ………………………………………………208
　第 2 項　荒屋遺跡 …………………………………………………216
第 4 節　本州における白滝型細石刃石器群の黒曜石原産地分析 …221
　第 1 項　薬莱山 No.34 遺跡 ………………………………………221
　第 2 項　上原 E 遺跡 ………………………………………………233
　第 3 項　越中山遺跡 E 地点 ………………………………………242
　第 4 項　樽口遺跡 A-MS 文化層 …………………………………245
　第 5 項　宮ノ前遺跡 ………………………………………………246
　第 6 項　湯の花遺跡 ………………………………………………255
第 5 節　本州東北部の細石刃石器群における黒曜石利用の変遷 …271
　第 1 項　本節の目的と方法 ………………………………………271
　第 2 項　本州東北部の稜柱系細石刃石器群の利用原産地 ………272
　第 3 項　北方系細石刃石器群（札滑型）の利用原産地 …………275
　第 4 項　北方系細石刃石器群（白滝型）の利用原産地 …………279
　第 5 項　小　結 ……………………………………………………281

終　　章 ………………………………………………………………285
はじめに ………………………………………………………………285
第 1 節　年代観の整理 ………………………………………………285

目　次　　ix

　　第1項　北海道における白滝型細石刃石器群の年代 ……………… 285
　　第2項　本州東北部における札滑型細石刃石器群の年代 ………… 287
　　第3項　本州東北部における白滝型細石刃石器群の年代 ………… 288
　　第4項　小　結 ………………………………………………………… 290
　第2節　北方系細石刃石器群における石材消費 ……………………… 292
　　第1項　札滑型細石刃石器群の石材消費 …………………………… 292
　　第2項　白滝型細石刃石器群の石材消費 …………………………… 294
　　第3項　北方系細石刃石器群における石材消費の変化 ………… 300
　第3節　湧別技法白滝型細石刃製作技術の変容 …………………… 301
　　第1項　北海道と本州の湧別技法白滝型 …………………………… 301
　　第2項　峠下技法との関係 ………………………………………… 303
　　第3項　本州の湧別技法札滑型と白滝型 ………………………… 304
　結　語 ……………………………………………………………………… 305

あとがき ……………………………………………………………………… 308
引用文献 ……………………………………………………………………… 313
附　表 ………………………………………………………………………… 330
索　引 ………………………………………………………………………… 378
英文書名 ……………………………………………………………………… 387

海峡を越えた旧石器人類

――東北日本における細石刃石器群の技術と石材の変化――

序　章

第1節　本書の目的と意義

　本書の目的は，後期旧石器時代終末期に北海道から本州へ南下したと考えられる，湧別技法白滝型細石刃石器群を中心とした石器製作技術・石材研究を通じて，海峡を越えた旧石器人類の環境適応の一端に迫ることである。

　当該期は最終氷期にあたり，工藤雄一郎（2012）による古環境段階区分では MIS2 LGM Cold-2（約 24,000～15,000 230ThBP）に該当する。当時は今日よりも寒冷な気候であり，海水面が低下していた。そのため，北海道はサハリン・千島列島およびユーラシア大陸とつながり，古サハリン―北海道―千島半島を成していた。北海道がいわば大陸から北の玄関口となっていた一方，北海道・本州間の津軽海峡は陸化せず，人類・文化の移動における大きな障壁となっていた。遅くとも約3万8千年前には日本列島に人類が居住していたと考えられているが，以後約2万年以上続いた後期旧石器時代を通じて，津軽海峡を越えて拡散した集団はごくわずかであった。白滝型細石刃石器群を含む湧別技法をもっていた人類は，その津軽海峡を越えて本州へ南下した集団の一つである。

　白滝型細石刃石器群の指標となる白滝型細石刃核は，2023 年に出土品が国宝指定された北海道白滝遺跡群出土資料を標識として設定された。吉崎昌一（1961）による湧別技法提唱当時から注目されていたものの，北海道では新たな資料の発見も近年少なく，他の細石刃石器群の陰

に隠れていた。本州では，北海道から南下した細石刃石器群を北方系細石刃石器群と呼ぶことが多いが，こちらでも札滑型・幌加型細石刃核を主体とする石器群を主とした研究が進んでおり，白滝型細石刃石器群は取り残されることが多かった。しかし，近年は宮城県薬萊山 No.34 遺跡や新潟県上原 E 遺跡などにおける局部磨製石斧や尖頭器との共伴事例から，旧石器―縄文時代移行期を代表する神子柴・長者久保石器群との関係が注目されている（須藤 2009，佐久間 2018a）。そうした中，本州の白滝型細石刃核についての集成や石器群としての検討（栗島 2010・2021）も行われつつあるが，その由来である北海道の白滝型細石刃核・白滝型細石刃石器群の実態が摑めていない現状では，議論が停滞せざるを得ない。

　本書では，北海道の白滝型細石刃石器群について細石刃核・トゥールなどの分析から，白滝型細石刃核・白滝型細石刃石器群の再検討・再定義を行ったうえで，本州の白滝型細石刃核・白滝型細石刃石器群についても集成して再検討・再定義を実施する。これにより，北海道・本州両地域の同石器群における研究の礎となることが期待される。加えて，石器製作技術・石材研究を進め，本石器群に先行するとされている北海道および本州の札滑型細石刃石器群との比較を通して，北海道と本州それぞれで同一地域内における人類活動の変化を捉える。北海道および本州の白滝型細石刃石器群の比較からは，津軽海峡を越えた同石器群がどのような環境適応を遂げたのかを明らかにすることができる。当時の植生をみると道南部と本州東北部の多くは亜寒帯針葉樹林であり大きな違いはないとされるが（那須 1985），石材環境では北海道が黒曜石を多く産出するのに対し，本州東北部では珪質頁岩が多く産出されるという違いがある。津軽海峡を越えた旧石器人類の環境適応の一様相を示すことが期待される。

第 2 節　本書の構成

　本書の構成と概要は以下のとおりである。
　序章では，第 1 節で本研究の主対象とする白滝型細石刃石器群の背

景を踏まえて研究の意義を示したうえで，第2節（本節）で本書全体の構成を提示する。

第1章では，第1節において本書の対象となる東北日本，すなわち北海道および本州東北部の細石刃石器群の研究史をまとめ，課題を提示する。第2節では分析の一つとして行う黒曜石製石器の原産地分析について，方法論としての研究史を述べて課題を提示し，本州の北方系細石刃石器群を対象とした原産地分析について先行研究に触れる。第3節では，前2節で示した課題を踏まえ，本書のねらいを提示する。

第2章では，本書で扱う主要遺跡について概観し，各石器群の基礎情報の提示に努める。第1節では北海道の札滑型細石刃石器群，第2節では北海道の白滝型細石刃石器群，第4節では本州の札滑型細石刃石器群，第5節では本州の白滝型細石刃石器群と，各地域の石器群ごとに分けて述べるが，第3節においては，白滝型細石刃石器群の研究史において重要な北海道タチカルシュナイ遺跡群について詳述する。

第3章では，北海道の湧別技法白滝型について，その製作技術の再検討および石器群としての再定義を試みる。第1節では，白滝型細石刃核の甲板面にみられる擦痕について，関連資料を含めた顕微鏡観察によって微細痕跡としての評価を行う。第2節では，白滝型細石刃核甲板面にみられる擦痕の効果を明らかにするため，本石器群の細石刃・細石刃核を中心とした形態分析を実施する。第3節では，細石刃核甲板面の擦痕有無を条件とした細石刃剥離実験を実施し，前節同様に白滝型細石刃核にみられる擦痕の効果に迫る。第4節では，湧別技法白滝型の研究史を振り返り，研究史的定義を提示するとともに北海道で出土した細石刃核を集成し，類型化を図る。また，同石器群の器種組成の検討から石器生産システムの要素を探り，北海道における湧別技法白滝型の細石刃製作技術の再定義を行う。

第4章では，本州の湧別技法白滝型について，その製作技術の再検討および石器群としての再定義を試みる。第1節では，具体的事例として宮城県薬莱山No.34遺跡と新潟県上原E遺跡の分析から，北海道から本州へ南下した後に起きた湧別技法白滝型の変容を示す。第2節では本州で出土した白滝型細石刃核および関連する細石刃核を集成し，類型化を図る。また，器種組成の検討から石器生産システムの要素を探り，本

州における湧別技法白滝型の細石刃製作技術の再定義を行う。

第5章では，黒曜石製石器の原産地分析を中心とした石器石材研究を行う。第1節では，本章で行う分析方法を提示する。第2節では近年発達著しい蛍光X線分析装置による原産地分析について，電子マイクロプローブアナライザーを用いたクロスチェックを行い，分析の精度・有効性を検証する。第3節では，山形県角二山遺跡・新潟県荒屋遺跡出土資料を対象として原産地分析を実施し，本州における札滑型細石刃石器群の分析データを得る。第4節では本州の白滝型細石刃石器群の6遺跡出土資料を対象として黒曜石製石器の原産地分析を実施する。第5節では前2節の分析結果と先行研究を統合し，本州東北部を中心として細石刃石器群の黒曜石利用原産地の変遷に迫る。

終章では，それまでの考察として白滝型細石刃石器群の行動論的解釈を試みる。第1節では本州の白滝型細石刃石器群を中心に年代観を整理し，本州への南下時期と古環境との対応を探る。第2節では本州の札滑型・白滝型細石刃石器群について，石材消費の観点から考察する。第3節では前節を踏まえつつ製作技術を中心として考察を実施する。最後に，結語として本書の成果と課題を総括する。

第1章

東北日本の細石刃石器群と黒曜石原産地分析
における研究史と課題

第1節　東北日本の細石刃石器群

第1項　日本列島における細石刃の確認

　細石刃は細石器の一種で，加藤晋平・鶴丸俊明（1980）は「幅は1セ
ンチ以内で，長さが幅の二倍以上の縦長剝片のうち，側縁がほぼ平行
し，表面に縦方向の剝離面を残しており，それによる稜が側縁とほぼ平
行する剝片」と細石刃を定義している。日本列島各地出土の細石刃の形
態をまとめた織笠昭（1983）によると，日本列島の細石刃の平均的な長
さは2.8cm，幅は0.55cmになるという。世界的には旧石器時代から新石
器時代に利用されたが，日本列島においては後期旧石器時代から旧石器
―縄文時代移行期にかけてみられ，北海道から九州まで日本列島各地で
各種の技法が見受けられるようになったと考えられている。

　「細石刃」という言葉を初めて用いたのは，芹沢長介（1958）である。
それ以前には，ユーラシア大陸西部を中心として分布する幾何学形細石
器と用語的には区別されずに「細石器」とされたり，「小型石刃」など
とされたりしていた。そのため，細石刃研究の初期には「細石器」と記
載されることが多かった。

　日本においては1930年前後に「満蒙学術調査」へ参加していた江
上波夫・水野清一らがモンゴルで観察した石器を国内で紹介する際に，
「microlith」を「細石器」と訳したのが細石器という用語の始まりであ
るとされ，江上・水野らが1931年に著した論文で細石器（図1.01）と

いう言葉が確認できる（小牧ほか1931）。そして，江上・水野（1935）はモンゴルの細石器文化について，旧大陸の細石器的技法を特徴とする新石器文化圏の東端であるとするとともに，極東の新石器時代にはシベリア・モンゴルに広がる北方的細石器文化と南満州・朝鮮・日本に広がる磨製石器文化がある（図1.02），としてその後者に含まれる日本には細石器は存在しないとしてた。

　対して，同年に八幡一郎（1935a・b）は東京帝国大学にアイヌがカミソリとして使用していたという黒曜石製の細石器（図1.03）があることを示して日本列島にも細石器があることを示唆し，江上・水野の見解に疑問を呈した。その後も八幡は細石器および中石器文化に関する論文を1937年までたてつづけに発表しており，長野県諏訪湖底曽根遺跡などの調査資料（図1.04）を取り上げ，日本にもモンゴルに似た細石器文化があっただろうと主張した（八幡1936a・b，1937）。これに対して山内清男は，自分の掘った古い土器に伴う石器にはそういうものが全くない，として強く批判しており（江上ほか1936），当時の学界でも意見が大きく分かれていたことがうかがえる。

　1949年には相沢忠洋，芹沢，杉原荘介による群馬県岩宿遺跡の発掘が行われ，日本列島にも旧石器文化があったことが裏付けられた。芹沢（1935）は曽根遺跡資料の再検討と東京都栗原遺跡・根ノ上遺跡で採集された石核など（図1.05）の観察をもとに，これらは層位的にも縄文時代直前に位置付けられ先土器時代の終末に位置付けられる，としている。1954年には芹沢，由井茂也らによって長野県矢出川遺跡の発掘調査が行われ，細石刃および半円錐形ないし円錐形の細石刃核が出土した（図1.06，芹沢1954）。すなわち，日本における細石刃文化の存在がはっきりと確認されたのである。これを皮切りに新潟県荒屋遺跡，香川県井島遺跡，岡山県鷲羽山遺跡をはじめ，北海道から九州まで幅広い地域で細石刃が確認されるようになる。

第2項　東北日本における細石刃の発見と型式設定

　本州においては岩宿遺跡の発掘が旧石器研究の嚆矢といえるが，北海道では米村喜男衛・吉崎昌一によって1953年に行われた北見市豊田遺跡の発掘調査によってその扉が開かれた（吉崎1955）。それまで採集

第1節　東北日本の細石刃石器群

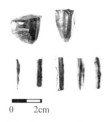

図 1.01　モンゴルの
　　　　細石器（小牧ほか 1931）

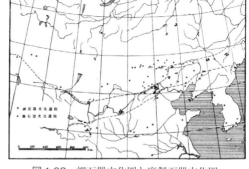

図 1.02　細石器文化圏と磨製石器文化圏
　　　　（江上・水野 1935）

図 1.03　細石器
　　　　（八幡 1935b　縮尺不明）

図 1.04　曽根遺跡の資料
　　　　（八幡 1936a）

図 1.05　根ノ上遺跡
　　　　採集石核（芹沢 1953）

図 1.06　矢出川遺跡出土
細石刃核・細石刃
（芹沢 1956）

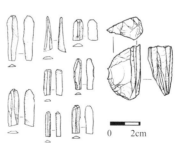

図 1.07　狩太遺跡出土細石刃核・細石刃
　　　　（児玉・大場 1957）

資料などから推測されていた，北海道における旧石器遺跡の存在が豊
田遺跡の調査ではっきりと確認された。北海道で最初に細石刃が発掘
資料として確認されたのは児玉作左衛門・大場利夫らによって1955年
に調査が行われたニセコ町（旧狩太町）狩太遺跡であった（児玉・大場
1957）。狩太遺跡第二地区（西富遺跡）からは細石刃や細石刃核が出土し
（図1.07），その翌年には置戸町置戸安住遺跡からも細石刃や細石刃核が
確認される（戸沢1967）など，次第にその出土例は増えていく。

　本州東北部において，細石刃研究の端緒となったのは1957年に芹沢
が実施した新潟県荒屋遺跡の発掘調査である。矢出川遺跡と同じく細石
刃を主体としながら，特徴的な「荒屋型彫刻刀」を伴うなど，矢出川遺
跡とは全く異質の細石刃石器群の存在が明らかとなった。荒屋型彫刻刀
は周縁に二次加工を加えた後，右肩から左肩に向かって彫刻刀面が作出
されるのが特徴とされる。また，黒曜石を石器石材とする地域であって
も，荒屋型彫刻刀には頁岩が選択的に用いられるということも指摘され
た（芹沢1958・1959b）。荒屋遺跡において，荒屋型彫刻刀（図1.08）は
細石刃と舟底形細石刃核，エンド・スクレイパーなどを伴って彫刻刀ス
ポールとともに大量に出土しており，矢出川遺跡など他の細石刃出土
遺跡と大きく異なる石器組成を示す。荒屋・矢出川の間にみられる違
いは，鎌木義昌らによって研究が進んでいた瀬戸内地方の細石刃を加
えて，日本の細石刃文化の様相がかなり複雑であることを伝えた（芹沢
1958）。そのうえで，芹沢は荒屋型彫刻刀を含む細石刃文化が北海道方
面にも広がると推察し，吉崎昌一とともに北海道の細石刃石器群の研究
を牽引することとなる。

　1958年に芹沢・吉崎によって発掘された北海道タチカルシュナイ遺
跡では，荒屋型彫刻刀が「細石刃様石片」，「白滝形舟底石器」，「舟底ス
ポール」，エンド・スクレイパー，ポイントなどとともに出土した（吉
崎1958b，芹沢1959a）。「白滝形舟底石器」は，ポイント，彫刻刀形石器，
エンド・スクレイパーなどを伴って白滝遺跡第30地点でも出土してい
たが，白滝遺跡第30地点では荒屋型彫刻刀を伴っていなかった（吉崎
1958a）。これら二遺跡の組成から「白滝形舟底石器」をもつ石器群には，
荒屋型彫刻刀を伴うパターンと伴わないパターンがあるとされた。同
年，タチカルシュナイ遺跡発掘の直後には同じく紋別郡に所在する西興

第1節　東北日本の細石刃石器群

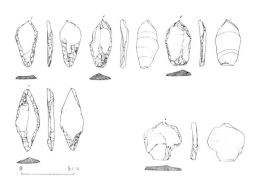

図1.08　荒屋型彫刻刀（芹沢 1959b）

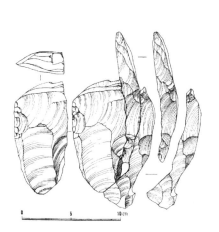

図1.09　「白滝形舟底石器」接合資料
　　　　（吉崎 1961）

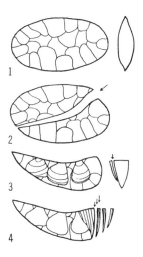

図1.10　荒屋技法模式図
　　　　（大塚 1968）

部村札滑遺跡の発掘調査が行われた（吉崎 1959a）。この遺跡では 160 点以上の細石刃が出土し，うち約 30 本には二次加工も認められた。採集資料ではあるが荒屋型彫刻刀も確認されている（吉崎 1958b）。

1961 年には吉崎が 1952 年より調査を始めていた白滝遺跡群について，1960 年までの主な調査およびその出土遺物をまとめ，「白滝遺跡と北海道の無土器文化」を発表した（吉崎 1961）。その中でかねてより「白滝形舟底石器」および札滑型細石刃核の製作技法として言及していた湧別技法について，第 32 地点の接合資料（図 1.09）を実証的資料とし，詳しく解説している。

本州東北部においては，荒屋遺跡にみられた石器製作技術について大塚和義（1968）が言及し，「荒屋技法」と名付けた（図 1.10）。荒屋遺跡における石器製作工程は，まず両面調整石器のポイントを作り，ポイントに一撃を加えておおよそ半分に分割する。その後，甲板面の一端から樋状剥離を施して細石刃を剥離するものとし，湧別技法と比較するとスキー状スポールが作出されないという点において異なると強調した。

1970 年には山形県角二山遺跡の発掘調査が加藤稔によって行われ，湧別技法による細石刃石器群が確認された（加藤ほか 1982）。このことにより，類似性が認められていた北海道の各遺跡と荒屋遺跡の間にあった「空白地帯」が埋められ，東北日本の細石刃石器群の研究が大きく進展した。

第 3 項　「白滝形舟底石器」から白滝型細石刃核

今日では湧別技法は製作される細石刃核の型式・技術学的特徴から札滑型と白滝型に区分されるが（Sato and Tsutsumi 2007），湧別技法の提唱時には様相が異なっていた。

白滝型細石刃核は吉崎が 1957 年に行った白滝第 30 地点の発掘調査で確認された（吉崎 1958a・1959b）。すなわち，北海道での細石刃文化研究が始まった当初からすでに確認されていたといえる。しかし，最大の特徴である甲板面の擦痕が使用痕であるとの誤解や，共伴していた細石刃に二次加工などがみられないものが多かったことから，当時は細石刃核として扱われずに「白滝形舟底石器（白滝型エングレーヴァー）」などと呼ばれ，二次加工の無い細石刃は「細石刃様石片」などと呼ばれて

第 1 節　東北日本の細石刃石器群　　　13

いた。その後も 1958 年に芹沢らが調査したタチカルシュナイ遺跡など
で出土した（吉崎 1958b，芹沢 1962）が，芹沢や吉崎らはそれらを「白
滝式エングレーヴァー」，「白滝型コア－ビュアリン」，「白滝形舟底石
器」などの呼び名で示しており，細石刃核としての機能を認めていな
かった。1960 年，吉崎は北海道立川遺跡の資料をもとに「白滝形舟底
石器」と「札滑細石器文化の細石刃核」には同一の技法が用いられてい
るとし，この技法を「湧別手法」と呼称した（市立函館博物館 1960）。現
在，湧別技法と呼ばれるものである。
　また当時，吉崎と芹沢は「白滝第 30 地点→タチカルシュナイ→札滑
→立川」という編年案を考え，道具として用いられていた「白滝形舟底
石器」がやがて細石刃核としての機能をもつようになり札滑型細石刃核
となった，と想定しており，細石刃文化が北海道内で自生したとする説
を唱えた（吉崎 1958b，芹沢 1960）。その後，吉崎は白滝遺跡の資料から
得られた黒曜石水和層年代をもとに，「札滑→白滝第 33 地点→白滝 30
地点」と編年を修正し，細石刃文化の自生説を撤回したものの，「白滝
形舟底石器」が細石刃核ではないという認識は変えなかった（白滝団体
研究会 1963）。
　一方，加藤晋平（1965），杉原荘介（1965），木村英明（1967）などは，
「白滝形舟底石器」を細石刃核として捉えており，当時は見解が割れて
いた。こうした状況のなか吉崎を中心として 1972 年に調査が行われた
タチカルシュナイ第Ⅴ遺跡のB地点およびC地点にて，「白滝形舟底
器」が二次加工をもつ細石刃とともに出土したことなどから，吉崎自身
もその報告書（吉崎編 1973）の中で「白滝形舟底石器」は細石刃核とし
ての機能をもつ，と解釈を変更し，白滝型細石刃核という考え方が広く
定着した。また，そのなかでB地点での層位的関係などから「札滑型
→白滝型」と編年案を変更している。

第 4 項　湧別技法を中心とした製作技法の整理
　前述のように，湧別技法は白滝第 30 地点遺跡や立川遺跡などの資料
をもとに吉崎が 1960 年前後に提唱したものがもととなっている。「白
滝形舟底石器」が細石刃核かどうか，という議論はタチカルシュナイ第
Ⅴ遺跡の報告書において吉崎が白滝型細石刃核だとしたことで共通の理

14　第 1 章　細石刃石器群と黒曜石原産地分析における研究史と課題

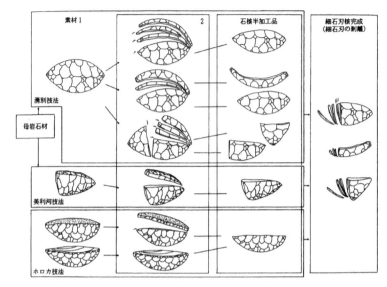

図 1.11　「湧別・幌加沢テクノコンプレックス」概念図（木村 1995）

解が得られた。しかし，それ以前から湧別技法自体の定義・捉え方には様々なものがあった。

　1961 年に提唱された湧別技法の定義に関していち早く疑念を示したのは，木村英明（1967）であった。そのなかで木村は「湧別工程自体のバリエーションを認識する必要があるかもしれない」とし，湧別技法の再検討を促している。木村はこうした立場を長らく貫いており，1987 年から継続して調査している白滝幌加沢遠間地点遺跡の資料をもとに，湧別技法・幌加技法が結合した技術体系として「湧別・幌加沢テクノコンプレックス」を提唱している（Kimura 1992, 木村 2012）。「湧別・幌加沢テクノコンプレックス」とは，湧別技法・ホロカ技法・美利河技法などを一体のシステムとして捉える考え方であるとされ，木村はそれらの技法から生産されているものを加工の程度や形態によって分類することは不適切であるとし，美利河技法の設定に対して批判的な立場をとっている（図 1.11）。

　小林達雄（1970）は日本列島に存在した細石刃技法は大きく 2 つのシステムに分けられるとした。それらはシステム A・システム B と称さ

第1節　東北日本の細石刃石器群　　　　　　　　　　　　　　　15

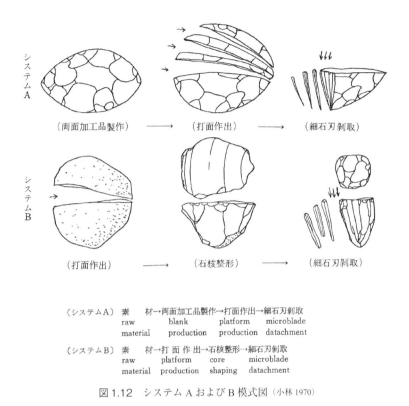

図1.12　システムAおよびB模式図（小林1970）

れ，システムAは両面加工石器を素材として用意し，打面を作出したのち，細石刃を剥離するもの。システムBは素材への第一撃で打面の作出を意図し，打面を確保したのちに石核としての整形を施し，細石刃剥離が行われるもの，とされている（図1.12）。システムAはさらにAⅠ，AⅡ，AⅢの3つのサブシステムに分けられ，その中で湧別技法はシステムAⅠと位置付けられている。システムAⅠは，スキー状スポールをも道具として使用し，両面加工石器から細石刃だけでなくスキー状スポールも意識的に剥ぎとる点に特徴付けられている。そして，システムAⅠが後にスキー状スポールを打面作出のためだけに剥離もしくはファーストスポールのみで打面を作出するシステムAⅡ，すなわち忍路子技法など，に変化していく，とした。小林のシステムA・システムBという分類は，後に鶴丸（1979）が細石刃核を「削片系」と

「非削片系」に分類することに通ずるものがある。

　小林と同様の考えを上野秀一・加藤稔（1973）も示している。上野・加藤は湧別技法・忍路子技法・蘭越技法・峠下技法がともに打面形成を長軸方向からの加撃で行っていることに着目し，ファーストスポールとスキー状スポールをとる段階からファーストスポールのみをとる段階へと変遷したと捉えている。すなわち，湧別技法の性質を受け継ぎ，他3つの技法へうつりかわったとしている。上野・加藤はこれらの技法を一連の文化として捉え，「湧別技法複合文化」と呼んだ。また，この論考で両氏は東北地方の細石刃製作技法を「湧別技法・荒屋技法・オショロッコ技法・ホロカ技法」の4つに区分し，第一期（ホロカ技法）→第二期（湧別技法・荒屋技法）→第三期（「オショロッコ技法」）という編年案を提示した。「オショロッコ技法」の遺跡としては，越中山D・稲沢山遺跡などを挙げている。さらに加藤（1990）は福島県谷地前C遺跡や秋田県米ヶ森遺跡などを例に挙げ，本州における「類峠下技法」の存在を指摘した。

　千葉英一ら（1984）は湧別技法によって細石刃だけでなく石刃も生産されていたとして，白滝服部台2遺跡の資料をもとに「石刃湧別技法」を主張した。木村（2012）はこれに対して，細石刃・石刃の大きさの点だけに関していえば完全に否定はできないものの，「石刃湧別技法」として関連するというまでには飛躍がすぎるとしている。いずれにしても明確な資料がなく，現時点では断言できないと思われる。

　1979年に「日本細石器文化の研究」と題して特集が組まれた『駿台史学』47号で，各地域の研究の現状が示された。鶴丸（1979）は北海道出土資料をもとに当時認識されていた細石刃核型式を，定型的な削片剥離によって加撃面形成が行われる「削片系」と，そうでない「非削片系」に分類して解説した。「削片系」では湧別技法白滝型・札滑型，峠下型，蘭越型，忍路子型を指し，「非削片系」では幌加型，置戸型（紅葉山型）・勢雄型・広郷型を指している（図1.13）。鶴丸のこの論考は当時の状況を総括し，一つの基準を提示したものとして大きな意義があった。同特集で東北地方については矢島國雄（1979）が東北地方の細石刃核をA〜G型に分類した（図1.14）。このうちB型は上野・加藤（1973）が「オショロッコ型」としたものだが，矢島はA型の湧別技法から変

第1節 東北日本の細石刃石器群

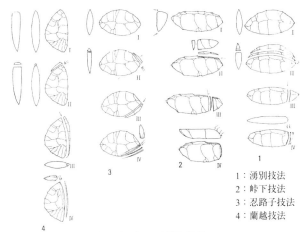

1：湧別技法
2：峠下技法
3：忍路子技法
4：蘭越技法

図1.13 削片系の細石刃製作技法 (鶴丸1979)

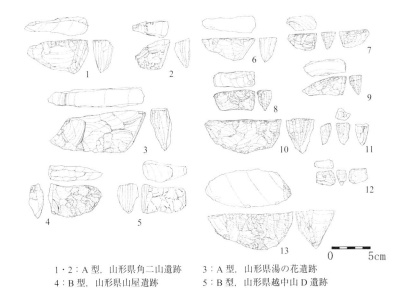

1・2：A型，山形県角二山遺跡　3：A型，山形県湯の花遺跡
4：B型，山形県山屋遺跡　　　5：B型，山形県越中山D遺跡
6：D型，山形県奥土入遺跡　　7〜9：C/D型，山形県越中山S遺跡
10：D型，青森県大平山元II遺跡　11：G型，山形県角二山遺跡
12：F型，山形県湯の花遺跡　　13：D型，福島県小石ヶ浜遺跡

図1.14 東北地方の細石刃核 (矢島1979に加筆)

化したものとし，上野・加藤の認識に疑問を呈し，C型とした荒屋技法についても，D型のホロカ技法との区別が困難として否定的な立場を示した。

第5項　北海道における白滝型細石刃石器群の位置付け

白滝型細石刃石器群は，指標となる白滝型細石刃核が日本における細石刃文化研究の初期段階から認識されていたものの，採集資料や単独資料が多く，発掘調査によって一括資料として出土した資料が限られる。特に理化学年代が得られた遺跡はほとんどないなかで，北海道石川1遺跡（長沼編 1988）がしばしば白滝型細石刃石器群の編年基準の一つとされてきた。β線による放射性炭素年代で 13,400 ± 160 yr BP との値が得られている（山田 1988）。しかし，山田哲（2006）や直江康雄（2014）の編年では白滝型細石刃石器群に含まれているものの，寺崎康史（2006）による編年では札滑型細石刃石器群に含まれているなど，その評価が安定しているとはいえない。評価が安定しない一因には，石川1遺跡で出土した細石刃核には湧別技法・美利河技法の特徴およびその両者にもみられない特徴が認められ，どの型式のものか断言できない（図1.15，長沼編 1988），ということがある。

白滝型細石刃石器群を組成する主なトゥールには石刃・細石刃・彫刻刀形石器・エンドスクレイパー・サイドスクレイパー・両面加工尖頭器・舟底形石器などがあるが，やはり石川1遺跡を除くとまとまりのある資料に乏しく石器群の全体像は不明である。また，石川1遺跡が所在する函館市を含めて，頁岩が多く利用された道南部では白滝型細石刃石器群があまり確認されておらず，類例が少ない。そのため，現段階では石川1遺跡の組成を黒曜石地域の遺跡を含めて一般化するには注意が必要であるとの意見もある（山田 2006）。筆者は，石川1遺跡出土資料を道内外の白滝型・札滑型の各遺跡と比較し，細石刃の形態および細石刃核からうかがえる製作技術から，石川1遺跡を白滝型細石刃石器群に含めるべきか検討を行った（青木 2018）。その結果，黒曜石製細石刃の打面に擦痕が認められないなど，取り立てて白滝型に含めるべき要素は認められなかったことから，「石川1遺跡出土資料を札滑型細石刃石器群に含むかどうかは今後議論の必要があるとしても，少なくとも白滝型細

第 1 節　東北日本の細石刃石器群

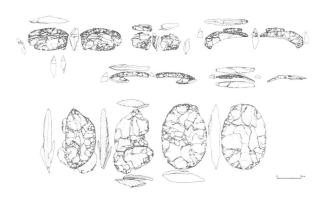

図 1.15　石川 1 遺跡出土　細石刃核・削片・両面調整石器接合資料（長沼編 1988）

石刃石器群に含むべきではない」と位置付けた。このことから，本書では石川 1 遺跡出土資料を白滝型細石刃石器群に含めずに議論を進める。

　近年は明治大学が白滝服部台遺跡出土資料の再整理を進めており，その中間報告がなされた（藤山 2013・2016）。白滝服部台遺跡は白滝型細石刃石器群を代表する遺跡の一つで，1961 年に明治大学によって発掘調査が行われた。白滝型細石刃核だけでなく峠下型細石刃核も出土しており，報告（杉原・戸沢 1975）以後もそれらが共伴するものなのか，分離されるものなのか議論が続いていた。藤山龍造（2013）は再整理の過程で平面分布の再検討および製作技術の再検討を行い，両型式の細石刃核が共伴するものであると示した。また，遺跡内で複数の頁岩製石核が消費された形態で廃棄されていることを明らかにし，「白滝産の黒曜石を得た人々は，いったん原産地を離れて移動を繰り返し，渡島半島の頁岩地帯まで到達したことが予測される。そこで若干の石材を補給した後，ふたたび黒曜石の原産地に舞い戻ることになる」として，白滝型細石刃石器群の広域かつ急速な移動と回帰を想定している（藤山 2016）。

第 6 項　本州東北部の稜柱系細石刃石器群

　かつて芹沢（1967）は，東北日本では荒屋型彫刻刀を伴う舟底形細石刃核の「荒屋文化」，西南日本では荒屋型彫刻刀を伴わない半円錐形細石刃核の「矢出川文化」が分布するとした。後に前者は本州において「北方系細石刃石器群」，後者は「野岳・休場型」（鈴木 1971）・「矢出川

第1章　細石刃石器群と黒曜石原産地分析における研究史と課題

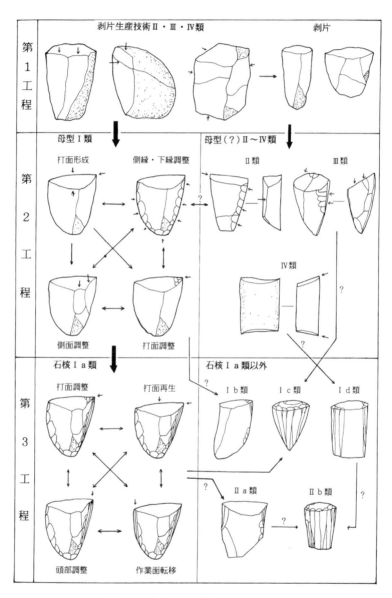

図 1.16　荒川台技法模式図（阿部編 2002）

技法」（安蒜 1979）の細石刃石器群と呼ばれる。その後，東北地方においても円錐形・角柱形細石刃核を伴う細石刃石器群（以下，稜柱系細石刃石器群）が存在する可能性が指摘され（三宅ほか 1980），新潟県荒川台遺跡や青森県五川目（6）遺跡の発掘調査からその存在が確実視されてきた。

　阿部朝衛（1993）は荒川台遺跡の資料から，母型の作出方法と形状に下縁部および側縁調整を施すことにより，細石刃核原型をU字型に成形するという特徴をもつことを指標とする「荒川台技法」を提唱した（図 1.16）。2011 年には五川目（6）遺跡の報告がなされ，稜柱系細石刃石器群に伴うとされる炭化物の放射性炭素年代測定結果も示された（岩田・最上編 2011）。

　2011 年には佐藤宏之（2011）が荒川台遺跡と五川目（6）遺跡の資料をもとに，北海道の前期前葉細石刃石器群（山田 2006）からの技術伝播によって「荒川台型細石刃石器群」が生成され，これが後に中部・関東の稜柱系細石刃石器群へつながるとの仮説を示した。佐藤（2011・2013）は，荒川台遺跡の年代を関東の砂川期併行として 24,000〜21,000cal BP，五川目（6）遺跡を 21,000〜16,000cal BP として両遺跡に時期差を想定している。ただし，加藤真二（2013）は佐藤の説に対し，①荒川台遺跡における杉久保型ナイフ形石器と細石刃石器群の共伴関係の証明がなされていない，②五川目（6）遺跡での理化学年代は年代幅が広く，確定できない，などの問題点を挙げ，否定的な立場をとっている。夏木大吾（2020）も五川目（6）遺跡の年代値に疑問を呈し，本州東北部の稜柱系細石刃石器群の年代を 19,310〜17,730cal BP と絞り，佐藤（2011）が想定するような砂川期併行には存在しないとしている。

第 7 項　北方系細石刃石器群の分布と生業活動

　荒屋型彫刻刀を伴う湧別技法による細石刃石器群は，芹沢（1958）が予期していた北海道だけでなく，シベリア，アラスカでも確認されている。本州においては日本海側を中心に岡山県恩原 1・2 遺跡（稲田編 1996・2009）まで広がっており，太平洋側ではおおむね古利根川水系を南限とするとされてきたが（橋本 1988），現在ではより南に位置する千葉県内房地域の袖ケ浦市や君津市まで分布が確認されている（図 1.17，

橋本 2011a）。しかしながら古利根川水系より南方の遺跡は断片的な資料がほとんどであり、主要遺跡の南限としては未だ古利根川水系と考えられる。これらに伴われることが多い荒屋型彫刻刀も同様の分布を示すとされる（加藤 2003、芹沢 2003）。

　湧別技法による細石刃核はホロカ技法による細石刃核と共伴することも多く、北海道からの南下を想定し本州においては両技法による細石刃石器群を「北方系細石刃石器群」と呼ぶことが多い。本州からみた由来をもとに「北方系」と呼称するのであれば、本質的には北海道から南下した細石刃石器群を全て含む枠組みと判断しうるが、しばしば湧別技法白滝型を含めず、同札滑型とホロカ技法のみを対象として「北方系」と呼ばれることもある。

　北方系細石刃石器群の生業活動については、遺跡の分布範囲がサケ・マスの産卵期遡上範囲と重複することから、それらを対象とした内水面漁撈が重要な位置を占めるものとされてきた（加藤 1981）。佐藤（1992）は、関東においては生業システムの中に内水面漁撈を取り入れたことにより、定住型狩猟採集戦略が開発されたとしている。一方、内水面漁撈ではなくシベリアなどの事例を踏まえてシカなどの狩猟が主な生業であったとする説もある。加藤博文（1997）は日本海側から関東への楔形細石刃核の波及を検討する中で、シカ類の越冬地への移動およびそこからの回帰に合わせた人類の季節的な移動があったとし、両面調整石器がその移動を示すモービル・トゥールであるとした。

　生業活動については、荒屋型彫刻刀の使用痕分析からも言及されている。堤隆（1997）は埼玉県白草遺跡出土資料に骨角加工の痕跡がみられたとし、「角製銛や角製植刃銛などの漁撈具製作にかかわる道具」と判断した。その一方、鹿又喜隆（2003a・2004・2011）は荒屋遺跡や角二山遺跡などから出土した荒屋型彫刻刀に骨角や皮革加工の痕跡がみられるとして、動物質資源の獲得活動があったとした。すなわち、堤と鹿又が行った使用痕分析の結果はいずれも「動物資源の加工」で共通するが、その解釈が両者で異なっている。いずれにしても動物資源を利用していることから、狩猟の存在は間違いない。また、鹿又（2011）は遺跡の規模・器種組成・石器機能をもとに、東北日本の日本海側南部に位置する中核的遺跡とそこから離れた小規模遺跡の間には居住期間や活動の相違

第1節　東北日本の細石刃石器群

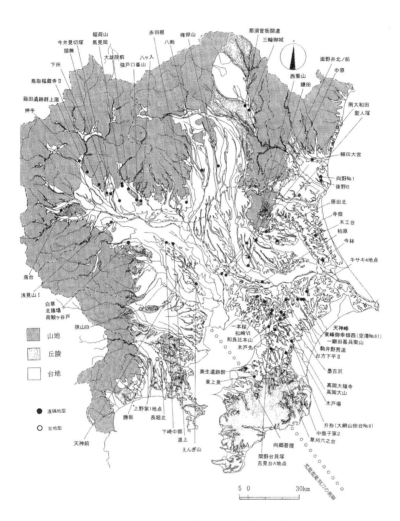

図1.17　関東における北方系細石刃石器群の分布（橋本2011b）

があったことを指摘し，加藤（1997）の仮説を補強するものとした。ただし，鹿又（2011）が「サケマス漁（内水面漁撈）等については，本分析方法によっては十分に明らかにできる内容では無く，別方法の取り組みが必要になってくる」と述べたように，内水面漁撈が否定された訳ではない。

第8項　札滑型・幌加型細石刃核を含む北方系細石刃石器群の細分と石器生産構造

　永塚俊司（2012）は北方系細石刃石器群のうち荒屋遺跡に代表される「東北産の珪質頁岩を主体とし，細石刃生産とその他のトゥールの素材剥片生産が「一体化した」石器生産構造をもつ，「削片─分割系」の細石刃石核や荒屋型彫刻刀形石器，角二山形掻器などの特徴的な石器を伴う一群」を「荒屋系細石刃石器群」と定義し，その石器生産技術を3つの構成に分けられるとした（図1.18）。その中でも，石器群の基幹を成す「細石刃生産工程と，彫刻刀形石器等の剥片石器（トゥール）の素材剥片生産が一体化した石器生産構造」を「連動システム」とまとめている（永塚1997）。北方系細石刃石器群のうち湧別技法札滑型を中心とする石器群について，こうした特徴は先だって大塚（1968）や橋本勝雄（1988）も指摘していたほか，実際に荒屋遺跡（芹沢・須藤編2003）や角二山遺跡（桜井1992）において接合資料から実証される（図1.19）。また，永塚（1997）は大型細石刃の「中土グループ」と小型細石刃の「荒屋グループ」に細別し，その違いは同一システム内での細石刃核の打面形成方法（削片剥離か分割か）によるものとした。ただし，上記について永塚は自身が定義した「荒屋系」に関するものとしているが，これを引用する橋本はしばしば北方系細石刃石器群全体に適用して論を進めている（橋本2014など）。珪質頁岩を主体とすると定義されていることから新潟県樽口遺跡など黒曜石を主体とする白滝型細石刃石器群には適用できないことが明白であり，「北方系」の定義について修正・統一を図る必要があるだろう。

　永塚と同様に，鹿又は細石刃の大きさによって「角二山グループ」と「荒屋グループ」に細分した。鹿又（2007）は両グループ間でみられた器種組成・細石刃の二次加工有無・使用痕分析結果の相違から，遺跡

第1節　東北日本の細石刃石器群

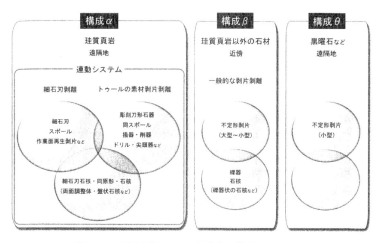

図 1.18　「荒屋系細石刃石器群」の構造（永塚 2012）

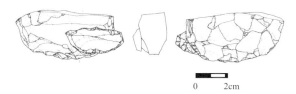

図 1.19　荒屋遺跡出土接合資料（芹沢・須藤編 2003）

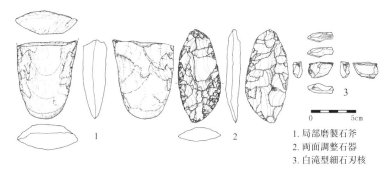

1. 局部磨製石斧
2. 両面調整石器
3. 白滝型細石刃核

図 1.20　薬莱山 No.34 遺跡出土資料（1・2 は宮城旧石器研究会 2014，3 は筆者実測）

内活動の違いを指摘し、「荒屋グループ」は極めて移動性の高い集団であったとしている。大型細石刃の角二山グループの方が北海道の札滑型細石刃核との類似性が高いことは認めつつも、荒屋グループを含めて複数時期にわたる本州への移入を想定している。

第9項　本州における白滝型細石刃石器群

　1950年代に北海道の白滝遺跡やタチカルシュナイ遺跡などで発見された白滝型細石刃核は、その甲板面に擦痕をもつという特異な特徴から広く知られていた。本州東北部においては、白滝型同様に甲板面に擦痕をもつ細石刃核が1970年代までに山形県湯の花遺跡・越中山遺跡E地点で採集された（加藤ほか1982）。これを受けてそれらの遺跡で行われた発掘調査では断片的な出土に留まったが、1990年代には樽口遺跡（立木編1996）でまとまった資料が確認され、良好な接合資料からスポール剥離から細石刃核廃棄に至る製作過程が復元された。近年では新潟県上原E遺跡（佐藤ほか編2018）や宮城県薬菜山No.34遺跡（宮城旧石器研究会2014）の報告・再報告がなされ、白滝型細石刃石器群の一部と神子柴・長者久保石器群の関連が確からしいものとなった（図1.20）。

　栗島義明（2010）は本州の白滝型細石刃核について「黒曜石原産地から離れて枯渇しつつある状況下での適応技術形態の一つ」と評価し、九州で出土している擦痕をもつ船野型細石刃核との類似を強く指摘している。また資料が充実した今日では、細石刃核の集成から形態の細分を図った（栗島2021）。ただ、栗島は白滝型細石刃核の認定基準が打面部への擦痕のみとなっている現状に警鐘を鳴らしながら自身も擦痕をもつ細石刃核を全て「「白滝型」細石刃核」としている点には疑問が残る。

　佐久間光平（2015・2018a）は薬菜山No.34遺跡出土資料の再報告後、積極的に議論を進めている。特に薬菜山No.34遺跡で「打面に擦痕のある細石刃核」と局部磨製石斧や両面加工石器が共伴していることを重視し、それまで多くなされていた北方系細石刃石器群と神子柴・長者久保石器群における関連性の議論（稲田1993，安斎2003など）において、重要な役割を果たすものと評価している。

第 10 項　小　結

　本節では，東北日本における細石刃石器群について，北海道の白滝型細石刃石器群と本州における北方系細石刃石器群を中心に振り返った。北海道では細石刃核型式を中心に設定された編年が進んでいるが，白滝型細石刃石器群の位置付けは未だ定まっていない。本州でも ^{14}C 年代など絶対的指標は限られているものの，上原 E 遺跡・薬莱山 No.34 遺跡の調査・再整理成果から神子柴・長者久保石器群との関連性が近年想定され，白滝型細石刃石器群は旧石器―縄文時代移行期に位置付けられている。しかしながら，本州においては前提となる「白滝型細石刃核」および「白滝型細石刃石器群」の定義が揺らいでおり，その由来地とされる北海道の白滝型と合わせて再定義が急務となっている。

　北方系細石刃石器群では，中核的遺跡と小規模遺跡の回帰的移動が想定されるなど，行動論的議論が具体的に進められている。ただし，これらの議論は札滑型や幌加型細石刃核を主体とする，いわゆる「荒屋系細石刃石器群」（永塚 2012）を対象として進められてきたものであり，白滝型細石刃石器群については，今後検討していく必要がある。

第 2 節　北方系細石刃石器群の黒曜石原産地分析

第 1 項　黒曜石原産地分析の手法

　黒曜石は，火山から噴出したマグマが地上付近で急冷されることにより生成される火成岩の一種である（図 1.21）。国内においては北海道の白滝・置戸，長野県の和田峠，九州の腰岳などが主要な原産地として知られる（図 1.22）。鋭い割れ口をもつことから，地球上の広い範囲で石器石材として利用されてきた。露頭や噴出源の火山ごとに化学組成や結晶・晶子の形態などにわずかな差が存在する特性から，遺跡出土石器と原石試料の比較による原産地分析が行われてきた。

　研究の当初は鉱物学的な分析が行われ，神保小虎（1886）による結晶構造の観察を嚆矢とし，晶子形態の分析が行われた（篠遠・中山 1944，増田 1962，佐々木 1979）。その流れで屈折率による同定もなされたが（鮫島 1972），有効性が十分でないことがすでに指摘されていた（増田 1962）

28　第1章　細石刃石器群と黒曜石原産地分析における研究史と課題

図1.21　北海道タチカルシュナイ
第V遺跡出土の黒曜石製石器

図1.22　北海道白滝の八号沢露頭
（写真中央は筆者）

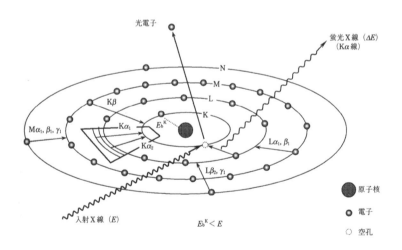

図1.23　蛍光X線分析の原理（中井 2016）

ほか，後に行われた蛍光 X 線分析装置による分析からも，屈折率による同定には否定的な見解が示されている（池谷 2003）。

　化学的な分析の初期段階では，フィッション・トラック法による分析が行われた。同法は被熱した遺物の年代測定に用いられることが多いが，黒曜石の原産地分析の場合には同法で求められた噴出年代とウラン濃度により，原石試料との比較が行われた（鈴木 1969・1970）。原産地分析結果をもとに遺物平面分布への応用がなされるなど，今日の原産地分析に通じる知見が得られていたが，試料の部分破壊を要する分析であることが支障となり，次第に分析事例が減少した。

　フィッション・トラック法と同時期には中性子放射化分析法も開発された。原子炉にて熱性中性子を照射することによって得られる波長をもとに元素組成を得る手法であり，国内では大沢眞澄ら（1974）によって導入され，鈴木正男らによって確立された（Suzuki and Tomura 1983）。2000 年代には池谷信之ら（2005）によって後述する蛍光 X 線分析法によるクロスチェックも行われている。微量元素の検出精度が高く，大沢ら（大沢編 1991）が示すように蛍光 X 線分析法よりも細分した判別が可能であるが，基本的に破壊分析であることと，原子炉を要することから，今日では国内での実施が困難とされる（三浦ほか 2020）。近年ではアメリカ合衆国のミズーリ大学原子炉研究施設において，マイケル・グラスコックら（Glascock et al. 1994）が確立した短時間照射による中性子放射化分析により，蛍光 X 線分析法では判別不可となった北海道雄勝嘉藤遺跡出土試料の原産地判別を行っている（ファーガソンほか 2012）。

　2000 年代からは北海道の黒曜石を中心に，電子マイクロプローブアナライザー（EPMA）による分析も進められてきた（和田ほか 2003 など）。中性子放射化分析法と同様に高い精度で判別可能だが，試料を薄片とする必要がある破壊分析であることが難点となっている。

　現在，黒曜石の原産地分析においては，蛍光 X 線分析法が多く用いられている。試料に X 線を照射することで発生する蛍光 X 線（図 1.23）から元素組成を明らかにするもので，蛍光 X 線を受ける仕組みの違いによりエネルギー分散型（EDX）と波長分散型（WDX）の分析装置に分けられるが，原産地分析では非破壊で分析可能な EDX を用いる場合が多い。藁科哲男・東村武信らによって蓄積がなされ，実用化されてきた

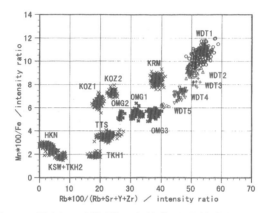

図 1.24　関東および長野県の原石を基にした判別図（望月 1997）

図 1.25　和田川・鷹山川における黒曜石礫の円磨段階（中村 2015）

（藁科・東村 1983・1985 など）。その判別方法は分析者による相違があり，建石徹（建石ほか 2008 など）や井上巌（2000 など）はファンダメンタルパラメーター法によって求めた半定量値を使用する一方，望月明彦・池谷信之は測定された X 線強度を用いた判別図（図 1.24）による分析を行っている（望月ほか 1994，望月 1997）。望月らが開発した判別図による分析は原産地分析結果を視覚的に表現しやすい利点もあり，今日では国内のほとんどの分析者が同様な判別図を用いている。また，平面分布への応用など「黒曜石全点分析」の重要性が周知されたことも大きな意義があった。なお，東北日本の黒曜石原産地の踏査や分析を進める佐々木繁喜（2016・2019b）は，被熱や風化によってカリウムやチタンの強度が高くなることを確認し，望月（1997）の判別図に加えて独自の「被熱検定」「風化検定」判別図を用いるなど，その改良を行った。

　このほか，WDX による分析や ICP 発光分光分析法による分析が行われているが，いずれも破壊分析となるため主だった分析法としては行わ

れていない。ただし，いずれも EDX を用いた分析よりも微量元素の検出精度が高いため，原石の測定などに活用されつつある（Suda 2012，三浦ほか 2012 など）。また，海外ではラマン分光法による原産地分析も行われている（Kellway 2010）。非破壊で黒曜石製石器の原産地判別が可能とされるが，今のところ日本国内の原石を対象とした分析は少ない。

　上記のようないわゆる「原産地分析（原産地推定）」といわれる手法とは大きく異なるものではあるが，中村由克は長野県和田・鷹山地域内の河川黒曜石礫のサイズや自然面の特徴が流下する過程で変化することを捉え（中村 2015），蛍光 X 線分析で同地域産とされた石器の自然面と比較し，石器に使用された原石の採取地を推定した（図 1.25，中村 2018）。中村はこれを「自然面解析法」としている。特定産地の原石を対象に河川流下過程での変化を密に捉えた研究としては下呂石を対象としたもの（斎藤 1993）が知られてきたが，黒曜石の原産地分析と合わせて実施されたものとして，中村の研究は特筆される。

第2項　黒曜石原産地分析における課題

　黒曜石原産地分析，とりわけ今日で主流となっている EDX による手法が確立されて 30 年以上経過している。その中で，多くの課題が提言されてきた。2000 年代には研究の現状がまとめられ，望月・国武貞克・大屋道則らは①産地名称の統一（表 1.01）②各産地標準試料の必要性，③推定結果のデータベース化，④先行研究による分析結果の再検討などを課題として挙げている（望月 2002，国武ほか 2006，大屋 2009）。

　課題②③の背景には，EDX は同一試料であっても測定値が機器によってわずかに異なり，他分析者との原石・遺物測定値の共有が難しいという事情もあった。にもかかわらず，EPMA や WDX など機器間で測定値に差が生まれない手法ではなく，EDX による原産地分析が主要な分析法として続けられる理由には，非破壊ゆえに多くの点数を分析できるという最大のメリットがあった。課題④は，フィッション・トラック法や EPMA などといった非破壊分析で少数のみ分析されていた先行研究のクロスチェックが必要と考えられる。また，EDX による分析でも数点しか分析されていない先行研究もあり，望月ら（1994）によって有効性が示された「全点分析」を実現することで，より正確な分析結果を提

表 1.01　各研究者の長野県域黒曜石原産地呼称（長野県立歴史館史編 2018）

分析者＼産地	鈴木正男	蓑科哲男	二宮修治	望月明彦	杉原重夫	井上　巌	建石　徹
諏訪系	星ヶ塔 星ヶ台 星ヶ塔	霧ヶ峰 観音沢 立科	星ヶ塔 星ヶ塔 A Ⅱ 星ヶ台	諏訪星ヶ台群	西霧ヶ峰系	和田峠系 2 星ヶ塔	星ヶ塔
和田峠系	和田峠 新和田トンネル西上 新和田トンネル西 和田峠Ⅰ 和田峠Ⅱ 鷹山	和田峠群 鷹山和田 和田峠第一 和田峠第二 和田峠第三 和田峠第四 和田峠第五 和田峠第六	小深沢 和田峠 和田峠西	和田鷹山群 和田小深沢群 和田土屋橋北群 和田土屋橋西群 和田土屋橋南群 和田芙蓉ライト群 和田古峠群	和田峠系・鷹山系 和田峠系Ⅰ 和田峠系Ⅲ	和田峠系 1 鷹山・星糞峠 西腰屋 東餅屋 小深沢	小深沢
男女倉系	男女倉 男女倉Ⅰ 男女倉Ⅱ 男女倉Ⅲ 男女倉Ⅳ	男女倉	男女倉	和田ブドウ沢群 和田牧ヶ沢群 和田高松沢群	男女倉系 男女倉系Ⅰ 男女倉系Ⅱ 男女倉系Ⅲ	和田峠系 2 男女倉系 5	男女倉
蓼科系	八ヶ岳 麦草峠 冷山	麦草峠 双子池 冷山	麦草峠	蓼科冷山群 蓼科双子山群 蓼科擂鉢山群	冷山・麦草峠系 横岳系	蓼科系 冷山 麦草峠	麦草峠

註：分析者によっては分析した年により名称が多少変わっているところがある。

示可能である。

　近年では，大屋ら（2020）が上記の①〜③を含めて課題とそれに向けた解決策の具体的な提示を行い，同論が掲載された『㈱東京航業研究所研究紀要』創刊号では，300頁以上にわたって日本各地の黒曜石原石およびその採取地が示された（㈱東京航業研究所地球化学分析室編2020）。また，掲載されている原石試料は分析のための貸出も行われており，筆者も本書第5章における分析で活用させていただいた。このほか，隅田祥光が中心となって作成・公開を進める黒曜石データベース（https://sites.google.com/view/obsidian/home）では，WDXで測定された各原産地黒曜石の全岩組成も提示されている。現状で網羅されている原産地は限られるが，更新も進められていることから今後の研究に大きく貢献するものとなるだろう。これらにより前述の課題②についてはある程度の道筋がみえたといえるが，各地域で小原産地が分布していることを踏まえれば一団体で全ての原産地をカバーするのは難しい。各地域の研究者との連携が必要になる。

　機器間測定値の差については，金井拓人ら（2019）が対数比解析を行うことで測定値を補正し複数機器の測定値を共有できる可能性を示した。ただし，対数比解析を経ても全ての元素が比較可能となるわけではなく，比較可能な限られた元素を用いた新たな判別図およびそのための計算式の開発が課題となっている。また，測定条件の違い（例えば，真空状態と大気雰囲気での測定）にどこまで対応可能かという点も現実的には課題といえる。とはいえ，機器間で測定値の共有ができないというエネルギー分散型蛍光X線分析装置最大の弱点を補う手法を示したことは，今後の研究に大きく貢献すると考えられる。

第3項　北方系細石刃石器群を対象とした黒曜石原産地分析

　日本海側を中心として豊富な珪質頁岩資源を擁する本州東北部において，後期旧石器資料の黒曜石原産地分析事例はそう多くないが，その中において北方系細石刃石器群の割合は比較的高い。とはいえ，北方系細石刃石器群において最初に分析が行われたのは黒曜石資源が豊富な長野県の資料であった。八ヶ岳旧石器研究グループによって札滑型細石刃石器群が発掘された長野県中ッ原第5遺跡B地点の事例が挙げられ

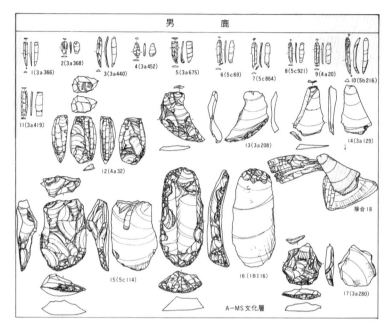

図1.26 男鹿産と判別された樽口遺跡A-MS文化層出土の黒曜石製石器
(立木編1996)

る。中性子放射化分析によって，八ヶ岳および星ヶ塔と判別された（鈴木・戸村1991）。同グループによって引き続き調査された中ッ原第1遺跡G地点出土資料は蛍光X線分析装置で分析された。長野県麦草峠のほか原産地未発見の一群が認められ，遺跡の略称から「NK群」とされた（藁科・東村1995）。NK群は他時期の出土資料にも認められることが後に明らかとなるが，今日でも原産地が明らかになっておらず，課題となっている。上記2遺跡の分析は当初各数十点ほどであったが，望月ら（1994）によって「黒曜石全点分析」の重要性が指摘された後には第1遺跡G地点で550点（出土黒曜石の約70％），第5遺跡B地点で500点（同約30％）まで分析数が高められた（望月2015）。

　白滝型細石刃石器群では，新潟県樽口遺跡A-MS文化層の分析が早い段階で行われた。同文化層では18点が分析され，17点が秋田県男鹿，1点が和田峠と判別された（図1.26，藁科・東村1996）。遺跡から約200 km離れた男鹿産が明らかになったものの，分析試料が出土黒曜石製石器

第 2 節　北方系細石刃石器群の黒曜石原産地分析

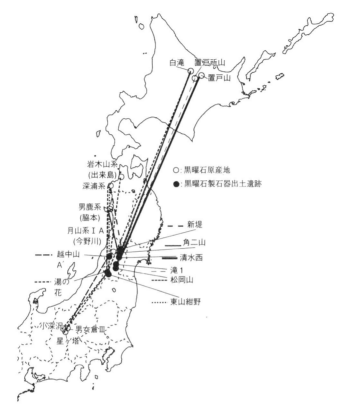

図 1.27　山形県における黒曜石製旧石器の出土遺跡と判別された原産地
(渋谷・佐々木 2018)

5,304 点からランダムに抽出された 0.3% にとどまったことは課題であった。

　近年では山形県湯の花遺跡（建石ほか 2012・2014）や角二山遺跡（鹿又・佐々木 2015）の分析によって，北海道白滝産黒曜石の存在が明らかになった（図 1.27）。細石刃製作技術の特徴から北海道からの南下が想定されてきた北方系細石刃石器群に対して石材研究から補強がなされ，一つの画期といえる。

　また，本州東北部から離れた岡山県恩原 2 遺跡 M 文化層（藁科 1996）や滋賀県真野遺跡（上峯ほか 2017）では札滑型細石刃石器群を対象とし

36 第1章 細石刃石器群と黒曜石原産地分析における研究史と課題

て，ともに島根県隠岐産との判別結果が得られている。

第4項 小 結

本節では，これまでに実施されてきた黒曜石原産地分析方法をまとめるとともに，今日主流となっている EDX を用いた分析の課題を示した。その結果，EDX 自体の課題であった機器間で生じる測定値の差については解決される方向性が示され，ほとんどの原産地標準試料の共有が始められるなど，過去20年で挙げられてきた課題のいくつかがここ数年で解決されつつあることが確認された。一方，産地名称の統一やデータベース化については各研究者の連携が必要であり，今後研究者の世代交代などに伴って改善していく必要がある。また，課題④として挙げられてきた先行研究の再検討については，各研究者が地道に分析を進めていくことで実現可能であると考えられる。

北方系細石刃石器群を対象とした黒曜石原産地分析では，山形県下の遺跡から北海道産黒曜石が確認されるなど，北海道からの南下という学説への裏付けが進められている。その一方で分析点数が出土点数の数％に留まる例も多く，石器群全体の黒曜石利用を捉えるには追加分析・再分析が必要となっている。

第3節 本書のねらい

本書の対象地域，東北日本の細石刃石器群において一つの軸ともなりうる湧別技法については，特に白滝型細石刃石器群の再定義・再検討が必要である。白滝型細石刃石器群は，近年神子柴・長者久保石器群との関連が示唆され本州東北部における新石器化という観点でも注目されているが，石器群自体の定義付けが不明確であることが課題となっている。そのため，本書においては，第3章で北海道の白滝型細石刃石器群について，第4章で本州の同石器群について細石刃製作技術を中心として検討し，再定義を試みる。

加えて，第5章では近年発達著しい黒曜石原産地分析を取り入れ，白滝型細石刃石器群および先行する札滑型細石刃石器群・稜柱系細石刃石

器群との比較を通して石材消費戦略にも言及する。ただし，黒曜石原産地分析の主流となっている EDX を用いた非破壊分析には，前節で挙げたように機器間の測定値共有が難しいなど，課題も挙げられている。そのため本書においては，まず複数の分析方法を実践して比較検討し，分析方法ごとの特性を捉える。そののちに各細石刃石器群の分析を実施する。そのなかで，先行研究の再検討や追加分析といった課題にも取り組む。

　第3～5章を踏まえて，終章では白滝型細石刃石器群が北海道から本州へ南下し拡散する過程で発生した，石器製作技術や石材消費戦略の変容を総括する。そして，研究が進んでいる他の北方系細石刃石器群との比較から，後期旧石器時代終末期の東北日本における人類の行動論的変化を捉える。

第2章

対象資料

────────────

は じ め に

　本章では，以降の分析で対象とする主な遺跡について記述し，分析の前提となる各遺跡の立地，器種組成，遺跡の性格などについて整理する。

　第1・2節では北海道の湧別技法による細石刃石器群の遺跡について，札滑型と白滝型に分けて記述する。ただし，本地域の研究開始当初から多くの調査が行われ，湧別技法白滝型の研究において研究史・資料内容とも欠かすことができない遠軽町タチカルシュナイ遺跡群については，別途第3節で詳述する。第4節では本州の札滑型細石刃石器群を主体とする遺跡，第5節では本州の白滝型細石刃石器群の遺跡について記述する。

第1節　北海道の札滑型細石刃石器群

第1項　オルイカ2遺跡

1．遺跡の概要

　北海道千歳市に所在し，日本海と太平洋を結ぶ標高25m以下の石狩低地帯に立地する（図2.01）。遺跡の標高は12〜15mとされる。北海道埋蔵文化財センターにより2002〜2008年に発掘調査が行われた（末光

第 2 章 対象資料

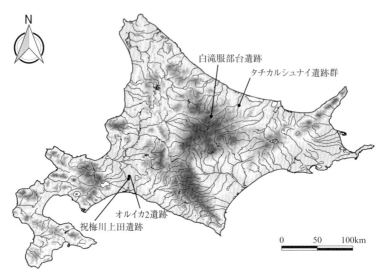

図 2.01 北海道における対象遺跡の立地
(国土地理院『地球地図日本(標高データ第1.1版ラスタ)』,
国土交通省『国土数値情報(海岸線データ)』をもとに作成)

表 2.01 北海道における主要対象遺跡の器種組成

		剥片	石刃	細石刃	細石刃核	ファースト スポール	スキー状 スポール	彫刻刀 形石器	彫掻器	彫刻刀 スポール	エンド・ スクレイパー
オルイカ2遺跡	ブロック1-4	2249	0	436	11	4	7	15	0	10	16
祝梅川上田遺跡	ブロック3-5	1659	0	206	2	0	0	11	0	24	9
白滝服部台遺跡	第1集中域	-	○	408	35	1	7	14	-	○	13
タチカルシュナイ 第V遺跡C地点	上層	4233	36	382	8	28	75	35	1	51	17

		サイド・ スクレイパー	ドリル	尖頭器	両面調 整石器	小型舟底 形石器	石核	礫器	ハンマー ストーン	合計	出典
オルイカ2遺跡	ブロック1-4	51	0	0	5	2	4	0	0	2810	阿部・広田編 2005
祝梅川上田遺跡	ブロック3-5	32	3	0	1	0	1	0	0	1948	末光編 2013
白滝服部台遺跡	第1集中域	-	-	10	3	-	6	-	-		1)
タチカルシュナイ 第V遺跡C地点	上層	19	3	2	4	1	15	2	3	4915	筆者の集計による

剥片・石刃には二次加工あるものを含む
1) 細石刃・細石刃核は筆者が実見できた点数。その他は藤山2016に実測図掲載分のみ集計

編2010)。本書ではブロック1〜4（LCS－1〜4）の札滑型細石刃石器群を対象とする（阿部編2003, 阿部・広田編2005）。これらのブロック間では接合関係もみられる。

2. 器種組成・石器製作技術

　ブロック1〜4では2,810点の石器が出土しており，剝片を除いた割合では細石刃が70%以上を占める（表2.01）。細石刃核はいずれも両面加工石器を素材としスポール剝離によって打面を形成した札滑型細石刃核に該当する（図2.02, 101）。細石刃核ブランクと3本のスポール，剝片・トゥール73点の接合資料が得られており，細石刃核製作段階で剝離された剝片を素材として，エンド・スクレイパーが製作されている様子がうかがえる（同146・127・149）。彫刻刀形石器は荒屋型彫刻刀を主体とし（同120），両面調整石器には黒曜石製の細石刃核素材のほかに頁岩製のエンド・スクレイパーと考えられる両面調整石器（同133）を含む。

3. 使用石材

　石材は黒曜石が約95%を占め，その他には頁岩や珪岩が用いられるが，細石刃は全て黒曜石で製作されている。黒曜石製石器は蛍光X線分析により25点の原産地分析が行われ，白滝赤石山産が16点，置戸所山産が2点，十勝産が4点，札幌K19遺物群が2点，1点が判別不可とされた（藁科2003, ㈲遺物分析研究所2005）。

4. 遺跡の年代・古環境

　ブロックはいずれも約19,000〜21,000年前に降下したとされる恵庭a火山灰（En-a, 町田・新井2003）上位で検出されており，ブロックに伴う炭化物のうち信頼しうる^{14}C年代としては14,630 ± 50yrBP, 14,690 ± 70yrBPを示す（㈱地球科学研究所2003, パレオ・ラボAMS年代測定グループ2005）。

　旧石器包含層で採取された炭化材の樹種同定もされており，ブロック1の1点はモミ属（パリノ・サーヴェイ株式会社2003），ブロック3で採取された2点のうち1点はトウヒ属，もう1点はトウヒ属またはカラ

42　第 2 章　対象資料

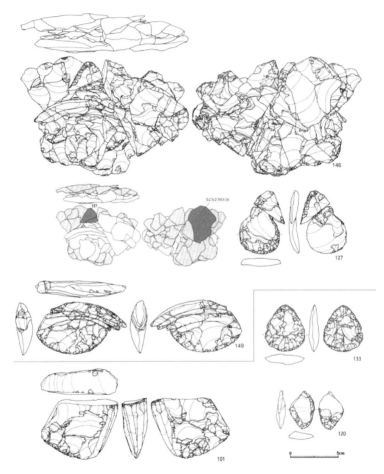

図 2.02　オルイカ 2 遺跡出土石器（阿部・広田編 2005 より作成）

マツ属とされ，いずれも冷温帯～亜寒帯に分布する針葉樹とされる（植田 2005）。

第2項　祝梅川上田遺跡

1．遺跡の概要

北海道千歳市，祝梅川右岸の低位段丘上に立地する（図 2.01）。北海道埋蔵文化財センターによって 2006・2008 年に発掘調査が行われた（末光編 2013）。本書では，ブロック 3～5 の札滑型細石刃石器群を対象とする。これらのブロック間では接合関係も認められる。

2．器種組成・石器製作技術

ブロック 3～5 では 1,948 点の石器が出土しており，剝片を除くと約 70％ が細石刃となる（表 2.01）。出土した細石刃核はいずれも両面加工石器を素材としスポール剝離によって打面を形成した札滑型細石刃核に該当する（図 2.03，72）。トゥールには荒屋型彫刻刀（同 85・86）を含み，エンド・スクレイパーは二次加工でバルブを除去するもの（同 89）が多い。ブロック 4 では，両面調整石器の製作時に剝離された剝片を素材としてトゥールが製作されていることが接合資料から確認された。母岩別接合資料の検討から，遺跡内の活動としては細石刃核ブランクの整形と細石刃剝離がそれぞれ異なる母岩で行われているとされる（末光編 2013）。

3．使用石材

石器石材は，黒曜石が 91.5％ を占める。トゥールには頁岩・黒曜石・珪岩などが使用されるが，細石刃・細石刃核は全て黒曜石を素材とする。蛍光 X 線分析によりブロック 3～5 の黒曜石製石器 20 点の原産地分析が行われ，全て白滝赤石山産と推定されている（竹原 2013b）。なお，2006 年の同遺跡発掘調査で確認された，峠下型細石刃石器群のブロック 1・忍路子型細石刃石器群のブロック 2 では赤井川産黒曜石が主体となるとされ（竹原 2013a），遺跡内でも石器群間で黒曜石利用原産地に違いが認められる。

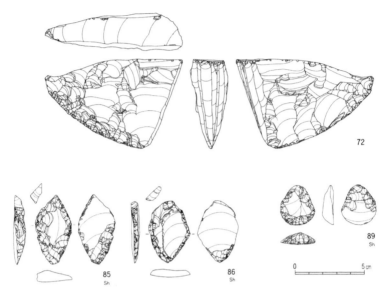

図 2.03　祝梅川上田遺跡出土石器（末光編 2013 より作成）

4. 遺跡の年代・古環境

ブロック 3〜5 では ^{14}C などの年代測定は行われていないが，いずれも En-a 上位で検出されており，その降下年代である約 19,000〜21,000 年前（町田・新井 2003）は遡らないと考えられる。

第 2 節　北海道の白滝型細石刃石器群

第 1 項　白滝服部台遺跡

1. 遺跡の概要

北海道遠軽町（旧白滝村）に所在し，八号沢川との合流地点にほど近い湧別川右岸の段丘上に立地する（図 2.01）。遺跡の標高は 460〜480m とされる。1961 年に明治大学によって発掘調査が行われ，1975 年に報告書が刊行された（杉原・戸沢 1975，以下 1975 年報告）。本遺跡周辺の湧別川・支湧別川沿いには後期旧石器時代を中心とした遺跡が多く立地しており，「白滝遺跡群」を成す。本遺跡も遺跡群の一部として，1997

第 2 節　北海道の白滝型細石刃石器群

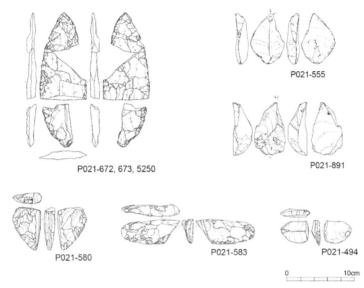

図 2.04　白滝服部台遺跡第 1 石器集中域出土石器（藤山 2016 より作成）

年に国指定史跡として追加指定された。

2. 器種組成・石器製作技術

　出土総数は 31,693 点で，分布は A と B の 2 群に大きく分けられるとされる。1975 年報告では遺跡全体での器種組成のみ示されており，A・B 群それぞれの点数は示されていない。近年再整理を進めている藤山は 6 集中域に細分し，白滝型細石刃石器群は第 1 集中域にのみ分布し，第 2〜4 集中域は舟底形石器を中心とする石器群だとした（藤山 2016）。しかし，整理途上のため集中域ごとの器種組成・点数は明記されていない。そのため現段階で本遺跡における白滝型細石刃石器群の明確な器種組成・総点数は明らかでないといえる。そこで，細石刃および細石刃核については筆者が実見できた点数を示し，トゥール類などについては再整理中間報告（藤山 2016，以下中間報告）において第 1 集中域出土として実測図が示された点数を表 2.01 に記載した。

　中間報告で挙げられたトゥール類の特徴として，「荒屋型彫器」は極

めて乏しく，右斜刃または交差刃の「服部台型彫器」（図2.04の555・891，杉原・戸沢1975）が多いとされ，尖頭器は木葉形と柳葉形をともに含むとされる（同672, 673, 5250）。また，1975年報告では，多量に出土した両面調整石器が白滝型細石刃核の素材だとされたが，中間報告では尖頭器の未製品と位置付けられるなど，再整理によって異なる解釈がもたらされている。

細石刃核については，1975年報告で白滝型（同580）が42点，峠下型（同583・494）が10点とされた。この共伴関係には疑問視する声もあったが，再整理では平面分布の詳細な検討がなされた結果「積極的な分離は困難」とされ，共伴するものと捉えられている（図2.05，藤山2016）。また，峠下型細石刃核のうち1点（図2.04, 494）には打面に擦痕が認められ，藤山（2016）はこれを「峠下型と白滝型の属性を兼ね備えた資料」と評している。

3．使用石材

本遺跡出土資料は蛍光X線分析装置による黒曜石原産地分析が行われ（明治大学古文化財研究所2011），判別された1,688点のうち1,620点が白滝赤石山産とされた。石器群・集中域ごとの点数が示されていないため，白滝型細石刃石器群の分析点数や判別数は判然としないが，赤石山産が主体となることは間違いないだろう。

4．遺跡の年代・古環境

本遺跡の調査は1961年に実施されていることもあり，年代測定や古環境分析はなされていない。

第3節　タチカルシュナイ遺跡群

第1項　遺跡群の概要と立地

タチカルシュナイ遺跡群は1958年に芹沢長介，吉崎昌一，遠間栄治らによって初めての発掘調査が行われた。近年でも東京大学により調査が行われるなど，北海道の先史時代研究において著名であるとともに

第3節　タチカルシュナイ遺跡群

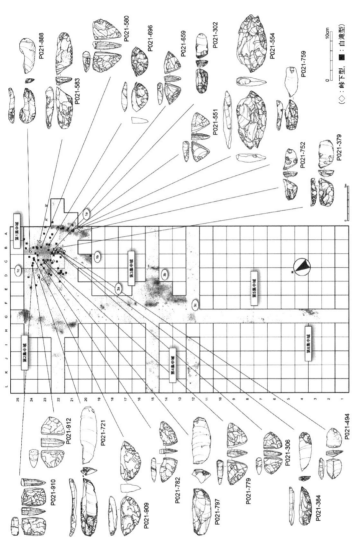

図2.05　白滝服部台遺跡における白滝型・峠下型細石刃核の出土状況（藤山2016）

今日再び注目を集めている遺跡群である。約60年間で7遺跡（ないし7地点），12次にわたる発掘調査が行われた（表2.02）。その結果，遺跡群は後期旧石器時代から縄文時代草創期にかけての遺跡を中心に構成されること，北海道では数少ない石器群の層位的出土例がみられることが確認されている。

　遺跡群は北海道紋別郡遠軽町向遠軽に所在し，タチカルシュナイ遺跡，タチカルシュナイ第Ｉ～第Ｖ遺跡などで構成される（図2.01，図2.06）。個々の遺跡・地点の呼称は文献によって異なっているものも多く，統一していくことも今後の課題である。

　遺跡群は，大雪山系に端を発しオホーツク海に注ぐ湧別川の中流域にあり，その支流である生田原川との合流地点を中心として右岸に南北2kmほどの範囲に広がる。東には玄武岩を基質とした山地が続いている。遺跡群は湧別川・生田原川が形成した河岸段丘上に立地し，場所によっては崖錐堆積物に覆われている（図2.07）。標高は遺跡・地点によって異なり，遺跡群全体ではおおむね70m～130mとなる。段丘面は河床との比高によって，t_1面（比高15～40m），t_2面（同10～15m），t_3面（同10m以下）に分けられる（田近・八幡1991）。これらは若生達夫の分類ではTerrace II，III，IVに対応し，若生はTerrace IVの離水時期を最終氷期の亜氷期と推定している（Wako 1963）。また，遺跡群の一部を覆う崖錐・地滑り堆積物中にも二次堆積と思われる石器が礫に挟まれるようにして多く含まれている（図2.08，1・2）。これらの遺物の中には剝離面で接合するもの（同3）もあり，原位置は失われているものの，ある程度まとまりを保ったまま流れてきている可能性が高い。

　遺跡群から直線距離で約35km離れた湧別川上流には黒曜石の大規模産地である白滝赤石山・十勝石沢があり，現在でも遺跡群付近の河原では拳大～人頭大程度の黒曜石を採取できる。近年，湧別川上流に砂防ダムが建設され黒曜石の流入量が減少しているが，先史時代には同程度かそれ以上のサイズの黒曜石が遺跡群付近まで流下していたと考えられる。また，遠軽町内には白滝のほか丸瀬布，生田原，社名淵といった小規模な黒曜石原産地も分布している。

第3節 タチカルシュナイ遺跡群

表2.02 タチカルシュナイ遺跡群の主要な調査歴

調査年	遺跡・地点	主な調査機関・参加者
1958	タチカルシュナイ遺跡	芹沢長介・吉崎昌一・遠間栄治
1971	タチカルシュナイ遺跡第I-IV遺跡	北海道大学・帯広畜産大学など
1972	タチカルシュナイ第V遺跡	北海道大学・帯広畜産大学・東北大学など
1978・1983-85	タチカルシュナイ遺跡M-I地点	筑波大学・湧別川流域史研究会
1996	タチカルシュナイ遺跡M-I地点	國學院大學・湧別川流域史研究会
2016-2019	タチカルシュナイ遺跡M-I地点	東京大学

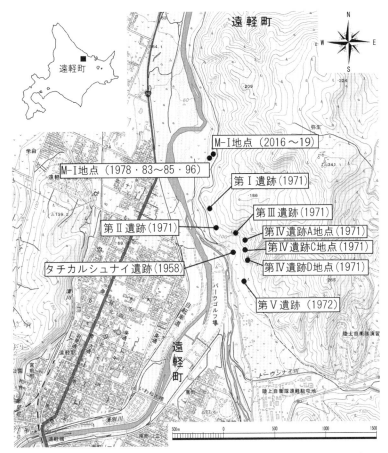

図2.06 タチカルシュナイ遺跡群周辺地形図（電子地形図25000をもとに作成）

50　第 2 章　対象資料

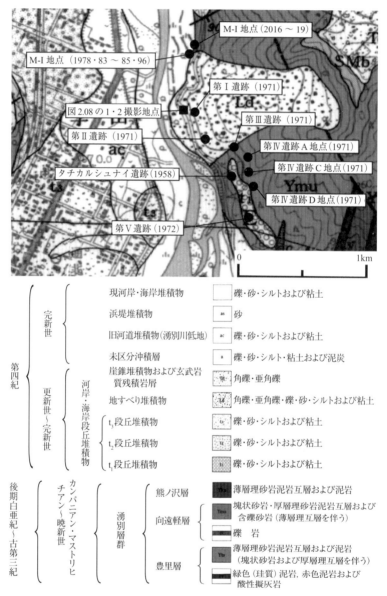

図 2.07　タチカルシュナイ遺跡群地質図
（北海道立地質資源調査所 1990 年発行。5 万分の 1 地質図幅「遠軽」を使用）

第3節　タチカルシュナイ遺跡群

1. 林道切り通し法面　　2. 二次堆積物に含まれる石器　3. 二次堆積物に含ま
　　　　　　　　　　　　（中央レンズキャップ直径67 mm）　れる石器接合
　　　　　　　　　　　　　　　　　　　　　　　　　　　　　（石核と打面再生剥片，
　　　　　　　　　　　　　　　　　　　　　　　　　　　　　　筆者採集）

図2.08　遺跡群内崖錐・地滑り堆積物
（筆者撮影．1・2は2015年8月．地点は図2.07記載）

第2項　調査歴

　1956年，芹沢と吉崎は遠間・三橋誠之・松平義人らの採集資料中に新潟県荒屋遺跡出土の彫刻刀形石器，いわゆる荒屋型彫刻刀に酷似した石器があることを確認した。それに共伴する石器を明らかにすることを目的とし，芹沢・吉崎・遠間の三氏によって1958年にタチカルシュナイ遺跡の発掘調査が行われた（芹沢1962，三橋・宮2004）。調査以前，この遺跡は向遠軽遺跡と呼ばれており，現在用いられているタチカルシュナイないしタチカルシナイという遺跡名は1958年の調査を行った三氏によって命名されたとされる。主要な調査者とされるのは前述の三氏だが，当時明治大学の学生であった野村崇も調査に参加していたことを回顧している（野村2013）。他にも当時明治大学講師であった芹沢の教え子らが発掘に参加していたものと思われる。なお，発掘調査前に採集された石器は三橋誠之・宮宏明（2004）によって紹介されている。

　1971年には遠軽町の林道工事に伴う緊急発掘調査が行われ，その調査地点はタチカルシュナイ第Ⅰ～第Ⅳ遺跡[1]と呼ばれる。第Ⅱ遺跡では10万点以上の石器が出土した（吉崎1972）。

　1972年，遺跡群の南端にあたるタチカルシュナイ第Ⅴ遺跡の草地改良に伴う発掘調査が吉崎を発掘担当者として行われた（吉崎編1973）。

1）概報（吉崎1972）や『遠軽町百年史』（遠軽町編2008）ではT-Ⅰ～Ⅳ地点，またはT-Ⅰ～Ⅳ遺跡と併記されている。一方，これら4遺跡の翌年に調査されたタチカルシュナイ第Ⅴ遺跡は「第Ⅴ遺跡」という表記にブレはない。前出の4遺跡も第Ⅴ遺跡と一連の名称であることを踏まえ，本書ではタチカルシュナイ第Ⅰ～Ⅳ遺跡と呼称する。

表面採集と試掘をもとに確認された3つの石器集中区を北から順にA・B・C地点としている。B地点は台地の尾根に，A・C地点はゆるい傾斜地上にある。調査はこれら3地点で集中的に行われ，その総面積は313㎡にわたった。この調査期間中には周辺の踏査も行われ，石器表採地点が第Ⅵ遺跡，第Ⅶ遺跡と名付けられているが，その場所は不明である。

1977年には遠軽町の広範囲で分布調査が行われ，確認された遺跡には字名を冠した遺跡名が付された（遠軽町教育委員会1978）。その際のM1遺跡（Mは向遠軽の略）がタチカルシュナイ遺跡群内に含まれる。分布調査報告書記載の地図をもとにすると図2.06の1958年調査地点付近にあたるが，当時の地目が牧草地とされている点や，写真およびその他の記載より，実際には第Ⅴ遺跡付近だと思われる。いずれにしても，調査地点が判然としないため，本書では位置図などに記載していない。なお，分布調査では遺物が出土した段階で掘削を中止しており，出土遺物は剥片93点に留まっている。

遺跡群の北辺にあたるタチカルシュナイ遺跡M-Ⅰ地点は1970年，伐採作業中に発見された。地点名のMは発見者である本吉春雄氏のイニシャルであり，前述のM1遺跡とは別遺跡である。その後，本吉氏が遺跡の保護と調査を目的としてM-Ⅰ地点周辺の土地を取得し，湧別川流域史研究会を結成，発掘調査が1978年，1983〜85，1996年の6次に分けて行われた。1996年は國學院大學，それ以前は筑波大学が調査主体となっているが，いずれも加藤晋平を中心としたものである（湧別川流域史研究会1997）。後期旧石器時代遺物包含層からは峠下型細石刃核および忍路子型細石刃核などが出土し，植物遺存体も確認された（湧別川流域史研究会1997）。植物遺存体は板状の木材のようなもので，¹⁴C年代を測定したところ「3万年をオーバー」した，と辻誠一郎が1994年に行われたシンポジウムにて発言している（岡村ほか1998 p.207）が，その詳細は不明である。

2016〜2020年には東京大学がM-Ⅰ地点の発掘調査を4次にわたって行った。加藤らによる過去の調査地点からおおむね北東に100mほど離れた地点で，帯広市大正3遺跡出土資料（北沢・山原編2006）と似た特徴をもつ，縄文時代草創期に属するとされる石器群が確認された（夏木

編 2020)。土器片は爪形文や短沈線文のあるものが主体で，右肩上がり
の斜行剝離をもつ「石鏃」に特徴付けられるとされる。石器集中部に伴
う炭化物からは 12,000 ± 80〜12,630 ± 40yrBP という ^{14}C 年代（國木
田・松崎 2020）が得られている。

第3項　白滝型細石刃核を含む遺跡・地点の概要

1. タチカルシュナイ遺跡（1958 年調査）

1958 年に芹沢・吉崎・遠間の三氏を中心として発掘調査が行われた。
調査時にはa・b・c・d・e・e′ の 6 地点に石器の散布が認められ，調査
はb・c 地点に限って行われたとされる（芹沢 1962）が，現在東北大学・
明治大学には B・C・D・E・E′・E″・pit の 7 地点の注記がなされた石
器が保管されている。両大学に保管されている資料は，芹沢が 1963 年
に明治大学から東北大学へ転出した際に分かれたものと推測できる。そ
れぞれに 200〜300 点ほどの石器が保管され，合わせると約 550 点とな
る。双方の注記形式は共通し，遺物番号は連番であることからも一体の
資料であったことがうかがえる。

　資料には地点ごとの遺物番号が振られており，それをもとに地点ご
との出土点数を把握できる。その結果，B 地点では 350 点，C 地点で
は 134 点，その他の地点ではそれぞれ 10〜20 点ほどの石器が少なくと
も出土していることが確認できた。B 地点では白滝型細石刃核（図 2.09
の 1，図 2.10）やそれに伴うスポール類，広郷型細石刃核（図 2.09 の 3），
細石刃，荒屋型彫刻刀（同 2）がみられ，C 地点では幌加型細石刃核（同
4）や両面調整石器（同 5），尖頭器（同 6），舟底形石器が確認できる。
これらの組成は芹沢による概報（芹沢 1962）とも整合する。B 地点から
は白滝型・広郷型が出土しているが，それらの出土層位は明らかでない
ことから，両者の共伴関係は明らかでない。

　遺物の出土層位については芹沢・井川史子による記述がある（Serizawa
and Ikawa 1960）。それによると，縄文時代遺物を含む黒色土の下に 3 つ
の文化層があるとされる。その内訳は，黒色土直下で両面調整尖頭器，
彫刻刀形石器，白滝型細石刃核[2]，細石刃を含む厚さ 20cmの風化砂層
（上層），その直下にあり石刃，石刃核，彫刻刀形石器，エンド・スクレ
イパー，サイド・スクレイパーを含む厚さ 30cmの砂礫層（中層），石刃

第 2 章 対象資料

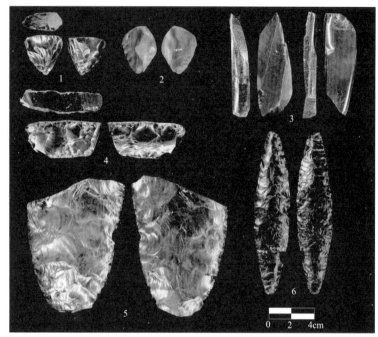

図 2.09 タチカルシュナイ遺跡出土石器
(東北大学大学院文学研究科ほか編 2016 より作成)

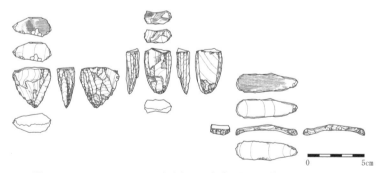

図 2.10 タチカルシュナイ遺跡出土の白滝型細石刃核・打面再生剝片

を含む厚さ1mの白色粘土層（下層）となる。中層と下層の間には，砂と礫の互層が2.5m存在するとされる[3]。

　ただし，この層序や文化層については，どの地点のものか記載されていない。出土遺物の内容をもとに判断すれば，B地点のもの，もしくは各地点の層位を総合したもの，という2つの可能性が予想される。

2. タチカルシュナイ第Ⅱ遺跡

　1971年に林道工事に伴って発掘調査が行われた。剥片が76,351点，「石器類」が8,662点出土したとされ，このほかに出土した砕片を合わせた総点数は10万点を上回るとされる。概報（吉崎1972）では多くの白滝型細石刃核や荒屋型彫刻刀が出土したと記載されているが，その他に湧別技法札滑型の工程で剥離されたと思われる幅広のスキー状スポールや峠下型細石刃核が含まれることを筆者の実見で確認しており，白滝型細石刃核およびスキー状スポールの接合資料も複数存在する。出土資料のほとんどは遠軽町埋蔵文化財センターに収蔵されているが，一部は札幌国際大学にも保管されている。遠軽町埋蔵文化財センターでは，チップおよび小型剥片（おおむね4cm以下）が詰められた封筒と，トゥールおよび剥片（おおむね5cm以上）が詰められた封筒が別に保管されている。筆者および熊谷誠（当時，遠軽町職員）が分担し，後者の計数および器種分類・石材分類を行った。その結果，後者の総点数は8,746点であり，概報で「石器類」とされた遺物と想定される。また，札幌国際大学では保管されていた同遺跡出土資料1,956点について同様の作業を行った。すなわち，両施設で合わせて10,702点の器種分類・石材組成を明らかにしたことになる。

　本遺跡については調査翌年に発行された概報（吉崎1972）以外に調査記録が残っておらず，調査区の配置なども明らかでなかった。筆者の調査により，ほとんどの遺物は1〜13に区分された「トレンチ」単位で

　2）　原文（Serizawa and Ikawa 1960）では「keel-shaped scrapers (with traces of wear on the base)」と記述されているが，研究の現状を踏まえ，ここでは白滝型細石刃核とした。

　3）　ただし，この層厚の記述が全て正しいとすれば，少なくとも4m近く掘り下げたことになる。1958年の調査期間は6日間であり，本節第4項で後述する吉崎の野帳には深くとも1.5mほど掘り下げると礫層に到達するとの記述もみられる。このことから，白色粘土層と砂・礫の互層の層厚に関しては誤植の可能性が考えられる。

表 2.03 タチカルシュナイ第 II 遺跡器種組成

器種＼トレンチ	1	2	3	3-4	4	4-5	5	5-6	6	6-7	7	8	9	9-10	10	11	12	13	表採・不明	合計
剝片 (石片)	197	185	277	6	470	15	3377	24	1364	28	1163	697	157	58	11	0	0	6	397	8432
石刃	13	15	10	1	23	0	22	0	12	0	11	1	0	1	0	0	0	1	8	118
石核	8	5	9	0	16	0	11	0	18	0	18	20	6	2	2	0	0	0	14	129
細石刃	3	20	13	1	8	1	48	1	16	0	14	15	2	1	0	0	0	0	9	151
細石刃核	0	4	3	0	5	0	3	0	0	0	3	1	0	0	0	1	1	0	1	21
ファーストスポール	0	2	3	0	6	0	4	1	6	0	2	7	0	0	0	0	0	0	1	32
スキー状スポール	1	3	2	0	7	0	4	0	7	0	3	2	0	0	0	0	0	0	2	31
舟底形石器	1	0	3	0	1	0	0	0	2	0	0	0	0	0	0	0	0	0	2	9
彫刻刀形石器	9	10	11	0	20	0	26	1	28	0	40	44	6	0	0	0	1	1	12	210
彫刻刀スポール	4	8	7	1	20	0	40	0	51	3	110	99	11	3	1	0	0	1	13	371
複合石器 (BU & ES)	0	0	0	0	0	0	2	0	0	0	1	1	0	0	0	0	0	0	1	5
エンド・スクレイパー	11	8	2	0	4	0	16	1	24	0	36	32	4	0	0	1	0	3	12	153
サイド・スクレイパー	1	2	0	0	8	0	21	0	24	1	54	24	4	2	0	0	0	2	2	144
スクレイパー	0	0	0	0	2	0	5	1	18	0	28	27	5	0	0	0	0	6	6	94
ドリル	1	0	0	0	2	0	2	1	3	0	10	2	0	0	0	0	0	0	0	21
ノッチ	0	0	0	0	0	0	2	0	5	0	2	2	0	0	0	0	0	0	0	10
尖頭器	3	9	5	0	11	0	44	0	47	1	161	95	12	0	0	1	0	0	13	402
小型尖頭器	0	0	0	0	0	0	0	0	3	1	3	7	0	3	0	0	0	0	0	13
有舌尖頭器	1	0	0	0	2	0	4	0	9	1	76	81	8	3	0	0	0	0	3	188
両面調整石器	5	12	0	0	11	0	23	1	27	2	45	22	2	0	0	0	0	1	5	156
斧形石器	0	0	0	0	0	0	1	0	2	0	1	2	0	0	0	0	0	0	1	7
ハンマーストーン	0	0	1	0	0	0	0	0	1	0	1	0	0	0	0	0	0	0	1	4
擦り石	0	0	1	0	0	0	0	0	0	0	0	0	0	0	0	0	0	0	1	2
合計	258	284	347	10	617	15	3656	29	1667	36	1783	1178	217	70	16	1	2	14	502	10702

第3節　タチカルシュナイ遺跡群　　57

保管されており，遺物に添付されたカードや注記からはそれらが南北に
連続・隣接していることが判断された。また，概報では調査面積が 6 ×
26m と記されていることから，収蔵単位である「トレンチ」は南北に
延びる 6 × 26m の調査区を 6 × 2m ごとに区分したものと推測される。

　筆者が器種分類を行った 10,702 点の組成を表 2.03 に示す。概報で
は「遺物が堆積していく過程と，背後から流れ込んでくる礫，砂質粘土
が堆積した過程が同時に進行した」（吉崎 1972, pp.9-10）とされており，
出土遺物が単一文化層のものか，複数文化層が混在するものなのか，当
時の調査図面などを確認できていない現状では判断しがたい。そのた
め，本遺跡に関しては層位的な評価，石器群としての評価は行わず，細
石刃などある程度時期を推定できる指標的な石器を抽出して評価する。
なお，上記の理由により器種組成に関して他遺跡との比較は行えないた
め，表 2.01 には本遺跡の器種組成を記載していない。

　細石刃石器群の指標的な遺物としては，白滝型・幌加型（図 2.11 の
1）・峠下型の細石刃核のほか，札滑型細石刃核の製作過程で剝離された
と想定されるファーストスポール・スキー状スポールの接合資料（同 2）
が挙げられる。特に白滝型細石刃核はスキー状スポールや作業面再生剝
片，側面調整剝片との接合資料（同 3）が得られている。これらの細石
刃核は第Ⅴ遺跡など遺跡群内の他遺跡でも認められるものである。

　旧石器―縄文時代移行期に関わる資料としては，小型尖頭器および
斧形石器が挙げられる。小型尖頭器は厚さ 3㎜前後と薄手の黒曜石製柳
葉形尖頭器で，13 点確認された。ほとんどが破損品だが，残存状況か
ら完形でも長さ 5㎝以下と想定される（同 5・6）。一部には右肩ないし
左肩上がりの斜行剝離がみられ，大正 3 遺跡やタチカルシュナイ遺跡
M-Ⅰ地点[4]出土資料に類似する（北沢・山原編 2006, 夏木 2018, 夏木編
2020）。斧形石器は破損品を含めて 7 点が確認でき，頁岩製の 1 点以外
は全て安山岩製である。完形のものは長さ約 40㎝と大型で，うち 1 点
は急角度の剝離で断面三角形に整形される（同 4）。いずれも風化が激し
く，明確な研磨痕は確認できない。近隣での類例としては，同じ遠軽町
内の上白滝 5 遺跡（長沼編 2002）で小型舟底形石器を伴う石器群に共伴

4）　タチカルシュナイ遺跡 M-Ⅰ地点では「石鏃」と分類されている（夏木編 2020）。

58　第2章　対象資料

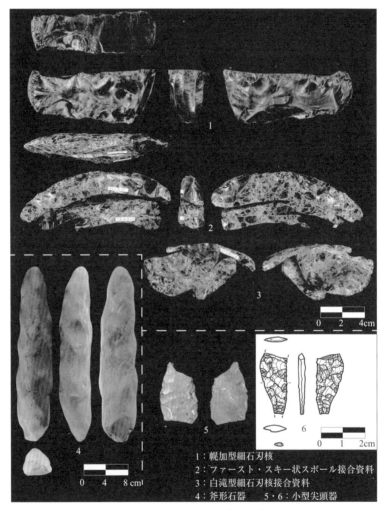

1：幌加型細石刃核
2：ファースト・スキー状スポール接合資料
3：白滝型細石刃核接合資料
4：斧形石器　　5・6：小型尖頭器

図2.11　タチカルシュナイ遺跡第Ⅱ遺跡出土石器

して出土しているが，本遺跡では小型舟底形石器は出土していない。このほか，前出の大正3遺跡・タチカルシュナイ遺跡 M-I 地点出土資料に類似する剥片素材の彫刻刀形石器も出土しており，同時期の可能性がある。

第Ⅱ遺跡では細石刃石器群のほか，旧石器―縄文時代移行期にあたる資料の存在が明らかとなった。本書では，このうち白滝型細石刃核などを分類対象とする。

3. タチカルシュナイ第Ⅴ遺跡

1972年に草地改良に伴って発掘調査が行われた。湧別川と生田原川の合流地点東岸の河岸段丘 t_1 面上に立地する。標高85m，現河床面との比高差は約15mであり，ゆるい傾斜をもつ扇状地状の地形を呈している（図2.06）。現況は調査当時と同様，牧草地である（図2.12・13）。設定されたA・B・Cの三地点でそれぞれ2つの文化層が確認された（図2.14・15，吉崎編1973）。

A地点の第一文化層では有舌尖頭器を中心とする石器群，第二文化層では湧別技法札滑型細石刃核を伴う細石刃石器群が確認されたが，第一文化層は二次堆積の可能性も指摘されている。A地点表土では峠下型細石刃核と忍路子型細石刃核も出土しているとされる（辻・直井1973）が，詳細は不明である。有舌尖頭器は立川遺跡を標式として設定された立川ポイントと，より小型だがやや作りが粗雑なものが出土し，後者は新たにエンガルポイントとして呼称された。両者は舌部が磨滅している点で共通する。

B地点の第一文化層では湧別技法白滝型細石刃核を伴う石器群，無遺物層の間層を挟んで第二文化層では峠下型細石刃核を伴う石器群が確認された（直井・石橋1973）。

C地点の調査は2m四方の17個のグリッド，総面積68㎡で行われた（図2.16）。層序はⅠ層からⅤc層の計12層に分けられ，うちⅢa層からⅤc層は複雑な堆積状況を呈する（表2.04，図2.17）。基本的には，直径2～3㎝の比較的小さな泥岩あるいは粘板岩の礫からなる礫層と，黄白色ないし黄褐色の粘土層が斜面に沿って互層を形成している。なお，Ⅱ層からも多くの遺物が出土したが，これらはⅢa層上面の遺物が耕作

60　第 2 章　対象資料

図 2.12　タチカルシュナイ第Ⅴ遺跡遠景（瞰望岩〔図 2.06 左下〕より筆者撮影, 2015 年）

図 2.13　タチカルシュナイ第Ⅴ遺跡近景（筆者撮影, 2016 年）

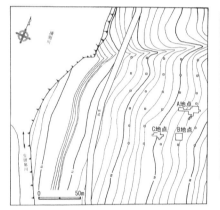

図 2.14　タチカルシュナイ第Ⅴ遺跡トレンチ配置図（吉崎編 1973）

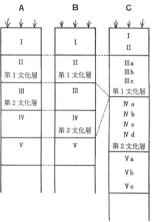

図 2.15　タチカルシュナイ第Ⅴ遺跡文化層対比図（吉崎編 1973）

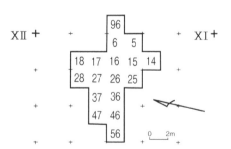

図 2.16　C 地点グリッド図（村上 2007）

第3節　タチカルシュナイ遺跡群

表2.04　C地点層序（須藤ほか1973を基に作成）

		厚さ	特徴
Ⅰ層	牧草土	10cm程度	牧草の根が広がる
Ⅱ層	暗褐色土層	10-30cm	耕作痕あり
Ⅲa層	黄灰色粘土層	30cm程度	径1cm程の黄褐色風化礫を含んでいる
Ⅲb-1層	黄白粘土層	20cm程度	風化礫と粘土塊が混在する
Ⅲb-2層	黄褐色風化礫層	10cm程度	径2〜3cmの風化礫を多量に含む、粘土との混合層
Ⅳa層	白色粘土層	20cm程度	礫はほとんど含まない
Ⅳb層	黄褐色風化礫層	25cm程度	直径3cm程の小礫を多量に含み、砂質を帯びる
Ⅳc層	白色粘土層	20cm程度	Ⅳa層と同様
Ⅳd層	黄褐色風化礫層	20cm程度	Ⅳb層と同様
Ⅴa層	黄灰白粘土層	30cm程度	Ⅳcより暗色を帯びる
Ⅴb層	褐鉄鉱層	5cm程度	ほぼ一様な厚さ
Ⅴc層	黄白粘土層		Ⅴa層と同様

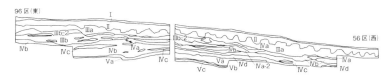

図2.17　C地点セクション図（村上2007）

表2.05　C地点下層文化層の器種組成（村上2007）

層位＼器種		尖頭状石器	スクレイパー	鋸歯縁石器	ノッチ	彫刻刀形石器	錐形石器	二次加工ある剥片	剥片	石核	片刃礫器	敲石	礫	計
Ⅲ	(点)								0.6	4.9				2
	(g)													5.5
Ⅲb	(点)	1			1			13	143	3			8	169
	(g)	12.8			14.5			132.9	523.8	352.8			1289.4	2326.2
Ⅲ下	(点)		1						1					2
	(g)		21.6						6					27.6
Ⅳ	(点)								2					2
	(g)								0.5					0.5
Ⅳa	(点)	2	3					4	59				2	70
	(g)	31.7	74.1					103.6	705				102.1	1016.5
Ⅳb	(点)	1	7		1	1	1	11	174	10	1	2	14	222
	(g)	8.5	885.9		21.7		12.8	248.7	2020.5	1197.3	496.9	303.8	3340.8	8536.9
Ⅳc	(点)		2					4	27					33
	(g)		151.2					273.5	723.5					1148.2
Ⅳd	(点)		3					1	11					15
	(g)		160.7					24.1	104.3					289.1
不明	(点)		1						25	3				29
	(g)		102.7						97.3	60.6				260.6
計	(点)	4	16	1	1	1	1	34	443	16	1	2	24	544
	(g)	53	1374.6	21.6	21.7	14.5	12.8	783.4	4185.8	1610.7	496.9	303.8	4732.3	13611.1

の影響で浮きあがってきたものと考えられている。文化層はⅢa層，特にⅢa層上部を中心として分布する第1文化層（以下，上層）と，Ⅳa層からⅣb層，特にⅣb層を中心として分布する第2文化層（以下，下層）に分けられる（表2.05・図2.18，須藤ほか1973）。上層では湧別技法白滝型細石刃核を伴う石器群，下層では石刃製作技術を伴う石器群が確認された（須藤ほか1973）。Ⅱ層からⅤ層出土の遺物に関しては，おおむね出土位置を記録して取り上げており，上層と下層は垂直分布において互いの間に分布が希薄な部分がみられる（図2.18）。

　上層資料では礫を含めて4,921点が出土している。砕片が約半数を占め，剝片・砕片を合わせると全体点数の8割を超える（表2.01）。そのうち，細石刃核はブランクを含めると8点あり，白滝型が2点（図2.19の2），幌加型が2点（同4），白滝型細石刃核のブランクが3点，札滑型細石刃核のブランクが1点出土している。スキー状スポールにも湧別技法白滝型によるものと湧別技法札滑型によるものが含まれる。白滝型細石刃核に関しては，関連するブランクやスポールの接合資料が得られている（同1・3）。細石刃は幅狭のものと幅広のものに分けられ，前者は湧別技法白滝型によるもの，後者は湧別技法札滑型もしくはホロカ技法によるものと判断できる。トゥールには荒屋型を含む彫刻刀形石器やエンド・スクレイパーを比較的多く組成する（同5）。石材としては黒曜石のほかに頁岩，安山岩，瑪瑙，凝灰岩，砂岩がみられる。敲石にしか使われていない砂岩を含めても黒曜石が全体の約93％，砂岩を除けば約98％にも及び，次点で多い頁岩でも0.94％にしか及ばない（表2.06）。

　下層資料については，山田晃弘，千葉英一によって資料の報告および分析がなされている（山田1986，千葉1989）。また，村上裕次（2007）は上層と下層では垂直分布だけでなく平面でも遺物の集中地点が分かれることを示したほか，母岩分類と剝片の属性分析を行い，剝片剝離技術の運用を明らかにしている。トゥールとしては尖頭状石器やスクレイパー，片刃礫器を含み，16点の石核が確認されている（図2.20）。編年的位置付けとしては，指標となるトゥールは確認できないものの，石器製作技術の特徴をもとに恵庭a火山灰下位相当と位置付けられている（山原1996）。礫・礫器を除いた石材組成では，黒曜石が95.4％を占め，重量比でも86.1％を占める（表2.07）。

第3節　タチカルシュナイ遺跡群

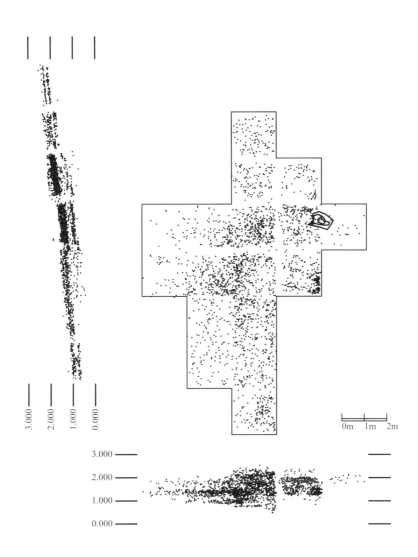

図2.18　タチカルシュナイ第Ⅴ遺跡C地点遺物分布図

64　第 2 章　対象資料

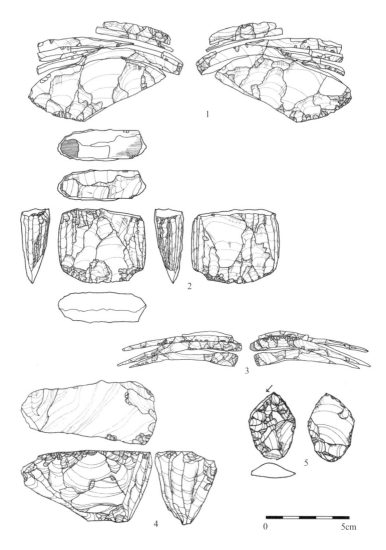

図 2.19　タチカルシュナイ第 V 遺跡 C 地点上層出土資料
(1 〜 3 は筆者実測，4・5 は吉崎編 1973)

第3節 タチカルシュナイ遺跡群

表2.06 タチカルシュナイ第V遺跡C地点上層の石材組成

	黒曜石	頁岩	安山岩	瑪瑙	凝灰岩	総計
剝　片	4207	17	2	1	1	4233
石　刃	35	1				36
細石刃	382					382
細石刃核	8					8
ファーストスポール	28					28
スキー状スポール	75					75
彫刻刀形石器	30	5				35
複合石器（彫掻器）	1					1
彫刻刀スポール	48	3				51
エンド・スクレイパー	14	3				17
サイド・スクレイパー	19					19
ドリル	3					3
尖頭器	1		1			2
両面調整石器	3	1				4
小型舟底形石器	1					1
石　核	14			1		15
総　　計	4869	30	3	2	1	4910

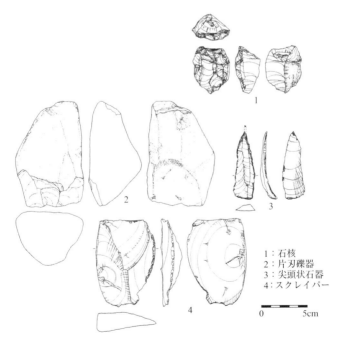

1：石核
2：片刃礫器
3：尖頭状石器
4：スクレイパー

図2.20 タチカルシュナイ第V遺跡C地点下層出土石器（村上2007より作成）

第2章　対象資料

　第Ⅴ遺跡の資料・調査記録などは複数の機関に分かれて保管されている。細石刃核などB地点出土資料の一部とA地点出土資料は遠軽町埋蔵文化財センターにあり，その他のB地点出土資料とA・B地点の調査記録が札幌国際大学に保管されている。C地点の出土資料と調査記録は東北大学にて保管されている。

　また，湧別川流域史研究会所蔵の第Ⅴ遺跡表採資料には，広郷型細石刃核も含まれることを筆者の実見にて確認している。

第4項　タチカルシュナイ遺跡1958年調査の記録

1. タチカルシュナイ遺跡と吉崎昌一

　吉崎昌一はタチカルシュナイ遺跡群においてM-Ⅰ地点を除くほぼ全ての発掘調査で中心的な役割を果たしており，この遺跡群の研究史を紐解くうえで最も重要な人物といえる。吉崎が教鞭をとった札幌国際大学には，氏が調査を行った遺跡の出土遺物や関連資料，蔵書などが寄贈されている（坂梨2014）。その中に含まれる1958年タチカルシュナイ遺跡調査時の野帳について，札幌国際大学のご厚意により筆者が精査させていただいた。1958年調査は本遺跡群で最初に行われた発掘調査であり，60年が経過した今日では調査の詳細を知ることは難しい。遺物は東北大学・明治大学で保管されてきたが，双方とも調査記録は今のところ確認できていない。そのため，現状ではこの野帳が唯一の調査記録となる。

　野帳はサイズの異なる2冊があり，一方には吉崎の署名が施されている。記述された日付は重複しており，内容もほぼ同様である。使い分けられていたものか，署名のない一方は別人のものなのか，現状では判断できない。本書では，この2冊の内容を総合して記述する。

　さらに，当時の発掘調査に明治大学の学生として参加した野村崇氏への聞き取り調査も行うことができたため，野帳の内容を一部検証することができた。

2. 調査日誌

　1958年の調査は8月11日〜16日の6日間で行われたと推測される[5]が，今回の野帳にはそのうち8月11日〜14日の4日間の調査日誌が記

第3節　タチカルシュナイ遺跡群

表2.07　タチカルシュナイ第Ⅴ遺跡C地点下層の石材組成 (村上2007)

石材	器種	尖頭状石器	スクレイパー	鋸歯縁石器	ノッチ	彫刻刀形石器	錐形石器	二次加工ある剝片	剝片	石核	計
黒曜石	(点)	4	14	1	1		1	30	432	15	498
	(g)	53	1175.6	21.6	21.7		12.8	783.4	3739	1156.1	6963.2
安山岩	(点)		2						10	1	13
	(g)		199						440	454.6	1093.6
頁岩	(点)					1			3		4
	(g)					14.5			6.8		21.3
計	(点)	4	16	1	1	1	1	30	445	16	515
	(g)	53	1374.6	21.6	21.7	14.5	12.8	783.4	4185.8	1610.7	8078.1

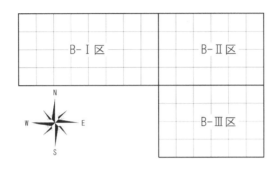

図2.21　タチカルシュナイ遺跡B地点調査区配置図 (縮尺不明)

入されている。

　11日に松沢亜生，野村崇の両氏を同行した吉崎が遠軽で芹沢，遠間と合流し，タチカルシュナイ遺跡の表面採集および段丘面の観察を行った，というのが最初の記録である。翌12日から発掘調査が本格的に開始され，B地点[6]で掘削が開始される。B地点はB-Ⅰ区，B-Ⅱ区（当初はB-Ⅰ拡張区とされていた），B-Ⅲ区の順に範囲を広げながら調査が行われた（図2.21）。B-Ⅲ区まで拡張されたのは8月14日とされ，B地点と併行して13・14日にはpit地区の試掘も行われた。表面採集を除くと，この期間中B地点とpit地区以外で調査を行ったという記録はない。おそらく15日以降にC地点などその他の地点の調査を行ったものと考え

　5）　文献によって調査期間の記述が異なる。概報（芹沢1962a）では8月15～20日，『貝塚（考古ニュース）』80（平井編1958）では8月10日～15日，吉崎氏の調査歴一覧（坂梨2014）では8月11～16日とされている。いずれも6日間という点では一致し，一次記録である野帳との整合性から8月11～16日と推測した。

　6）　原文では「B区」とされているが，概報（芹沢1962）などで「B地点」と呼称されているため本書ではB地点とした。

られる。

14日に限っては，調査参加者の名前も記されている。前述の芹沢・吉崎・松沢・野村・遠間のほか，三橋誠之氏，遠間氏のご子息である遠間健爾氏，大泉溥氏，君尹彦氏らが参加していたようである。

3．B地点調査区配置図

B地点に関しては，B-Ⅰ区，B-Ⅱ区，B-Ⅲ区の配置図が調査日誌と合わせて何枚か記載されている（図2.21）。スケールがないため確実な調査区の大きさは把握できないが，野帳の方眼を用いて常に一定の大きさで記入されている。仮に，図2.21の方眼1マスを50cm四方とすると，B-Ⅰ区は2m×4m，B-Ⅱ区・Ⅲ区はそれぞれ2m×3mとなり，B地点全体で20㎡となる。野村氏への聞き取りでも，調査区面積はおおむねその程度であったと確認できたため，方眼1マスを50cmと換算し，B地点の面積は20㎡として問題ないと考えられる。また，野帳には調査区の東壁中央部が河床との比高17mにあることが記されている。これは現在の地形図（図2.06）ともおおむね合致する。

確認した遺物の一部には，「T-B-Ⅱ-2層」などといった注記が残るものもある。B地点がB-Ⅰ・Ⅱ・Ⅲ区に細分されることが判明した今回の結果より，前述例の「Ⅱ」などが細分された調査区を示すことが分かった。

4．層序柱状図，遺物出土層位

2冊の野帳には，B地点とpit地区の土層柱状図が書かれている。B地点（図2.22）は黒色土層，A1，A2，B，C，D，E，礫層の8層に，pit地区（図2.23）はa，b，c，d，eの5層に分層されている。ただし，pit地区に関しては層名しか注記がなく，堆積物などは柱状図の表現をB地点と比較して推定するほかない。

B地点において，遺物は黒色土層直下のA1層からA2層にかけて細石刃[7]や両面調整石器，荒屋型彫刻刀などが出土し，E層から中型の

7）　原文では「micro-spall」と記載されている。このほか「フナゾコ」と書かれたものもあり，舟底形石器か細石刃核を指すものと思われる。

第3節　タチカルシュナイ遺跡群

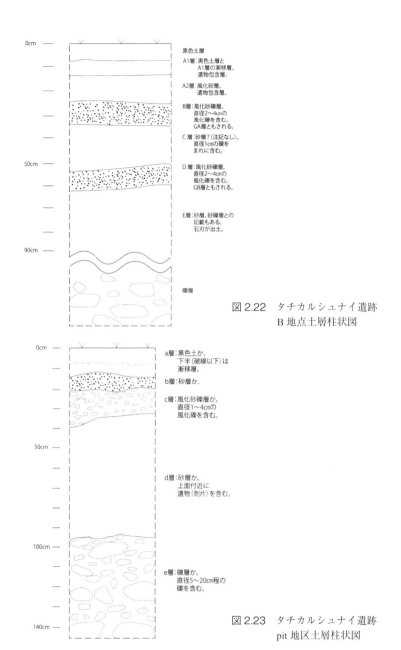

図 2.22　タチカルシュナイ遺跡 B 地点土層柱状図

図 2.23　タチカルシュナイ遺跡 pit 地区土層柱状図

石刃が出土したとされる。芹沢・井川両氏の報告（Serizawa and Ikawa 1960）と比較すると，前者は上層に該当し，後者は下層に該当する可能性が考えられる。中層は上層との間層を挟まずに設定されているため，調査後の整理で上層から分離されたものの可能性がある。下層は両氏の報告と深さが異なるものの，本章註3で示したように層厚の誤植が考えられることを踏まえ，B地点のE層が下層に該当する可能性を指摘しておきたい。

　また，遺物の注記にはアルファベットは用いられておらず，「2層」などといった記載がなされている。これらの対応関係は今後明らかにする必要がある。

第5項　小　結

　本節では，タチカルシュナイ遺跡群各地点の概要・調査歴・出土資料をまとめ，本書で対象とする3遺跡の出土資料について記述した。また，タチカルシュナイ遺跡1958年調査の記録として吉崎氏の野帳記載の内容を精査した。

第4節　本州の札滑型細石刃石器群

第1項　角二山遺跡

1. 遺跡の概要

　角二山遺跡は，山形県北村山郡大石田町に所在し，最上川が形成した河岸段丘，尾花沢I面の西端部に立地する（図2.24・25）。南からは最上川，北東からはその支流である丹生川が流れ，両者は遺跡の北西2.3km地点で合流する。標高は76.3mであり，段丘下の沖積平野とは約13m，最上川現河床面とは約30mの比高差がある。1970年の学校建設に伴う整地事業の際に発見され，同年に加藤稔らによって発掘調査が行われた（加藤ほか1971，加藤1973，宇野・上野1975）。この調査で確認された第二文化層は東北地方で初めて発掘された細石刃石器群であり，学史上重要な遺跡として評価される。なお，第二文化層より上位の表土層からは縄文時代前期末とみられる縄文土器片や竪穴住居跡が確認され，第

第4節　本州の札滑型細石刃石器群

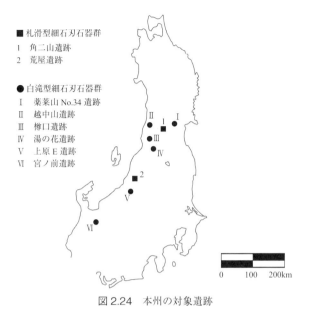

図 2.24　本州の対象遺跡

表 2.08　角二山遺跡 2017-2020 年出土資料の器種・石材組成

	黒曜石	他石材	合計
剝片	63	5726	5789
石刃		29	29
石核	1	14	15
細石刃	47	1017	1064
細石刃核	3	6	9
ファーストスポール		2	2
スキー状スポール		7	7
エンド・スクレイパー		15	15
サイド・スクレイパー		11	11
彫刻刀形石器	1	10	11
彫刻刀スポール	1	63	64
尖頭器		2	2
ドリル		2	2
ノッチ		1	1
礫器		5	5
合計	116	6910	7026

72 第 2 章 対象資料

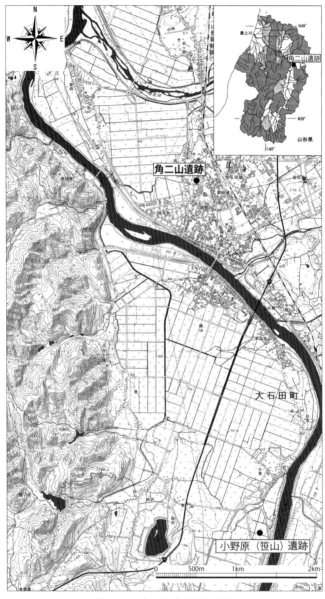

図 2.25 角二山遺跡周辺地図

一文化層とされた。第二文化層から下位では石刃やナイフ形石器が出土し，第三文化層とされた。その後，2013 年には大石田町教育委員会による範囲確認調査が行われ，細石刃石器群包含層の残存が確認された（渋谷・海藤 2015）。

2017 年から 2020 年にかけては東北大学による発掘調査が実施された（青木ほか 2017・2018・2019・2020, Kanomata et al. 2022, 鹿又 2023）。その結果，肘折尾花沢軽石層（Hj-O：約 11,000〜12,000 年前，町田・新井 2003）直下の 3a・3b 層から，4 つの石器集中に大別される 7,026 点の石器が出土した（表 2.08）。また，調査区中央では炭化物集中も認められた。本書では，この 2017〜2020 年調査出土資料を対象として扱う。

2. 器種組成・石器製作技術

石器集中は，札滑型細石刃核を含み調査区中央に位置する第 1 石器集中，黒曜石製の稜柱系細石刃核を含む調査区東端の第 2 石器集中，札滑型細石刃核と幌加型細石刃核，薄手木様形の尖頭器を含む調査区南西部の第 3 石器集中，攪乱を受けており様相が明らかでないが頁岩製細石刃を含み調査区北西部に位置する第 4 石器集中に分けられる（図 2.26）。ただし，整理途上にあるため石器群ごとの厳密な器種・石材組成を現段階で提示することはできない。そのため，後述する本州の白滝型細石刃石器群との器種組成併記はせず，以下では各器集中で出土した器種を挙げて器種組成の概要を提示する。なお，第 4 石器集中は攪乱の影響で石器集中の範囲を捉えることが難しいことから，第 1〜3 石器集中の言及に留める。

第 1 石器集中では珪質頁岩製の細石刃，細石刃核など湧別技法関連資料のほか，荒屋型彫刻刀，角二山型掻器，サイド・スクレイパー，黒曜石製の細石刃核，細石刃，彫刻刀形石器などが出土している（図 2.27, 青木ほか 2017・2018）。黒曜石製細石刃核（同 3）は典型的ではないものの，広郷技法による可能性を検討しうるものである。黒曜石製細石刃には湧別技法によると考えられるもの（同 7）のほか，平坦な細石刃核側面を残しており広郷技法との関連が想起される細石刃（同 8）もあることから，細石刃核（同 3）と合わせて広郷技法の存在を認められる。本州における広郷型細石刃核の例は，本遺跡のほかに山形県滝 1 遺跡で

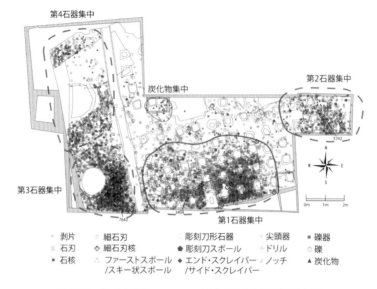

図2.26　角二山遺跡2017-2020年調査出土遺物平面分布図

の採集資料1点のみ（加藤ほか1982，渋谷・安彦・佐々木2016）に限られる。事例は少ないものの，北海道から本州への南下を示す。なお，第1石器集中から北に約1m離れた地点では炭化物集中が確認されている。

第2石器集中では黒曜石製の稜柱系細石刃核や細石刃，珪質頁岩製の細石刃，ファーストスポール，彫刻刀形石器，角二山型掻器，石刃素材のエンド・スクレイパーなどが出土している（図2.28，青木ほか2018・2019）。珪質頁岩製の細石刃は湧別技法によるものと想定され，黒曜石を素材とする稜柱系細石刃製作技術と共存していたと考えられる。

第3石器集中では幌加型細石刃核，スキー状スポール，細石刃，彫刻刀形石器，エンド・スクレイパー，サイド・スクレイパー，尖頭器が出土している（図2.29，青木ほか2019・2020）。尖頭器は薄手木様形で珪質頁岩製とデイサイト製のものが1点ずつみられる。尖頭器の形態から，神子柴・長者久保石器群との関連が検討される。

3. 使用石材

各石器集中のほとんどは最上川流域で採取されたと思われる珪質頁岩

第4節　本州の札滑型細石刃石器群

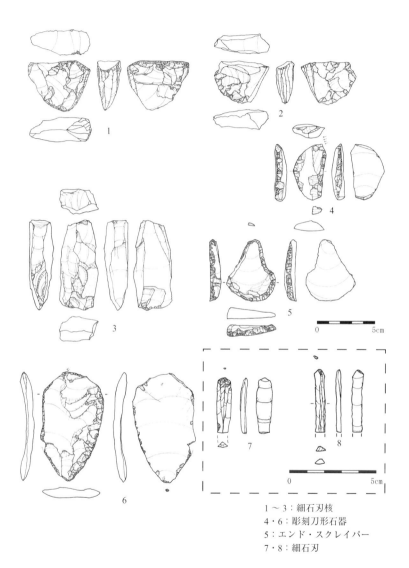

1～3：細石刃核
4・6：彫刻刀形石器
5：エンド・スクレイパー
7・8：細石刃

図2.27　角二山遺跡第1石器集中出土石器
（3は筆者実測．他は青木ほか2017・2018より作成）

76　第2章　対象資料

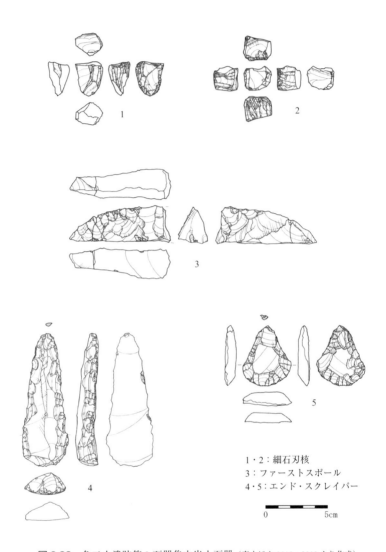

1・2：細石刃核
3：ファーストスポール
4・5：エンド・スクレイパー

図2.28　角二山遺跡第2石器集中出土石器（青木ほか2018・2019より作成）

第4節　本州の札滑型細石刃石器群

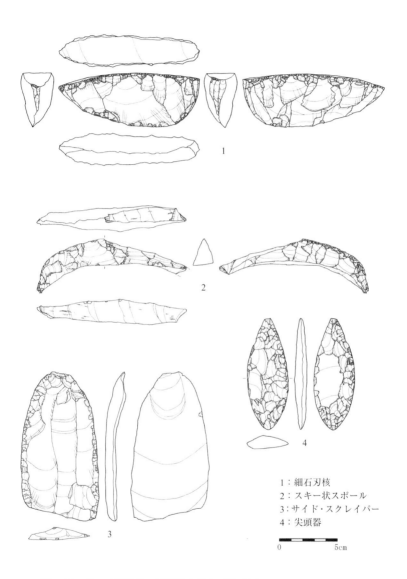

図 2.29　角二山遺跡第 3 石器集中出土石器（青木ほか 2019・2020 より作成）

で構成されているが，第1・2石器集中では合わせて116点の黒曜石が含まれる。これは石器総数7,026点の約1.7%にあたる。対照的に，第3・4石器集中では黒曜石は全く含まれない。このほか，第2石器集中では黄褐色の粗い頁岩，第1石器集中の礫器や第3集中の尖頭器にはデイサイトが用いられており，他石材の利用も認められる。

なお，大石田町立歴史民俗資料館に保管されている同遺跡の表採資料（鹿又2004・2008）と1970年調査資料には北海道白滝赤石山産の黒曜石で製作された石器が含まれることが黒曜石原産地分析によって明らかにされている（鹿又・佐々木2015，安彦ほか2017，渋谷・佐々木2018）。

4. 遺跡の年代・古環境

各石器集中は，ともにHj-Oの直下から出土している。また，筆者らが実施した出土炭化物の^{14}C年代測定によって，第1石器集中で14,535±40 yrBP（PLD-43816），第2石器集中で14,630±45 yrBP（PLD-43570），第3石器集中で14,820±45 yrBP（PLD-43568），第4石器集中で14,500±40 yrBP（IAAA-201541）との年代が得られたほか，第1石器集中から約1m離れた炭化物集中では14,585±40 yrBP（PLD-43816）～14,910±50 yrBP（IAAA-201538）の年代が得られた（Kanomata et al. 2022，図2.26）。石器集中間では非較正で100～300年ほどの開きがあるが，比較的まとまっているといえる。ただし，石器集中間の接合は認められておらず，各石器集中は時期を違えて残された可能性も想定される。

第2項　荒屋遺跡
1. 遺跡の概要

荒屋遺跡は，新潟県長岡市（旧川口町）に所在し，信濃川と魚野川の合流地点に張り出した標高約86mの河岸段丘面に立地する（図2.24・30）。1958年に芹沢長介によって発掘調査が行われた（芹沢1959）。2,000点以上の石器が出土し，当時北海道でのみ確認されていた細石刃製作技術（のちの湧別技法）による細石刃・細石刃核と，400点を超える彫刻刀形石器の存在が耳目を集めた。本遺跡の資料をもとに荒屋型彫刻刀が設定され，日本列島だけでなく海外でも類似資料が確認されて

いくこととなる。東北日本の細石刃文化研究のうえで欠かせない遺跡となったが，正式報告が刊行されなかったことから，遺跡の情報は個々の論文に依る部分が多かった。1988・1989 年に東北大学考古学研究室による第 2・3 次発掘調査が行われ，2003 年に報告書（芹沢・須藤編 2003）が刊行された。遺構群のほか，9 万点に及ぶ出土資料や自然科学分析が報告され，日本列島の細石刃文化研究における一つの定点となった。本書でもこの第 2・3 次調査出土資料を対象とし，下記でも同資料について記載する。2001 年には川口町教育委員会による第 4 次発掘調査（範囲確認調査，沢田・田海編 2002）が行われ，2004 年に国史跡に指定された。

　第 2・3 次発掘調査では，日本列島の旧石器遺跡としては極めて稀な竪穴住居状遺構 1 基と土壙 19 基が報告された（芹沢・須藤編 2003）。近年，沢田敦（2014）は遺構の立地，前後関係などから帰属時期や形成過程を再検証した。その結果，遺構群を旧石器時代のものと確認し，その人為性を肯定した一方，低地に立地する竪穴住居状遺構については居住施設ではなく，整地して火を使用した土坑と解釈している。

2. 器種組成・石器製作技術

　報告書（芹沢・須藤編 2003）によれば，器種組成としては細石刃や細石刃核のほか，彫刻刀形石器，エンド・スクレイパー，サイド・スクレイパー，ドリル，尖頭器，礫器など，北方系細石刃石器群に認められるトゥールが欠けることなく揃っている（表 2.09）。本遺跡の特徴は，突出した点数の彫刻刀形石器関連資料にある。彫刻刀形石器（図 2.31 の 4）は 626 点出土し，彫刻刀スポールは 8,349 点出土している。後者の点数は本遺跡の細石刃出土点数をもしのぐものである。遺構群の存在と合わせ，本遺跡が長期間にわたって利用されたことを物語る。

　本遺跡の細石刃核は，大局的には湧別技法札滑型によるもの 9 点（同 1・2）とホロカ技法によるもの 2 点（同 3）に分けられる。湧別技法札滑型による細石刃核のなかには，甲板面がネガ面のもの（同 1）とポジ面のもの（同 2）が認められる。すなわち，後者は細石刃核の甲板面作出時に剝離されたスポール素材といえる。同様の資料は本遺跡の採集資料などにもみられ，大塚和義（1968）はブランクを分割して細石刃核を

表 2.09　荒屋遺跡第 2・3 次発掘調査での器種組成（芹沢・須藤編 2003 をもとに作成）

器　種	点　数	器　種	点　数
細石刃	5590	ドリル	24
細石刃核	11	両面調整石器	8
細石刃核ブランク	9	尖頭器	1
ファーストスポール	18	石刃	2
スキー状スポール	9	二次加工ある剝片	397
彫刻刀形石器	626	剝片（砕片含む）	77366
彫刻刀スポール	8349	石　核	7
エンド・スクレイパー	19	礫　器	2
サイド・スクレイパー	5	計	92434

図 2.30　荒屋遺跡周辺地図（沢田 2014 を改変）

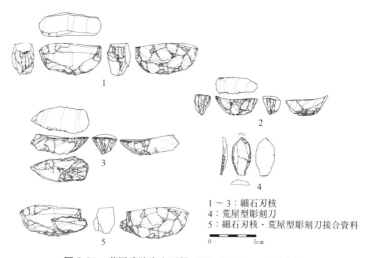

1〜3：細石刃核
4：荒屋型彫刻刀
5：細石刃核・荒屋型彫刻刀接合資料

図 2.31　荒屋遺跡出土石器（芹沢・須藤編 2003 より作成）

製作するこの技術を「荒屋技法」とした。接合資料からは，細石刃核製作時に剥離された剥片を素材に荒屋型彫刻刀が製作された様子もうかがえる（同5）。

3. 使用石材

明確な石材組成は示されていないが，珪質頁岩がほぼ全てを占めるとされ，この他に凝灰岩・碧玉・安山岩などがわずかに含まれる（芹沢・須藤編2003）。重量比では，珪質頁岩が約39kg，その他石材が233g以上とされる（鹿又2015）。大半を占める珪質頁岩について，秦昭繁（2007）は原産地の踏査および石材の観察をもとに山形県の最上川中流域で採取されたものと推定しており，沢田（2014）もこれをおおむね首肯している。報告書では触れられていなかったが，黒曜石製細石刃が5点出土しており，これらの原産地分析も行われている（鹿又ほか2015）。「蓼科系」が3点，「和田峠系1」と「板山系」が各1点とされているが，試料数が少なく，判別基準が不明瞭な点には課題が残る。

4. 遺跡の年代・古環境

細石刃石器群の上位で浅間—草津黄色軽石[8]（As-K：約13,500yrBP，町田・新井2003，関口ほか2011），細石刃石器群の下位で浅間板鼻褐色軽石（As-BP：約22,500〜23,500yrBP，町田・新井2003，下岡ほか2020）の可能性あるテフラが確認された（パリノサーベイ株式会社2003）。また，土壌から採取された13点の炭化物からは14,050 ± 110〜14,250 ± 105yrBP，竪穴住居状遺構から採取された2点の炭化物からは13,690 ± 80yrBPおよび13,700 ± 290yrBPの¹⁴C年代が得られている（北川

8）　浅間—草津黄色軽石（As-K）および浅間板鼻黄色軽石（As-YP）は同一噴火輪廻であることが町田洋・新井房夫（2003）によって示されており，旧石器編年上もほぼ同一のキーテフラとして扱われている。関口博幸ら（2011）によって行われた両テフラの熱ルミネッセンス年代測定でも，As-Kが16±2 ky，As-YPが16±3 kyとほぼ同様のTL年代が出されている。一方で，As-Kは浅間山から北東に，As-YPは南東に降下していることも示されており（町田・新井2003），関口ら（2011）は堆積状況をもとに，「旧石器編年に影響を与えるほどの有意な時間間隙ではない」としながらも両テフラ間に「ある程度の時間間隙が存在する可能性」を指摘している。両テフラをまとめる呼称も提示されていないことを踏まえ，本書では基本的に報告書掲載のテフラ名に準じてAs-K・As-YPと分けて記載するが，同一噴火輪廻のキーテフラとして編年基準の一つとして扱う。

2003)。これらの ^{14}C 年代は，遺構検出試料によるものであり，測定結果が非常にまとまっていることから，東北日本の後期旧石器時代後半期〜終末期の編年上で定点となる。

炭化材の樹種はキハダ・カラマツ属・マツ属・ナシ亜科・ヤナギ属などと同定され，冷温帯性の植生とされた（鈴木 2003）。炭化種実では，食用となるオニグルミが多く検出された。ついでエノキグサ種子も検出されたが，アリによる混入と推定されている（吉川 2003）。

第5節　本州の白滝型細石刃石器群

第1項　薬莱山 No.34 遺跡

1. 遺跡の概要

薬莱山 No.34 遺跡は宮城県加美郡加美町（旧小野田町）の薬莱山西麓に位置し，南北を沢に挟まれた標高約 272 m の舌状台地上に立地する（図 2.32）。周辺には他に 6 か所の旧石器時代遺跡が存在し，「薬莱山麓遺跡群」をなしている。本遺跡は 1993 年に小野田町教育委員会によって発掘調査が行われ（小野田町教育委員会 2000），宮城旧石器研究会（2014）によって詳細が再報告された。遺跡の層序は 7 層に分けられる（図 2.33）。3 層の肘折尾花沢軽石層（Hj-O：約 1.1〜1.2 万年前，町田・新井 2003）下の 4 層（薬莱Ⅱ）から 6 層（薬莱Ⅳ）にかけて，約 4,900 点の旧石器遺物が出土した。遺物分布の中心は 4 層であったとされる。

2. 器種組成・石器製作技術

遺物の分布はおおよそ 2 つの石器集中地点に分けられ，細石刃核やトゥールなど主要な石器は第 1 集中地点から出土した（図 2.34，宮城旧石器研究会 2014）。特徴的な石器としては，甲板面に擦痕をもつ黒曜石製の白滝型細石刃核（図 2.35 の 1）や緑色凝灰岩製の局部磨製石斧（同 3），流紋岩や珪質頁岩製の両面加工石器（同 5・6）が挙げられる（表 2.10）。佐久間光平（2015・2018a）はこれらの資料をもとに，本遺跡が北方系細石刃石器群と神子柴・長者久保石器群の共存を示すものであると評価している。なお，出土層位や平面分布からは一括性が高い石器

第 5 節　本州の白滝型細石刃石器群　　　　　　　　　　　　　　　　　　83

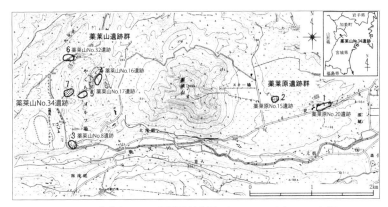

図 2.32　薬莱山 No.34 遺跡周辺地図（宮城旧石器研究会 2014 に加筆）

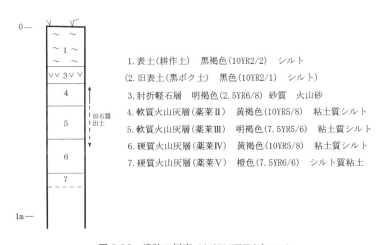

1. 表土(耕作土)　黒褐色(10YR2/2)　シルト
(2. 旧表土(黒ボク土)　黒色(10YR2/1)　シルト)
3. 肘折軽石層　明褐色(2.5YR6/8)　砂質　火山砂
4. 軟質火山灰層(薬莱Ⅱ)　黄褐色(10YR5/8)　粘土質シルト
5. 軟質火山灰層(薬莱Ⅲ)　明褐色(7.5YR5/6)　粘土質シルト
6. 硬質火山灰層(薬莱Ⅳ)　黄褐色(10YR5/8)　粘土質シルト
7. 硬質火山灰層(薬莱Ⅴ)　橙色(7.5YR6/6)　シルト質粘土

図 2.33　遺跡の層序　（宮城旧石器研究会 2014）

第 2 章 対象資料

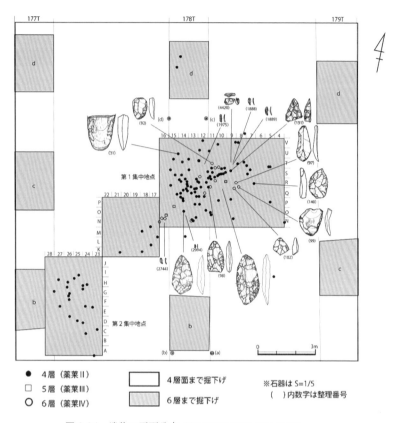

図 2.34 遺物の平面分布（宮城旧石器研究会 2014 を改変）

群と捉えられるが，測量によって出土位置が記録されたのは 131 点のみで，その他の 4,700 点以上は 50cm 四方ごとの水洗選別などにより回収された。調査時や再整理時には神子柴・長者久保石器群と共伴する北方系細石刃石器群の例が少なかったこともあり，2014 年の再報告段階では石器群の一括性に慎重な判断を要するとされた（宮城旧石器研究会 2014）。しかし，後述する新潟県上原 E 遺跡（佐藤ほか編 2018）でも，甲板面に擦痕をもつ北方系の細石刃核と局部磨製石斧調整剥片，両面加工尖頭器の共伴という類例が近年確認されるなど，薬莱山 No.34 遺跡出土石器群の一括性が間接的に補強されつつあると筆者は考えている。

第5節　本州の白滝型細石刃石器群

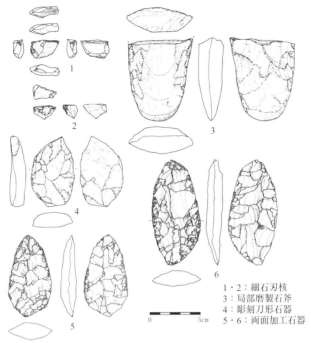

図 2.35　薬莱山 No.34 遺跡出土石器
（1 のみ筆者実測，他は宮城旧石器研究会 2014 より作成）

1・2：細石刃核
3：局部磨製石斧
4：彫刻刀形石器
5・6：両面加工石器

3.　使用石材

　石材組成は明らかでないが，主要なトゥールには珪質頁岩や流紋岩などが用いられる。黒曜石は 153 点と総点数の約 3％で，細石刃や細石刃核にしか使用されていないことが筆者の実見で確認できた（表 2.10）。

　黒曜石製石器の一部は鹿又喜隆ら（2015）によって原産地分析が行われた。本資料から抽出された 3 点が，山形県月山産 2 点・宮城県湯の倉[9]産 1 点とされた。なお，いずれも被熱したものとされている。遺跡出土の約 4,900 点のうち黒曜石製石器の点数は示されていないが，分析結果を肉眼観察結果と統合し，月山産がその主体をなすと鹿又らは結論付けた。

---

9)　原文（鹿又ほか 2015）では「湯ノ倉」と表記されている。

表 2.10　本州の白滝型細石刃石器群対象遺跡の器種組成

遺跡名	遺物点数	石材	細石刃核	細石刃	フリントスポール	スキー状スポール	尖頭器	片面加工石器	両面加工石器	彫刻刀形石器	彫刻刀スポール	エンドスクレイパー・スクレイパー	サイドスクレイパー	ナイフ	ドリル・ビュラン	楔形石器	石錐・石器調整剝片	石核	石刃	剝片類	総計	參考文献
宮城県 栗素山 No.34 遺跡	約4900	黒曜石	1	40																112	153	宮城旧石器研究会 2014 および実見による
		頁岩		71				1	1	1	5						1			?	75<	
		その他	1	30													1			?	44<	
山形県 越中山遺跡 2023 年度 TP01	406	黒曜石		16		3														41	60	青木・鹿又編 2024
		頁岩		4			2					1		1					14	303	324	
		その他								1										21	22	
新潟県 樽口遺跡 A-MS 文化層	5483	黒曜石	29	1220	34	68						19	23	1					5	3966	5364	立木編 1996
		頁岩				3						1									17	22	
		その他				5						1						0			92	98	
新潟県 樽口遺跡 A-MH 文化層	204	黒曜石	3																				
		頁岩		118			1			2	5	20	8	2			1			35	198	
		その他										6									4	6	
山形県 湯の花遺跡 細石刃石器群	-	黒曜石	3	10	1	6	1		2	2	1	1	1			1		1	2	94	121	加藤ほか 1982 / 建石ほか 2014
		頁岩	○	○	○	○				○			○								?	
		その他	○	○	○	○				○			○								?	
新潟県 上原 E 遺跡	8945	黒曜石	16	841	12	14	1	1	1		2	2	1				1	1	24	3027	3940	佐藤ほか編 2018
		頁岩	9	847	8	15		4	13		11	10					55	4	11	2491	3425	
		その他	6	60	10	4		2	16		7	9						4	10	1389	1579	
岐阜県 宮ノ前遺跡 前田地点・16 層	223（チップは除く）	黒曜石	1	4	1	1	12							1						12	33	実見による
		頁岩	5	5			5				1			1						9	23	
		下呂石	9	7			6							1						11	43	
		その他	1	8			6						11	7						85	124	

第5節　本州の白滝型細石刃石器群　　87

4. 遺跡の年代・古環境

遺物分布の中心は，4層であったとされることから，石器群の年代は3層に含まれる Hj-O の降灰，約 1.1〜1.2 万年前（町田・新井 2003）より古いと想定できる。

第2項　樽口遺跡

1. 遺跡の概要

新潟県村上市（旧朝日村）に所在する。奥三面ダム建設に伴って 1992〜1994 年に発掘調査が行われ，上段と区分された標高約 207m の三面川河岸段丘面に，8つの旧石器文化層が確認された（図 2.36，立木編1996）。そのうち白滝型細石刃石器群は A-MS 文化層と名付けられている。出土資料は新潟県有形文化財に指定されている。

本遺跡においては，白滝型以外の細石刃石器群としてホロカ型細石刃石器群（A-MH 文化層）が確認されており，層位的には両文化層を明確に分離できないとされる（立木編 1996，加藤 2001）。近年，ナイフ形石器の文化層に関しては再検討が行われており（立木ほか 2018），細石刃石器群も今後の再検討によって両者が同一文化層とされる可能性もあるが，本書においては A-MS 文化層のみを対象とする。ただし，組成表（表 2.10）では A-MS 文化層と合わせ，参考として A-MH 文化層を併記した。

2. 器種組成・石器製作技術

総点数の 5,484 点[10]のうち細石刃核が 29 点（0.05%），細石刃が 1,220点（22%）を占め，他遺跡よりも高い割合を示す（表 2.10）。細石刃核とファーストスポール・スキー状スポールとの接合資料が多く得られており，白滝型細石刃核の整形・消費段階をうかがい知ることができる（図

10）　発掘調査時には，細石刃の検出を目的として 2mm メッシュの水洗フルイが行われた。報告書（立木編 1996）で示されたこの総点数および器種組成には，フルイで検出された黒曜石製細石刃・スポール類・剝片の全点，3634 点が含まれる。しかし，現在筆者が再検討を進めているなかで，少なくとも黒曜石製剝片には，A-MS 文化層と重複して分布する A-KH 文化層（東山石器群）の剝片が混入している可能性が明らかになりつつある。このため将来的にはフルイ検出資料を含めた器種組成の再検討が必要だが，現在分析中のため本書では報告書記載の総点数・器種組成を採用する。

88　第 2 章　対象資料

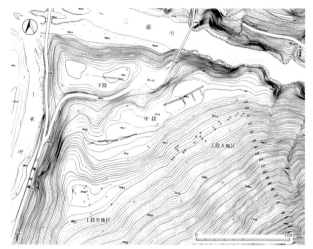

図 2.36　樽口遺跡立地図（立木編 1996 を加工）

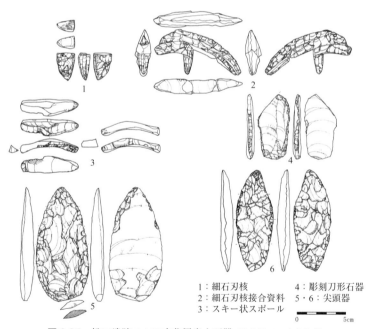

1：細石刃核　　　　　4：彫刻刀形石器
2：細石刃核接合資料　5・6：尖頭器
3：スキー状スポール

図 2.37　樽口遺跡 A-MS 文化層出土石器（立木編 1996 より作成）

2.37 の 1・2）。報告者の立木宏明は，細石刃核に接合するファーストス
ポール・スキー状スポール（同 3）につぶれがみられることから，細石
刃核の擦痕を施すためにスキー状スポールが使用された可能性を示して
いる（立木編 1996）。

　彫刻刀形石器は 1 点のみ出土しており，荒屋型に相当する（同 4）。
尖頭器は 8 点出土しており，1 点が両面加工であるほかは 7 点全てが半
両面加工による（同 5・6）。木様形を呈するものが多く，調整剝片との
接合もみられることから遺跡内での製作が想定される。

3. 使用石材

　石材は黒曜石が 98％を占め，他に無斑晶質安山岩・珪質頁岩が用い
られる。石材組成における黒曜石の突出は，本遺跡の他文化層や他遺跡
の白滝型細石刃石器群と比較しても異質といえる。細石刃や細石刃核は
全て黒曜石製で，白滝型細石刃核の製作工程を示す接合資料が多く得ら
れている。18 点の黒曜石製石器が蛍光 X 線分析装置で測定され，17 点
が男鹿産，1 点が和田峠産と推定された（藁科・東村 1996）。

4. 遺跡の年代・古環境

　[14]C 年代は得られていないが，テフラとの層位関係では浅間―草津黄
色軽石（As-K）の下位，姶良―丹沢火山灰（AT）の上位に位置すること
が明らかにされている（早田 1996）。As-K は約 1.5〜1.65 万年前（町田・
新井 2003），AT は約 3 万年前（Smith et al., 2013）とされるため，本文化
層はその間に形成されたものと想定できる。

第 3 項　上原 E 遺跡

1. 遺跡の概要

　上原 E 遺跡は新潟県津南町に位置し，信濃川最上流部の高位段丘面
に立地する（図 2.38）。2000 年に津南町教育委員会による発掘調査が実
施された。概報（山本 2000）において，擦痕をもつ細石刃核や石斧調整
剝片の存在が示された。後期旧石器時代終末期に特徴的な白滝型・幌
加型細石刃核と神子柴・長者久保石器群に代表される局部磨製石斧が
潜在的に共伴していたという重要性から，複数の論考（佐藤 2002，須藤

90　第 2 章　対象資料

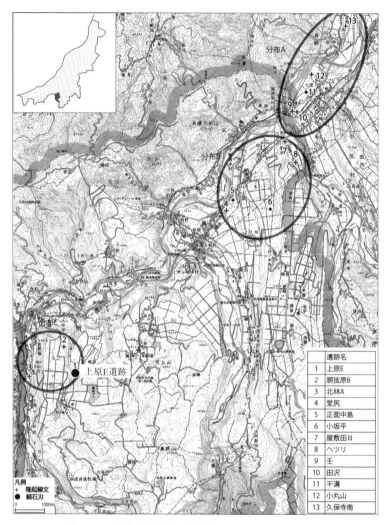

図 2.38　上原 E 遺跡周辺地形図（佐藤ほか編 2018 より作成）

2009，佐久間 2015 など）で言及されてきた。そして，2018 年に調査報告書が刊行された（佐藤ほか編 2018）。なお，白滝型細石刃石器群の再検出を目指し，筆者を代表とする上原 E 遺跡発掘調査団で，2000 年調査区の約 10m 南方隣接地の発掘調査を 2022 年に行った（青木編 2023）。しかし，細石刃石器群は検出されず，明確な旧石器は As-K と AT の間層より礫器 1 点が出土したにとどまった。本書では，津南町教育委員会による 2000 年調査出土資料を対象とする。

2. 器種組成・石器製作技術

　報告書（佐藤ほか編 2018）によれば，上原 E 遺跡の調査区は A・B の 2 地区に分けられ，うち A 地区から 2 つの石器集中部が確認されたとされる。ただし，層位的出土状況や石材組成・石器組成をもとに 2 つの石器集中部は同時性が高いとされる。器種としては前述の細石刃核・石斧調整剥片のほか，細石刃・尖頭器・彫刻刀形石器などが出土している（表 2.10）。

　細石刃核は主に湧別技法とホロカ技法によって製作される。ブランクを除けば細石刃核は 20 点出土しており，黒曜石製が 12 点を占める。うち 6 点が湧別技法白滝型，5 点が幌加型に分類できる（図 2.39 の 1・2）。また，残る 1 点は湧別技法によるファーストスポールの端部から細石刃が剥離されたと考えられるものである（同 4）。そして，本遺跡の細石刃核最大の特徴は黒曜石製細石刃核のうち 10 点の打面に擦痕が施される点にある。甲板面・打面の擦痕は湧別技法白滝型に特徴的な製作技術の痕跡だが，本遺跡では幌加型細石刃核にも施される。同様の事例は少なく，北海道元町 2 遺跡や山形県湯の花遺跡などに限られる（鶴丸編 2008，加藤ほか 1982）。このほか，硬質頁岩（同 3）や凝灰岩，鉄石英製の細石刃核が 8 点出土しており，主に湧別技法・ホロカ技法によって製作される。

　細石刃核の他には局部磨製石斧の接合資料や両面加工の尖頭器が特徴的な遺物として挙げられる（同 5・6）。いずれも神子柴・長者久保石器群を想起させるもので，類似する共伴事例としては，薬莱山 No.34 遺跡で確認された白滝型細石刃核・局部磨製石斧・両面加工尖頭器の事例がある（宮城旧石器研究会 2014）。同遺跡は後期旧石器時代終末期に位置

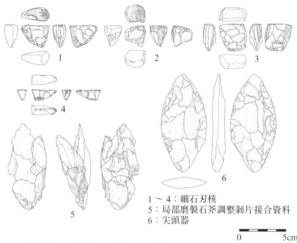

1〜4：細石刃核
5：局部磨製石斧調整剥片接合資料
6：尖頭器

図 2.39　上原 E 遺跡出土石器（佐藤ほか編 2018 より作成）

付けられ，北方系細石刃石器群と神子柴・長者久保石器の共存を示すものと評価されている（佐久間 2018a）。本遺跡の細石刃石器群も，細石刃核の製作技術・共伴する石器の特徴から薬莱山 No.34 遺跡と同時期に位置付けられるものと筆者は捉えている。

なお，本遺跡では石器集中部から約 15m 離れた地点で微隆起線文土器の破片が単独で 1 点出土しているとされる（佐藤ほか編 2018）が，本書で扱う細石刃石器群との関連は明らかでない。

3. 使用石材

8,945 点の石器が出土し，黒曜石が 44％（3,940 点），「硬質頁岩」が 38.2％（3,417 点）を占める。そのほかには凝灰岩や無斑晶ガラス質安山岩，鉄石英，チャート，頁岩などが含まれる。このうち黒曜石・チャートが非在地石材，その他が在地石材とされ，後者で約 51％を占める。黒曜石は細石刃関連資料の他，トゥールにも使用される。

本遺跡出土黒曜石製石器の一部は，建石徹によって蛍光 X 線分析装置を用いた原産地分析がすでに行われている。分析された 16 点のうち 13 点が長野県小深沢，3 点が秋田県脇本とされている（佐藤 2003，佐藤 2018）。ただし，推定される原産地名が示されているのみで，その根拠

となる測定値などが明らかにされていない点が課題といえる。

4. 遺跡の年代・古環境

11点の試料を対象としてAMSによる^{14}C年代測定が行われた。うち2点が後期旧石器時代後半の年代（16,100 ± 50（IAAA-121273），16,190 ± 50 yrBP（IAAA-121274））を示し，この2点についてはトウヒ属バラモミ節と樹種同定されたほか，12,330 ± 40yrBPを示した炭化物（IAAA-121277）がトネリコ属とされた（パリノ・サーヴェイ株式会社2018）。ただし，報告者の佐藤らは他遺跡の様相と比較検討し，これらの^{14}C年代の積極的な採用はしていない（佐藤ほか編2018）。

また，火山灰分析によってⅢ層最上部（Ⅲ1層最上部）からAs-K，Ⅲ層最下部（Ⅲ3層最下部）からATが同定されている（大塚ほか2018）。遺物はⅢ層直上のⅡb層からⅢ層にかけて出土していることから，As-Kに前後する可能性が想定される。

第4項　宮ノ前遺跡

1. 遺跡の概要

宮ノ前遺跡は岐阜県北端の飛騨市（旧宮川村）に位置し，神通川支流の宮川西岸の河岸段丘上に立地する（図2.40）。1989〜1995年，2000年に当時の宮川村教育委員会によって発掘調査が行われた（早川ほか編1998，小島・立田編2000・2002）。うづか・センター・宮ノ前・前田の4調査地点のうち，旧石器のほとんどは前田地点から出土している。前田地点は18層がナイフ形石器文化層，17層が角柱・角錐形細石刃核を含む文化層，16層が白滝型細石刃核および尖頭器を含む文化層，15層以上が縄文時代（草創期含む）文化層とされる。16層からは隆起線文土器片も出土しているが，細石刃石器群との共伴には検討を要する。また，本遺跡16層は白滝型細石刃核として現段階で最西端の事例である。約50km離れた岐阜県高山市（旧高根村）の池ノ原遺跡群では削片系・非削片系とされる細石刃核が多く出土している。細石刃核には擦痕がみられないものの，細石刃核作業面再生剥片には擦痕があるものを含んでおり，白滝型との関連も検討されている（井上ほか2001）。

以下では，本書で対象となる前田地点16層の白滝型細石刃核および

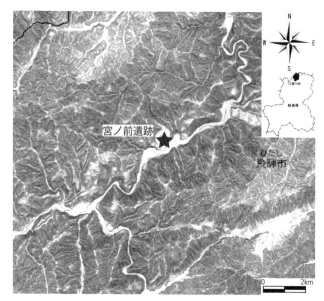

図 2.40　宮ノ前遺跡周辺地形図

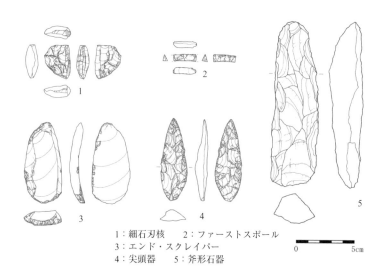

1：細石刃核　2：ファーストスポール
3：エンド・スクレイパー
4：尖頭器　5：斧形石器

第 2.41 図　宮ノ前遺跡出土石器
（1・3・4 は早川ほか編 1998，5 は小島・立田編 2000，2 は筆者実測）

尖頭器を含む文化層を中心に述べる。

2. 器種組成・石器製作技術

報告書では剝片の点数や石材について触れられていないが，出土資料の主体をなす 1998 年報告書（早川ほか編 1998）掲載分について，筆者が実見により分類した器種組成・石材組成を表 2.10 に示す。16 層では，エンド・スクレイパーやサイド・スクレイパーが比較的多く，細石刃がやや少ない（図 2.41）。また，木樣形の両面加工尖頭器も含まれる（同4）。本文化層の細石刃核は黒曜石製の白滝型のみで，ファーストスポール，スキー状スポールも出土している（同 1・2）。ただし，細石刃核作業面再生剝片や細石刃には下呂石製・頁岩製のものも含まれる。

なお，白滝型細石刃石器群の分布域から約 5m 離れた隣接グリッドでは神子柴型と分類しうる斧形石器も出土している（同 5，小島・立田編2000）。

3. 使用石材

石材組成ではチャートが約 3 分の 1 を占めており，下呂石，黒曜石と続く。チャートのほとんどは青灰色のもので，遺跡側を流れる宮川で採取可能とされ，筆者が行った調査でも拳大程度の原石が採取できた。本遺跡は下呂石の原産地である湯ヶ峰から直線距離で約 60km に位置する。下呂石は湯ヶ峰から南西方向に流下するため，湯ヶ峰から北方に位置する本遺跡方面には流下しない。そのため，近隣では採取できない黒曜石とともに，下呂石も外来石材と捉えられる。

4. 遺跡の年代・古環境

本文化層出土試料による自然科学分析は行われていないが，17 層では加工痕ある木片を中心として豊富な有機質資料が得られ，樹種・種実同定や昆虫化石分析がなされている。直上の本文化層にも言及しうるものとしては，^{14}C 年代測定が挙げられる。^{14}C 年代測定では，17 層出土の樹木片から 12,860 ± 160 yrBP（NUTA-3644），同層のトウヒ毬果から 14,550 ± 160 yrBP（NUTA-3637）の ^{14}C 年代が得られた（中村 1998）。ただし，測定値に幅があることから積極的な評価は難しい。

第 2 章　対象資料

第 5 項　越中山遺跡

1.　遺跡の概要

　山形県鶴岡市（旧朝日村）に所在し，赤川が形成した 2 つの河岸段丘面，大鳥苗畑面（標高約 110m）と越中山開拓地面（同約 140m）に広がる（図 2.42）。白鳥忠明氏の採集資料に注目した致道博物館・加藤稔らによって行われた 1958 年の A 地点発掘調査を嚆矢とし，加藤らを中心として行われた踏査および発掘調査によって，1970 年代までにおおよそ 13 地点で旧石器が確認された（酒井・加藤編 1973）。

　1967 年，大鳥苗畑面において甲板面に擦痕ある黒曜石製細石刃核（図 2.43 の 2），いわゆる白滝型細石刃核が採集され，E 地点と命名された[11]。同年に行われた発掘調査では尖頭器（同 1）などが出土したものの，明確な細石刃関連資料は出土しなかった（加藤ほか 1975）。そのため，採集された細石刃核と出土した尖頭器などの共伴関係は明らかでなかった。

　2023 年からは，越中山遺跡調査団による調査が行われている（青木・鹿又編 2024，林ほか 2024）。大鳥苗畑面の複数箇所に調査区が設定され，そのうちの 1 ヵ所，TP01 を中心として細石刃石器群が確認された。出土した黒曜石製細石刃の打面には擦痕が認められ，過去に採集された細石刃核と合わせて，白滝型細石刃石器群と考えられる。また，近接して 1967 年の旧調査区も検出され，同年の調査で出土した尖頭器などの出土地点がおおよそ細石刃石器群の分布域に重複することが確認されたことから，これらも細石刃石器群に共伴する遺物であることが確認できた。

2.　器種組成・石器製作技術

　越中山遺跡調査団による調査で確認された白滝型細石刃石器群は，調査継続中であり未調査部も残っているため，現段階で完全な器種組成は明らかでない。そのため他遺跡との比較は難しいが，ここではすでに報告済みの 2023 年度調査 TP01（青木・鹿又編 2024）での器種組成を主と

　11）　本遺跡は「越中山 E 遺跡」と記載されることもあるが，本書では「越中山遺跡 E 地点」とする。

第5節 本州の白滝型細石刃石器群

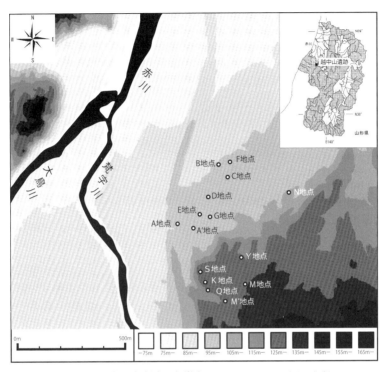

図2.42 越中山遺跡周辺地形図（青木・鹿又編2024をもとに作成）

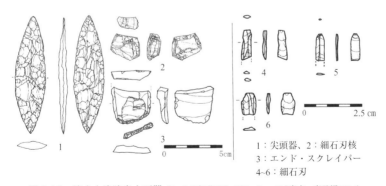

1：尖頭器、2：細石刃核
3：エンド・スクレイパー
4~6：細石刃

図2.43 越中山遺跡出土石器（1・2は加藤ほか1982, 3~6は青木・鹿又編2024）

して示す（表2.10，図2.43）。フルイ検出資料を含めて全406点の石器
が出土しており，細石刃，スキー状スポール，エンド・スクレイパー，
彫刻刀形石器，石刃などが出土している。2023年度調査で細石刃核や
尖頭器は出土していないが，過去の採集資料や1967年調査出土資料に
含まれるものを一括資料としてよいだろう。また，現在整理作業を進め
ている2024年度調査（林ほか2024）では，TP01から東に6mほど離れ
たTP11で横断面がD字型をなす両面調整の尖頭器も出土しており，関
連する可能性がある。

3. 使用石材

　2023年度調査TP01全体でみると，点数比・重量比ともに頁岩が約
80％を占め，ほかに黒曜石・玉髄などが用いられる。ただし，細石刃
関連資料に限ってみると，細石刃は20点中16点が黒曜石製で，スキー
状スポールや採集資料の細石刃核は黒曜石製のみであり，石材構成が逆
転する。2023年度調査出土の黒曜石製石器については原産地分析が行
われており，TP01の60点中58点が男鹿産，1点が月山産，残る1点
は判別不可とされた（青木・佐々木2024）。月山産黒曜石は本遺跡から
10km前後で獲得できる在地石材であり，男鹿産黒曜石は約150km離れた
遠隔地石材である。なお，同年度調査でTP01の約50m北方に設定さ
れたTP03では東山石器群が検出されているが，TP03で出土した黒曜
石製石器全3点はいずれも月山産と判別されており，同遺跡内でも時
期によって利用原産地が異なっていた様子がうかがえる。

4. 遺跡の年代・古環境

　2023年度調査では遺物包含層から採取された試料5点の^{14}C年代測
定がなされたが，2,930 ± 20yrBP，8,090 ± 30yrBP との結果が示され
ている（加速器分析研究所2024）。これらは縄文時代晩期初頭〜前葉およ
び縄文時代早期中葉の年代を示すものであり，石器群の年代を示すもの
ではないと考えられる。

　火山灰分析ではATの上位に位置することが明らかにされ（卜部
2024），植物珪酸体分析ではAT降灰層準を境にササ類の推定生産量が
大きく変化したことが示されている（古環境研究所2024）。

第3章

北海道の湧別技法白滝型に関する研究

は じ め に

　日本列島の後期旧石器時代終末期において，舟底形・楔形細石刃核の打面，すなわち甲板面に擦痕がみられるものが存在する。それらは北海道・本州東北部・九州[1]でみられるが，特に北海道・本州東北部に分布する白滝型細石刃核の技術的特徴とされてきた（吉崎 1958a・1959b・1961，吉崎編 1973，杉原・戸沢 1975）。

　白滝型細石刃核甲板面の擦痕は細石刃剥離の直前に施され（山田 1986），押圧具を固定するための滑り止めであると考えられてきた（藤川 1959，大沼 1995）。製作実験を行った大沼克彦は，擦痕が滑り止めの役割を果たし，黒曜石製細石刃核からの細石刃剥離が容易になることを示した（大沼 1995）。藤川・大沼らの見解の検証には，擦痕を使用しない他の細石刃剥離技法との比較が必要となる。

　また，擦痕がどのように施されるのかという点に関しては，新潟県樽口遺跡出土の白滝型細石刃核に接合するスキー状スポールの基部につぶれがみられることから，スキー状スポールを用いたとする指摘がある（立木編 1996）。同様の指摘は鹿又喜隆（2004）によってもなされている。ただし，これらの指摘は擦痕とつぶれの関係を明確にしたものではないため，顕微鏡観察などからそれらの対応関係を捉える必要がある。

---

1)　船野型細石刃核の一部や福井型細石刃核の一部が該当し，前者は芝康次郎（2011）によって「竹木場型」と定義されている。

上記の課題を解決するために，本章前半では①擦痕を構成する微細痕跡の把握，②擦痕の効果の解明を目的として5つの分析を行った。すなわち，前者に対しては細石刃核および関連遺物の顕微鏡観察（第1節），後者に対しては他の細石刃剝離技法を交えた細石刃形態・細石刃製作技術・細石刃核前面角の比較分析（第2節），擦痕の有無を条件付けた製作実験（第3節）である。

第1〜3節で白滝型細石刃核の理解を深めたうえで，続く第4節では北海道における白滝型細石刃核の類型化を行って再定義を図るとともに，白滝型細石刃石器群の器種組成・細石刃生産技術をまとめ，石器群としての評価を定める。

第1節　細石刃核甲板面にみられる擦痕の微細痕跡的評価

第1項　分析の方法

北海道において，甲板面の擦痕は主に白滝型細石刃核に認められる。その他には，美幌町元町2遺跡（鶴丸編2008）の幌加型細石刃核，遠軽町白滝服部台遺跡（杉原・戸沢，前掲）・倶知安町峠下遺跡（名取・松下1961a）の峠下型細石刃核に認められる。

そこで，まず遠軽町タチカルシュナイ遺跡群（本書第2章第3節）出土の白滝型細石刃石器群を対象に，デジタルマイクロスコープ（KEYENCE VHX-1000）を用いて微細痕跡の観察を行った。観察倍率は100〜500倍で行い，記録の際には必要に応じて深度合成を行っている。なお，本書では擦痕およびそれに直接関連すると思われる痕跡のみ抽出して記載する。その他の痕跡については，別稿にて論じたい。

第2項　タチカルシュナイ第Ⅴ遺跡C地点出土資料

1. 白滝型細石刃核（図3.01）

黒曜石製で厚さ10mmと比較的薄い白滝型細石刃核である。b面には大きなネガ面を残すが，断面形はほぼ左右対称となる。甲板面には両端から1面ずつスポール剝離面が残る。作業面であるc面には大きなステップが生じており，廃棄の原因となったと考えられる。

第1節　細石刃核甲板面にみられる擦痕の微細痕跡的評価　　　101

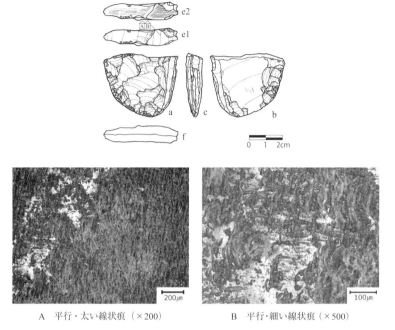

A　平行・太い線状痕（×200）　　　B　平行・細い線状痕（×500）

図3.01　タチカルシュナイ第V遺跡C地点出土細石刃核とその線状痕

　甲板面のほぼ全体で擦痕がみられるが，作業面付近で密度が高く，逆側ではやや希薄になる。擦痕は1本あたり0.1〜0.15mmほどの太い線状痕（図3.01のA）が密集したものであり，1本の線状痕は連続する括弧状の痕跡（例えるならば「(((((」）で構成されることが確認できた。研究史的にいえば，C字状の痕跡（岡崎1983）と呼ばれてきたものである。非常に太い線状痕であることから，比較的固い物質（岩石など）との接触によって生じたものと理解できる。なお，太い線状痕の分布が希薄な部分（線状痕と線状痕の間など）では，太さ5〜10μmほどの細い線状痕（同B）がみられる。これらの方向は周囲の太い線状痕と共通するため，それらと同一の運動によって生じたものと考えられる。
　太い線状痕の向きは甲板面の長軸方向と平行であり，それを構成する括弧状の痕跡は一方向だけでなく逆向きのものも含むことから，擦痕を生じた運動は甲板面の長軸方向と平行に往復する動きであったと推測さ

れる。

2. スキー状スポール（図 3.02）

黒曜石製のスキー状スポールである（図 3.02 の 1）。剥離前に基部付近から中央部にかけては甲板面からｂ面へ側面調整がなされている。直前のスポール剥離によって生じた甲板面の傾斜を修正する意図がうかがえる。

ｂ面基部にはつぶれがみられ，甲板面・腹面のそれと隣接する部分には微小剥離痕が認められるため，削出後の使用による痕跡と考えられる。また，このスキー状スポールの上下にはそれぞれ 1 点のスキー状スポールが接合するが，それらには同様のつぶれがみられないことからも，削出後に生じた痕跡であることが考えられる（同 2）。

つぶれは細石刃核の擦痕と同様に，1 本あたり 0.15㎜前後の非常に太い線状痕（同 A）が密集したものであり，岩石など比較的固い物質との接触によるものと考えられる。なお，太い線状痕の分布が希薄な部分に細い線状痕がみられる点も，細石刃核の擦痕と同様である。

太い線状痕は石器の長軸と直交方向であり，それを構成する括弧状の痕跡は一方向だけでなく逆向きのものも含むことから，つぶれを生じた運動は，スキー状スポールの長軸と直交する往復運動であったと推測される。

第 3 項　タチカルシュナイ第Ⅱ遺跡出土細石刃核・作業面再生剥片 接合資料

1. 接合資料の所見（図 3.03 の 1）

黒曜石製の白滝型細石刃核（図 3.03 の 2）と作業面再生剥片（図 3.04）の接合資料である。作業面再生剥片は左側面に 3 条の細石刃剥離面を残す。細石刃核の甲板面と作業面再生剥片の打面の高さはほぼ同じであることから，後者の剥離後に新たなスポール剥離はなされず，約 30㎜離れた両者間で細石刃剥離が行われたものと考えられる。その後，細石刃核の作業面にステップが生じたことが廃棄の要因と推測される。

第1節 細石刃核甲板面にみられる擦痕の微細痕跡的評価

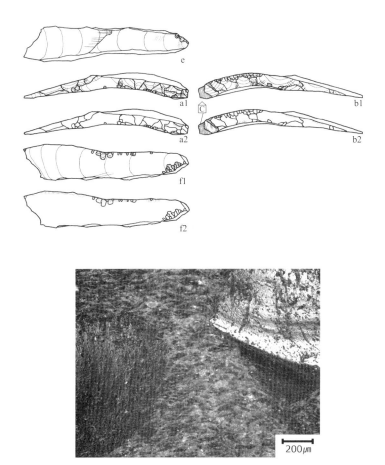

A 直交・太い線状痕（×200）

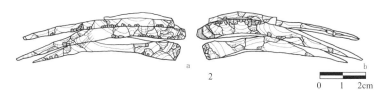

図 3.02 タチカルシュナイ第Ⅴ遺跡 C 地点出土スキー状スポールとその線状痕

104　第3章　北海道の湧別技法白滝型に関する研究

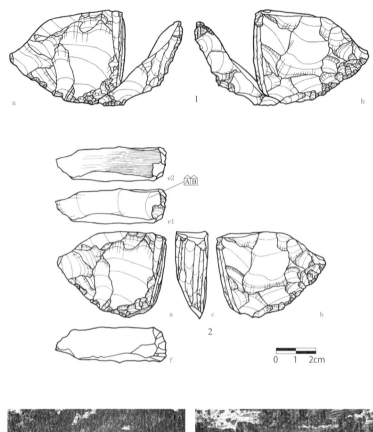

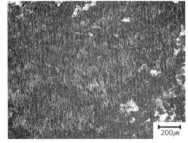

| A　平行・太い線状痕（×200） | B　平行・細い線状痕（×500） |

図 3.03　タチカルシュナイ第Ⅱ遺跡出土細石刃核とその線状痕

第1節 細石刃核甲板面にみられる擦痕の微細痕跡的評価

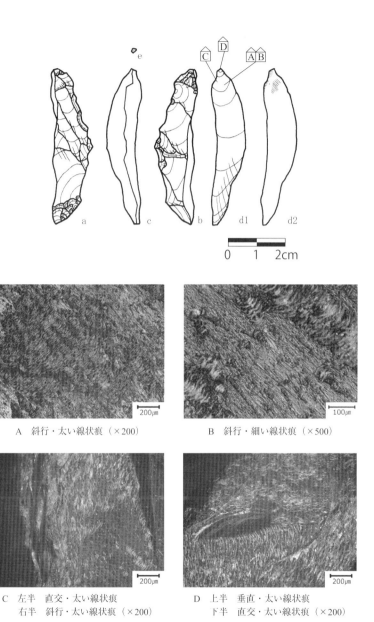

図3.04 タチカルシュナイ第Ⅱ遺跡出土作業面再生剝片とその線状痕

2. 白滝型細石刃核（図3.03の2）

甲板面の作業面側から中ほどにかけて，擦痕がみられる。擦痕は太さ0.1mmほどの太い線状痕からなり，1本の線状痕は連続する括弧状の痕跡から構成される（図3.03のA）。太い線状痕であることから，岩石など比較的固い物質との接触によって生じたものと理解できる。また，太い線状痕の分布が希薄な部分には細い線状痕がみられ（同B），前項の第V遺跡例と同様である。太い線状痕の向きは甲板面の長軸方向と平行であり，それを構成する括弧状の痕跡は一方向だけでなく逆向きのものも含むことから，擦痕を生じた運動は甲板面の長軸方向と平行に往復する動きであったと考えられる。

3. 作業面再生剥片（図3.04）

腹面バルブ部およびバルブ横の左側縁，リップ直下の部分につぶれがみられる。これらはいずれも非常に太い線状痕の密集からなり，括弧状の痕跡で構成されている。バルブ部は太さ0.075～0.1mmほどで石器長軸に斜行（図3.04のA），バルブ横左側縁は太さ0.1mmほどで石器長軸に直交する線状痕が主で，周囲よりやや高い内側の部分に太さ0.05～0.075mmほどで石器長軸に斜行する線状痕がわずかにみられる（同C）。また，つぶれに隣接する石器右側面には微小剥離痕がみられる。リップ直下の部分では太さ0.1mmほどで石器長軸に直交する線状痕がみられた（同D下半）。さらにやや下方の高い部分には太さ0.1mmほどで石器長軸に斜行する線状痕もわずかにみられ，直交の線状痕と切り合っているが，明確な新旧関係は判断できなかった。

打面には擦痕がみられる（同D上半）。これらも太さ0.1mmほどで，石器長軸と垂直，すなわち剥離前の段階では細石刃核甲板面長軸と平行方向の線状痕が密集したもので，連続する括弧状の痕跡で構成される。打面と腹面がなす縁辺では，打面の擦痕とリップ下のつぶれ，それぞれの線状痕が切り合っており，リップ下つぶれの線状痕が打面擦痕の線状痕よりも新しいことがうかがえる。

なお，上記のつぶれ，擦痕を構成する太い線状痕の分布が希薄な部分（線状痕と線状痕の間など）では，太さ5～10µmほどのやや細い線状痕がみられる（同B）。

腹面のつぶれおよび打面擦痕にみられる線状痕を構成する括弧状の痕跡はいずれも一方向だけでなく逆方向のものを含むため，それぞれ往復運動によるものと考えられる。また，非常に太い線状痕であるため，岩石など比較的固い物質との接触によるものと推測される。

これらの位置関係や切り合いを踏まえると，打面に擦痕が施され，剝離された後に腹面を中心に何らかの用途に使用されたものと考えられる。また，腹面のつぶれは，長軸と直交方向および斜行方向の線状痕から構成されるが，混在せずにそれぞれまとまりをもって分布するため，接触部位・保持角度を変えて2度使用されたものと推測される。

第4項　小　結

細石刃核の甲板面および作業面再生剝片の打面（旧甲板面）にみられる擦痕とスキー状スポール・作業面再生剝片にみられたつぶれの観察を行った。その結果，これらはいずれも研究史的にC字状とも呼ばれてきた括弧状の痕跡の列からなる太い線状痕と，その隙間を埋める細い線状痕で構成され，線状痕の太さや特徴が類似していることが分かった。

スキー状スポールでは，つぶれに伴う微小剝離痕が腹面に及ぶこと，上下に接合し直前直後に剝離されたスキー状スポールにはつぶれがみられないことから，剝離前の調整によるつぶれではなく，剝離後の使用による痕跡であると判断できた。

また，作業面再生剝片ではつぶれが腹面にあることから，剝離後につけられたものであることが明白で，かつ打面の擦痕との切り合いから，腹面のつぶれは打面の擦痕よりも新しいものであることが示された。このことから，細石刃核打面への擦痕付与→細石刃剝離→作業面再生剝片剝離→作業再生剝片を用いての擦痕付与，という工程が復元できる。

細石刃核甲板面の擦痕と各資料のつぶれが非常に類似する痕跡であること，それらの接合関係および線状痕の新旧関係を踏まえると，今回取り上げたスキー状スポールおよび作業面再生剝片は，細石刃核甲板面の擦痕を施すために使用された可能性が高いと考えられる。特に，作業面再生剝片は白滝型細石刃核と直接接合する資料であることも踏まえると，その蓋然性はより高まるだろう。従来想定されていたスキー状スポールの他に，作業面再生剝片を用いて細石刃核甲板面に擦痕を施す事

例があることが分かった。細石刃製作の過程で剝離される剝片・スポールが使用されたものと考えられる。また、各資料にみられた線状痕の方向をもとに、擦痕を施す際の動作の復元も可能となった。

なお、今回観察した各資料の擦痕およびつぶれはいずれも主に太い線状痕からなるが、それらの分布が希薄な部分（線状痕と線状痕の間など）では、太さ 5〜10μm ほどのやや細い線状痕がみられた。これらの方向は周囲の太い線状痕と共通するため、両線状痕は同一の運動によって生じたものと考えられる。これらの発生要因としては、①対象物との接触初期には細い線状痕ができ、次第に太い線状痕に埋め尽くされていく、②接触中に生じる、対象物または石器の粉末との接触で発生する、③接触時に主な対象以外の物質（媒材など）が介在している、などが想定される。いずれにしても、最終的には太い線状痕に覆われており、本節および次節の目的である擦痕の効果・影響には変化を及ぼすものではないと判断される。現段階では石器以外の物質を介在しての使用実験は行っていないため、今後実験を行い、線状痕のミクロな形成過程については別稿で論じたい。

第 2 節　白滝型細石刃核にみられる擦痕の効果

第 1 項　細石刃の形態分析

1. 対象資料

擦痕が細石刃に及ぼす影響を明らかにするため、細石刃の形態分析を行った。対象資料は、湧別技法白滝型によるタチカルシュナイ第 V 遺跡 C 地点上層[2]（須藤ほか 1972）、白滝服部台遺跡（杉原・戸沢 1975, 藤山 2016）出土細石刃と、湧別技法札滑型による千歳市オルイカ 2 遺跡（阿部編 2003, 阿部・広田編 2005）、同祝梅川上田遺跡（末光編 2013）出土細石刃で、全て黒曜石製である。なお、タチカルシュナイ第 V 遺跡 C 地点では打面に擦痕ある幅狭な細石刃と、擦痕なく幅広な細石刃が出土しているが（青木 2018）、今回は白滝型によるものに限定するため、打面

---

2)　各表では TC- V と略記する。

第 2 節　白滝型細石刃核にみられる擦痕の効果　　　　　　　　　　　109

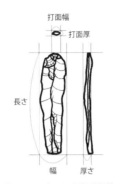

図 3.05　細石刃計測部位

に明確な擦痕がある 26 点を抽出して対象とした。同地点出土細石刃の 7.5％（打面を残す細石刃の 20.3％）にあたる。同様に，白滝服部台遺跡においても明瞭な擦痕がみられる 116 点のみを抽出した。同遺跡出土で筆者が実見・計測できた細石刃の 30.1％（打面を残す細石刃の 79.5％）にあたる。

2. 細石刃法量の比較

　細石刃の長さ，幅，厚さ，打面幅，打面厚を計測した（図 3.05）。各項目について，計測部分が残存しているもののみを対象としている。各計測値のヒストグラムおよび散布図を図 3.06～3.09 に，平均値・中央値を表 3.01 に示す。まず，細石刃自体の長さ・幅・厚さを比較すると，いずれも白滝型が札滑型よりも小さく，長さでは 21～27 ㎜，幅では 1.4～2.6 ㎜前後の差がある。厚さも白滝型がより薄いが，遺跡間の差があり，型式間の差は上記 2 項目ほどはっきりしない。

　一方で，細石刃の打面サイズを比較すると，幅・厚さともに白滝型が札滑型よりも大きく，打面幅では約 0.5 ㎜，打面厚では 0.3～0.4 ㎜前後の差が生じている。

　また，厚さ単体では両型式間にはっきりとした差が出なかったが，厚さから打面厚を引いた値，すなわち細石刃自体の厚さと打面厚の差で比べると，白滝型は 0.3～0.5 ㎜だが，札滑型では 1.0～1.6 ㎜と，顕著な違いがある。

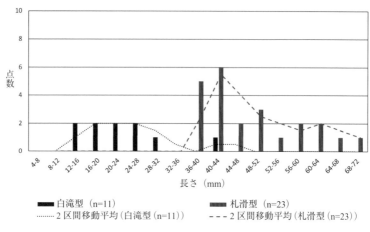

図 3.06 細石刃長さヒストグラム

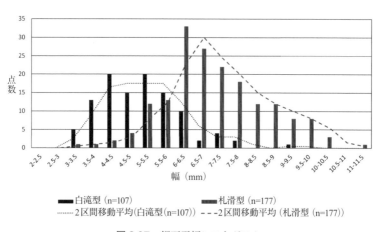

図 3.07 細石刃幅ヒストグラム

第 2 節　白滝型細石刃核にみられる擦痕の効果

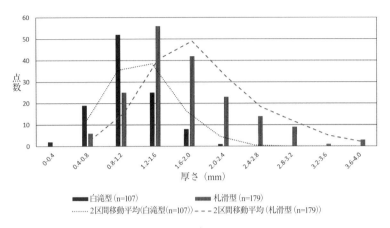

図 3.08　細石刃厚さヒストグラム

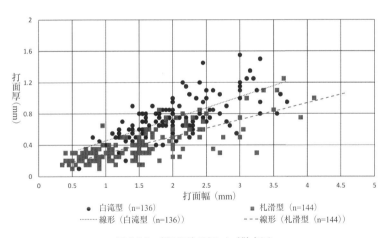

図 3.09　細石刃打面サイズ散布図

3. 細石刃の形態的特徴

細石刃の湾曲・曲がり・ねじれについて観察し，それらの発生率を表3.02に示した。

湾曲はオルイカ2遺跡で最も発生率が高く，祝梅川上田遺跡で最も低い。白滝型の2遺跡はその間に収まり，型式間での差としては認められなかった。細石刃の曲がりは，各遺跡とも発生率がかなり低い。

ねじれは白滝服部台遺跡で50％近くに認められ，他3遺跡では20～30％にとどまっている。この要因には，原産地遺跡という白滝服部台遺跡の性格が反映されている可能性が考えられる。なお，各遺跡とも右よりも左にねじれるものが多い点で共通している。

4. 小　結

細石刃自体のサイズは白滝型が札滑型よりも小さく，細石刃打面のサイズでは白滝型が札滑型よりも大きいことが確認できた。細石刃自体の大きさに関しては従来の認識と同様の結果が得られたが，打面の大きさはそれと逆転することが明らかになった。

一方，細石刃の形態的特徴には遺跡ごとの違いが認められたものの，型式間で大きな差はみられなかった。

5. 擦痕の効果に関する仮説

舟底形・楔形細石刃核の場合，細石刃を剥離していくにつれて細石刃核の甲板面および底縁は後退していき，最終的に細石刃が剥離できなくなった段階で廃棄される。この「細石刃が剥離できなくなる」要因には，①細石刃核の極小化，②細石刃核前面角[3]の鋭角化または鈍角化，③大規模なステップエンドやヒンジフラクチャー，節理などの剥離事故，などが挙げられる。

本項では，白滝型と札滑型の決定的な違いとして，細石刃の厚さから打面厚を引いた値，すなわち細石刃自体の厚さと打面厚の差が大きく異なることが分かった。細石刃1枚あたり，白滝型は0.3～0.5mmだが，札

3）　細石刃核の甲板面と作業面がなす角度（図3.10）を指す。

第 2 節　白滝型細石刃核にみられる擦痕の効果

表 3.01　細石刃計測値（単位：㎜）

| | 擦痕あり（白滝型） | | | |
| | TC-V・擦痕あり | | 白滝服部台・擦痕あり | |
	平均値	中央値	平均値	中央値
長さ	22.56(n=6)	23.58	26.85(n=5)	23.55
幅	5.40(n=17)	5.60	5.07(n=93)	5.00
厚さ	1.12(n=17)	1.00	1.11(n=93)	1.10
打面幅	2.02(n=26)	2.08	2.01(n=114)	1.98
打面厚	0.62(n=26)	0.65	0.78(n=114)	0.75

| | 擦痕なし（札滑型） | | | |
| | オルイカ 2 | | 祝梅川上田 | |
	平均値	中央値	平均値	中央値
長さ	49.54(n=10)	48.13	47.92(n=13)	43.40
幅	7.67(n=118)	7.35	6.80(n=90)	6.75
厚さ	2.01(n=97)	1.90	1.47(n=82)	1.45
打面幅	1.53(n=81)	1.50	1.50(n=63)	1.40
打面厚	0.39(n=81)	0.35	0.43(n=63)	0.35

表 3.02　細石刃の形態的特徴

	湾　曲	曲がり	ねじれ
TC-V（擦痕あり）	内湾：12%，外湾：0% なし：88% (n=26)	右：0%，左：0% なし：100% (n=26)	右：4%，左：15% なし：81% (n=26)
白滝服部台 （擦痕あり）	内湾：15%，外湾：0% なし：85% (n=116)	右：1%，左：1% なし：98% (n=116)	右：24%，左：28% なし：48% (n=116)
オルイカ 2	内湾：17%，外湾：0% なし：83% (n=90)	右：3%，左：2% なし：95% (n=90)	右：2%，左：18% なし：80% (n=90)
祝梅川上田	内湾：8%，外湾：0% なし：92% (n=151)	右：1%，左：2% なし：97% (n=151)	右：9%，左：21% なし：70% (n=151)

表 3.03　ホロカ技法による細石刃の計測値（単位：㎜）

| | 擦痕なし（ホロカ） | |
| | 北上 4 遺跡 | |
	平均値	中央値
長さ	35.40(n=23)	33.32
幅	7.14(n=94)	6.90
厚さ	2.23(n=87)	1.70
打面幅	1.75(n=77)	1.69
打面厚	0.58(n=77)	0.55

滑型では 1.0〜1.6㎜と大きい。この値が大きい場合，細石刃を剥離するにつれて，甲板面よりも早く作業面・底縁が後退していく，すなわち前面角がより鋭角になると考えられる。前面角が鋭角になってしまうと，前述のように細石刃剥離が継続できなくなり，細石刃核を廃棄せざるを得ない。逆にこの値が小さい場合，甲板面が後退する早さと作業面・底縁が後退する早さの差が小さくなり，前面角が鋭角になりづらくなると想定される。

　擦痕がない細石刃核の場合，札滑型以外でも同様の現象が起こりうるか検証するため，参考に幌加型細石刃石器群の細石刃の形態計測値とも比較した。幌加型細石刃核の製作技法は札滑型と異なるが，細石刃核の形態をみると，細長い甲板面があり，その端部から細石刃を剥離し次第に後退していくという点で札滑型細石刃核と共通する。表 3.03 に示したのは北見市北上 4 遺跡ブロック 1・3・7（熊谷編 2011）出土細石刃の計測値である。これをもとに細石刃自体の厚さと打面厚の差を求めると，北上 4 遺跡でも 1.1〜1.6㎜ほどと，札滑型に近い値が得られた。札滑型と幌加型では製作技術が異なるため単純な比較はできないものの，甲板面に擦痕がない舟底形・楔形細石刃核の場合には前面角が鋭角化しやすくなる，という可能性を示せるだろう。

　そこで本項では，甲板面に擦痕がある場合，細石刃の打面が大きくなることによって甲板面の後退が促進され，前面角が鋭角になりづらくなる，という仮説を立て，次項以降でその検証を行う。

第2項　細石刃製作技術の比較

　前項で立てた仮説を証明するためには，まず細石刃打面のサイズが擦痕の影響により変化していることを示す必要がある。擦痕以外の要因によって打面サイズが変化している可能性として，製作技術の違いが考えられる。

　そこで，本項では両者の細石刃製作技術について，細石刃および細石刃核などにみられる技術的要素の比較検討を行う。

　対象資料は前項で対象とした 4 遺跡かつ同石器群の細石刃・細石刃核・スキー状スポールおよびそれらの接合資料である。各遺跡での細石刃製作における諸要素を表 3.04 に示す。割合で表した要素の母数は，

第2節　白滝型細石刃核にみられる擦痕の効果　　　115

表 3.04　細石刃製作技術の諸要素

	頭部調整	打面調整	作業面調整・再生	打面再生	作業面転移
TC-V（擦痕あり）	あり：96% なし：4% (n=26)	あり：0% なし：100% (n=26)	あり	あり：9% なし：91% (n=34)	あり：50% なし：50% (n=2)
白滝服部台	あり：90% なし：9% (n=114)	あり：0% なし：100 (n=114)	あり	あり：38% なし：62% (n=16)	あり：19% なし：81% (n=16)
オルイカ2	あり：100% なし：0% (n=62)	あり：2% なし：98% (n=48)	なし	あり：0% なし：100% (n=11)	あり：0% なし：100% (n=5)
祝梅川上田	あり：100% なし：0% (n=70)	あり 11% なし：89% (n=63)	なし	あり：0% なし：100% (n=2)	あり：0% なし：100% (n=2)

　「頭部調整」「打面調整」が各部位の残存する細石刃の点数，「打面再生」が細石刃核および打面部の残存するスキー状スポールの点数[3]，「作業面転移」が細石刃核および接合資料，となっている。

　細石刃の頭部調整は，札滑型の2遺跡で全点に確認でき，白滝型でもほとんどの資料にみられた。打面調整は白滝型の2遺跡ではみられず，オルイカ2遺跡で2%，祝梅川上田遺跡でも11%と，いずれの遺跡でも低調といえる。

　作業面調整・再生に関しては，以下の3点を満たすものを作業面調整剥片・再生剥片に分類した。①先行する細石刃剥離面を背面に残す，②ステップ除去や前面角の調整など，作業面調整の意図がうかがえる，③打点付近の特徴から押圧剥離によるものでないと判断可能，の3点である。

　以上の分類の後，作業面調整剥片・再生剥片の有無および，細石刃核作業面に残るそれらの剥離痕の有無によって分類した。その結果，白滝型の2遺跡では作業面調整剥片・再生剥片を確認できたが，札滑型の2遺跡ではそれらが確認できなかった。なお，本項目については明確な母数を設定できないため，母数・該当数を示していない。

　打面再生，作業面転移に関しては，白滝型の2遺跡で確認できたが，

　4）　ただし，白滝服部台遺跡ではスポール類の実見ができなかったため，白滝型細石刃核のみを対象としている。

札滑型の2遺跡では確認できなかった[5]。

本項での比較の結果，細石刃の頭部調整・打面調整では型式間で差は認められず，細石刃核などの作業面調整・再生および打面再生，作業面転移が白滝型にのみみられ，札滑型のオルイカ2遺跡・祝梅川上田遺跡にはみられない，という結果が得られた。ただし，これらの要素は直接的に細石刃の打面サイズに影響するものとはいえるものではない。そのため，前項での結果を支持し，擦痕の有無が細石刃の打面サイズに影響しているものと考え，次項での仮説検証に進む[6]。

第3項　細石刃核前面角の比較

細石刃形態分析の結果から，擦痕ある白滝型細石刃核の場合，細石刃の打面が大きくなることによって甲板面の後退が促進され，前面角が鋭角になりづらくなる，という仮説を示した。この仮説を検証するため，細石刃核の甲板面と作業面がなす角度，すなわち前面角の計測を行った（図3.10）。なお，白滝型細石刃核の前面角が札滑型よりも大きく垂直に近いという指摘は，白石典之（1994）によってすでになされている[7]。白石は，その要因として白滝型は押圧によって細石刃を剥離し，札滑型は直接打撃または間接打撃によるという細石刃剥離方法の違いを想定した。しかし，これは髙倉純（2008）によるフラクチャー・ウイングの分析から，札滑型細石刃核からも押圧によって細石刃が剥離されている，と示されたことから否定される。

5）　今回取り上げた2遺跡では確認できなかったが，打面再生や作業面転移が札滑型に全くないというわけではない。厚真町上幌内モイ遺跡（乾編2006）や帯広市暁遺跡スポット5（佐藤・北沢編1986）などで確認されている。ただし，札滑型でこれらの要素が認められる資料は少なく，札滑型よりも白滝型に多く認められる要素である。

6）　擦痕以外の製作技術要素としては，細石刃核に施される頭部調整の程度の差が細石刃の打面サイズに影響する可能性がある。本書では各要素の出現率もしくは有無のみを比較しているため，頭部調整の程度の差については比較できていない。両型式の細石刃核から剥離された細石刃の接合資料から，連続して剥離された細石刃の間に生じる間隙を計測することで，頭部調整の程度を明らかにすることができるだろう。しかし，今日までに報告された白滝型細石刃石器群では細石刃の接合資料はほぼ皆無であり，現時点では両型式の細石刃核に施された頭部調整の程度の差を明らかにすることは困難である。

7）　本書でいう「前面角」を，白石（1994）は「打面と作業面がなす角度」とし，その計測部位によって「角度Ⅰ」・「角度Ⅱ」と細分している。本書で設定した前面角と同じ基準となるのは白石の設定した「角度Ⅰ」に該当する。

第2節 白滝型細石刃核にみられる擦痕の効果

図 3.10 細石刃核前面角計測部位

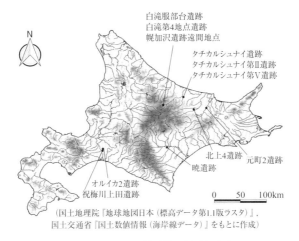

図 3.11 細石刃核形態比較対象遺跡

表 3.05 細石刃核前面角

湧別技法		ホロカ技法	
擦痕あり（白滝型）(n=41)	擦痕なし（札滑型）(n=31)	擦痕あり (n=15)	擦痕なし (n=26)
平均値 87.43°	平均値 70.39°	平均値 89.77°	平均値 74.38°
中央値 88.00°	中央値 71.00°	中央値 89.00°	中央値 78.00°

本書の仮説を検証するため，白滝型・札滑型のほか，幌加型細石刃核についても対象とした。幌加型細石刃核には，元町2遺跡から出土した，擦痕ある細石刃核が存在する。この資料を擦痕のない他の幌加型細石刃核と比較検討する。

対象は，白滝型で5遺跡【タチカルシュナイ遺跡（芹沢1962，本書第2章第3節），タチカルシュナイ第Ⅱ遺跡（吉崎1972，本書第2章第3節），タチカルシュナイ第Ⅴ遺跡C地点（須藤ほか1973，本書第2章第3節），白滝服部台遺跡（杉原・戸沢1975），遠軽町幌加沢遺跡遠間地点（筑波大学歴史人類学系遠間資料研究グループ1990）】，札滑型で4遺跡【オルイカ2遺跡（阿部編2003，阿部・広田編2005），祝梅川上田遺跡（末光編2013），帯広市暁遺跡（佐藤・北沢編1986，北沢編1989），幌加沢遺跡遠間地点（筑波大学歴史人類学系遠間資料研究グループ1990，木村2012）】擦痕ある幌加型で1遺跡【元町2遺跡（鶴丸2008）】，その他の幌加型で3遺跡【北上4遺跡（熊谷編2011），白滝第4地点遺跡（松村・瀬下編2002），暁遺跡（北沢編1988）】の細石刃核である。対象遺跡の位置は図3.11に示してた。計測は報告書掲載の実測図，または筆者作成の実測図をもとに行った。

計測した前面角の平均値・中央値を表3.05に示す。白滝型と札滑型を比較すると，白滝型の前面角が17°程度大きく，元町2遺跡とその他の幌加型を比較すると，元町2遺跡の幌加型の前面角が15°程度大きい。すなわち，擦痕のある2種の細石刃核の前面角がより大きいという結果が得られた。

第4項　小　結

1. 分析のまとめ

本節では，第1項で行った細石刃形態の分析から，甲板面に擦痕がある場合，細石刃の打面が大きくなることによって甲板面の後退が促進され，前面角が鋭角になりづらくなる，との仮説を立てた。それに対し，第2項の白滝型と札滑型の製作技術の比較分析では，細石刃の打面サイズに影響を与えると考えられる要素について，両者で大きな違いはみられなかった。

そして，第3項で行った細石刃核前面角の分析から，擦痕ある細石

第2節 白滝型細石刃核にみられる擦痕の効果

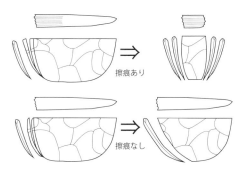

図3.12 細石刃核消費形態模式図

刃核は，擦痕ない細石刃核に比べて前面角がより垂直に近いことが明らかになった。

これらを総合すると，細石刃核甲板面の擦痕には細石刃1枚あたりの打面サイズを大きくする効果があり，それによって細石刃核前面角の鋭角化が防がれている，つまり垂直に近い角度で保たれている，と考えられる。

2. 擦痕が及ぼす影響

本節では，擦痕の効果によって細石刃核前面角の鋭角化が防がれ，垂直に近い状態で保たれる，との結論を得た。この効果は，まず細石刃製作技術にどのような影響を及ぼすだろうか。

想定される細石刃核の消費形態の模式図を図3.12に示した。前面角が垂直に近い角度で保たれた場合，細石刃核が極小化するまで細石刃剥離が可能になると想定される。この想定については，白滝服部台遺跡の資料をもとに湧別技法白滝型の細石刃製作技術を分析した藤山龍造（2016）も，その特徴を「極限まで細石刃の剥離を進める」ものであると指摘していることとも整合しており，蓋然性は高い。また，細石刃核の両端に作業面を設定することも比較的容易となる。

それに対し，擦痕がない札滑型などの細石刃核では前面角が鋭角化しやすく，細石刃核が極小化する前に前面角を要因として廃棄されやすい。これは，本書で行った前面角の分析結果からも示すことができる。そのため，細石刃核が極小化するまで細石刃剥離が可能になることは，

石材消費の効率化・省資源化につながるものと推測される。

本節の分析より，甲板面の擦痕には，細石刃 1 枚あたりの打面を大きくすることによって前面角の鋭角化を防ぐ効果があり，結果として細石刃核からの徹底的な細石刃剥離を可能にしたと考えられる。また，これは石材消費の効率化・省資源化に大きな役割を果たしたものと想定される。

しかし，なぜ細石刃の打面が大きくなるのか，翻せば，なぜ打面の大きい細石刃の剥離が可能になるのか，は本節で明らかにできていない。前節で示したように，甲板面の擦痕は主に幅 0.1mm 前後の線状痕からなり，その線状痕は研究史的に C 字状（岡崎 1983）とも呼ばれてきた括弧状の痕跡の連続で構成される。そのため，線状痕の方向は甲板面長軸と平行するが，ミクロな視点でみると括弧状の痕跡，すなわちキズ一つ一つの長軸は甲板面の長軸と直交する。甲板面の長軸と直交するということは，細石刃剥離時の押圧具の運動方向ともおおむね直交する。そのため，先行研究（藤川 1959, 大沼・久保田 1992）で想定されてきたように，括弧状の痕跡が滑り止めになる可能性も否定できない。大場正善（2023）も横山英介（1971）の論を引用しつつ，「滑り止めとして有効なのは，打面の長軸方向でなく，剥離予定位置に対して，直交に交わる方向」としている。ただし，大場（2023）は白滝型細石刃核の擦痕について，「剥離方向と擦痕の方向が同じであることから」「押圧具の先を余計に滑らすことになる」との見解を示した。大場が示した「擦痕の方向」は肉眼観察からの所見であり，本研究のように顕微鏡下での所見を加えれば，誤認と考えられる。大場自身が指摘するように，「剥離予定位置に対して，直交に交わる方向」のキズで構成される白滝型細石刃核甲板面の擦痕は，滑り止めになりうるといえる。滑り止めの役割を果たしたとすれば，押圧具が滑らず力が効率的に伝わるようになった，という想定も可能だろう。

また，一種のヒビともいえる括弧状の痕跡一つ一つが細石刃核甲板面の作業面側縁辺（＝剥離される細石刃打面の腹面側縁辺）に沿う方向で存在することに着目すれば，それらの部分から剥離が開始されやすくなり，比較的弱い力でも打面が大きな細石刃を剥離できるようになる，という可能性も想定できるかもしれない。今後の検討が必要だろう。

先行研究において擦痕は，細石刃の製作（藤川 1959，大沼 1995），ス
ポールの使用（立木編 1996，鹿又 2004）に関わると言及されてきたが，
本節の成果を踏まえると，それに加えて石材消費戦略にも関わるもの
と理解できる。このことから，擦痕が石器製作だけでなく，技術組織
（Binford 1979，阿子島 1983・1989）の中のより広い範囲に影響を及ぼす
ものと解釈できる。

第3節　擦痕の効果に関する製作実験

第1項　実験の方法

前節において，これまで細石刃剝離時の滑り止めと考えられてきた甲
板面の擦痕に，細石刃剝離を効率化する効果があると推測された。これ
を検証するため，遠軽町埋蔵文化財センターにて同センター学芸員の
瀬下直人氏ご協力のもと，擦痕の有無を条件付けた細石刃の製作実験を
2018 年 12 月 20・21 日に行った。

細石刃核は北海道白滝産の黒曜石を素材とし，タチカルシュナイ第
V 遺跡 C 地点（須藤ほか 1973）出土の白滝型細石刃核ブランク接合資料
（図 3.13）をモデルとして 2 点製作した（図 3.14 の 1・2）。うち 1 点の細
石刃核甲板面を黒曜石製スキー状スポールの基部付近左側面で擦り，擦
痕を施した。スキー状スポールが細石刃核甲板面と直交するように保持
し，甲板面長軸と並行方向に擦っている（同 3）。これは本章第 1 節の
分析において白滝型細石刃核およびそれと共伴するスキー状スポールに
残る擦痕・つぶれの特徴から復元した動作に基づく。細石刃核甲板面の
約 7 割が擦痕で完全に覆われるまで，約 20 分間かけて 1000 回程度擦っ
た。擦痕付与の際には細石刃核を鹿革，スキー状スポールを牛革でくる
んで保持している。以下では，擦痕を施した細石刃核を ST-1，擦痕の
ないもう一方を NST-1 とする（図 3.15）。

細石刃剝離の際には鹿角製押圧具を使用し，細石刃核底縁を木製固定
具に嵌めた上から鹿革でくるんで細石刃剝離を行った（図 3.14 の 4）。

第 3 章　北海道の湧別技法白滝型に関する研究

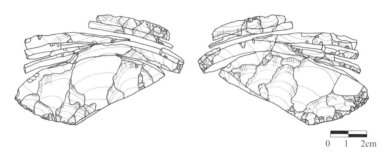

図3.13　タチカルシュナイ第Ⅴ遺跡出土の白滝型細石刃核ブランク接合資料

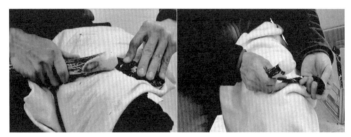

1. 細石刃核製作 ①　　　　　　2. 細石刃核製作 ②

3. 細石刃核甲板面への擦痕付与　　4. 押圧による細石刃剥離

図3.14　実験の様子

第3節 擦痕の効果に関する製作実験

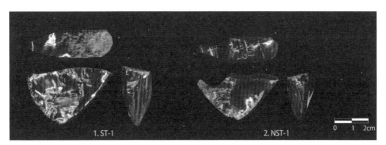

図3.15 実験で製作した細石刃核

表3.06 細石刃核の計測値角

		長さ（mm）	厚さ（mm）	高さ（mm）	前面角（°）
ST-1	細石刃剥離前	86.60	18.90	42.50	89
	細石刃剥離後	52.55	18.15	33.05	60.5
NST-1	細石刃剥離前	84.75	17.30	33.90	72.5
	細石刃剥離後	48.60	12.95	27.00	59.5

表3.07 細石刃の計測値

		長さ（mm）	厚さ（mm）	高さ（mm）	打面厚（mm）	打面幅（mm）
ST-1	平均値	37.35 (n=57)	6.59 (n=73)	1.52 (n=73)	0.48 (n=56)	1.39 (n=56)
	中央値	38.70 (n=57)	6.45 (n=73)	1.45 (n=73)	0.45 (n=56)	1.40 (n=56)
NST-1	平均値	30.63 (n=42)	6.09 (n=72)	1.41 (n=72)	0.31 (n=59)	0.96 (n=59)
	中央値	31.35 (n=42)	6.00 (n=72)	1.35 (n=72)	0.30 (n=59)	0.90 (n=59)

表3.08 細石刃の特徴

	湾曲	曲がり	ねじれ	打面の擦痕
ST-1	内湾：46% 外湾：0% なし：54% (n=78)	右：1% 左：6% なし：93% (n=78)	右：22% 左：41% なし：36% (n=78)	あり：100% なし：0% (n=56)
NST-1	内湾：19% 外湾：0% なし：80% (n=79)	右：0% 左：11% なし：89% (n=79)	右：67% 左：4% なし：30% (n=79)	あり：0% なし：100% (n=59)

第2項　実験の結果

　実験前後の細石刃核の計測値を表 3.06，実験で剝離した細石刃の計測値・属性表を表 3.07，表 3.08 に示す[8]。なお，細石刃および細石刃核の計測部位は前節同様であり，それぞれ図 3.05，図 3.10 に示した。

　ST-1 では 80 点，NST-1 では 82 点の細石刃を剝離した。ただし，それぞれ最初に剝離した稜付き細石刃や作業面調整を意図して大きく剝離した細石刃は分析対象から除外したため，実際の分析対象は ST-1 で 78 点，NST-1 で 79 点であった。実験前後の細石刃核の計測値から，細石刃剝離によって ST-1 は 34mm，NST-1 は 36mm 甲板面が後退していることがうかがえる。細石刃核前面角を比較すると，実験前の ST-1 は 89°，NST-1 は 72.5° と差があったものの，実験後の細石刃核前面角では両者とも約 60° に収束している。

　細石刃の大きさを比べると，幅・厚さの差はわずかだが，長さをみると ST-1 の方が 7mm 長くなっている（図 3.16〜図 3.18）。これは使用した細石刃核の高さの違いに起因するものと思われる。打面厚・打面幅では ST-1 から剝離されたものの方がわずかに大きくなっている（図 3.19）。前節で行った分析では，擦痕ある細石刃の打面の方が擦痕のない細石刃の打面よりも大きい傾向にあることが示されており，今回の実験結果でもわずかな差ではあるが，類似する結果が得られた。

　細石刃の形態的特徴を比較すると，ST-1 から剝離されたものは内湾する割合が高い。そのほか，NST-1 は右にねじれる割合が 67％ と非常に高いが，左右ねじれ合計の出現割合では ST-1，NST-1 に大きな違いはない。両細石刃核とも実験の際には同じ動作で細石刃剝離を行ったため，ねじれの左右別発生率に大きな差が生じたのは，それぞれの細石刃核の甲板面の傾斜など，細石刃核の形態による可能性が考えられる。剝離前に擦痕を施した ST-1 から剝離された細石刃には，全点で打面の擦痕が確認された。なお，剝離実験を行った瀬下氏からの聞き取りでは，押圧具ではなく細石刃核を保持する点で擦痕が滑り止めの役割を果たしているとの指摘があった。

　8）剝離した細石刃は全て計測しているが，それぞれの計測部位が残存しているもののみを分析対象とした。例えば，長さでは完形のもの，幅・厚さでは完形または中間部が残存しているものを分析対象としている。

第 3 節　擦痕の効果に関する製作実験

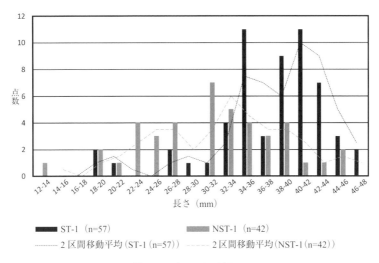

図3.16　細石刃の長さ

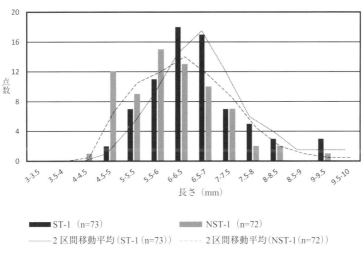

図3.17　細石刃の幅

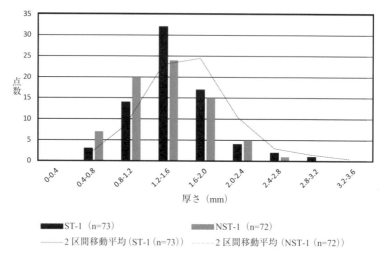

図3.18 細石刃の厚さ

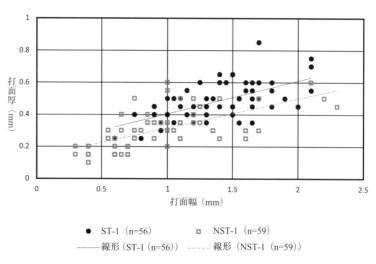

図3.19 細石刃の打面サイズ

第3項　小　結

　今回の実験では，擦痕を施した ST-1 から剝離された細石刃の打面が，擦痕を施していない NST-1 から剝離された細石刃の打面よりも大きいという結果が得られた。筆者が前節で行った出土遺物の分析でも同様の結果が得られており，加えて擦痕ある細石刃核の前面角は擦痕ない細石刃核の前面角よりも大きいことが確認されていた。しかし，今回の実験では細石刃核の前面角は擦痕の有無による差が生じていない。出土細石刃核における前面角の差は擦痕以外の要素によって生じている可能性も考えられるが，実験はまだ一組でしか行えていないため，まずは実験の回数を重ねてサンプルをより多くして検討する必要があるだろう。また，ST-1・NST-1 から剝離された細石刃の大きさ・形態は，それぞれの細石刃核の大きさ・形態による制限を受けており，細石刃の大きさ・形態が細石刃核の大きさ・形態から大きな影響を受けることが示された。今後の実験において，大きさ・形態への影響を検討する場合には，細石刃核の大きさ・形態をより制御する必要がある。

　擦痕の効果に関しての実験中の所見としては，押圧具ではなく細石刃核を保持する点で擦痕が滑り止めの役割を果たしていることが挙げられた。これまでも擦痕には滑り止めの役割が想定されてきたが，押圧具が滑らないようにするもの（藤川 1959，大沼・久保田 1992）という解釈が主であった。そのため，今回の実験では従来からいわれてきた部位とは別の部位に滑り止めとして作用した可能性が考えられる。今回は細石刃剝離の際に，細石刃核作業面に対して正面側から甲板面の縁辺に押圧具を当て，押圧具先端を押し下げるようにして押圧した（図3.14の4）。このほか，細石刃剝離における押圧の動作には，大沼克彦（大沼・久保田 1992）が示したように細石刃核の甲板面上方から縁辺に押圧具を当て，押し出すように押圧する動作（図3.20）など，製作者によっていくつかの動作が考えられる。長井謙治（2009）は有舌尖頭器にみられる斜行剝離の分析から石器づくり伝統，すなわち「石器扱い」という概念を提唱したが，後期旧石器時代における細石刃製作の過程でも同様に各製作者による動作の違い，「石器扱い」の違いが存在した可能性は高い。当時のそうしたバラエティを完全に復元することは不可能だが，過去に行われた実験と今回の実験の結果を踏まえると，擦痕による効果や影響

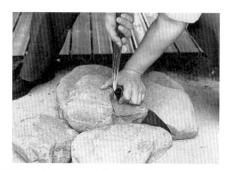

図3.20 大沼氏による細石刃剝離 （大沼・久保田 1992）

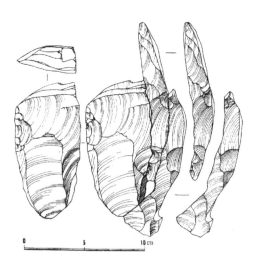

図3.21 吉崎昌一が提示した湧別技法の接合資料 （吉崎1961）

は単一の要素によらず，複数の要素が連鎖して発生するものであること
が考えられる。

第4節　北海道における白滝型細石刃石器群

第1項　湧別技法白滝型および白滝型細石刃核の研究史的定義

　吉崎昌一（1961）によって湧別技法が提唱されて以降，安蒜政雄
（1979），鶴丸俊明（1979），千葉英一ら（1984）をはじめとした多くの研
究者によってその定義が論じられている（図3.21）。ここでは，そうし
た研究史的な定義を振り返る。まず，吉崎（1961）が指摘した湧別技法
の定義のうち白滝型に関わる点は，

　　①厚手で両面加工のポイントを素材とする。
　　②先端に打撃を加えてスポールを剥離する。
　　③スキー状スポールを3～4回程度剥離し，素材のポイントの半分
　　　程度の高さにする。
　　④細石刃を剥離するのと同様の手法でフルーティングを施す。
　　⑤甲板面にはしばしば擦痕が認められる。
の5点にまとめられる。④は当時，吉崎が白滝型細石刃核を細石刃核
ではなく「白滝形舟底石器」と捉えていたことに起因する記述だが，今
日的視点からみれば細石刃剥離と読み替えられる。

　吉崎（1961）の提唱後には，鶴丸（1979）が「一端もしくは両端にお
いて細石刃剥離を行う」点や「両端剥離が進んだ結果錐体，柱体を取る
もの」もある点を指摘し，同年に安蒜（1979）は「擦痕のない打面から
の細刃器の剥離作業は，全くおこなわれていなかった」としている。ま
た，千葉ら（1987）は「スポールの剥離後，側面調整はほとんど行われ
ない」ことを指摘した。これらの論考で，特に甲板面の擦痕は白滝型細
石刃核最大の特徴とされ，重視されてきた。

　その後，白滝型細石刃核については資料の増加が乏しかったこともあ
り，その製作技術研究は停滞していたが，白滝服部台遺跡出土資料の再
整理を進める藤山龍造が近年白滝型細石刃核の製作工程について言及し
ている。藤山は白滝型の細石刃生産について，①素材の作出，②甲板面

第 3 章　北海道の湧別技法白滝型に関する研究

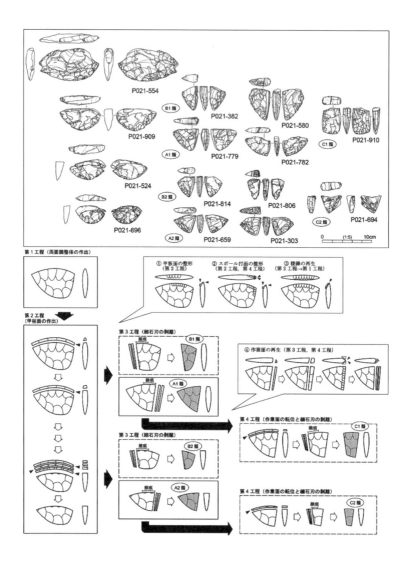

図3.22　藤山が提示した湧別技法白滝型の製作工程模式図（藤山2016）

（打面）の作出，③細石刃の剝離，④作業面の転移と細石刃の剝離，の
4工程と把握し（図3.22），研究史的な定義との差異として，細石刃核素
材となる両面調整石器の平面形がD字形となること，細石刃核に残る
甲板面からの側面調整は限られるもののスポール類には側面調整が認め
られることを挙げた（藤山2016）。また，白滝型細石刃石器群における
トゥールの主たる素材が石刃であり，細石刃核の整形がトゥールの素材
獲得を担わない点で札滑型と異なるとしている（藤山2017）。

第2項　北海道における白滝型細石刃核

　道内では，25の遺跡ないし地点で白滝型細石刃核が確認されている
が，遺物包含層から出土しているのは9遺跡・地点にとどまる（図3.23，
表3.09）。そのうち遠軽町の白滝遺跡群とタチカルシュナイ遺跡群で3
遺跡ずつを占めており，これら以外では千歳市丸子山遺跡，置戸町置戸
安住遺跡，美幌町元町2遺跡のみとなる。これらの細石刃核を総覧す
ると，素材選択や甲板面・作業面の数といった要素を基として下記の類
型に区分できた。

　　〈ブランク・素材の選択〉
　　　Ⅰ類：両面調整石器
　　　Ⅱ類：素材剝片の背面ないし腹面を大きく残す半両面加工ないし片
　　　　　　面加工
　　〈甲板面（打面）の数〉
　　　A：甲板面（打面）が1面
　　　B：甲板面（打面）が2面
　　　〈作業面の数〉
　　　a：作業面が一端
　　　b：作業面が両端

　大半を占めるのは，両面調整石器を素材とし，スポール剝離により1
つの甲板面を作出するものである（ⅠA類）。これらはおおむね断面が
左右対称で，作業面を一端に設けるもの（ⅠAa類，図3.24）と，両端
に設けるもの（ⅠAb類，図3.25）に細分できる。両面調整石器を素材

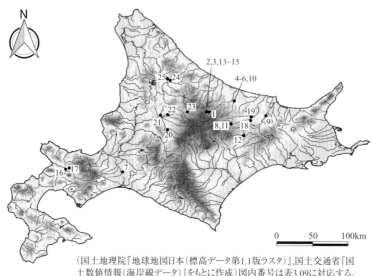

(国土地理院『地球地図日本（標高データ第1.1版ラスタ）』,国土交通省『国土数値情報（海岸線データ）』をもとに作成）図内番号は表3.09に対応する。

図3.23 北海道における白滝型細石刃核出土遺跡の位置

とするが，多少なりとも素材剝片の背面または腹面が残るものが多い。なお，擦痕をもたない細石刃核も白滝服部台遺跡などのごく一部にみられるが，打面再生などによって擦痕のある甲板面が失われたものと考えられる。

　次に，両面調整石器を素材とし，上下でスポールを剝離して 2 つの甲板面[9]を設けるものである（ⅠB 類）。ほぼ平坦な甲板面が上下に存在することから，細石刃核の断面形は長方形を呈する。これにも作業面が一端のみのもの（ⅠBa 類，図 3.26）と両端のもの（ⅠBb 類，図 3.27）がみられる。ⅠB 類は現段階で数点しか確認できておらず，ⅠBa 類はタチカルシュナイ遺跡（1958 年調査，本書第 2 章第 3 項），陸別町ユクエピラチャシ跡（大鳥居編 2007）の 2 遺跡計 2 点，ⅠBb 類は白滝第 30 地点遺跡（長崎 2010）の 1 点のみとなっている。3 点とも上下の甲板面を作出するスポールは上下で逆方向から剝離されている。ⅠBb 類の 1 点は

---

9) 上下に平坦面が生じて断面形が長方形を成すため，厳密には舟底形細石刃核や甲板面といえないかもしれないが，便宜上甲板面と呼ぶ。

表 3.09 北海道における白滝型細石刃核出土遺跡一覧

番号	遺跡名	出土層位	他型式の細石刃核との関係							理化学年代，もしくはテフラとの層位関係	出典
			蘭越	峠下	札滑	幌加	広郷	忍路子	紅葉山		
1	白滝遺跡 Lo.30	包含層			△					黒曜石水和層年代：13,000yrBP	吉崎1961，白滝団体研究会1963，長崎2010
2	白滝遺跡 Lo.32	包含層								黒曜石水和層年代：12,700yrBP	白滝団体研究会1963
3	白滝服部台遺跡	包含層	◎								杉原・戸沢1975，藤山2013・2016
4	タチカルシュナイ遺跡	包含層				○	○				Serizawa and Ikawa 1960，本書第2章第3節
5	タチカルシュナイ第V遺跡B地点	包含層		↓							直井・石橋1973
6	タチカルシュナイ第V遺跡C地点	包含層			◎	○					須藤ほか1973
7	丸子山遺跡	包含層					○			En-a（約19,000-21,000年前）の上位	田村編1994，赤井2005
8	置戸安住遺跡	包含層					○		○		戸沢1967，島田・山科1998
9	元町2遺跡	包含層				◎	○				鶴丸編2008
10	タチカルシュナイ第Ⅱ遺跡	不明		○?	○?	○?					吉崎1972，本書第2章第3節
11	中里遺跡	不明			△?		△?	△?			中沢・矢原編2017，矢原・中沢2018
12	ユクエピラチャシ跡	攪乱層	△								大鳥居編2001・2007・2009
13	白滝遺跡 Lo.33	表採								黒曜石水和層年代：15,200yrBP	吉崎1961，白滝団体研究会1963
14	幌加沢遺跡遠間地点	表採	△	△	△	△					筑波大学遠間資料研究グループ編1990
15	白滝服部台2遺跡	表土		△	↓△			↓△		黒曜石水和層年代：12,789 ± 1,645yrBP，13,793 ± 474yrBP	直江編2007
16	峠下遺跡	表採		↓				△			名取・松下1961a，坂梨・越田2015
17	瑞穂遺跡	表採	△								名取・松下1961b，倶知安町教育委員会1990
18	常川金比羅山	表採									鶴丸1981
19	北上4遺跡	表採									大場・大谷1959，鶴丸1981
20	北美瑛遺跡	表採					△				斎藤1960・1965
21	旭ヶ丘遺跡	表採									斎藤・清杉1958
22	射的山遺跡	表採				↓△					友田1994
23	日東遺跡	表採・表土				↓					長沼・佐藤編2000
24	旭東南出地点遺跡	表採				△					山崎1963
25	日進遺跡篠原地点	表採				△					山崎1964

◎：共伴
○：共伴関係不明または共伴しないが包含層から出土
↓：白滝型よりも下位の包含層から出土
△：表採または表土・攪乱からの出土ないし出土層位不明

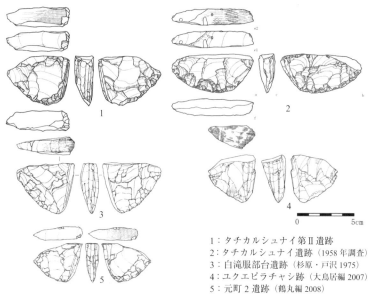

1：タチカルシュナイ第Ⅱ遺跡
2：タチカルシュナイ遺跡（1958年調査）
3：白滝服部台遺跡（杉原・戸沢1975）
4：ユクエピラチャシ跡（大鳥居編2007）
5：元町2遺跡（鶴丸編2008）

図3.24　北海道における白滝型細石刃核ⅠAa類

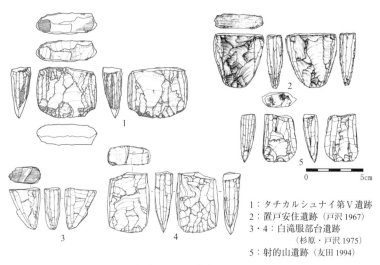

1：タチカルシュナイ第Ⅴ遺跡
2：置戸安住遺跡（戸沢1967）
3・4：白滝服部台遺跡
　　　（杉原・戸沢1975）
5：射的山遺跡（友田1994）

図3.25　北海道における白滝型細石刃核ⅠAb類

第4節　北海道における白滝型細石刃石器群

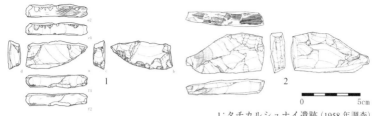

1:タチカルシュナイ遺跡（1958年調査）
2:ユクエピラチャシ跡（大鳥居編2007）

図3.26　北海道における白滝型細石刃核ⅠBa類

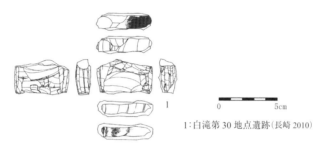

1:白滝第30地点遺跡（長崎2010）

図3.27　北海道における白滝型細石刃核ⅠBb類

上下の甲板面ともに擦痕が施されており，両端の作業面はそれぞれ上下の甲板面を打面としている。なお，ⅠA類と同様にⅠB類も両面調整石器を素材とするが，少なからず素材剝片の背面ないし腹面を残すものが多い。このため，ⅠA類・ⅠB類とも，札滑型のように大規模なリダクションを経て製作されるものは少ないと考えられる。

　素材剝片の背面ないし腹面を大きく残す半両面加工または片面加工のブランクに，スポール剝離によって甲板面を作出するものをⅡ類とする。断面形は薄手のD字形を呈する場合がある。これも作業面が一端のみのもの（Ⅱa類，図3.28）と両端にみられるもの（Ⅱb類，図3.29）に分けられる。白滝型細石刃石器群のまとまった資料が得られている遺跡で1点ずつ程度確認でき，Ⅱa類はタチカルシュナイ第Ⅴ遺跡C地点（須藤ほか1973），白滝第30地点遺跡，倶知安町峠下遺跡（名取・松下1961a）などで，Ⅱb類はタチカルシュナイ遺跡（1958年調査），白滝第30地点遺跡，峠下遺跡，美幌町元町2遺跡（鶴丸編2008）などで認

められる。元町2遺跡および白滝服部台遺跡では，半両面加工の石器を素材とした細石刃剝離前のブランクが出土している（図3.30）。

　各類型の細石刃核に共通して，甲板面からの側縁調整や側面からの甲板面調整が極めて稀であることが追認された。ただし，藤山（2016）も指摘するように，スキー状スポールには側面調整や甲板面調整の痕跡が認められた（図3.31）。特に先行するスポール剝離によって甲板面が傾斜したと想定される場合に多く施されており，甲板面の傾きや側面との角度調整のために行われたと考えられる。

　これらの類型は遺跡間で明確に分かれることはなく，一遺跡内で複数類型が確認されている場合が多い（表3.10）。主要な遺跡における各類型の割合をみると，白滝・置戸といった黒曜石原産地に近い白滝服部台遺跡，白滝第30地点遺跡，置戸安住遺跡ではＩ類の割合が高く，黒曜石原産地から離れたタチカルシュナイ遺跡群や元町2遺跡，峠下遺跡などは相対的にⅡ類の割合が高くなっている。

　このほか，湧別技法白滝型に関連する細石刃核としては，白滝服部台遺跡および峠下遺跡において甲板面に擦痕がみられる峠下型細石刃核，元町2遺跡において同様に擦痕がみられる幌加型細石刃核が確認されている（図3.32）。

第3項　北海道における白滝型細石刃石器群の器種組成とトゥールの素材供給

　本項では，白滝型細石刃石器群の器種組成の検討を行う。発掘調査によってまとまった資料が得られた遺跡として，タチカルシュナイ第Ｖ遺跡Ｃ地点上層（須藤ほか1973），白滝第30地点遺跡（吉崎1961，長崎2010），白滝服部台遺跡（杉原・戸沢1975，藤山2016），元町2遺跡第1ブロック（鶴丸編2008）を中心として取り上げる（表3.11）。

　まず他型式細石刃核などとの共伴関係としては，タチカルシュナイ第Ｖ遺跡Ｃ地点では幌加型細石刃核のほか札滑型細石刃核ブランクおよび札滑型由来と考えられる幅広のスキー状スポールが，白滝服部台遺跡では峠下型細石刃核[10]が白滝型細石刃核に伴って出土している。前項で

---

10)　山田哲（2006）の分類では，峠下型細石刃核3類に相当する。

第4節　北海道における白滝型細石刃石器群　　　　　　　　　　137

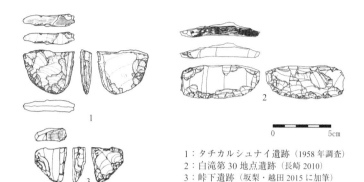

1：タチカルシュナイ遺跡（1958年調査）
2：白滝第30地点遺跡（長崎2010）
3：峠下遺跡（坂梨・越田2015に加筆）

図3.28　北海道における白滝型細石刃核Ⅱa類

1：タチカルシュナイ遺跡（1958年調査）
2：白滝第30地点遺跡（長崎2010）

図3.29　北海道における白滝型細石刃核Ⅱb類

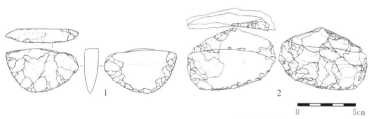

1：白滝服部台遺跡（杉原・戸沢1975）
2：元町2遺跡（鶴丸編2008）

図3.30　北海道における白滝型細石刃核Ⅱ類ブランク

表 3.10 主要遺跡における各類型の白滝型細石刃核

		I Aa	I Ab	I Ba	I Bb	II a	II b	白滝型総数	ブランク	実測図参考文献
タチカルシュナイ遺跡	B 地点	3	1			1		5		筆者実測による
タチカルシュナイ第V遺跡 C 地点	上層		1			1		2	I 類 3 点	筆者実測による
白滝服部台遺跡	第1集中域	26	4					30	I類7点, II類1点	杉原・戸沢 1975
白滝第 30 地点遺跡		7	5	1	1	1	1	16		長崎 2010
置戸安住遺跡		5	3					8	I 類 8 点	戸沢 1967
元町 2 遺跡	第1ブロック	2					1	3	I類1点, II類1点	鶴丸編 2008
峠下遺跡		5	1			1	2	9		名取・松下 1961a
ユクエピラチャシ跡		3	1					4		大鳥居編 2007・2008・2009

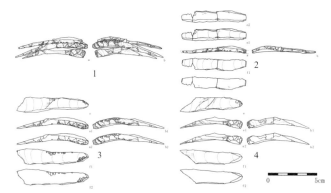

1：スキー状スポール接合資料
2〜4：1を構成するスキー状スポール
いずれもタチカルシュナイ第V遺跡 C 地点出土。
上から 2〜4 の順に接合し、3 に側面調整が見られる。

図3.31 側面調整が残るスキー状スポールの接合資料

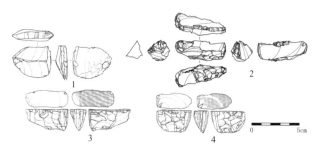

1：白滝服部台遺跡（杉原・戸沢 1975）
2：峠下遺跡（藤山 2016）
3・4：元町 2 遺跡（鶴丸編 2008）

図3.32 白滝型以外で擦痕がみられる北海道の細石刃核

第4節　北海道における白滝型細石刃石器群

表 3.11　北海道における主要な白滝型細石刃石器群の器種組成

		剥片	石刃	細石刃	細石刃核	ファーストスポール	スキー状スポール	彫刻刀形石器	彫掻器	彫刻刀スポール	エンド・スクレイパー
タチカルシュナイ第V遺跡C地点	上層	4233	36	382	8	28	75	35	1	51	17
白滝第30地点遺跡		14	3	2	24	23	82	6	-	33	4
白滝服部台遺跡	第1集中域	-	○	408	35	1	7	14	○		13
元町2遺跡	第1ブロック	1133	26	60	4	3	26	7	0	38	8

		サイド・スクレイパー	ドリル	尖頭器	両面調整石器	小型舟底形石器	石核	礫器	ハンマーストーン	砥石	合計	出典
タチカルシュナイ第V遺跡C地点	上層	19	3	2	4	1	15	2	3	-	4915	筆者の集計による
白滝第30地点遺跡		-	-	4	2					2		吉崎1961・長崎2010に記載あるもののみ集計
白滝服部台遺跡	第1集中域	1	-	10	3		6					細石刃・細石刃核は筆者が実見できた点数。その他は藤山2016に実測図掲載分のみ集計
元町2遺跡	第1ブロック	24	0	2	0	0	3	0	0	0	1306	鶴丸編2008

※剥片・石刃には二次加工あるものを含む

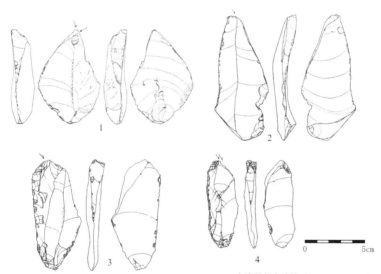

1・2：白滝服部台遺跡（杉原・戸沢1975）
3・4：白滝第30地点遺跡（長崎2010）

図 3.33　北海道の白滝型細石刃石器群に伴う「服部台型彫器」

も述べたように，これらの峠下型細石刃核には甲板面に擦痕がみられるものが1点含まれている。このほか，白滝第30地点遺跡では，出土層位が明らかでないながらも札滑型細石刃核が出土しており（長崎2010），元町2遺跡第1ブロックから120m離れた第38ブロックでは35点の擦痕がみられる幌加型細石刃核に2点の白滝型細石刃核が共伴しているとされる（表3.09，鶴丸編2008）。

彫刻刀形石器に目を向けると，白滝服部台遺跡ではわずかに荒屋型が認められるが，ほか大多数は「服部台型彫器」（杉原・戸沢1975）が占める。「服部台型彫器」は主に厚手幅広の石刃・縦長剥片を素材とし，彫刻刀面が腹面側にめぐる，右斜刃ないし交差刃のものとされる（図3.33）。また，出土事例をみると，頁岩で作られる場合が多い荒屋型とは対照的に，ほとんどが黒曜石で製作されているようである。白滝第30地点遺跡でも荒屋型が認められず服部台型が出土しており，白滝服部台遺跡と合わせてこれに注目した藤山は，「服部台型彫器」が白滝型細石刃石器群を特徴付けるものとしている（藤山2016）。元町2遺跡も白滝第30地点遺跡と同様に荒屋型を含まず，服部台型の可能性ある彫刻刀形石器が出土している。タチカルシュナイ第Ⅴ遺跡C地点でも服部台型が含まれることを筆者の実見にて確認したが，同遺跡では荒屋型彫刻刀も7点認められ，荒屋型が一定数を占める点で他遺跡とは若干様相が異なっている。

エンド・スクレイパーやサイド・スクレイパーはほとんどの遺跡でみられ，タチカルシュナイ第Ⅴ遺跡以外の3遺跡ではトゥールの素材に石刃ないし縦長剥片が多用されている様が見受けられ（図3.34），細石刃核整形時のポイントフレイクをトゥールの素材とする札滑型細石刃石器群とは対照的である。タチカルシュナイ第Ⅴ遺跡でも石刃素材のトゥールが認められるが，多くはない。ただし，同遺跡の白滝型細石刃核2点のうち1点は半両面加工であり，白滝型細石刃核の整形がトゥールの素材剥片供給を担っていたとは考え難い。いずれにせよ石刃や石刃核の存在から，遺跡内において石刃生産が行われていたことは確かであり，タチカルシュナイ第Ⅴ遺跡においても少なからず石刃がトゥールの素材となっていたと考えられる。

このほか，白滝型細石刃石器群に特徴的な石器として，尖頭器が挙げ

第4節　北海道における白滝型細石刃石器群

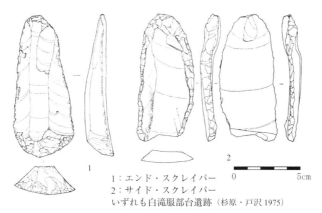

1：エンド・スクレイパー
2：サイド・スクレイパー
いずれも白滝服部台遺跡（杉原・戸沢 1975）

図3.34　白滝服部台遺跡出土の石刃製トゥール

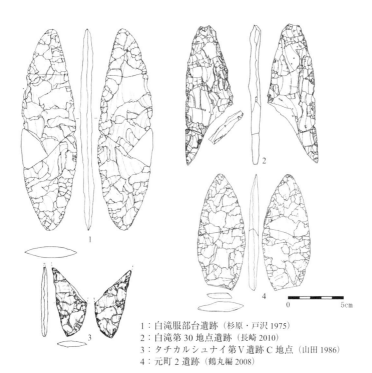

1：白滝服部台遺跡（杉原・戸沢 1975）
2：白滝第 30 地点遺跡（長崎 2010）
3：タチカルシュナイ第Ⅴ遺跡 C 地点（山田 1986）
4：元町 2 遺跡（鶴丸編 2008）

図3.35　北海道の白滝型細石刃石器群に伴う尖頭器

られる（図 3.35）。いずれの遺跡でも木様形ないし柳葉形の尖頭器が認められる。両面加工を主体とするが，一部片面加工の尖頭器を含むようである。ほとんどが黒曜石製でやや薄手だが，タチカルシュナイ第 V 遺跡 C 地点においては黒曜石製のほかに遺跡近隣で採取されたと想定される安山岩を素材とした尖頭器片も出土している。

第 4 項　北海道における湧別技法白滝型

　第 2 項では道内の白滝型細石刃核についてまとめ，第 3 項ではトゥールの検討を踏まえてそれらの素材供給について言及した。以上をもとに，本項では白滝型の細石刃製作技術について，再検討する。

　まず，スポール剝離前のブランク製作までを第 1 段階とする。素材にはやや厚手の剝片が選択される場合が多い。最終的に白滝型細石刃核 I 類となる大半は両面調整で成形されるが，最終的に細石刃核 II 類となる少数は半両面ないし片面加工にとどまる。I 類の場合にはブランクの平面形状が D 字形になるとの指摘があり（藤山 2016），半両面加工の II 類の場合には平面形がおおむね卵形となるブランク接合資料が元町 2 遺跡で確認されている。ただし，白滝型細石刃核はブランク形状が判断できるような資料が少ないため，現状では評価が難しい。II 類にみられる素材剝片腹面を観察すると，素材剝片の剝離軸と成形されたブランクの長軸は直交〜斜交するものがやや多い。この点は，素材剝片の長軸と製作されるブランクの長軸が平行することが多い峠下型細石刃核の特徴（山田 2006）と異なる。湧別技法札滑型の場合には，この細石刃核整形段階で剝離される剝片がトゥール素材となるが，第 3 項で示したように白滝型の場合にはそうした事例は限られるようである。

　ファーストスポールの剝離開始から細石刃剝離前を第 2 段階とする。先行研究で指摘されてきたように，甲板面がブランクの最大幅をとるまでスポールが剝離されるものが多い。剝離されるスポールの本数に言及できるような接合資料は限られるが，タチカルシュナイ第 V 遺跡 C 地点出土の細石刃核ブランクとスポール類の事例（図 3.36）では，ファーストスポールの後に少なくとも 12 本のスキー状スポールが剝離されている。スポール剝離が進む中で甲板面の傾斜などがあった場合には，甲板面からの側面調整や側面からの甲板面調整がなされる。細石刃核自体

第4節 北海道における白滝型細石刃石器群

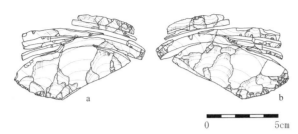

図3.36 タチカルシュナイ第Ⅴ遺跡C地点出土の細石刃核ブランク接合資料

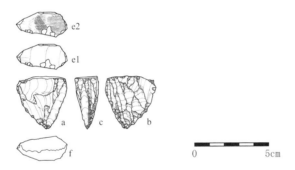

図3.37 底縁からの作業面調整がみられる細石刃核（タチカルシュナイ遺跡出土）

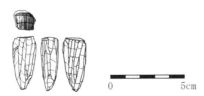

図3.38 円錐形にまで消費された細石刃核（北見市広郷台地採集，鶴丸1981）

に側面調整や甲板面調整の痕跡が認められる例はほとんどないため，これらの調整は以後の第3段階以降では基本的に行われなかったと考えられる。

　甲板面への擦痕付与を第3段階とする。本章第1節での分析から，スキー状スポールや打面再生剥片など，製作工程で剥離される石器を用いて擦痕がつけられたことが示される。同一個体中のスキー状スポール・剥片が使用された可能性が高いが，擦痕をもたない細石刃核ブランクに接合するスキー状スポールにも，擦痕を施したものと同様の使用痕が認められることから，他個体の製作工程で剥離された石器も一部で用いられたと想定される。

　細石刃剥離段階を第4段階とする。この段階では適宜作業面再生や打面再生が行われる。打面再生のためスキー状スポールが剥離された場合には，再度甲板面に擦痕が施される。作業面再生・調整は基本的に甲板面から行われるが，底縁から作業面調整がなされた事例も認められる（図3.37）。

　作業面転移および打面転移を第5段階とする。新しい作業面は旧作業面の反対側端部に設定され，ほとんどの場合は打面転移しないものの（Ⅰ Ab類，Ⅱ b類），底縁に新たな甲板面を設けて打面転移を行うものも1点のみ認められている（図3.27，Ⅰ Bb類）。作業面転移・打面転移にスポール剥離を伴う場合には第2段階へ，スポール剥離を伴わない場合には第3段階もしくは第4段階へと戻り工程を繰り返す。第5段階に至った細石刃核はかなり小型化するまで消費されることもあり，北見市広郷台地では円錐形になるまで消費された白滝型細石刃核も採集されている（図3.38）。

　本項では，北海道における湧別技法白滝型について，基本的には上記の5段階で進行するものと捉える。札滑型との大きな違いは①トゥール素材供給としての役割有無，②甲板面の擦痕，③極限まで行われる細石刃剥離，の3つに特徴付けられる。

　第5項　小　結

　本節では北海道における白滝型細石刃核について，研究史を踏まえつつ今日の出土例をまとめ，類型化を図った。その結果，従来知られてき

第4節　北海道における白滝型細石刃石器群　　145

た両面加工の細石刃核（Ⅰ類）のほか，大きく素材面を残す半両面加工の細石刃核（Ⅱ類）が一定数存在していることが分かった。また，両面加工の中には甲板面を上下に設定するものも認められた。これらは遺跡間で明確に分けられるものではなく，一遺跡内で複数の類型が存在している。このことから，集団間の差ではなく，同一集団における製作技術のバリエーションと捉えられる。ただし，遺跡間における各類型の割合には差があり，類型の割合，すなわち用いられた製作技術の割合は利用された黒曜石原石の大きさなどを反映する可能性があるが，黒曜石原産地分析などとの比較検討が必要になるだろう。

　石器群の器種組成として，彫刻刀形石器は一部に荒屋型を含むものの「服部台型彫器」を主体となる場合が多く，石刃素材のスクレイパー類などトゥール，両面加工の尖頭器がほぼ共通して組成されることが分かった。トゥールの素材には両面調整石器を素材とする細石刃核の調整剝片，いわゆるポイントフレイクよりも石刃が用いられるケースが多いことから，本石器群と同じく湧別技法に含まれる札滑型細石刃石器群と比べて，細石刃生産技術に大きな差異があることが示された。

　本節で北海道における白滝型細石刃核の特徴と類型，石器群としての器種組成，細石刃生産技術をまとめたことにより，近年資料の蓄積がある本州における白滝型細石刃石器群の評価に対しても，一つの基準を構築することができた。

第4章

本州の湧別技法白滝型に関する研究

第1節　本州における湧別技法白滝型の変容

第1項　本節のねらい

　本州における白滝型細石刃石器群，翻ってその指標となる白滝型細石刃核は，1970年代までに山形県越中山遺跡（加藤ほか1975）・湯の花遺跡（加藤ほか1982）で断片的な資料が確認された。1990年代には新潟県樽口遺跡の発掘調査で良好な接合資料が得られ（立木編1996），製作技術の分析がなされてきた。近年の新たな動向としては，宮城県薬莱山No.34遺跡出土資料の再整理報告（宮城旧石器研究会2014）や新潟県上原E遺跡の発掘調査報告（佐藤ほか編2018）が挙げられる。ともに白滝型細石刃核に特徴付けられる細石刃石器群だが，旧石器─縄文時代移行期にみられるような両面加工の尖頭器や局部磨製石斧ないし石斧調整剝片接合資料を伴う。このことから両遺跡出土資料は，北方系細石刃石器群と神子柴・長者久保石器群の共存を示すものとして注目されている（佐久間2015・2018a）。しかしながら，本書第1章第1節で述べたように，本州においては「白滝型細石刃核」および「白滝型細石刃石器群」の定義が未だ定まっていないという課題がある。

　そこで本節においては，本州の白滝型細石刃石器群の中でも両面加工尖頭器や局部磨製石斧を伴う点から比較的後出と捉えられている，薬莱山No.34遺跡・上原E遺跡出土資料を対象として細石刃製作技術の検討を進める。先行研究で細石刃製作技術分析がなされてきた樽口遺跡

A-MS 文化層出土資料は局部磨製石斧を共伴せず，新潟県北部という遺跡立地からみても白滝型細石刃石器群が本州に南下した後の比較的早い段階の資料と捉えられる。そのため，本州の白滝型細石刃石器群の中でも比較的後出と見込まれる薬莱山 No.34 遺跡・上原 E 遺跡出土資料の分析を行うことで，本州における湧別技法白滝型の細石刃製作技術の多様性を捉えることを目的とする。

第 2 項　薬莱山 No.34 遺跡における細石刃製作技術

1.　細石刃核の形態

本遺跡では局部磨製石斧や尖頭器とともに，2 点の細石刃核が出土している。図 4.01 の 1 は黒曜石製の細石刃核で，スポール剥離によって形成された甲板面に擦痕がみられる。作業面には細石刃剥離面が 1 面残っているが，左側面の調整剥離に切られている。作業面と反対側のもう一端では甲板面から長さ 5mm ほどの剥離が 2 面残る。いずれもステップエンドになっており細石刃剥離には至っていないが，作業面転移を試みた可能性がある。ただし，甲板面の擦痕は作業面側端部～中央部に集中しており，反対側の端部にはほとんど施されていない。擦痕が押圧具に対する滑り止めなど，剥離部分での作用を期待されていたと仮定するならば，作業面転移する側に擦痕が施されないことには疑問が残る[1]。

右側面（トーン部）は風化しており，自然面の可能性がある。風化面の上下には，側面中央から外側に向かうリングをもつ面が 5 面残る。これは，風化のためか脆くなった部分がスポール剥離などの際に副次的に剥がれたものと考えられる。底面には平らな剥離面が残っている。この細石刃核には 1 点の細石刃（図 4.01 の 8）と 5 点の剥片（同 5～7・9）が接合する（同 10）。剥離の順としては古い方から 4132 → 4792 → 1924 と 3988 → 4140 と判断でき，前 3 点と後 2 点は切り合っていない。

同 2 は左半を潜在割れによって欠損しているものの，一端に作業面

---

1)　筆者らの製作実験では，甲板面の擦痕が押圧具との接触面ではなく，細石刃核を保持する点で滑り止めとして作用するという所見も得られている（前章第 3 節）。ただし，これまでに出土した白滝型細石刃核は，甲板面の作業面側半分程度に集中して擦痕がみられる資料がほとんどであり，擦痕を施す製作者の意図は甲板面の作業面側端部～中央部にあったと考えられる。

第1節　本州における湧別技法白滝型の変容　　　　　　　　　　149

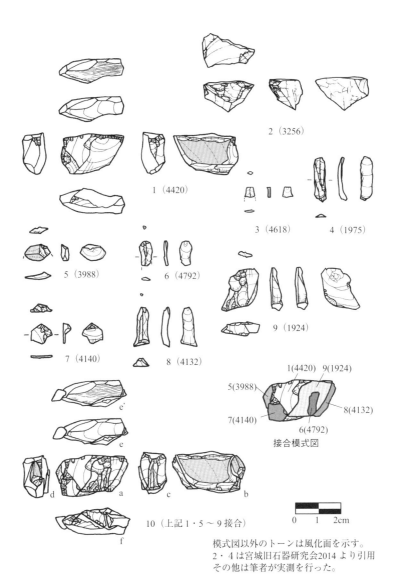

図4.01　薬莱山No.34遺跡出土細石刃関連資料

表 4.01　細石刃の計測値

	長さ	幅	厚さ	打面幅	打面厚
黒曜石 全点	15.89	4.74	1.04	1.85	0.81
	n=10	n=24	n=24	n=29	n=29
黒曜石 擦痕あり	14.14	4.27	0.87	1.99	0.91
	n=6	n=12	n=12	n=23	n=23
黒曜石 擦痕なし	18.50	6.69	1.45	1.23	0.39
	n=4	n=5	n=5	n=6	n=6
頁岩	15.15	6.03	1.14	1.57	0.46
	n=12	n=46	n=46	n=36	n=36
上記以外 （珪質凝灰岩など）	11.83	5.20	1.12	2.11	0.91
	n=6	n=22	n=22	n=15	n=15

表 4.02　細石刃の形態的特徴

	ねじれ	湾曲	曲がり
黒曜石 全点 n=40	右：20%，左：22.5% なし：57.5%	内湾：32.5% なし：67.5%	右：12.5%，左：0% なし：87.5%
黒曜石 擦痕あり n=23	右：12.5%，左：25% なし：62.5%	内湾：25% なし：75%	右：8.3%，左：0% なし：91.7%
黒曜石 擦痕なし n=6	右：16.7%，左：50% なし：33.3%	内湾：66.7% なし：33.3%	右：50%，左：0% なし：50%
頁岩 n=71	右：16.9%，左：21.1% なし：62%	内湾：21.1% なし：78.9%	右：2.8%，左：1.4% なし：95.8%
上記以外 （珪質凝灰岩など） n=30	右：6.5%，左：12.9% なし：80.7%	内湾：6.5% なし：93.6%	右：0%，左：3.2% なし：96.8%

を残す珪質凝灰岩製の細石刃核である。素材剝片の腹面から側面を調整
し，舟底形に整形されている。ホロカ技法の技術的要素がみられるもの
の，典型的ではない。

2. 細石刃の形態

　約 4,900 点の旧石器遺物のうち，筆者の実見では 141 点の細石刃が確
認できた。これは総点数の約 2.9% にあたる。石材の内訳は，頁岩が 71
点，黒曜石が 40 点，凝灰質頁岩が 16 点，流紋岩が 8 点，玉髄が 3 点，
珪質凝灰岩が 2 点，松脂岩が 1 点となる。黒曜石製細石刃は 40 点中 29
点に打面が残存し，うち 23 点の打面に擦痕がみられる。なお，黒曜石
製チップにも打面の擦痕が認められるものがあり，白滝型細石刃核の調
整剝片と考えられる。

　石材および黒曜石製細石刃の打面擦痕有無ごとに分類した細石刃の法
量を表 4.01 に示す。各法量の計測部位・条件は前章第 2 節同様で，図

第1節　本州における湧別技法白滝型の変容　　151

3.05 のとおりである。

　サンプル数が少ないものの，擦痕のない黒曜石製細石刃が，長さ・幅・厚さともに最も大きい一方，打面幅・厚は最も小さいことが際立っている。対照的に，擦痕をもつ黒曜石製細石刃は長さ・幅・厚さが小さく打面幅・厚が大きくなっている。擦痕がある方が打面が大きくなるという点で，北海道の白滝型細石刃石器群（前章第2節）と同様の傾向を示す。頁岩製細石刃はいずれの値もそれら2種の中間を示す。

　ねじれ・湾曲・曲がりについて比較すると，擦痕のない黒曜石製細石刃はいずれの項目でも半数以上生じており，他よりも形態が不安定であることがうかがえる（表4.02）。また，黒曜石・頁岩以外の珪質凝灰岩などで製作された細石刃は比較的形態が安定している。石材の物性や剝離技術の違いが可能性として考えられる。

　なお，細石刃の点数は再報告時（宮城旧石器研究会2014）に88点とされていたが，本書で筆者の実見により抽出した141点とは大きな開きがある。再報告では細石刃の定義について「厳密には細石刃に分類されないものも一部あるが，平坦打面から縦長剝片が連続剝離された状況を理解できるものを抽出した」とされており，その他に①完形と想定した際の長さが幅の2倍以上，②製品となりうる（着柄に足る）サイズ，の2点にも注意しつつ抽出したとされる[2]。②の基準は石器の機能面を考慮したものと想定されるが，本書ではより製作技術に重点を置き，細石刃核・細石刃・調整剝片に残る先行剝離面の大きさや白滝型に特徴的な打面の擦痕がみられる石器の大きさなどを踏まえて，より小さなものも含めて細石刃と分類した。その他の基準（上記「　」内および①）は再報告とおおむね一致する。

　再報告内で示された法量の平均値（長さ・幅・厚さ，単位㎜）は珪質頁岩で18.4・7.9・1.3，黒曜石で16.5・6.2・1.4，珪質凝灰岩で14.6・6.3・1.8とされており，石材問わず完形での平均値は17.4・7.3・1.4とされる。これらの平均値についての母数は示されておらず，計測基準が本書と異なる可能性はあるが，本節で示した計測値（表4.01）よりも全体的

──────────

　2）　文中①②については，宮城旧石器研究会による再報告（宮城旧石器研究会2014）の際に作業を行った鹿又喜隆氏からご教示いただいた。

に大きな値となっている。違いは幅で顕著に現れ，再報告ではおおむね
幅5〜10㎜とされるが，本節では幅2.65〜10.5㎜となる。なお，本節の
計測結果では幅4.5㎜以上の細石刃が86点となり，再報告時の点数と
おおむね一致する。

3. 細石刃関連資料にみられる微細痕跡

　細石刃核など細石刃関連資料にみられる微細痕跡について，デジタル
マイクロスコープ（KEYENCE VHX-1000）による観察・記録を行った。
観察は100〜500倍で行い，記録の際には必要に応じて深度合成を行っ
ている。以下で微細痕跡写真を示す図4.02・図4.03の実測図番号は図
4.01と共通する。

　図4.02の1（4420）は甲板面に擦痕がみられる細石刃核である。擦痕
は太さ100㎛前後の線状痕が密集したものであり，1本の線状痕は研究
史的にC字状の痕跡（岡崎1983）とも呼称されてきた連続する括弧状
の痕跡から構成される（同A）。太さ100㎛と非常に太い線状痕である
ことから，岩石など比較的硬い物質との接触によって生じたものと考え
られる。太い線状痕の間など，その分布が希薄な部分では太さ10㎛前
後の比較的細い線状痕が認められる。線状痕の向きは甲板面の長軸方向
と平行であり，太い線状痕を構成する括弧状の痕跡は一方向だけでなく
逆向きのものも多いことから，擦痕を生じさせた運動は甲板面の長軸方
向と平行に往復する動きだったと推測される。同Bは同じ甲板面の縁
辺部で，Aと同様の線状痕が認められる。縁辺はつぶれており，顕微
鏡下では線状痕がより密集している様子がうかがえる。縁辺のつぶれか
ら，縁辺に接する側面の剝離面よりも擦痕が新しいことが分かる。甲板
面にみられる擦痕の顕微鏡下における特徴は，前章第1節で示した北
海道の白滝型細石刃核の擦痕の様子と共通する。

　同C・Dは細石刃核（4420）の底面にみられる。Cは上部から右下へ
直線的に複数並んでいるフィッシャーを切って，太さ100㎛のうねるよ
うな線状痕や太さ20㎛以下のランダムな線状痕が広がっている。Dで
は底面の稜線から平面部にかけて弧状のピット（長さ50〜100㎛）や線
状痕に覆われた激しい摩滅がみられる。これらC・Dは御堂島正（2010・
2015・2020）や澤田敦（2020）らの実験・分類に照らせば，運搬痕跡と

第1節　本州における湧別技法白滝型の変容

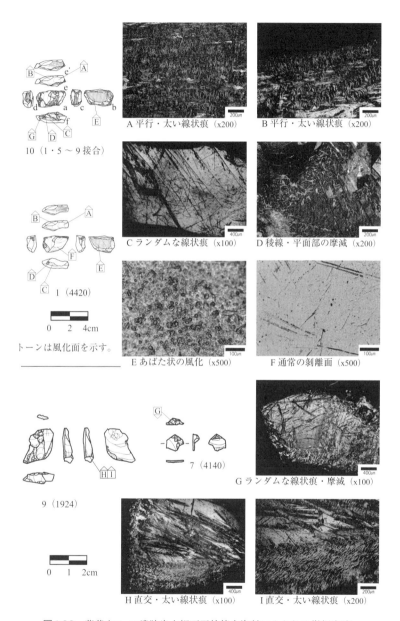

図4.02　薬莱山No.34遺跡出土細石刃核接合資料にみられる微細痕跡

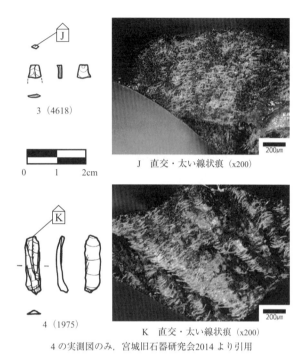

図4.03 薬莱山No.34遺跡出土細石刃の打面にみられる擦痕

考えられる。

　同Eは細石刃核（4420）右側面の風化面（トーン部）で，30μm以下のピットが無数に分布している。運搬痕跡と考えられる摩滅がみられた底面（同C・D）や最終剥離面である左側面（同F）にはこのような痕跡が認められないことから，埋没後の風化とは考えにくい。30μm以下のピットを切って，弧状のピットもみられる。しかし，最大でも長さ40μmとDにみられる弧状のピットに比べて小さく，線状痕も多くはない。弧状のピットや線状痕は運搬痕跡の可能性があるが，比較的広く平坦な面であるがゆえか，底面より微弱になったと捉えられる。弧状のピットに切られる細かなピットは，原石として埋没中の土壌・水などによる何らかの化学的・物理的作用で生じた風化と想定される。

　図4.02の7（4140）は細石刃核（4420）の左側面に接合する剥片で，細石刃核底面と同一の面をもつ（同10）。同Gには太さ50μm以下のラ

ンダムな線状痕が広がり，縁辺は1つあたりの長さ100μm前後の弧状の
ピットに覆われ摩滅している。一見すると甲板面の縁辺（同B）とも似
るが，Bの縁辺では括弧状の痕跡が列を成して規則正しく並んでいるの
に対し，Gでは弧状のピットが単体で存在し，様々な方向を向いている
点で大きく異なる。C・Dと同様に，Gも運搬痕跡と判断される。

　図4.02の9（1924）は細石刃核（4420）の左側面に接合する剥片で，
その右側面には肉眼でも確認できるほどの擦痕がみられた。右側面の下
半にのみ分布し，特にその縁辺で密集している（同H）。剥片の側縁と
直交ないし斜行する太さ約50〜100μmほどの太い線状痕からなる（同I）。
一方向でなく双方向の括弧状の痕跡から構成され，太さをはじめとした
特徴は細石刃核の擦痕（同A・B）と共通する。なお，この剥片や同じ
く細石刃核（4420）に接合する剥片・細石刃（図4.01の5〜8）の打面に
は擦痕が認められない。

　図4.03の4618と1975はいずれも細石刃で，4618は黒色不透明で白
色の筋が入る黒曜石，1975は夾雑物を含まない透明な黒曜石で製作さ
れている。筆者らが行った原産地分析では，前者が宮城県湯の倉産，後
者が秋田県男鹿産と推定された（次章第4節）。双方とも打面には石器
長軸と直交する太さ100μmほどの線状痕が認められる（図4.03のJ・K）。
そのため，いずれも白滝型細石刃核から剥離された可能性が高い。石
質・原産地の異なる2種の黒曜石はいずれも白滝型細石刃石器群に伴
うものと考えられる。

　4. 接合資料にみえるライフヒストリー

　細石刃核（4420）には5点の剥片・細石刃が接合し（図4.01の10），
顕微鏡観察からは自然面の風化，運搬痕跡，細石刃核甲板面および剥片
の擦痕が認められた（図4.02）。これらは阿子島香（1992）が指摘した，
「多段階表面変化」に該当する。多段階表面変化を含めた各痕跡の分析
が石器のライフヒストリー研究に対して有効であることは，これまでの
研究事例からも示されてきたところである（澤田2003など）。ここでは，
接合状況と原産地分析（次章第4節）の結果を踏まえ，本資料にみられ
た微細痕跡を解釈することで，細石刃製作工程だけでなく細石刃核のラ
イフヒストリーについて検討する。

まず，素材には平坦で風化した自然面（トーン部）をもつ男鹿産の黒曜石原石が使用され，その自然面は接合資料のｂ面に大きく残るほかｄ面の一部にもみられる。自然面および細石刃核底面・剥片（4140）には運搬痕跡が観察されたことから，原石の分割ないし粗割りがなされた後，続く素材剥片剥離を前にある程度の距離を持ち運ばれたものと考えられる。

ａ面を腹面とする剥片が剥離され，細石刃核の素材とされた。底面（ｆ面）の平坦な剥離面はこの腹面と直接切り合わないが，運搬痕跡の存在から，底面が先行したと判断できる。

ｆ面を中心に各方向からの整形剥離がａ・ｃ面へと加えられた後に，素材剥片の打点側からスポール剥離によって甲板面（ｅ面）が形成される。ｄ面側の剥片2点（3988・4140）はこの段階で剥離された可能性が高い。また，ｂ面上部の横長な3つの剥離面はスポール剥離面を切るため，スポール剥離の際に副次的に剥がれたと推測される。その後，ｃ面を作業面として4132などの細石刃が剥離されたと考えられるが，4132および後続する剥片（1924）の打面には擦痕がみられない。この段階では甲板面に擦痕はなかったようである。

細石刃剥離の後，ｆ面を打面としてａ面で細石刃様の剥片（4792）が剥離される。4792のみをみれば細石刃と判断しうる形態だが，接合状態を踏まえると連続性・規則性に欠け，底面からの剥離であることから細石刃核の調整剥片とみられる。次に，甲板面（ｅ面）を打面として側面調整剥片（1924）が剥離される。底面を取り込む比較的厚い剥片となり，右側面には先行した細石刃（4132）剥離面を残す。その下部には長軸に斜行ないし直交する擦痕が認められ，顕微鏡下では細石刃核甲板面の擦痕と共通する。接合状況を踏まえれば，細石刃核（4420）甲板面の擦痕付与に用いられた可能性が考えられる。ただし，擦痕付与の後には細石刃剥離が行われていない。作業面転移を行ってｄ面で細石刃剥離を試みた可能性はあるものの，ステップになり細石刃剥離には至っておらず，廃棄されたものと考えられる。

以上をまとめると，本資料のライフヒストリーとしては以下の5段階に大別される。

①平坦な風化した自然面をもつ男鹿産の黒曜石原石が分割された

後，持ち運ばれる。

②素材剝片が剝離される。

③わずかな整形のみ行われ，スポール剝離によって甲板面が形成される。

④数本の細石刃（4132など）が剝離された後に，側面から剝離された剝片（1924）を用いて甲板面に擦痕が施される。

⑤その後，細石刃剝離は行われず，廃棄される。

5. 薬莱山 No.34 遺跡出土資料から考察する湧別技法白滝型の変容

白滝型細石刃核の擦痕はスキー状スポールで施されたと考えられてきた（立木編 1996，鹿又 2004）が，近年は細石刃核の作業面再生剝片でも施された事例が示されており（前章第 1 節），本接合資料もそれに類するものと捉えられる。ただし，従来擦痕は細石刃剝離の前に付与され（山田 1986），剝離時の滑り止めや石材消費の効率化の効果があると考えられてきた（藤川 1959，大沼 1995，前章第 2・3 節）。本接合資料のように細石刃剝離開始後に擦痕が施され，その後は細石刃剝離を経ずに廃棄される例はこれまでに例がない。

本接合資料は剝片を素材として一端からスポール剝離により甲板面を形成し，擦痕をもつ点で白滝型細石刃核に共通するが，その加工の度合いなどは北海道でみられるような典型的な白滝型細石刃核とは異なる。白滝型細石刃石器群が本州に流入した後，スポール剝離や擦痕付与など一部のコンセプトを除いて変容・形骸化したものと考えられる。ただし，本遺跡で出土した打面を残す黒曜石製細石刃 29 点中 23 点の打面に擦痕が認められることから，本接合資料のような事例は遺跡内でもあくまで稀であったのだろう。

第 3 項　上原 E 遺跡の細石刃製作技術

1. 上原 E 遺跡の細石刃核

本遺跡の細石刃核は主に湧別技法とホロカ技法によって製作される。ブランクを除けば細石刃核は 20 点出土しており，黒曜石製が 12 点を占める。うち 5 点が湧別技法白滝型（図 4.04 の 2），6 点が幌加型（同 1）に分類できる。また，残る 1 点（同 3）は，湧別技法によるファースト

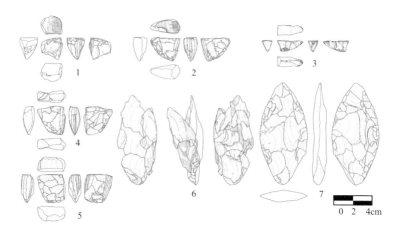

図4.04　上原E遺跡出土石器(佐藤ほか編2018より作成)

スポールの端部から細石刃が剝離されたものと考えられる。そして，本遺跡の細石刃核最大の特徴は，黒曜石製細石刃核の大半となる10点の打面に擦痕が施される点にある。甲板面・打面の擦痕は湧別技法白滝型に特徴的な製作技術の痕跡だが，本遺跡では幌加型細石刃核（同1）にも施される。これは数少ない事例であり，北海道元町2遺跡（鶴丸編2008）や山形県湯の花遺跡（加藤ほか1982）などに限られる。このほか，珪質頁岩や凝灰岩，鉄石英製の細石刃核が8点出土しており，主に湧別技法・ホロカ技法によって製作される。

白滝型細石刃核のように擦痕が施される本遺跡の幌加型細石刃核も製作技術の変容といえるが，本書では湧別技法による珪質頁岩製細石刃核（同4・5）に注目したい。

2. 湧別技法による珪質頁岩製細石刃核

上原E遺跡で出土した珪質頁岩製の湧別技法による細石刃核（図4.04の4・5）について，札滑型とする見方もある（佐藤2018，佐藤ほか編2018）。しかしながら，①当該の細石刃核は比較的小型で，トゥールの素材生産が細石刃核製作工程に取り込まれない[3]，②他の細石刃核は白

---

3) 報告書（佐藤ほか編2018）においても，「荒屋遺跡で認められた両面体整形時の剝片利用システムとは異なる」とされている。

滝型および幌加型が主体，③荒屋型彫刻刀や角二山型掻器といった湧別
技法札滑型の石器群に特徴的なトゥールを伴わない，などの点から，上
原 E 遺跡の湧別技法による頁岩製細石刃核について，筆者は「札滑型」
と称するには慎重な立場をとりたい。従来，白滝型細石刃核の認定には
擦痕が重要な要素とされてきた一方，擦痕の有無は石材に由来するもの
で頁岩製細石刃核には擦痕が必要ないとする見解（加藤ほか 1982，大沼
前掲）や，「本州の珪質頁岩製細石刃核については，単に湧別技法によ
る所産とするにとどめておくのが妥当」（鹿又 2004）とする見解もある。
筆者は鹿又喜隆の見解におおむね同意するが，上原 E 遺跡のこの事例
については前述の①〜③を踏まえ，頁岩資源が豊富な本州東北部におけ
る「白滝型」のバリエーションの可能性もあると考える。

第 4 項　本州の湧別技法白滝型にみられる製作技術の変容

　本書第 1 章第 1 節で述べたように，湧別技法は白滝遺跡の資料をもと
に吉崎昌一（1961）によって提唱された，代表的な細石刃製作技術の一
つである。札滑型と白滝型に分けられる湧別技法のうち，本書では白滝
型が本州において変容したと捉えられる資料を提示した。薬莱山 No.34
遺跡出土資料からは，スポール剥離や擦痕付与といった一部の技術的要
素を残して形骸化した様子がうかがえた。接合資料の細石刃剥離→擦痕
付与→細石刃剥離せず廃棄，という流れをみると，擦痕を施すというコ
ンセプトは維持されつつも，滑り止めなど細石刃剥離に対する効果でな
く「擦痕をつける」行為自体に何らかの意義が求められるようになった
可能性も考えられる。例えば，情報伝達の過程で擦痕を付けていた意図
などが伝わらず，「黒曜石の細石刃核には擦痕をつけるものだ」という
情報のみが伝わった場合には，行為のみが風習的に残る，という想定も
検討の余地があるのではないだろうか。「細石刃核に擦痕をつける」と
いう製作技術は北海道・本州ともに白滝型より後出の石器群にはみられ
ない。器種組成や遺跡立地から，白滝型細石刃石器群の中でも後出とさ
れる薬莱山 No.34 遺跡において認められるこうした状況は，一つの石
器製作技術伝達が途絶える直前，いわば最終段階とも捉えられる。
　上原 E 遺跡の資料からは，黒曜石製の白滝型細石刃核に伴う珪質頁
岩製細石刃核について，「白滝型」のバリエーションである可能性を示

した。白滝型に先行して本州に伝わったとされる札滑型が本州では珪質頁岩で製作されるようになることを踏まえれば，白滝型も同様に珪質頁岩で製作されるようになることは不自然ではない。北海道から本州へと渡った人類が，本州の石材環境に適応して生まれたものとも捉えられる。これまで，本州の湧別技法による細石刃核については，黒曜石製で擦痕がみられるものが白滝型（または白滝型に関連するもの），珪質頁岩など黒曜石以外で製作された擦痕がないものは札滑型，とする論調が強くみられてきた。本節で述べた上原 E 遺跡のように札滑型細石刃石器群の諸要素を含まず，黒曜石製の白滝型細石刃核を伴う資料については，「白滝型」の製作技術が珪質頁岩など他石材に発現されたものである可能性を踏まえる必要があるのではないだろうか。

とはいえ，筆者（2018）が以前分析した北海道石川 1 遺跡（長沼編 1988）出土資料のように両型式の特徴をあわせもつ資料は多く存在すると考えられ，特に本州においては鹿又（2004）が指摘したように「湧別技法による所産」と大枠での分類に留めるべき資料が多く存在すると思われる。特に石器群全体としての認識が難しい，細石刃核の単独出土事例が該当するのではないだろうか。こうした資料を除いたうえで札滑型・白滝型細石刃石器群それぞれを分析することにより，編年研究や遺跡立地など，今後の研究がより現実に即したものになると考えられる。

第 5 項　小　結

本節では 2 遺跡の事例から白滝型の変容・バリエーションの可能性を示した。薬莱山 No.34 遺跡出土資料のように，細石刃核の整形は北海道の白滝型細石刃核とやや異なっていながらも，甲板面に擦痕がみられる資料は，山形県越中山遺跡 E 地点や湯の花遺跡（加藤ほか 1982）などでも確認されている。これらについては，従来白滝型細石刃核ないしそれに関連するものとして扱われてきたが，上原 E 遺跡で擦痕がみられる幌加型細石刃核が出土していることを踏まえれば，他型式の細石刃核に擦痕が施されたものである可能性も考慮する必要がある。いずれにせよ擦痕の存在から白滝型との関連性が認められる資料だが，どこまでを白滝型と捉えるのか，北海道・本州における他遺跡での事例も踏まえながら再検討しなければならない。

第2節　本州における白滝型細石刃石器群

第1項　本州における白滝型細石刃核

本州において，甲板面に擦痕がみられるなど，白滝型細石刃核ないし白滝型に関連するとされてきた細石刃核は宮城県北部の薬莱山 No.34 遺跡を北端，岐阜県北部の宮ノ前遺跡を西端とする7遺跡で確認されている（図4.05，表4.03）。このうち，甲板面に擦痕があり，削片剥離による打面形成などの要素から大局的にみて湧別技法によると考えられる細石刃核は26点認められる。このほか湧別技法白滝型に関連すると考えられる細石刃核として，擦痕がみられないもののファーストスポールを転用したと考えられる細石刃核が上原E遺跡で1点，甲板面に擦痕がみられるものの大局的にみてホロカ技法によると考えられる細石刃核が上原E遺跡・湯の花遺跡・新潟県大刈野遺跡で計8点認められる。

本書では，まず湧別技法によると考えられ擦痕がみられる26点を白滝型と捉え，素材選択や甲板面・作業面の数といった要素を基として下記の類型に区分した。

〈ブランク・素材の選択〉
　I類：両面調整石器
　II類：素材剥片の背面ないし腹面を大きく残す半両面加工ないし片
　　　　面加工
　III類：自然面をもつ剥片
　IV類：原石（自然面が2面以上認められるもの）
　　　〈甲板面（打面）の数〉
　　　A：甲板面（打面）が1面
　　　B：甲板面（打面）が2面
　　　　　〈作業面の数〉
　　　　a：作業面が一端
　　　　b：作業面が両端

第4章 本州の湧別技法白滝型に関する研究

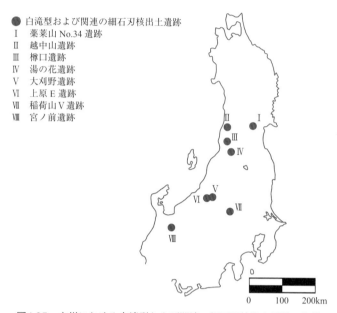

● 白滝型および関連の細石刃核出土遺跡
Ⅰ 薬莱山 No.34 遺跡
Ⅱ 越中山遺跡
Ⅲ 樽口遺跡
Ⅳ 湯の花遺跡
Ⅴ 大刈野遺跡
Ⅵ 上原 E 遺跡
Ⅶ 稲荷山Ⅴ遺跡
Ⅷ 宮ノ前遺跡

図4.05 本州における白滝型および関連の細石刃核出土遺跡の位置

表4.03 本州における白滝型および関連の細石刃核出土遺跡一覧

遺跡名	出土層位	白滝型および関連の細石刃核と他型式・他石材の細石刃核との関係					稜柱系	備考および理化学年代、もしくはテフラとの層位関係	出典
		白滝型・湧別技法・他石材 黒曜石	幌加型・黒曜石（擦痕あり）	幌加型・黒曜石（擦痕なし）	幌加型・他石材	剥片素材・他石材			
Ⅰ 薬莱山 No.34 遺跡	包含層	☆			◎			Hj-O の下位	宮城旧石器研究会 2014
Ⅱ 越中山遺跡 E 地点	表採	☆							加藤ほか 1982
Ⅲ 樽口遺跡	包含層	☆		○ (◎？)				As-K の下位、AT の上位	立木編 1996
Ⅳ 湯の花遺跡	表採／包含層	☆	☆			◎／△		☆の細石刃核は表採だが、包含層から擦痕あるスキー状スポール出土	加藤ほか 1982、加藤 1990
Ⅴ 大刈野遺跡	包含層	◎	☆					As-K と混在、降灰後の形成？AT の上位	山本 2004、佐藤 2019
Ⅵ 上原 E 遺跡	包含層	☆	◎	☆	◎	◎	◎	As-K と混在、AT の上位	佐藤ほか編 2018
Ⅶ 稲荷山Ⅴ遺跡	包含層	☆							小菅 1994
Ⅷ 宮ノ前遺跡	包含層	☆				↓		直下の 17 層から、12,860 ± 160 yrBP と 14,550 ± 160 yrBP	早川ほか 1998

☆：白滝型および関連の細石刃核／◎：共伴／○：共伴関係不明または共伴しないが包含層から出土／
↓：白滝型よりも下位の包含層から出土／△：表採または表土・攪乱からの出土

第 2 節　本州における白滝型細石刃石器群　　163

　基本的には前章第 4 節の分類基準に沿うが，素材選択の面でより多様
性が認められた。最も多くみられたのは，両面調整石器を素材とし，ス
ポール剝離により 1 つの甲板面を作出するものである（Ⅰ A 類）。これ
らはおおむね断面が左右対称で，作業面を一端に設けるもの（Ⅰ Aa 類，
図 4.06）と，両端に設けるものに細分できる（Ⅰ Ab 類，図 4.07）。両面
調整石器を素材とするが，北海道の白滝型細石刃核Ⅰ A 類（前章第 4 節）
よりも高い割合で，多少なりとも素材剝片の背面または腹面が残ってい
る。樽口遺跡と上原 E 遺跡ではⅠ Aa 類とⅠ Ab 類の双方がみられ，湯
の花遺跡と宮ノ前遺跡ではⅠ Aa 類のみが認められた。湯の花遺跡採集
資料（図 4.06 の 4）は実測図（加藤 1990）の甲板面に擦痕が表現されて
おらず，「擦痕は，甲板面には肉眼では観察されない」（門脇 1982）との
記述もみられる。しかし，ルーペによる筆者の実見にて甲板面の作業面
側端部に擦痕があることを確認できた。なお，甲板面が上下に設定され
るⅠ B 類は本州の資料では確認できなかった。

　素材剝片の背面ないし腹面を大きく残す半両面加工または片面加工の
ブランクに，スポール剝離によって甲板面を作出するものをⅡ類とす
る。断面形は薄手の D 字形を呈する場合がある。これも作業面が一端
のみのもの（Ⅱ a 類，図 4.08）と両端にみられるもの（Ⅱ b 類，図 4.09）
に分けられる。Ⅱ a 類は樽口遺跡や上原 E 遺跡のほか，湯の花遺跡や
宮ノ前遺跡で出土しており，Ⅱ b 類は樽口遺跡と群馬県稲荷山Ⅴ遺跡[4]
（小菅 1994）で認められる。樽口遺跡例（図 4.09 の 2）は細石刃核単体だ
とⅠ Ab 類に分類しうるが，スポールとの接合状態（同 1）を踏まえて
Ⅱ b 類とした。同遺跡ではⅡ類のブランクも出土している（図 4.10）。

　自然面をもつ剝片を素材とし，スポール剝離によって甲板面が形成さ
れた細石刃核をⅢ類とする。おおむね細石刃核の一面に自然面を残すも
ので，作業面を一端に設ける細石刃核（Ⅲ a 類，図 4.11）のみが認めら
れた。樽口遺跡で 4 点認められたほか，薬莱山 No.34 遺跡や越中山遺
跡 E 地点でも出土している。樽口遺跡では 3 点のブランクも確認でき

────────
　4）　ただし，稲荷山Ⅴ遺跡出土の細石刃核は甲板面（打面）に擦痕らしき線状痕が認め
られるものの，ランダムな方向の線状痕で，その密度も希薄であることから，他の白滝型細
石刃核にみられる擦痕の様相（前節および前章第 1 節）とは大きく異なる。現在分析中のた
め今後別稿にて詳細を論じるが，他遺跡とは別に分類する必要があるかもしれない。

164　第 4 章　本州の湧別技法白滝型に関する研究

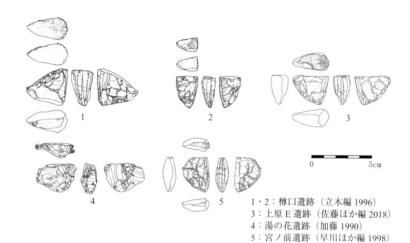

1・2：樽口遺跡（立木編 1996）
3：上原 E 遺跡（佐藤ほか編 2018）
4：湯の花遺跡（加藤 1990）
5：宮ノ前遺跡（早川ほか編 1998）

図4.06　本州における白滝型細石刃核 I Aa類

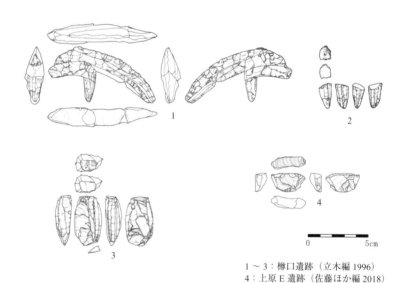

1～3：樽口遺跡（立木編 1996）
4：上原 E 遺跡（佐藤ほか編 2018）

図4.07　本州における白滝型細石刃核 I Ab類

第2節　本州における白滝型細石刃石器群

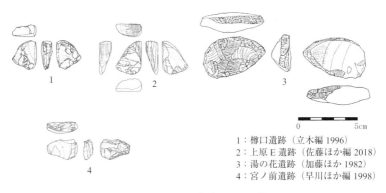

1：樽口遺跡（立木編 1996）
2：上原E遺跡（佐藤ほか編 2018）
3：湯の花遺跡（加藤ほか 1982）
4：宮ノ前遺跡（早川ほか編 1998）

図4.08　本州における白滝型細石刃核Ⅱa類

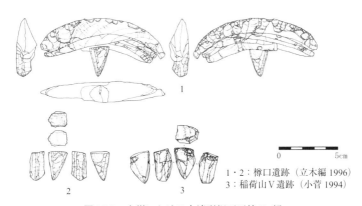

1・2：樽口遺跡（立木編 1996）
3：稲荷山Ⅴ遺跡（小菅 1994）

図4.09　本州における白滝型細石刃核Ⅱb類

1：樽口遺跡（立木編 1996）

図4.10　本州における白滝型細石刃核Ⅱ類ブランク

166　第 4 章　本州の湧別技法白滝型に関する研究

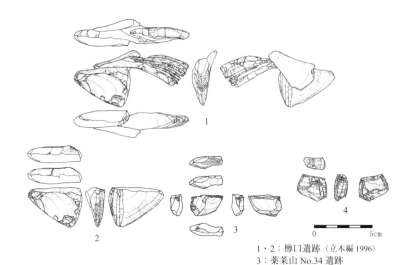

1・2：樽口遺跡（立木編 1996）
3：薬莱山 No.34 遺跡
4：越中山 E 遺跡（加藤ほか 1982）

図4.11　本州における白滝型細石刃核Ⅲa類

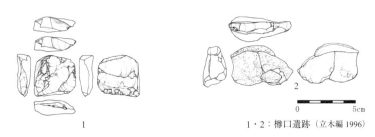

1・2：樽口遺跡（立木編 1996）

図4.12　本州における白滝型細石刃核Ⅲ類ブランク

1：樽口遺跡（立木編 1996）

図4.13　本州における白滝型細石刃核Ⅳa類

た（図 4.12）。

　自然面が 2 面以上に認められるなど，やや薄手の原石を加工して削片剥離によって甲板面が形成されたと考えられる細石刃核を Ⅳ 類とした。樽口遺跡で出土した，作業面を一面のみもつものが該当する（Ⅳa 類，図 4.13）。

　各類型に共通して，底縁・背縁に素材剥片から残る平坦面をもつ細石刃核がわずかに認められる（図 4.06 の 1・図 4.09 の 1・図 4.11 の 3）。北海道の白滝型よりも，底縁の調整がやや疎かにされていた可能性がある。こうした例の最たるものとして，樽口遺跡では底縁の調整がほとんどなされず，断面形が台形を成す細石刃核が出土している（図 4.14）。底面は自然面ではないものの接合資料に残る部分を含めて擦れ傷が多く，細石刃核整形前に厚手の剥片としてある程度運搬されたものと考えられる。図 4.15 の資料については両面加工のうえでスポール剥離を繰り返して打面形成をしており，一端に作業面がみられることから現段階では Ⅰ Aa 類としているが，今後「底縁・背縁に素材剥片から残る平坦面をもつ細石刃核」として前述の数点と合わせて再検討の必要があるかもしれない。

　本州における白滝型細石刃核の特徴として，自然面をもつ Ⅲ・Ⅳ 類の存在が挙げられる。北海道ではみられないものだが，本州においては白滝型細石刃核の総数 26 点中 7 点が Ⅲ・Ⅳ であり，約 27％を占める（表 4.04）。Ⅰ・Ⅱ 類にも，素材の両面ないし片面を加工する中で自然面を除去したものがあると思われるため，実際には原石や自然面ある剥片を素材とした細石刃核の点数はより多いと想定される。これまでに行われてきた黒曜石原産地分析では，本州の白滝型細石刃核の多くは秋田県男鹿産や信州系の黒曜石が用いられたことが明らかになっている（次章第 4 節）。それらの原産地で得られる原石は，北海道で主に使用されたと想定される白滝・置戸産よりも小さなものであった可能性が高いため，得られる原石の大きさが本州での Ⅲ・Ⅳ 類出現につながったと考えられる。

　製作技術の要素としては，細石刃核に甲板面からの側面調整が認められる個体が各類型で認められる（図 4.06 の 1，図 4.08 の 1・2，図 4.09 の 2・3，図 4.11 の 3・4）。また，従来考えられてきた典型的な湧別技法

第 4 章　本州の湧別技法白滝型に関する研究

表 4.04　出土遺跡における各類型の白滝型細石刃核と白滝型関連の細石刃核

遺跡	文化層・ブロック	I Aa	I Ab	II a	II b	III a	IV a	白滝型総数	擦痕ある幌加型	スポール素材	ブランク	実測図参考文献
薬莱山 No.34 遺跡					1			1				本書第4章第1節
越中山遺跡 E 地点					1			1			II 類 1 点	加藤ほか 1982
樽口遺跡	A-MS 文化層	4	2	1	2	4	1	14			II 類 1 点、III 類 3 点	立木編 1996
湯の花遺跡		1		1				2	1			加藤ほか 1982、加藤 1990
上原 E 遺跡		2	1	2				5	6	1	IV 類 1 点	佐藤ほか編 2018
大刈野遺跡	第 12 ブロック							0	1			山本 2004、佐藤 2019
稲荷山 V 遺跡				1				1				小菅 1994
宮ノ前遺跡	16 層	1		1				2				早川ほか編 1998

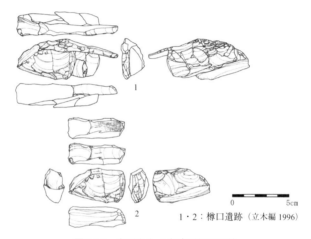

1・2：樽口遺跡（立木編 1996）

図4.14　底面をもつ白滝型細石刃核

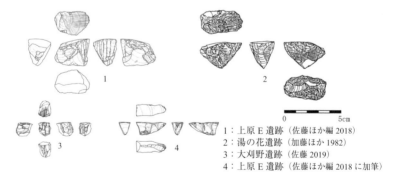

1：上原 E 遺跡（佐藤ほか編 2018）
2：湯の花遺跡（加藤ほか 1982）
3：大刈野遺跡（佐藤 2019）
4：上原 E 遺跡（佐藤ほか編 2018 に加筆）

図4.15　本州における白滝型関連の細石刃核

では，甲板面が素材の最大幅をとるまでスキー状スポールが剥離される（鶴丸1979）とされてきたが，本項で取り上げた中には甲板面が細石刃核の最大幅をとらないもの（図4.06の5，図4.07の3，図4.08の3・4，図4.11の2）もみられた。これらは北海道の白滝型細石刃核（前章第4節）では認められない要素であり，両者の差異として挙げられる。

第2項　白滝型に関連する細石刃核

　白滝型ではないものの，関連する細石刃核は2種認められる（図4.15）。一方は湧別技法によると想定されるファーストスポールの端部に作業面を設定したもので，上原E遺跡で確認されている（同4）。もう一方はホロカ技法によって製作されるが甲板面に擦痕が施されるもので，上原E遺跡・湯の花遺跡・大刈野遺跡で出土している（同1〜3）。類似する資料は北海道の元町2遺跡の7か所のブロックで出土しており（図3.33の3・4），うち3か所のブロックでは広郷型細石刃核に，1か所のブロックでは白滝型細石刃核に共伴したとされる（鶴丸編2008）。後者の細石刃核と本州の白滝型細石刃核をまとめて，佐久間（2015）は「打面に擦痕のある黒曜石製細石刃核」と評価しており，栗島義明（2021）はさらに九州の竹木場型細石刃核を含め擦痕がみられる細石刃核を一括して「「白滝型」細石刃核」として評価している。ただし，特に後者の細石刃核は湧別技法による工程を経ておらず，擦痕以外の製作技術はホロカ技法によるものであることから，あくまで「擦痕が施された幌加型細石刃核」として捉えるべきだと警鐘を鳴らしたい。とはいえ，擦痕の存在から湧別技法白滝型の影響を受けたものであることは間違いなく，白滝型細石刃石器群の指標的遺物の一つであることに変わりはないと考える。

第3項　本州における白滝型細石刃石器群の器種組成とトゥールの素材供給

　本州における白滝型細石刃石器群の一括資料としては，樽口遺跡A-MS文化層（立木編1996）が比較的早い段階で確認された。同文化層の石器製作システムについては，角二山遺跡や荒屋遺跡に代表される「両面調整石器から細石刃及びその他の剥片石器全てを供給するシステ

表 4.05 主要遺跡の器種組成

遺跡名	遺物点数	石材	細石刃核	細石刃	アトリエ	スキー状スポール	尖頭器	片面加工石器	両面加工石器	彫刻刀形石器	掻器	彫刻刀形石器スポール	エンド・スクレイパー	サイド・スクレイパー	ノッチ	ドリル	楔形石器	石斧・石器	石核調整剥片	石刃	剥片類	総計	参考文献
宮城県 薬莱山No.34遺跡	約4900	黒曜石	1	40																	112	153	宮城旧石器研究会2014および実見による
		頁岩		71			1	1	1												?	75<	
		その他	1	30																	?	44<	
新潟県 椿口遺跡 A-MS文化層	5483	黒曜石	29	1220	34	68							19	23						5	3966	5364	立木編1996
		頁岩		3									1	1							17	22	
		その他		5									1								92	98	
新潟県 椿口遺跡 A-MH文化層	204	黒曜石																				0	
		頁岩	3	118			1			2	5	8	20	6							35	198	
		その他		1										1							4	6	
山形県 湯の花遺跡 細石刃石器群	-	黒曜石	3	10	1	6				1	1	2	1	1			1	1		1	94	121	加藤ほか1982 建石ほか2014
		頁岩	○	○																2	○	?	
		その他	○	○																		?	
新潟県 上原E遺跡	8945	黒曜石	16	841	12	14	1	1	1									1	2	24	3027	3940	佐藤ほか編2018
		頁岩	9	847	8	15	4	13	11	10	1		7	9					4	11	2491	3425	
		その他	6	60	10	4	2	16					7	9				55	4	10	1389	1579	
岐阜県 宮ノ前遺跡 宮ノ前地点・16層・前田地点・16層	223 （チップは除く）	黒曜石	1	4			1					12	1	1							12	33	実見による
		頁岩		5			1					5	1								9	23	
		下呂石		9					1		6	7									11	43	
		その他		1			8					6		7							85	124	

第 2 節　本州における白滝型細石刃石器群　　　171

ム」が「崩壊の兆しを見せ始め」る段階にあると佐野勝宏（2002）が指
摘している。ただし，樽口遺跡を除くと表採資料や単独資料を中心とし
た遺跡が多かったため，石器群としての器種組成などの検討は厳しい状
況にあった。しかし，近年は上原 E 遺跡の調査報告（佐藤ほか編 2018）
や薬莱山 No.34 遺跡出土資料の再整理報告（宮城旧石器研究会 2014）が
なされ，石器群としての評価が可能となってきた。そこで本項では近年
報告された資料を踏まえて，石器群の器種組成やトゥールの素材供給に
ついて検討する。特に後者は他石器群との比較を今後行ううえで重要な
視座となる。

　主要遺跡の器種組成を表 4.05 に示す。2023 年度から発掘調査が再開
され発掘・整理が進められている越中山遺跡（青木・鹿又編 2024）につ
いては，今後器種組成の追加・修正が見込まれることから表 4.05 には
含めないが，以下で行う各器種の検討においては個別資料を取り上げ
る。なお，樽口遺跡については白滝型細石刃核を伴う A-MS 文化層と
幌加型細石刃核を伴う A-MH 文化層が区分されているが，報告書（立
木編 1996）においても両者を層位的には区分できないことが示されてい
る。両文化層の分離について再検討の必要性が主張されることも多い
（加藤 2001）。そこで，他遺跡との比較を通して樽口遺跡における文化層
認定について検討するため，A-MS 文化層だけでなく A-MH 文化層の
器種組成を併記して議論を進める。

　まず，各遺跡で尖頭器が共通して出土している（図 4.16）。両面加工，
片面加工の両者が認められ，多くの遺跡では両面加工の尖頭器が主体と
なるが，両面加工でも片面がやや平坦に調整され，横断面が D 字形を
呈するもの（同 2・4・6）が多い。樽口遺跡 A-MS 文化層では両面加工
が 1 点（同 2）のみで，その他 7 点は半両面加工ないし片面加工（同 3）
である。越中山遺跡 E 地点（加藤ほか 1982）では薄手木様形で精緻な両
面加工の尖頭器が 1 点出土している（同 5）。出土した 1967 年当時は白
滝型細石刃石器群に共伴するものか明らかでなかったが，越中山遺跡調
査団による 2023 年調査（青木・鹿又編 2024）で 1967 年の調査区・出土
地点が確認され，白滝型細石刃石器群に共伴するものと裏付けられた。
このほか，越中山遺跡 2024 年度調査（林ほか 2024）でも，細石刃石器
群の石器集中から約 6m 離れた地点で，横断面が D 字型をなす両面調

172　第 4 章　本州の湧別技法白滝型に関する研究

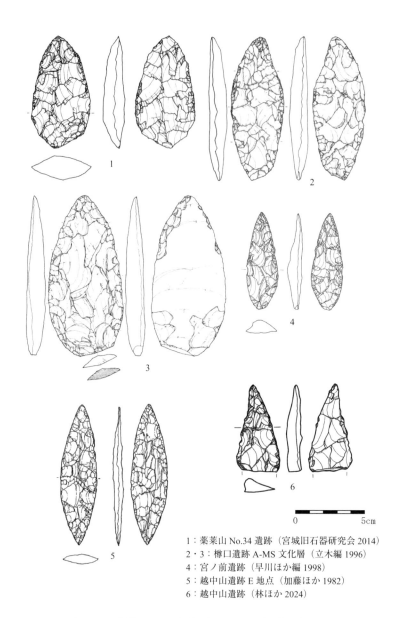

1：薬莱山 No.34 遺跡（宮城旧石器研究会 2014）
2・3：樋口遺跡 A-MS 文化層（立木編 1996）
4：宮ノ前遺跡（早川ほか編 1998）
5：越中山遺跡 E 地点（加藤ほか 1982）
6：越中山遺跡（林ほか 2024）

図4.16　本州における白滝型細石刃石器群に伴う尖頭器

第 2 節　本州における白滝型細石刃石器群　　　　　　　　　　　　173

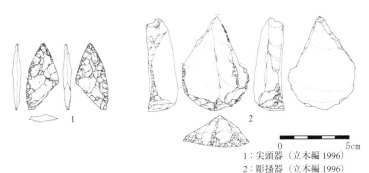

1：尖頭器（立木編 1996）
2：彫掻器（立木編 1996）

図4.17　樽口遺跡A-MH文化層出土資料

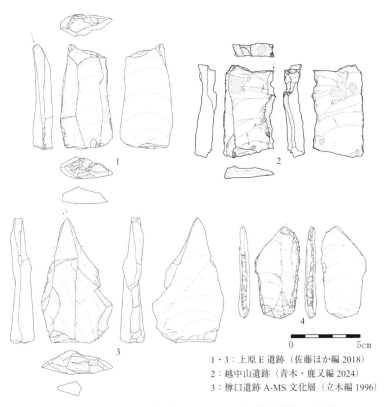

1・3：上原 E 遺跡（佐藤ほか編 2018）
2：越中山遺跡（青木・鹿又編 2024）
3：樽口遺跡 A-MS 文化層（立木編 1996）

図4.18　本州における白滝型細石刃石器群に伴う彫刻刀形石器

整の尖頭器も出土しており（同6），関連する可能性がある。なお，樽口遺跡 A-MH 文化層でも両面加工の尖頭器が1点出土している（図4.17の1）。東北地方においては幌加型細石刃核を主体とする石器群で両面調整の尖頭器は共伴していないとされ（佐久間2018b），関東地方においても明確な共伴事例は確認されていない。

彫刻刀形石器は樽口遺跡 A-MS 文化層でのみ荒屋型が認められる（図4.18の4）。上原 E 遺跡では最も多くの彫刻刀形石器が出土しており，その形態も多岐にわたる。出土した30点の彫刻刀形石器のうち2点が右斜刃で彫刻刀面が腹面に傾くもの，5点が交差刃のもの（同3）と，計7点が北海道において白滝型細石刃石器群に伴うことが多い「服部台型彫器」（杉原・戸沢1975，藤山2016）に似る。在地の凝灰岩や頁岩で製作されており，黒曜石で製作される「服部台型彫器」と使用石材は異なるが，在地石材という意味では共通する。ただし，上原 E 遺跡内で出土した彫刻刀形石器の20％程度にとどまること，他遺跡では同様の彫刻刀形石器が確認されていないことから，本州における白滝型細石刃石器群と「服部台型彫器」の関連性については慎重に判断したい。上原 E 遺跡では石刃の端部に二次加工を施し，そこを打面として左側面にファシットを入れたもの（同1）も出土している。ファシットの位置が右側面と異なるものの，越中山遺跡2023年度調査でも類似資料（同2）が出土している。一方，宮ノ前遺跡では彫刻刀形石器が欠落している。樽口遺跡 A-MH 文化層では彫刻刀形石器に加えて，彫掻器が出土している（図4.17の2）。同遺跡の彫刻刀形石器は折断した縦長剥片の側縁にファシットを入れるものだが，彫掻器の半数は交差刃であり，彫刻刀面作出に差異が認められる。

エンド・スクレイパーは石刃・縦長剥片素材のもの（図4.19の1〜3）やラウンド・スクレイパーとも呼べる円形のもの（同4〜6）が樽口遺跡 A-MS 文化層，上原 E 遺跡，宮ノ前遺跡で認められる。同様のものは樽口遺跡 A-MH 文化層でも認められる。折損しているが，越中山遺跡2023年度調査で出土した資料（同9）も石刃素材とみてよいだろう。また，樽口遺跡 A-MS 文化層ではスキー状スポールを素材としたエンド・スクレイパーも確認されている（同7）。薬莱山 No.34 遺跡では，一側縁から端部にかけて加工が施された，剥片素材のスクレイパーが出土し

第 2 節　本州における白滝型細石刃石器群　　　175

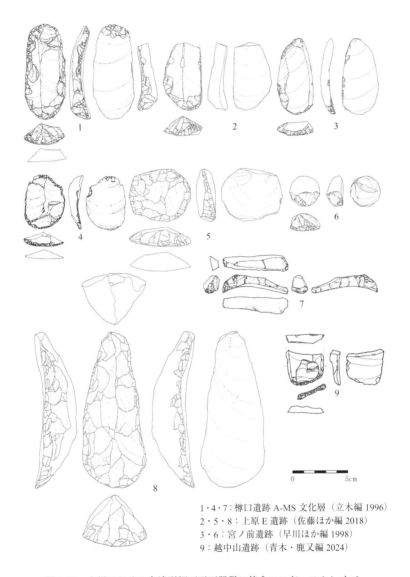

1・4・7：樽口遺跡 A-MS 文化層（立木編 1996）
2・5・8：上原 E 遺跡（佐藤ほか編 2018）
3・6：宮ノ前遺跡（早川ほか編 1998）
9：越中山遺跡（青木・鹿又編 2024）

図4.19　本州における白滝型細石刃石器群に伴うエンド・スクレイパー

176　第4章　本州の湧別技法白滝型に関する研究

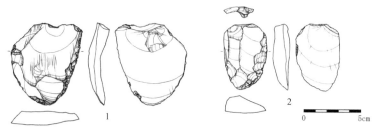

1・2：薬莱山 No.34 遺跡（宮城旧石器研究会 2014）

図4.20　薬莱山No.34遺跡出土のスクレイパー

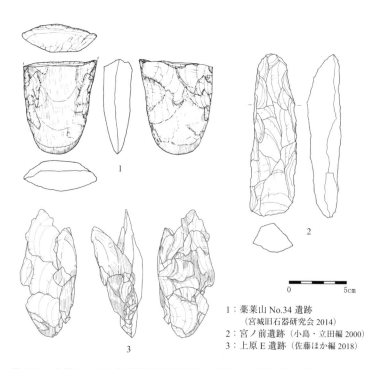

1：薬莱山 No.34 遺跡
　（宮城旧石器研究会 2014）
2：宮ノ前遺跡（小島・立田編 2000）
3：上原 E 遺跡（佐藤ほか編 2018）

図4.21　本州における白滝型細石刃石器群に関連する局部磨製石斧・斧形石器

ている（図4.20）。なお，本書ではエンド・スクレイパーに含めている
が，上原E遺跡で1点出土した背面全面が加工されている凝灰岩製の
エンド・スクレイパー（図4.19の8）について，稲田孝司は神子柴型石
斧との認識を示している（佐藤2020）。

　薬莱山No.34遺跡では局部磨製石斧が出土しており（図4.21の1），
上原E遺跡では局部磨製石斧自体は出土していないが調整剥片接合資
料が得られている（同3）。また，宮ノ前遺跡では白滝型細石刃石器群か
ら4〜8m離れた隣接グリッドから斧形石器が出土している（同2）。風
化の影響もあり明確な研磨痕は確認できないが，形態から神子柴型石斧
と位置付けられる。共伴関係が明らかでないため表4.05に加えていな
いが，他遺跡の様相をみると白滝型細石刃石器群と同時期のものの可能
性がある。

　このほか，宮ノ前遺跡以外では石刃が出土している（図4.22）。上原
E遺跡では，遺跡内で生産された縦長剥片が彫刻刀形石器やエンド・ス
クレイパー，剥片素材の細石刃核の素材とされていたことが接合資料か
ら明らかにされている（同4）。他遺跡をみても，スクレイパー類を中
心としたトゥールには石刃ないし縦長剥片が素材として使用される場合
が多い。また，ほとんどの遺跡でトゥールには頁岩や凝灰岩など，黒曜
石以外の石材が主として使用されている。主体となる白滝型細石刃核
は黒曜石で製作されることを踏まえて，本石器群は細石刃核の製作工程
とトゥールの素材供給が結び付いた，いわゆる「連動システム」（永塚
1997）にはなっていないと捉えられる。

第4項　本州における湧別技法白滝型

　第1項では本州の白滝型細石刃核について，第2項では白滝型に関
連する細石刃核について触れ，第3項でトゥールの検討を踏まえてそ
れらの素材供給について言及した。以上をもとに，本項では本州におけ
る湧別技法白滝型の細石刃製作技術について検討する。

　工程の段階区分は，前章第4節で提示したものを大枠として適用でき
る。すなわち，スポール剥離前のブランク製作までの第1段階，ファー
ストスポールの剥離開始から細石刃剥離前の第2段階，甲板面への擦
痕付与を行う第3段階，細石刃剥離を行う第4段階，作業面転移およ

178　第 4 章　本州の湧別技法白滝型に関する研究

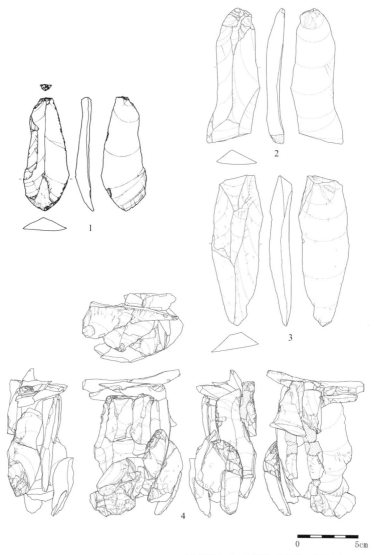

1：薬萊山 No.34 遺跡（宮城旧石器研究会 2014）
2 ～ 4：上原 E 遺跡（佐藤ほか編 2018）

図4.22　本州における白滝型細石刃石器群に伴う石刃および縦長剥片接合資料

第2節　本州における白滝型細石刃石器群　　179

び打面転移を行う第5段階である。ただし，第1段階以前の素材選択
や各段階内の工程については，差異が認められる。

　ブランクの整形を行う第1段階では，やや厚手の剥片のほかに原石
が素材として選択される。自然面を残すⅢ類（図4.11）の存在から，自
然面を残す剥片も使用されたことがうかがえる。Ⅲ類は全体の約23％
にすぎないが，Ⅰ類・Ⅱ類とした中にも整形段階で自然面を除去された
細石刃核があると想定されるため，実際に自然面を残す剥片や原石が素
材とされた割合はより高いと考えられる。基本的に両面加工の場合は断
面がおおむね左右対称となり，片面加工の場合には断面D字形を成す。
ただし，一部の資料は底面に平坦面を残したまま第2段階のスポール
剥離が行われる（図4.06の1，図4.09の1，図4.11の3，図4.14）。また，
Ⅱ類だけでなくⅢ類にも片面加工のもの（図4.11の2）が認められ，素
材剥片に一切の加工が加えられずにスポール剥離に至るブランクも認め
られる（図4.12の2）[5]。底面を残す点と合わせて，総じてブランク整形
がやや粗いといえる。北海道の白滝型と同様，整形段階で剥離された剥
片がトゥール素材として利用される事例はほとんどみられない。

　第2段階ではスポール剥離によって甲板面が形成される。研究史的
には甲板面が細石刃核の最大幅をとるまでスポールが剥離される（鶴丸
1979）とされてきたが，本州における白滝型細石刃核では，甲板面が細
石刃核の最大幅をとらないものも一定数みられた（図4.06の5，図4.07
の3，図4.08の3・4，図4.11の2）。北海道における白滝型とは異なる点
であり，この点でいえば忍路子技法に比較的近い。樽口遺跡における
接合資料ではファーストスポールの後に少なくとも10本のスキー状ス
ポールが剥離されている様子が確認できた（図4.11の1）。ただし，少
ないものではスキー状スポールの剥離が1本のみのものや，ファース
トスポールのみ剥離されて細石刃剥離が行われるものもみられた（図
4.23）。また，同遺跡では1点のみだがスキー状スポールの端部に加工
を加えてエンド・スクレイパーとしたものもある（図4.19の7）。

　甲板面への擦痕付与を第3段階とする。樽口遺跡A-MS文化層の発

───────
　　5）　図4.12の2接合資料には素材背面中央に接合する小剥片があるが，素材剥片が折れ
た際に折れ面から副次的に剥がれた剥片であり，素材剥片下部からの調整剥離によるもので
はない。

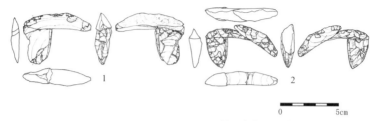

1・2：樽口遺跡 A-MS 文化層（立木編 1999б）

図4.23　スポール剥離が限定的な細石刃核接合資料

掘調査報告書において，立木宏明が接合資料に含まれるスキー状スポール基部につぶれが認められることから，スキー状スポールの使用を示唆した（立木編 1996）ことは，湧別技法白滝型の研究史においても重要な指摘であった。筆者の観察でも同様の痕跡が認められたが，上原 E 遺跡などでは剥片の一部にも同様の痕跡がみられ，スキー状スポールのみが使用されたわけではないようである。この点は前章で指摘した北海道の様相と同じである。

　細石刃が剥離される段階を第 4 段階とする。作業面再生剥片の存在から，必要に応じて作業面再生が行われたことが示される。また，スキー状スポール剥離による打面再生も行われる。なお，甲板面から側面調整が施された細石刃核（図 4.06 の 1，図 4.08 の 1・2，図 4.09 の 2・3，図 4.11 の 3・4）も一定数認められることから，細石刃剥離開始後かどうかは明らかでないが，第 3～第 4 段階にかけて側面調整があったことがうかがえる。

　細石刃剥離の後に作業面転移が行われる段階を第 5 段階とする。樽口遺跡 A-MS 文化層で作業面転移の様子を示す接合資料が得られており（図 4.07 の 1，図 4.09 の 1），作業面転移に打面再生を伴う場合と伴わない場合があることが察せられる。これらの細石刃核は極めて小型化しており（図 4.07 の 2，図 4.09 の 2），剥離されたスキー状スポールの長さから想定すると，かなりの細石刃が剥離されたものと考えられる。なお，北海道で認められていた底縁への打面転移を行うもの（Ⅰ Bb 類）は，本州の資料では確認できなかった。

　本州においても基本的には上記の 5 段階で進行するものと捉えられ

る。札滑型との大きな違いは北海道における白滝型と同じく①トゥール素材供給としての役割有無，②甲板面の擦痕，③極限まで行われる細石刃剥離，にあるといえる。北海道における白滝型との違いとしては，①自然面を残す剥片や原石の素材選択，②底面を残す細石刃核および片面加工の細石刃核の多さに代表されるブランク整形の粗さ，③甲板面が細石刃核の最大幅をとるに至らないスポール剥離，④細石刃剥離開始前後（第3段階〜第4段階）における側面調整が挙げられる。

第5項　小　結

本節で本州における白滝型細石刃核の集成と細石刃生産技術の検討を行ったところ，本州における白滝型細石刃核には，北海道で認められていた両面加工（Ⅰ類）・半両面加工および片面加工（Ⅱ類）に加えて，自然面を残す剥片を素材としたもの（Ⅲ類）や原石を素材としたもの（Ⅳ類）の存在が明らかとなった。加えて，ブランク整形やスポール剥離，側面調整などの点で北海道の湧別技法白滝型との差異が確認された。白滝型細石刃核の類型と出土遺跡を検討すると，Ⅰ・Ⅱ類とⅢ・Ⅳ類細石刃核がともに出土しているのは樽口遺跡 A-MS 文化層に限られる。ブランクの存在を考慮すれば越中山遺跡 E 地点と上原 E 遺跡でも両類型が認められる。いずれにしても本州における白滝型細石刃核 26 点のうち樽口遺跡が 14 点を占めており，他遺跡での出土点数が少ないために実情を捉え切れていない可能性がある。器種組成の検討からは，北海道と同様に各遺跡で両面加工または半両面加工の尖頭器が伴われることが明らかとなった。また，薬莱山 No.34 遺跡・上原 E 遺跡・宮ノ前遺跡では局部磨製石斧ないし斧形石器が認められた。局部磨製石斧・斧形石器は北海道の白滝型細石刃石器群には共伴されない。これら 3 遺跡は東北地方太平洋側および中部地方北部に位置し，遺跡立地からいえば北海道から南下した湧別技法白滝型が比較的遅く辿り着いたことが想定される。すなわち，南下の過程で新たに加わった道具の可能性がある。なお，彫刻刀形石器では荒屋型が樽口遺跡 A-MS 文化層の 1 点のみに限られ，全遺跡で共通する形態のものは確認できなかった。上原 E 遺跡では，北海道の白滝型細石刃石器群にみられる「服部台型彫器」（杉原・戸沢 1975，藤山 2016）に類似するものが確認できたが，他遺跡では確認

できていない。

　白滝型細石刃核を主体とする樽口遺跡 A-MS 文化層との分離可否が議論されている A-MH 文化層の検討では，他の幌加型細石刃核を主体とする遺跡で共伴されない両面加工の木様形尖頭器を含む点や，両文化層における石材組成の偏り，他遺跡の白滝型細石刃石器群における他型式・黒曜石以外の細石刃核共伴事例など，A-MS 文化層と一体である可能性が示唆された。しかし，本州において他の白滝型細石刃石器群に共伴されていない彫掻器を含むことを踏まえ，文化層一括ではなく個別資料単位での検討も必要かもしれない。

　本節では，本州における白滝型細石刃核を集成するとともに，各遺跡の器種組成やトゥール素材供給を把握したうえで細石刃生産技術の検討を行うことで，石器群としての評価を試みた。次章で行う黒曜石原産地分析の結果を踏まえ，終章にて細かな考察を行いたい。

第5章

黒曜石製石器の原産地分析による石器石材研究

は じ め に

　本章では，本州における白滝型細石刃石器群を中心として遺跡出土黒曜石製石器の原産地分析を行い，当該期人類の石材消費について検討を行う。第1節では，本章において実施する原産地分析の前提として，分析方法について記述する。今日，黒曜石原産地分析の手法としては本書第1章第2節で述べたようにエネルギー分散型蛍光X線分析装置(EDX)を用いた分析が主流となりつつある。非破壊による分析が可能であることから広く受け入れられているが，分析精度や他機器との測定値共有などの点で未だ課題がある。そのため，まず本章第1節において，以降第2～4節の前提となる分析方法について述べたのちに，第2節で同一試料に対してEDXと電子プローブマイクロアナライザー（EPMA）による分析でクロスチェックを行い，EDXによる分析の精度を検討する。それを踏まえて第3節では，本州における札滑型細石刃石器群の2遺跡から出土した黒曜石製石器の原産地分析を実施する。第4節では本州における白滝型細石刃石器群の6遺跡から出土した黒曜石製石器の原産地分析を実施する。最終第5節では，第3・4節の分析結果と先行研究の結果を統合し，本州東北部における細石刃石器群の黒曜石利用戦略の変遷を捉える。

第5章　黒曜石製石器の原産地分析による石器石材研究

第1節　分析の方法

第1項　EPMA を用いた分析の方法

1. 測定条件

　本分析には，北海道教育大学旭川校に設置されている日本電子製波長分散型 EPMA（JEOL-JXA8600）を使用した（図 5.01）。測定にあたり，佐野恭平氏および和田恵治氏にご協力いただいた。分析条件は加速電圧 15kV，電流値 0.8×10^{-8}A，測定時間はピークを 15 秒，バックグラウンドを 5 秒，測定領域を $10\mu m \times 10\mu m$ に設定した。補正は ZAF 法による。測定元素はケイ素（Si），チタン（Ti），アルミニウム（Al），鉄（Fe），マンガン（Mn），マグネシウム（Mg），カルシウム（Ca），ナトリウム（Na），カリウム（K），塩素（Cl）の 10 元素である。1 つの試料に対して分析点を移動しながら 5〜7 点の測定を実施し，判別の際には各試料の平均値をとった。

　原石試料は，分割した原石の一部を樹脂に埋め込んで 2.75×4.8cmのスライドガラスに貼り付け，研磨して岩石薄片を作成した。ダイヤモンドペーストで鏡面研磨を行い，測定前には炭素蒸着を行って試料とした。遺跡出土試料は，端部の微小部分（1-10mm程度）を折り取ったものを原石試料同様に樹脂に埋め込み，スライドガラスに貼り付けたものを研磨して薄片試料とした。薄片を作成後，ダイヤモンドペーストで鏡面研磨し，最後に炭素蒸着を行って分析を行った（図 5.02）。

　黒曜石のガラス部分の化学組成は均質であるが，部分によっては斜長石や磁鉄鉱のマイクロライトが散在している。そのため，測定時にはこれらを避けてガラス域で測定を行った。原石・遺物試料ともに 1 試料につき 5 箇所以上測定し，その平均値をとった。

2. 判別図の作成方法

　本分析では EPMA による測定で得られた酸化物の重量％の合計を 100％に再計算して，化学分析値を比較した。酸化物重量％の合計が 100％に満たない要因は，黒曜石ガラス中に EPMA では検出できない

第1節　分析の方法

図5.01　分析に使用したEPMA（JEOL-JXA8600）

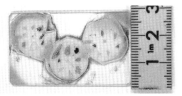

図5.02　分析試料を埋め込んだ薄片
（2.75×4.8cm，炭素蒸着を除去した状態，佐野恭平氏撮影）

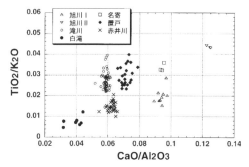

図5.03　TiO_2/K_2O比とCaO/Al_2O_3比によるダイヤグラム（向井ほか2002）

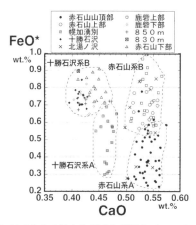

図5.04　FeOとCaOによるダイヤグラム（和田・佐野2011）

第 5 章　黒曜石製石器の原産地分析による石器石材研究

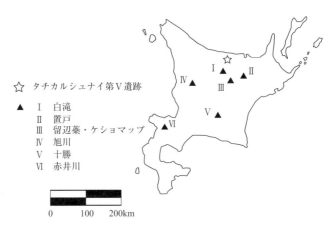

図 5.05　タチカルシュナイ第V遺跡出土試料の EPMA・EDX での分析に用いた主要原石試料採取地

表 5.01　EPMA での分析に用いた原石試料一覧

系	細分	原石試料採取地・採取溶岩（カッコ内は測定点数）
釧　路	I	舌辛原野 (10)
	II	久著呂川 (10)
十勝三股		タウシュベツ川 (5)，押帯 (3)，居辺川 (3)，十三ノ沢 (8)，鎮練川 (1)，美里別川 (3)，勇足 (7)，利別川 (2)
十勝然別		ペンケチン川 (4)，居辺川 (1)，十勝川 (1)，然別川 (2)，鎮練川 (5)
置戸所山		所山 (10)，北所山 (6)，オンネアンズ沢 (12)，墓地の沢 (6)
置戸置戸山		置戸 (7)，中里 (7)
留辺蘂通子沢		留辺蘂 (7)，留辺蘂通子沢 (10)，七ノ沢 (5)
留辺蘂岩山ノ沢		岩山ノ沢 (10)
生田原	I	安国 (8)，仁田布川 (2)
	II	安国 (9)，仁田布川 (1)
遠　軽		サナブチ川 (18)
白滝赤石山	A	赤石山山頂部溶岩 (41)，北湯ノ沢溶岩 (4)
	B	赤石山上部溶岩 (17)，鹿砦上部溶岩 (19)，北湯ノ沢溶岩 (6)
白滝十勝石沢	A	幌加湧別溶岩 (17)
	B	十勝石沢溶岩 (16)，赤石山下部溶岩 (13)，鹿砦下部溶岩 (9)，十勝石沢 830m 溶岩 (1)，850m 溶岩 (6)
紋　別		上藻別 (3)，上モベツ川 (7)
名　寄		忠烈布 (13)，一の沢 (1)
雄　武		音稲府川 (13)
旭　川	I	東鷹栖 (10)，台場 (4)，中山 (2)
	II	東鷹栖 (13)，近文台 (7)
滝　川		碧水 (10)，中山 (6)，美馬牛 (3)，大和 (2)，東鷹栖 (1)
赤井川		土木川 (7)，曲川 (5)，余市川 (3)，中の沢川 (4)
豊　浦		豊泉 (14)
奥　尻		勝澗山 (23)

数％以下の H_2O が含まれていることによる。和田恵治ら（2003）は，TiO_2，CaO，K_2O に原産地ごとの化学組成差が明瞭に表れることを明らかにしており，TiO_2/ K_2O 比と CaO/Al_2O_3 比によるダイアグラムを考案した（図 5.03）。本書でもこれを採用し，黒曜石原産地分析のための判別図とした。

また，白滝赤石山および十勝石沢については FeO と CaO によって細分可能であることが示されており（図 5.04，和田・佐野 2011），本分析では前述の TiO_2/ K_2O 比と CaO/Al_2O_3 比によるダイアグラムと FeO と CaO によるダイアグラムを併用し，白滝を原産地とする黒曜石製石器の細分を図った。

3. 判別に用いた原石試料

判別には，北海道内で採取された原石を使用した（表 5.01，図 5.05）。使用した原石は和田・向井正幸らによって採取・測定されたものであり，詳細な採取地および分析値は既報で示されている（向井ほか 2000・2002・2004，向井 2005a・2010・2016，和田・佐野 2011）。

いずれも原石から本項の測定条件に沿って薄片を作成し，測定を行ったものである。

第 2 項　EDX を用いた分析の方法

1. 測定条件

測定には，公益財団法人岩手県南技術研究センターに設置されている上面照射型の EDX（Bruker AXS 社 M4 TORNADO）を使用した（図 5.06）。この装置は X 線ポリキャビラリーレンズを採用した微小部蛍光 X 線分析装置であるため，得られる強度が高く，$25\mu m$ スポットサイズのものを非破壊で分析できる。

X 線発生源はロジウム管球，検出器は Zr 半導体である。測定には径 $25\mu m$ のコリメータを用い，$0.5 \times 0.5mm$ の範囲をカリウム（K），カルシウム（Ca），チタン（Ti），マンガン（Mn），鉄（Fe），ルビジウム（Rb），ストロンチウム（Sr），イットリウム（Y），ジルコニウム（Zr）の計 9 元素についてマッピングし，管電圧 50kV，管電流 $400\mu A$，大気雰囲気，測定時間は 360 秒で行った。

図5.06　分析に使用したEDX（Bruker M4 TORNADO）

なお，今回測定した蛍光X線のうち，Ca-Kαには K- Kβ，K-Kαには Ar- Kβ，Ti- Kαには Ba- Lα，Fe-Kαには Mn- Kβ，Y-Kαには Rb-Kβ，Zr-Kαには Sr- Kβが互いに干渉するが，今回の分析にあたっては重なり補正を行っていない。強度の算出ではバックグラウンドを差し引き，ROI（関心領域）のカウントから積分強度（cpsおよびcps/eV）を求めた。

測定に先立って原石はダイヤモンドカッターで切断し，ガラス板上で1000，2000，3000番の研磨剤を用いて平滑な面が生じたものと，石器同様に直接打撃で剝離面を整形したものの2種を使用した。剝離面を測定する場合でもなるべく平滑な箇所を選択し，後述のRb分率など本分析で用いる判別指標において，試料形状による影響が極力生じないようにした。遺物試料の測定前にはエタノールで表面の洗浄を行った。使用痕など微細痕跡への影響を避けるため，メラミンスポンジによる研磨・洗浄は行っていない。

蛍光X線分析では，試料の厚さが変化しても得られる蛍光X線強度が変化しない最低限の厚さがあり，バルク厚ないし飽和厚などと呼ばれる（本間2016）。換言すれば，バルク厚に満たない試料では，それ以上の厚さをもつ同物質と比較して，得られる蛍光X線強度が減少する。対象物や対象元素によってバルク厚は異なるが，重元素ほどバルク厚が大きくなるとされる。北東カリフォルニアのGlass Mountain産黒曜石の場合にはRbは2mm，Srは2.5mm，Zrは1.2mmがバルク厚とされている（Davis et al. 1998）。望月明彦らも重元素であるほど厚さによる影

第1節 分析の方法

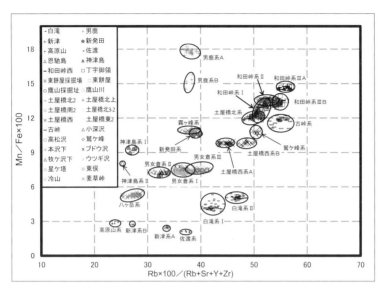

1　Rb分率

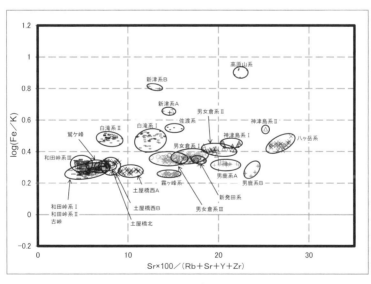

2　Sr分率

図5.07A　EDXによる原石試料の判別図①

190　第5章　黒曜石製石器の原産地分析による石器石材研究

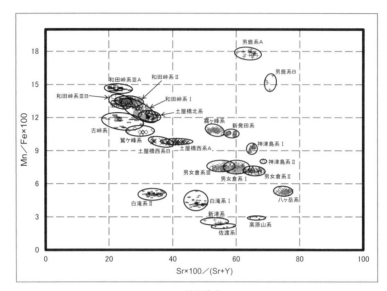

3　被熱検定

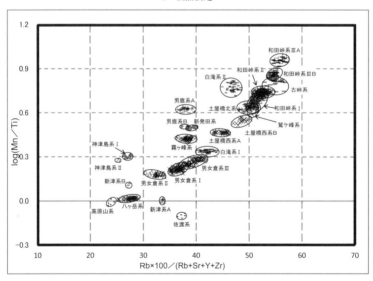

4　風化検定

図5.07B　EDXによる原石試料の判別図②

響が大きく，本来の強度よりも弱い強度になると指摘している（望月ほか 2006）。望月・池谷（2008）は神津島産黒曜石の場合には厚さ 1mm 以下で各元素の強度が減少することを示し，バルク厚以下の試料を原産地推定するための各元素補正式を作成している。こうしたバルク厚の問題は，厚さ 0.5mm 以下の薄い遺物試料を含めて対象とする本書での測定でも課題となる。ところで，薄い黒曜石試料の測定時には X 線が透過し，上面照射型の蛍光 X 線分析装置の場合には試料下にある測定台など周辺の成分を含めて検出してしまう。霧ヶ峰（星ヶ台）で採取した黒曜石を複数の厚さに加工し，その下に卵殻や銅板を敷いて測定した佐々木（2013・2016）の実験では，黒曜石の厚さが 1.7mm 以上では影響がみられなかったが，厚さ 1.1mm では Ca や銅（Cu）が検出された。すなわち，1.1mm の試料では X 線が透過していることを示す。このことを踏まえ，筆者らの近年の分析では細石刃や砕片といった薄い遺物試料の測定時にアルミ板を試料下に敷いて測定している[1]。こうすることで試料下を遮蔽し，試料の蛍光 X 線のほかにはアルミニウム（Al）の蛍光 X 線のみが得られるようにしている。Al の蛍光 X 線は判別に用いる各元素と干渉せず，周囲の物質の蛍光 X 線を抑えられるため，バルク厚に満たない遺物試料の場合でも比較的原産地判別が可能となる。各元素の強度が相対的に減少するものの，強度比を用いて判別を行う本分析では影響が少ない。

2．判別図の作成方法

EDX による判別では，望月（1997）による Rb 分率【Rb 強度× 100 ／（Rb 強度＋ Sr 強度＋ Y 強度＋ Zr 強度）】，Sr 分率【Sr 強度× 100 ／（Rb 強度＋ Sr 強度＋ Y 強度＋ Zr 強度）】，Mn 強度× 100 ／ Fe 強度，log（Fe 強度／ K 強度）からなる判別図を用いた（図 5.07 の 1・2）。また，被熱した黒曜石を判別するために Sr 強度×（Sr 強度＋ Y 強度）− Mn 強

1）　本章で示す EDX での測定時，薄い試料の場合には原則として試料下にアルミ板を敷いて測定した。しかし，第 3 節第 1 項で行った角二山遺跡出土試料の分析当時は，測定方法の改善途上にあったため試料下に銅板を敷いて測定していた。この手法でも測定・判別は可能だが，アルミ板を用いる場合よりもバルク厚の影響を受けやすい。後述するように同遺跡出土資料の分析では比較的薄い 2 点について分析不可としたが，現在の手法で再分析することで，分析不可の試料を減らすことができる可能性がある。

表5.02 タチカルシュナイ第Ⅴ遺跡出土試料のEDXによる分析に用いた原石試料

都道府県	系	群類	原石採取地（測定点数）
北海道	名寄系	A	名寄市忠烈布川（2）
		B	名寄市忠烈布川（3）
	白滝系	Ⅰ	遠軽町白滝1147m峰（39），八号沢（10）
		Ⅱ	遠軽町白滝872m峰（20），あじさいの滝（12），IK露頭（15）
	置戸系	Ⅰ	置戸町所山（20）
		Ⅱ	置戸町置戸山（20）
	十勝系	Ⅰ	上士幌町清水谷（5），メトセップ橋（3），居辺（3），音更町然別川（8）
		Ⅱ	上士幌町清水谷（2），足寄町芽登川（2），音更町然別川（5）
		Ⅲ	上士幌町居辺（9）
		Ⅳ	上士幌町清水谷（2）
	赤井川系		赤井川村土木沢（15），工藤の沢（16）
	奥尻島系		奥尻町勝澗山（4）
	豊浦系		豊浦町豊泉川（17）
	旭川系	A	旭川市近文台（3）
		B	旭川市近文台（1）
	ケショマップ系		北見市留辺蘂(9)，遠軽町丸瀬布（2）
	生田原系		遠軽町仁田布川（2）
	社名淵系		遠軽町サナブチ川（2）
	滝川系		滝川市江部乙溜池付近（20）

度×100／Fe強度判別図を作成した（同3）。これは佐々木（2016・2019a）が行った実験により，木灰に接して加熱した黒曜石の表面には，木灰成分中で融点の低いKやRbなどが溶融して付着し，それらの元素強度が高くなる傾向が確かめられたことから，これらの元素を除いて作成したものである。さらに，遺物が風化（小口2017）の影響を受けているかどうか検定するために，風化を受けると強度が相対的に高くなる傾向にあるTiと低くなる傾向にあるMn（Eggleton et al.1987，小口ほか1993）を組み込んだ判別図も作成した。すなわちRb分率−log（Mn強度/Ti強度）の風化検定判別図（同4）である。

分析対象の原産地判別は，原則として望月（1997）による2つの判別図（同1・2）で同じ判別域に入ることを基準とした。ただし，いずれかの判別図で判別域外にプロットされる場合にも，被熱検定・風化検定などの判別図により判別を行った。例えば，被熱の影響でK・Rbが増加した試料はSr分率判別図（同2）で各判別域の下方にプロットされるが，K・Rbなどを除いた被熱検定判別図（同3）では各判別域に収まる。

第1節 分析の方法

表5.03 角二山・荒屋・越中山・樽口・宮ノ前遺跡出土試料の
分析に用いた基準試料

都道府県	系	群類	原石採取地ないし試料出土遺跡（測定点数）
北海道	白滝系	I	遠軽町白滝 1147 m峰（34），八号沢（10）
		II	遠軽町白滝 872 m峰（20），あじさいの滝（12），I K露頭（15）
青森	岩木山系		つがる市出来島（5）
	深浦系	I	深浦町岡崎浜（10），六角沢（7），八森山（5）
		II	深浦町十二湖（5）
秋田	男鹿系	A	男鹿市金ヶ崎（15），男鹿市脇本第一小学校（5）
		B	男鹿市脇本第一小学校（4）
山形	月山系	I A	鶴岡市今野（5），鶴岡市天狗森（5）
		I B	鶴岡市ガラス山（5）
		II	西川町大越沢（5）
新潟	新発田系		新発田市板山（5）
	新津系	A	新潟市金津（5）
		B	新潟市金津（2）
	佐渡系		佐渡市石田川（5）
栃木	高原山系		那須塩原市桜沢（5）
東京	神津島系	I	神津島村神津島（5）
		II	神津島村恩馳島海底（1）
長野	和田峠系	I	長和町土屋橋北 3-2（14），小深沢（38），東餅屋採掘場（5）
		II	長和町東餅屋（28），鷹山川（13），鷹山採掘址（22），土屋橋北 2（29）
		III A	下諏訪町丁字御領（5），長和町和田西（14）
		III B	下諏訪町丁字御領（22），長和町和田西（8）
	土屋橋北系		長和町土屋橋北上（33）
	古峠系		長和町古峠（25）
	鷲ヶ峰系		長和町鷲ヶ峰（7）
	土屋橋西系	A	長和町土屋橋西（28）
		B	長和町土屋橋西（14）
	男女倉系	I	長和町ブドウ沢（20），本沢下（18），ウツギ沢（19）
		II	長和町牧ヶ沢下（20）
		III	長和町土屋橋東（19），高松沢（17），土屋橋南 2（19）
	霧ヶ峰系		下諏訪町星ケ台（5），東俣（13），星ヶ塔（22）
	八ヶ岳系		佐久穂町麦草峠（22），茅野市冷山（19）
富山	魚津系		魚津市坪野（10）
	高岡系		高岡市二上山（4）
福井	安島系		坂井市安島（24）
岐阜	下呂系		下呂市湯ヶ峰（11）
長野	NK 群		南牧村八ッ原第 5 遺跡 B 地点（20）
富山	TYX1 群		富山市向野池遺跡（3），富山市小竹貝塚（2）
	TYX2 群		富山市小竹貝塚（11），富山市早月上野遺跡（12）

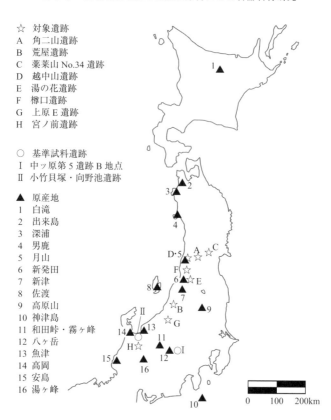

図 5.08　対象遺跡　原石採取地

3. 判別に用いた基準試料

　第2節での判別には，北海道内で採取された原石を使用した（表5.02, 図5.05）。使用した原石は筆者が採取・収集したもののほか，佐々木・和田らによって採取・収集されたものを含む。なお，本分析でケショマップとしている原産地は，EPMAによる分析の原石試料で留辺蘂とされている原産地と同一のものである。ただし，EDXによる分析では，同原石試料を細分（EPMAでの留辺蘂通子沢・留辺蘂岩山ノ沢）できていない。

　第3節および第4節第2〜6項での分析には，本州東北部を中心に北海道〜長野県の原石試料を使用した（表5.03, 図5.08）。長野県の原石試

第 1 節　分析の方法　　　　195

表 5.04　薬莱山 No.34 遺跡出土試料の分析に用いた原石試料

都道府県	系	群類	原石採取地（測定点数）
青森	中泊系		中泊町小泊折腰内（5），中泊町小泊中学校（3）
	岩木山系		つがる市出来島（5）
	深浦系	I	深浦町岡崎浜（10），六角沢（7），八森山（5）
		II	深浦町十二湖（5）
秋田	男鹿系	A	男鹿市金ヶ崎 (15)，男鹿市脇本第一小学校 (5)
		B	男鹿市脇本第一小学校 (4)
	田沢湖系	I A	岩手県奥州市水沢折居（4）
		I B	岩手県奥州市水沢折居（1），岩手県一関市花泉金沢（2）
		II	田沢湖町大沢（4）
	横手系	A	横手市山内相野々（4）
		B	横手市山内相野々（1）
山形	鮭川系		鮭川村上新田（3）
	月山系	I A	鶴岡市今野 (5)，鶴岡市天狗森 (3)
		I B	鶴岡市ガラス山 (5)
		II	西川町大越沢 (5)
	山形系	I	山形市盃山（4）
		II	山形市長谷堂（5）
	寒河江系	I	寒河江市碁盤森山（5）
		II	寒河江市島岩鼻（1）
	飯豊系	A	飯豊町高野（5）
		B	飯豊町高野（2）
宮城	宮崎系		加美町宮崎湯の倉（5）
	色麻系		色麻町根岸（5）
	仙台系	A	仙台市秋保芋生（5）
		B	仙台市秋保芋生（5）
	塩竈系		塩竈市塩竈漁港（5）
	川崎系		川崎町前川腹帯（5）
	蔵王系		蔵王町四方峠（5）
新潟	新発田系		新発田市板山（5）
	新津系	A	新潟市金津（5）
		B	新潟市金津（2）
	真光寺系		佐渡市真光寺（3），佐渡市二ッ坂（6）
	平清水系	A	佐渡市石田川（5）
		B	佐渡市二ッ坂（2）
		C	佐渡市二ッ坂（1），佐渡市追分（2）

196　第 5 章　黒曜石製石器の原産地分析による石器石材研究

図 5.09　薬莱山 No.34 遺跡と原石採取地

料のうち東餅屋採掘場[2]・星ケ台については研究協力者の佐々木繁喜氏の採集試料を測定したが，その他の長野県産原石は池谷信之氏よりご提供いただいたものを使用した。また，福井県安島・富山県高岡・岐阜県下呂の原石試料は㈱東京航業研究所（㈱東京航業研究所地球化学研究室編 2020）よりご提供いただいたものを使用し，その他の北海道・東北・関東・中部地方の原石試料については，筆者および研佐々木氏が採集・収集した試料を使用した。このほか，長野県中ッ原第 5 遺跡 B 地点（望月 2015）および富山県小竹貝塚・向野池遺跡・早月上野遺跡（望月 2000・

---

[2]　佐々木氏の「東餅屋採掘場」は池谷氏の「東餅屋」とは別地点。

2014, 古川 2002, 竹原 2012) から出土し, 原産地不明とされた既分析試料についても基準試料とした。

第4節第1項での分析には, 東北地方と新潟県の原石を使用した (表5.04, 図5.09)。東北地方の原石は佐々木氏, 新潟県の原石は青木および佐々木氏の採集・収集試料を原石試料とした。

第2節　黒曜石製石器の原産地分析の実践

第1項　本節の背景と目的

本書第1章で述べたように, 黒曜石原産地分析はこれまで様々な方法が試行され, 今日では非破壊分析という大きな利点から EDX による分析が主流となっている。さらに最近では大気雰囲気での分析も増えつつある (ファーガソンほか 2014, 佐々木 2020 など)。この背景には, 据え置き型だけでなくポータブル型の蛍光 X 線分析装置が普及し始めていることも挙げられる。ただし, 大気雰囲気での分析については同じ遺物に対して他の分析方法を併用してのクロスチェックが十分に行われているとは言い難い。そこで, 本節では EDX による大気雰囲気での分析の検証を主目的として, EPMA による分析とのクロスチェックを行う。EPMA による黒曜石製石器の原産地分析は, 和田恵治らのグループによって分析方法が確立され (和田恵治ほか 2003), 全国の黒曜石原石試料を対象とした測定が実施されているが (向井ほか 2000・2002, 向井 2005a・b・c など), 特に北海道においては白滝を中心とした各産地内での細分も行われている (和田・佐野 2011)。測定精度は高いものの薄片による測定を原則とし, 遺物に対しても破壊分析となることから多数の遺物の分析には不向きともいえるが, 本節で目的とする EDX による分析のクロスチェックには有効な分析手法である。

　対象試料には北海道タチカルシュナイ第 V 遺跡 C 地点出土資料を用いる。本遺跡では上層で白滝型細石刃石器群, 下層で En-a 下位と想定される剥片石器群が確認されており (須藤ほか 1973, 村上 2007, 本書第2章第3節), 同遺跡内の時期差による利用原産地の変化を捉えることも可能となる。ただし, 本分析では EPMA と EDX による分析結果の比

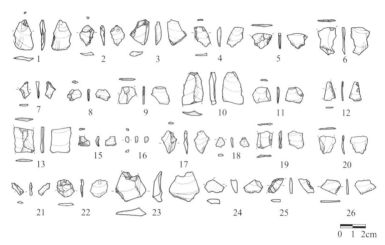

図5.10　タチカルシュナイ第Ⅴ遺跡C地点出土のEPMA分析試料実測図

較を主目的とするため，分析結果をもとにした遺跡内の石材消費戦略など詳細な分析については別稿で論じることとする。

第2項　タチカルシュナイ第Ⅴ遺跡C地点出土資料のEPMAによる原産地分析

1. 対象試料

本分析では，タチカルシュナイ第Ⅴ遺跡C地点出土の剥片26点を対象とした（表5.05）。各試料には，遺跡名を冠してTCV1〜26の試料番号を付した。白滝型細石刃石器群である上層から15点，En-a下位相当と想定（山原1996）される剥片石器群である下層から11点を抽出した。抽出にあたっては可能な限り多くの母岩からの抽出を心掛けた。数mm程度ではあるが試料の一端を折り取って行う部分破壊分析になるため，トゥールなどは対象としていない。試料折り取り前に資料の計測・観察および実測[3]・写真撮影を行った（図5.10）。

試料を折り取ったのちに，前節第1項に沿って薄片を作成し（図5.02），EPMAによる測定を行った。

---

[3] 分析番号14は細かく折損していたため実測は行わず，計測・観察と写真撮影に留めた。

表 5.05　タチカルシュナイ第Ⅴ遺跡C地点出土のEPMA分析試料一覧

文化層	層位	試料番号	遺物番号	器種	母岩番号	長さ	幅	厚さ	重量	残存部位	打面有無	打面幅	打面厚	打面形状	未端形状	写真	実測	備考
上層	Ⅲa	1	279	FL	母3	22.90	14.65	2.80	0.82	完形	有	1.50	0.60	平坦	フェザー	○	○	
上層	Ⅲa	2	356	FL	母55	15.30	10.80	1.95	0.26	完形	有	1.20	1.05	平坦	フェザー	○	○	
上層	Ⅲ	3	380	FL	母22	29.45	14.70	3.80	1.20	中間部	無				無	○	○	
上層	Ⅲa	4	829-2	FL	母47	15.00	10.90	2.30	0.32	基部・中間部	有	0.45	4.25		フェザー	○	○	
上層	Ⅲa	5	1216-1	FL	母51	11.10	15.40	1.50	0.23	先端部	無				フェザー	○	○	
上層	Ⅲa	6	1344-3	FL	母1a	20.60	3.95	1.20	0.30	中間部・先端部	無				フェザー	○	○	
上層	Ⅲa	7	1371	FL	母29	12.20	7.30	1.85	0.07	先端部	無				フェザー	○	○	
上層	Ⅲa	8	2079-3	FL	母54	8.05	10.45	0.65	0.08	完形	有	1.25	3.60	調整?	フェザー	○	○	
上層	Ⅲa	9	2137-2	FL	母15	12.55	5.80	1.20	0.23	中間部	無				無	○	○	
上層	Ⅲa	10	2148-5	FL	母4	25.25	16.90	3.80	1.40	基部・中間部	無				無	○	○	
上層	Ⅲa	11	2196-3	FL	母7a	11.75	13.90	1.65	0.29	完形	有	1.40	5.65	平坦	ヒンジ	○	○	
上層	Ⅲa	12	2223-34	FL	母23a	13.90	8.95	0.55	0.09	中間部・先端部	無				ヒンジ	○	○	
上層	Ⅲa	13	2223-48	FL	母49	19.20	15.20	2.30	0.83	中間部	無				無	○	○	
上層	Ⅲ	14	2226-4	FL	母42d	13.50	7.10	0.70	0.11	完形	有	1.35	1.55	平坦	フェザー	○	○	3片に折損
上層	Ⅲa	15	2775	FL	母33	6.45	8.10	1.80	0.09	中間部・先端部	無				フェザー	○	○	
下層	Ⅲb		1416	FL	ob-4				85.06									試料剝落元
下層	Ⅲb	16	1416 破片	FL	ob-4	4.50	2.30	1.85	0.02	完形	無				ヒンジ	○	○	剝落片
下層	Ⅲb	17	1574-1	FL	ob-5	17.35	11.25	2.80	0.30	完形	有	1.50	4.10	自然面	フェザー	○	○	風化
下層	Ⅳb		1663	FL	ob-7				70.01									試料剝落元
下層	Ⅳb	18	1663 破片	FL	ob-7	6.65	6.45	1.30	0.06	完形	有				フェザー	○	○	剝落片
下層	Ⅳa	19	1727-1	FL	ob-8	13.20	11.05	1.75	0.23	中間部・先端部	無				フェザー	○	○	
下層	Ⅳb	20	1878	FL	ob-17	13.25	12.55	0.85	0.14	中間部・先端部	無				ヒンジ	○	○	
下層	Ⅲb	21	1887-1	FL	ob-6	9.05	9.90	0.85	0.05	完形	無				フェザー	○	○	ポジポジ剝片
下層	Ⅳb	22	1967-1	FL	ob-13	13.00	12.60	1.60	0.28	完形	有	1.00	0.35	平坦	ヒンジ	○	○	
下層	Ⅲa	23	2503-1	FL	ob-1	9.75	12.80	1.90	2.02	基部・中間部	無				フェザー	○	○	
下層	Ⅲb	24	2639-1	FL	ob-18	8.90	14.70	4.10	0.44	中間部・先端部	無				フェザー	○	○	自然面
下層	Ⅲb	25	2795-1	FL	ob-14	21.85	23.80	6.40	0.17	中間部・先端部	無				ヒンジ	○	○	
下層	Ⅳa	26	2813-2	FL	ob-3	10.60	5.50	1.05	0.23	先端部	無				ヒンジ	○	○	

（上層で15点、下層で11点。合計26点。長さなど単位はmm、重量単位はg。）

表 5.06 タチカルシュナイ第 V 遺跡 C 地点出土試料の EPMA による測定値（平均値）と判別結果

文化層	試料番号	遺物番号	母岩番号	SiO$_2$	TiO$_2$	Al$_2$O$_3$	FeO	MnO	MgO	CaO	Na$_2$O	K$_2$O	Cl	TiO$_2$/K$_2$O	CaO/AlO$_3$	EPMA 判別結果
上層	TCV1	279	母3	77.519	0.009	12.583	0.833	0.115	0.115	0.417	3.933	4.477	0.097	0.002	0.033	白滝十勝石沢 B
上層	TCV2	356	母55	77.607	0.026	12.634	0.671	0.089	0.022	0.483	4.184	4.221	0.064	0.006	0.038	白滝十勝石沢 A
上層	TCV3	380	母22	77.697	0.032	12.614	0.584	0.100	0.023	0.524	3.825	4.480	0.122	0.007	0.042	白滝赤石山
上層	TCV4	829-2	母47	77.456	0.032	12.586	1.029	0.050	0.030	0.468	4.005	4.255	0.090	0.007	0.037	白滝十勝石沢
上層	TCV5	1216-1	母51	77.606	0.035	12.635	0.513	0.119	0.009	0.471	4.015	4.521	0.076	0.008	0.037	白滝十勝石沢 A
上層	TCV6	1344-3	母1a	77.614	0.030	12.519	0.646	0.081	0.013	0.563	3.966	4.452	0.116	0.007	0.045	白滝赤石山
上層	TCV7	1371	母29	77.476	0.024	12.689	0.483	0.144	0.013	0.486	4.154	4.467	0.065	0.005	0.038	白滝十勝石沢
上層	TCV8	2079-3	母54	77.931	0.058	12.645	0.315	0.122	0.018	0.541	3.902	4.383	0.085	0.013	0.043	白滝赤石山 A
上層	TCV9	2137-2	母15	77.552	0.050	12.481	0.706	0.083	0.032	0.586	4.060	4.392	0.057	0.011	0.047	白滝赤石山
上層	TCV10	2148-5	母4	77.351	0.035	12.560	0.868	0.122	0.013	0.424	3.940	4.596	0.091	0.008	0.034	白滝十勝石沢 B
上層	TCV11	2196-3	母7a	78.053	0.033	12.657	0.248	0.072	0.022	0.520	3.902	4.393	0.100	0.007	0.041	白滝赤石山 A
上層	TCV12	2223-34	母23a	77.805	0.056	12.579	0.264	0.123	0.024	0.568	4.042	4.458	0.080	0.013	0.045	白滝赤石山 A
上層	TCV13	2223-48	母49	77.441	0.013	12.623	0.945	0.137	0.016	0.474	3.962	4.298	0.091	0.003	0.038	白滝十勝石沢
上層	TCV14	2226-4	母42d	77.357	0.020	12.620	0.731	0.101	0.003	0.482	4.149	4.445	0.091	0.005	0.038	白滝十勝石沢
上層	TCV15	2775	母33	77.935	0.054	12.669	0.400	0.051	0.020	0.547	3.930	4.281	0.113	0.013	0.043	白滝赤石山 A
下層	TCV16	1416	ob-4	77.644	0.026	12.563	0.559	0.025	0.024	0.569	4.032	4.451	0.108	0.006	0.045	白滝赤石山 A
下層	TCV17	1574-1	ob-5	76.665	0.141	12.916	1.136	0.083	0.072	1.182	3.662	4.078	0.065	0.035	0.092	原産地不明
下層	TCV18	1663	ob-7	77.883	0.026	12.708	0.279	0.096	0.011	0.477	3.965	4.497	0.058	0.006	0.038	白滝十勝石沢 A
下層	TCV19	1727-1	ob-8	77.946	0.024	12.665	0.625	0.078	0.015	0.466	3.893	4.215	0.073	0.006	0.037	白滝十勝石沢 A
下層	TCV20	1878	ob-17	78.478	0.041	12.562	0.270	0.038	0.028	0.519	3.485	4.485	0.095	0.009	0.041	白滝赤石山 A
下層	TCV21	1887-1	ob-6	77.852	0.027	12.678	0.175	0.091	0.016	0.455	4.052	4.571	0.082	0.006	0.036	白滝十勝石沢
下層	TCV22	1967-1	ob-13	77.500	0.016	12.487	0.806	0.096	0.022	0.406	3.969	4.622	0.076	0.003	0.033	白滝十勝石沢 B
下層	TCV23	2503-1	ob-1	77.962	0.028	12.585	0.328	0.086	0.022	0.539	3.947	4.425	0.078	0.006	0.043	白滝赤石山 A
下層	TCV24	2639-1	ob-18	76.394	0.131	13.388	0.971	0.083	0.027	1.465	4.073	3.378	0.089	0.039	0.109	留辺蘂通子沢
下層	TCV25	2795-1	ob-14	77.703	0.042	12.515	0.473	0.075	0.006	0.566	4.047	4.502	0.071	0.009	0.045	白滝赤石山 A
下層	TCV26	2813-2	ob-3	77.458	0.021	12.555	0.923	0.054	0.024	0.539	3.937	4.373	0.115	0.005	0.043	白滝赤石山 B

第2節　黒曜石製石器の原産地分析の実践

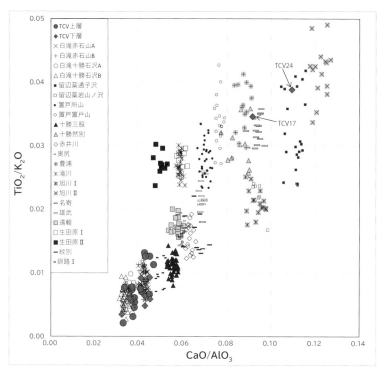

図5.11　TiO₂/K₂O比とCaO/Al₂O₃比によるダイアグラム

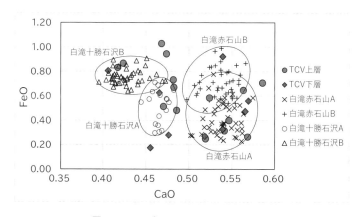

図5.12　FeOとCaOによるダイアグラム

2. 分析の結果

EPMA による測定値に基づくダイアグラムを図 5.11・図 5.12，各試料の測定値（測定点ごと測定値の平均値）および判別結果を表 5.06 に示す。

上層では白滝赤石山が 7 点，白滝十勝石沢が 8 点確認され，前者のうち 4 点が赤石山 A（図 5.11），後者のうち 2 点が十勝石沢 A，2 点が十勝石沢 B と細分することができた（図 5.12）。下層では白滝赤石山が 5 点，白滝十勝石沢が 4 点，留辺蘂通子沢が 1 点（TCV24）と判別できたが，TCV24 は十勝然別・名寄・豊浦が重なる部分にプロットされたため原産地不明とした（図 5.11）。下層では赤石山のうち 4 点が赤石山 A，1 点が赤石山 B，十勝石沢のうち 2 点が十勝石沢 A，1 点が十勝石沢 B と細分できた（図 5.12）。下層で原産地不明とした TCV17（母岩 ob-5），留辺蘂通子沢 A とした TCV24（母岩 ob-18）はいずれも灰色がかった黒曜石である。

第 3 項　タチカルシュナイ第Ⅴ遺跡 C 地点出土資料の EDX による原産地分析

1. 対象試料

本分析では，タチカルシュナイ第Ⅴ遺跡 C 地点出土の 114 点を対象とした（本書巻末の附表 1）。このうち，14 点については接合資料の分析結果を引用したため，実際に EDX で測定した点数は 100 点となる。分析結果を引用した接合資料については，引用元の試料番号にダッシュをつけたものを試料番号とした（例：TCV77′）。

白滝型細石刃石器群である上層から 99 点，En-a 下位と想定される剝片石器群である下層から 15 点を抽出した。抽出にあたっては可能な限り多くの母岩からの抽出を心掛けた。試料番号は EPMA による分析と共通しており，TCV1〜26 が EPMA と EDX で分析した試料，TCV27〜100 が EDX のみで分析した試料である。

2. 分析の結果

測定値および分析結果を附表 1・附表 2 および表 5.07 に示す。図 5.13

表 5.07　タチカルシュナイ第Ⅴ遺跡の EDX による分析結果と器種組成

文化層	器　種	原産地					合計
		白滝系Ⅰ	白滝系Ⅱ	置戸系Ⅰ	ケショマップ系	生田原系	
上層	細石刃	23	23	5		2	53
	細石刃核	3	1				4
	細石刃核ブランク	3					3
	スキー状スポール	2	7				9
	エンド・スクレイパー	1					1
	サイド・スクレイパー	3					3
	彫刻刀形石器		1				1
	彫掻器	1					1
	石　核	1					1
	剝　片	12	9			1	1	23
下層	エンド・スクレイパー				1		1
	石　刃				2		2
	剝　片	5	4		2	1	12
合計		54	45	5	8	2	114

の判別図をみると，多くの試料が白滝系ⅠまたはⅡの判別域周辺にプロットされる。Sr 分率判別図（同 2）では白滝系および生田原系で判別域の下部にずれる試料が認められ，これらには肉眼および顕微鏡観察において光沢の消失や蜂の巣状のひび割れ，発泡といった被熱痕跡（輿水・福岡 1991，中沢 2000）がみられる試料が含まれる。先行研究（佐々木 2019a）で被熱によって K・Rb が増加することが明らかにされていることから，本試料も被熱の影響で K が増加したことにより Sr 分率判別図では判別域の下方にプロットされたものと考えられる。このことは，K・Rb を除去した被熱検定（同 3）では Rb 分率判別図（同 1）と同じ判別域に収まることからも補強される。また，風化を受けると強度が相対的に高くなる傾向にある Ti と低くなる傾向にある Mn（Eggleton et al.1987，小口ほか 1993）を縦軸に組み込んだ風化検定（同 4）では，白滝系Ⅱやケショマップ系・生田原系で各判別域下方にあるものが認められる。これらは風化の影響により Ti と Mn の割合が変化したものと考えられ，肉眼でも灰色に風化していることが分かる TCV17・29 などケショマップ系・生田原系で特に顕著に認められる。被熱検定（図 5.13 の 3）では TCV9・12・15 が白滝系Ⅰの判別域から大きく右にずれるものの，他の判別図では白滝系Ⅰの判別域に収まるため，これらは「白滝系Ⅰ？」とした。これらを含めれば，白滝系Ⅰが 54 点，白滝系Ⅱが 45 点となる。このほかには，ケショマップ系が 8 点，置戸系Ⅰが 5 点，

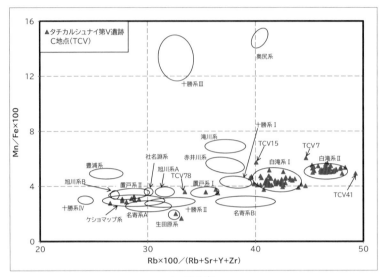

1　Rb分率

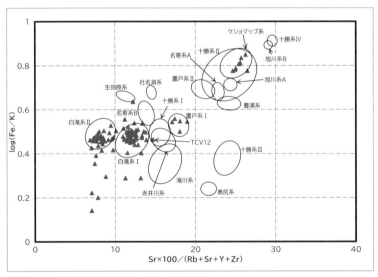

2　Sr分率

図5.13A　EDXによるタチカルシュナイ第V遺跡の判別図①

第2節　黒曜石製石器の原産地分析の実践

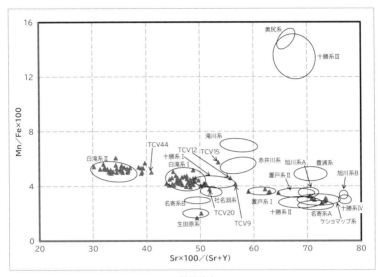

3　被熱検定

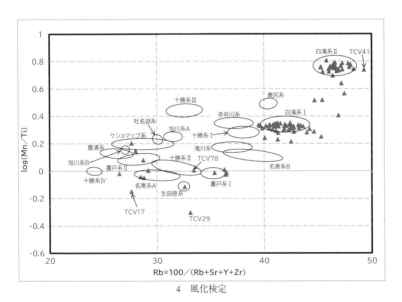

4　風化検定

図5.13B　EDXによるタチカルシュナイ第Ⅴ遺跡の判別図②

生田原系が2点となった（表5.07）。本分析では本遺跡出土資料の約2%しか分析できていないため，今後の測定点数増加で変動する可能性もあるが，本分析からの見通しを以下で述べる。

　まず上層についてみてみると，白滝系I（赤石山）と白滝系II（十勝石沢）が約91%と大半を占め，わずかに置戸系I（所山）とケショマップ系（留辺蘂・丸瀬布），生田原系が認められる（表5.07）。これらの原産地から産出する黒曜石のうち，白滝系I・II（以下，白滝産）は湧別川へ直接的流下するほか，ケショマップ系（以下，ケショマップ産）は武利川から湧別川，生田原系（以下，生田原産）は仁田布川から生田原川を流下して，湧別川と生田原川の合流地点に位置するタチカルシュナイ第V遺跡直下の河原まで到達する。ただし，筆者が遺跡近隣で行った石材調査では白滝産が多く流下する一方，ケショマップ・生田原産はごくわずかしか流下しないことが確認された。なお，置戸系Iの黒曜石（以下，置戸産）が河川流下によって遺跡付近まで到達することはない。器種と合わせて検討すると，細石刃以外のトゥールは全て白滝産で製作されており，置戸産は細石刃のみ，ケショマップ産は細石刃と剝片，生田原産は剝片のみに認められる。筆者の観察で上層出土資料には円礫面をもつものもみられることから，主要な石材採取方法は河川からの円礫採取と想定される。白滝産が大半を占め，ケショマップ・生田原産がわずかに含まれる本分析結果は，石材調査で確認された流下量とも整合的である。置戸産は細石刃にのみ含まれることから，遺跡内で細石刃生産が行われたのではなく，植刃器に装着された状態など，製品として持ち込まれたものと考えられる。

　下層では白滝産に次いでケショマップ産が認められ，生田原産が剝片1点のみ認められる。本文化層においても，遺跡直下の河原からの円礫採取が主要な石材入手方法だったと推定されている（村上2007）。ケショマップ産の多出は，各産地の流下量が当該期と上層の細石刃期ならびに現代で異なっていた可能性も示唆しうるものだが，分析点数の少なさから偏った結果が出ているものと捉えたい。産地構成をみると，上層と比較して置戸産が欠けている。広域移動を行う細石刃石器群との違いが浮き彫りとなった。

第4項　EPMA と EDX による分析結果の比較

　EPMA と EDX による判別結果を附表 1 に示した。まず，両機器で分析を行った TCV1〜26 をみると，2 つの分析で矛盾は生じていない[4]。そのため，EDX による大気雰囲気での測定であっても，原産地分析において不足はないものと考えられる。この結果をもとに次節以降では EDX による大気雰囲気での測定によって原産地分析を進めるが，本項の以下では両分析法による結果を比較し，今後の黒曜石原産地分析への見通しを述べたい。

　EPMA による分析では，白滝および留辺蘂と判別された遺物試料について，EDX よりも細かい単位で判別できている。この成果は，原産地内のより細かい単位で原石採取地を特定できる可能性を秘めている。ただし，タチカルシュナイ第 V 遺跡は白滝から黒曜石原石が流下する湧別川中流域に位置しており，円礫面をもつ資料を一定数含むことからも，一次産地である白滝ではなく二次産地である遺跡直下の湧別川で黒曜石が採取された可能性が高い。そのため本分析の成果を細分された一次産地での採取に結び付けることはできないが，今後の検討によって当該期における各一次産地から遺跡付近への流下量について言及できる可能性がある。

　一方，EDX による分析では両原産地の細分はできていないが，非破壊ゆえに多くの試料を分析することができ，遺跡内，特に上層における原産地構成をある程度把握することができた。また，EDX での分析ではトゥールも分析対象とできた点も，非破壊分析による大きなメリットであった。

　EPMA では定量分析が可能であり，一般的には黒曜石原産地分析に対しても分析精度が高いとされてきた。ただし，本分析においては TCV17 について EPMA では原産地を判別できなかったものの，EDX ではケショマップ（留辺蘂）と判別できている。これは機器・測定方法の精度の高さに由来するものではなく，多くの分析試料および測定回数を重ねられたことによる結果と捉えている。実際に EDX による分析で

　4）　前項で述べたように，EPMA による分析で留辺蘂としている原産地は，EDX による分析でケショマップ系としている原産地と同一である。

は，TCV17 と同一母岩である TCV27・28 を測定することにより，その信頼性を高められた。

本書第 1 章で述べたように，今日では EPMA のほかにも波長分散型蛍光 X 線分析装置（WDX）や ICP 発光分光分析法など，EDX よりも高い精度で元素組成を明らかにできる分析方法による黒曜石原産地分析も進められている。これらでは高い測定精度によって原産地の細分が可能だが，破壊分析であるため，非破壊分析である EDX ほどの試料数を測定することは難しい。多くの試料，特に出土黒曜石全点を分析することで平面分布への応用など，多くの利点につながることは望月・池谷（望月ほか 1994）が指摘してきたところである。このため黒曜石原産地分析においては，EDX など非破壊分析法によってなるべく多くの点数を測定することを基本とし，原産地内でより細かな採取地点などに言及する必要がある場合には EPMA など高い測定精度の機器による破壊分析を一部資料に対して併用する，というのが現状における最善の分析方法であると考えられる。

第 3 節　本州における札滑型細石刃石器群の
黒曜石原産地分析

第 1 項　角二山遺跡

1. 対象試料

本分析では，山形県大石田町に位置する角二山遺跡において 2017 ～2020 年に行われた東北大学による発掘調査（青木ほか 2017・2018・2019・2020）で出土した黒曜石製石器全 116 点（表 2.08）のうち，極めて薄く EDX で測定できない砕片類を除いた 92 点を対象とする（附表 3）。各試料には遺跡名を冠して KNY1〜92 の試料番号を付した。本書第 2 章第 4 節で示したように本分析で対象とする調査では 4 か所の石器集中が確認されているが（図 2.26），黒曜石製石器はそのうち調査区中央の第 1 石器集中および東端の第 2 石器集中からのみ出土している。

なお，本遺跡で過去に発掘・採集された資料を対象とした黒曜石原産地分析では，白滝産・男鹿産が確認されている（鹿又・佐々木 2015，渋

第3節　本州における札滑型細石刃石器群の黒曜石原産地分析　　209

表5.08　角二山遺跡の分析結果と器種組成

器　種	判別結果				合　計
	白滝系Ⅰ	白滝系Ⅱ	男鹿系A	判別不可	
細石刃	43	1	6	3	53
細石刃核	1		2		3
彫刻刀形石器	1				1
彫刻刀スポール	1				1
石　核			1		1
剝　片	21		12		33
合　計	67	1	21	3	92

谷・佐々木 2018）。

2. 分析の結果

　EDX による測定値を附表4に示し，判別図を図5.14に示す。判別図
をみると，1点が白滝系Ⅱにあるほかは，本遺跡の試料のほとんどが白
滝系Ⅰもしくは男鹿系Aの判別域周辺にプロットされている。Rb 分率
判別図（図5.14の1）および風化検定（同4）ではKNY70・72が白滝系
Ⅰの判別域やや左に，KNY89が男鹿系Aの判別域右にズレている。こ
れらは判別不可とするが，それぞれ白滝系Ⅰ・男鹿系Aにあたる可能
性が高い。また，Sr 分率判別図（同2）では，白滝系Ⅰの判別域下方に
KNY42・81など5点がプロットされている。これらには肉眼および顕
微鏡下で被熱痕跡が認められるものもあることや，Kを除いた被熱検定
（同3）など他の判別図では白滝系Ⅰに収まることから，被熱によってK
が増加（佐々木 2019a）したことで，Sr 判別図で判別域下方に下がった
ものと考えられる。また，風化を受けると強度が相対的に高くなる傾向
にある Ti と低くなる傾向にある Mn（Eggleton et al. 1987，小口ほか 1993）
を組み込んだ風化検定（同4）をみると，白滝系Ⅰの下方にKNY81が，
白滝系Ⅱのやや下方にKNY79が位置している。これらは風化の影響を
受けたものである可能性が指摘される。以上により，92点中67点が白
滝系Ⅰ，1点が白滝系Ⅱ，21点が男鹿系Aと判別でき，残る3点が判
別不可となった（表5.08，附表3）。産地構成では白滝系Ⅰ・Ⅱが約74%
を占め，男鹿系Aが約23%となる。判別結果を平面分布図に反映させ
ると，第1石器集中に白滝系Ⅰ・Ⅱ，第2石器集中に男鹿系Aがそれ
ぞれ集中している（図5.15）。それぞれ1点ずつ男鹿系A，白滝系Ⅰの

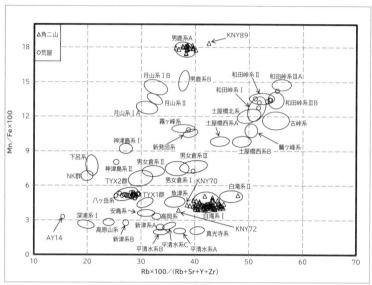

1　Rb分率

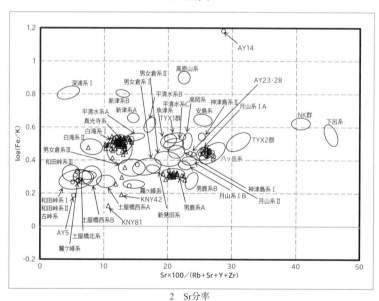

2　Sr分率

図5.14A　角二山遺跡・荒屋遺跡の判別図①

第3節 本州における札滑型細石刃石器群の黒曜石原産地分析

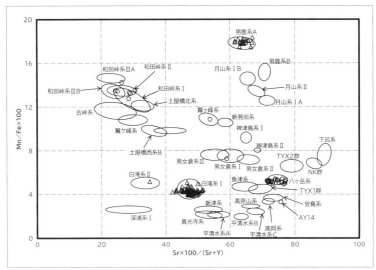

3 被熱検定

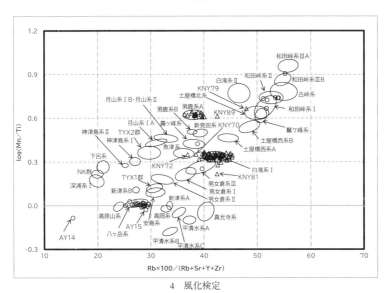

4 風化検定

図5.14B 角二山遺跡・荒屋遺跡の判別図②

第5章 黒曜石製石器の原産地分析による石器石材研究

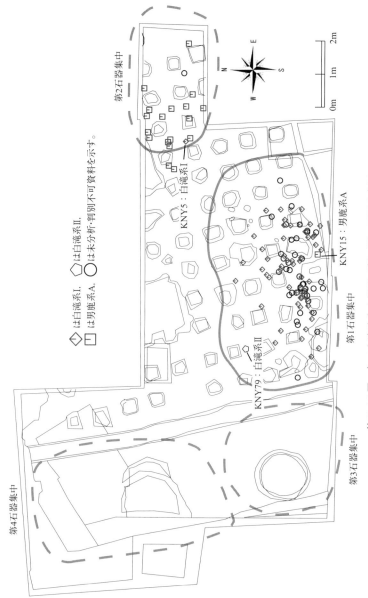

第5.15図 角二山遺跡出土黒曜石製石器の平面分布図

混入があるが，その他は石器集中内で主となる原産地が占めている。なお，今回の分析で被熱の影響が想定された試料は，前述した白滝系Ⅰの5点のみであり，このなかに第2石器集中から1点のみ確認された白滝系Ⅰ（KNY5）は含まれない。すなわち，被熱の影響が確認された黒曜石は全て第1石器集中から出土している。他石材を含めた被熱石器の分布も参照する必要があるが，このことは第1石器集中と第2石器集中で行われた人類活動の差異を反映している可能性がある。

3. 角二山遺跡における黒曜石利用原産地の含意

さて，第2章第4節で触れたように，本遺跡においては第1～4石器集中が時期を違えて残されたものなのか，同時期に残されたものなのか，という課題が残っている。本遺跡出土資料は未だ整理途中であることから詳細は不明だが，本分析からの視点を含めて前述の課題に触れる。ただし，黒曜石が出土しているのは第1・2石器集中に限定されるため，本節ではこの2つについてのみ言及する。

第1石器集中で白滝系Ⅰとされたものには剥片のほか細石刃・細石刃核・彫刻刀形石器・彫刻刀スポールが存在する（図5.16）。細石刃には，図5.16の1のように側面に細石刃核側面由来の平坦面を残す，広郷技法によると想定されるものや，同2のようにやや幅広で湧別技法によると想定されるものが存在する。このほか，第1石器集中では珪質頁岩製細石刃が多量に出土しているが，形態からいずれも湧別技法によるものと想定される。第1石器集中で出土した唯一の黒曜石製細石刃核が同3である。同1のような細石刃側面に残る平坦面に極めて類似する素材腹面を残している。典型的なものではないが，想定される作業面の形態をみると広郷技法によると考えられる。同4は彫刻刀形石器である。ほぼ全周に二次加工が施された後に左肩へファシットが施される。同3・4は長さが8～10cm程度あり，本州で白滝産と判別された黒曜石製旧石器の中では最大級のものといえる。

第2石器集中で男鹿系Aと判別された中には，剥片のほか細石刃・細石刃核・石核が存在する（図5.17）。細石刃は図5.17の1のように黒曜石製で小型のもののほか，頁岩製のものも存在するが，第1石器集中で出土した図5.16の1のように側面に平坦面を残すものはみられない。

214　第 5 章　黒曜石製石器の原産地分析による石器石材研究

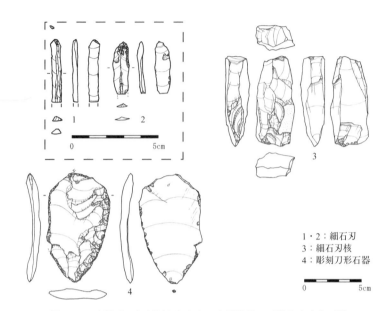

1・2：細石刃
3：細石刃核
4：彫刻刀形石器

図5.16　白滝系Ⅰと判別された角二山遺跡第1石器集中出土石器
（1・4は青木ほか2018，2は青木ほか2017，3は筆者実測）

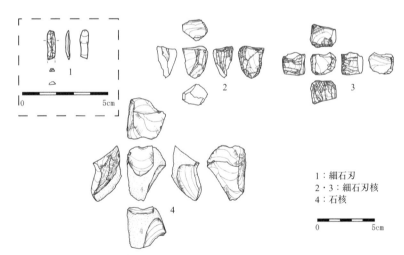

1：細石刃
2・3：細石刃核
4：石核

図5.17　男鹿系Aと判別された角二山遺跡第2石器集中出土石器
（1・3は青木ほか2019，2・4は青木ほか2018）

第3節　本州における札滑型細石刃石器群の黒曜石原産地分析　　215

　第2石器集中で出土した細石刃核は図5.17の2・3のみである。いずれも打面再生が認められる稜柱系細石刃核で、特に3では打面転移も行われている。第2石器集中では他の細石刃核はないものの、珪質頁岩製のファーストスポールや細石刃が出土していることから、湧別技法による細石刃生産も行われていたと考えられる。このほか第2石器集中では円礫面を大きく残す石核も男鹿系Aと判別されている（図5.17の4）。黒曜石製のトゥールは出土していない。

　両石器集中の細石刃製作技術と使用される石材について比較すると、第1石器集中では湧別技法（珪質頁岩・黒曜石）と広郷技法（黒曜石のみ）が認められ、第2石器集中は湧別技法（珪質頁岩のみ）と稜柱系細石刃核によるもの（黒曜石のみ）が認められる。すなわち、黒曜石を用いる細石刃製作技術において、第1石器集中では湧別技法と広郷技法、第2石器集中では稜柱系細石刃核による、と違いが認められる。また、前者は白滝産黒曜石、後者は男鹿産黒曜石に限定されていることも大きな違いである。

　図5.15で示した黒曜石製石器の平面分布では、1点ずつの混入はあるものの、第1石器集中では白滝産、第2石器集中では男鹿産と両者の黒曜石利用原産地が異なっている。前述のようにこれらの利用原産地の違いは構成器種の違いではなく、細石刃・細石刃核といった同一器種内での違いとして表れている。そのため、同一石器群内における場の機能の違いを示すものではなく、他集団によって残されたものであると理解できる。両石器集中では黒曜石を使用する細石刃製作技術が異なるものの、双方とも湧別技法による石器を伴っており、角二山型掻器もともに出土していることから、大きな年代差はないものと想定する。^{14}C年代の面では、第1石器集中の3a層から14,535 ± 40 yrBP（遺物番号3404，PLD-43816）、第2石器集中の3b層から14,630 ± 45 yrBP（遺物番号5742，PLD-43570）が得られている（本書第2章第4節，Kanomata et al. 2022）。試料の出土層位がわずかながら異なっているものの、両者の差は約100年程度に収まっており、両者に大きな差があるとはいえない。そのため本書では、第1石器集中と第2石器集中はわずかに時期を違えた他集団によって残されたものと想定する。黒曜石原産地分析の結果と関連させれば、本遺跡では先行研究（鹿又・佐々木2015，渋谷・

佐々木 2018）を含めて白滝・男鹿産が確認されているが，白滝産・男鹿
産黒曜石をともに携えた一つの集団によって残された遺跡ではなく，白
滝産と男鹿産をそれぞれ携えた別の集団によって残された遺跡と理解し
た方がよいのかもしれない。

　ただし，両者の前後関係や他石器集中との関係は，本書では言及でき
ないため，別稿にて検討したい。

第2項　荒屋遺跡

1. 対象試料

　東北大学所蔵の荒屋遺跡2・3次調査（芹沢・須藤編 2003）出土資料
を実見し，確認できた黒曜石製石器全32点を対象とした（表5.09）。試
料には遺跡名を冠して AY1～32 の試料番号を付した。これらの一部は
過去に鹿又喜隆らによって蛍光X線分析による黒曜石原産地分析が行
われている（鹿又ほか 2015）。本書の試料のうち細石刃5点（AY1～5）
が，それぞれ鹿又ら（2015）の対象試料（st-16～20）にあたり，st-16・
17・19 が「蓼科系・熱」，st-18 が「和田峠系1」，st-20 が「板山系」と
推定されている。残る27点は全て砕片で，そのうち17点がフローテー
ションの1mmメッシュで採取されたヘビーフラクションから抽出した。
そのため，砕片の多くは0.01g以下と非常に小型で，厚さ0.3mm以下の
非常に薄いものも含む。

2. 分析結果

　測定値は附表5に示す。分析の結果，20点が八ヶ岳系と判別された
（表5.08）。AY15 は，風化検定（図5.14の4）で八ヶ岳系判別域のやや下
部に位置することから，風化の影響を受けたものと考えられる。このほ
か，判別不可とした2点（AY23・28）は Sr 分率判別図（同2）で判別域
左方に位置するが，他3つの判別図では八ヶ岳系の判別域に収まるこ
とから，八ヶ岳系の可能性がある。いずれも薄い試料で，特に AY23 は
厚さ0.25mmと今回の試料中で最も薄い。本章第1節で懸念したように，
いずれかの元素の飽和厚（本間 2016）を満たさず，正しい組成を測定で
きていない可能性が高い。このほか，和田峠系Ⅰが1点，和田峠系Ⅱが
2点，和田峠系Ⅰ or Ⅱが3点，和田峠系Ⅲ（A or B）が1点，男女倉系

第3節　本州における札滑型細石刃石器群の黒曜石原産地分析　　217

表5.09　荒屋遺跡の対象試料一覧と分析結果

試料番号	遺物番号	器種	遺構	層位	鹿又ほか2015分析	長さ(mm)	幅(mm)	厚さ(mm)	重量(g)	判別	被熱風化
AY1	1378	細石刃			st-16 蓼科系・熱	19.20	8.00	2.65	0.28	八ヶ岳系	
AY2	2099	細石刃			st-17 蓼科系・熱	11.40	5.45	1.40	0.07	八ヶ岳系	
AY3	仮1	細石刃		埋土	st-18 和田峠系1	21.45	5.70	1.40	0.14	和田峠系Ⅱ	
AY4	仮2	細石刃		1・2層	st-19 蓼科系・熱	13.25	6.10	1.35	0.11	男女倉系Ⅲ	
AY5	仮3	細石刃		4a-2	st-20 板山系	9.00	7.20	1.90	0.14	和田峠系Ⅱ	被熱
AY6		砕片		3層③		5.05	4.90	0.85	<0.01	八ヶ岳系	
AY7		砕片		4a2層④		2.20	2.70	0.45	<0.01	和田峠系I or Ⅱ	
AY8		砕片		3層③		4.20	6.90	1.10	0.03	和田峠系I or Ⅱ	
AY9		砕片	土壙1	埋土1		3.40	2.35	0.95	<0.01	和田峠系Ⅲ（AorB）	
AY10		砕片	土壙1	埋土1		3.65	5.20	0.65	<0.01	八ヶ岳系	
AY11		砕片	土壙1	埋土1		3.60	4.55	0.70	<0.01	八ヶ岳系	
AY12		砕片	土壙1	埋土1		2.30	2.55	0.30	<0.01	八ヶ岳系	
AY13		砕片	土壙1	埋土1		1.90	2.95	0.40	<0.01	和田峠系I or Ⅱ	
AY14		砕片	土壙1	埋土1		2.75	2.25	1.05	<0.01	不明	
AY15		砕片		4a層		1.70	4.50	1.00	<0.01	八ヶ岳系	風化
AY16		砕片		4a層		6.00	5.25	0.70	<0.01	八ヶ岳系	
AY17		砕片		4a層		3.60	4.85	0.60	<0.01	八ヶ岳系	
AY18		砕片		4a2層		1.75	2.05	0.30	<0.01	和田峠系I	
AY19		砕片		カクラン		12.15	6.50	3.50	0.18	霧ヶ峰系	
AY20		砕片	土壙1	埋土1		3.85	5.25	0.85	<0.01	八ヶ岳系	
AY21		砕片	土壙1	埋土1		4.00	2.95	0.65	<0.01	八ヶ岳系	
AY22		砕片	土壙1	埋土1		3.25	3.65	0.70	<0.01	八ヶ岳系	
AY23		砕片	土壙1	埋土1		1.40	2.80	0.25	<0.01	判別不可（八ヶ岳？）	
AY24		砕片	土壙1	埋土1		1.85	2.10	0.40	<0.01	八ヶ岳系	
AY25		砕片		3層①		4.80	6.35	0.85	<0.01	八ヶ岳系	
AY26		砕片		3層①		5.45	5.95	0.80	<0.01	八ヶ岳系	
AY27		砕片	土壙14	4f①		7.55	7.10	1.50	0.08	八ヶ岳系	
AY28		砕片		4		1.80	3.05	0.55	<0.01	判別不可（八ヶ岳？）	
AY29		砕片	土壙11	401		5.85	5.55	2.20	0.05	八ヶ岳系	
AY30		砕片		4t		6.95	4.85	1.00	0.02	八ヶ岳系	
AY31		砕片		4g③		5.60	6.45	1.65	0.04	八ヶ岳系	
AY32		砕片		4X		7.10	8.10	1.00	0.06	八ヶ岳系	

Ⅲが1点，霧ヶ峰系が1点，産地不明が1点（AY14）確認できた。和田峠系Ⅱと判別した2点のうち，AY5はSr分率判別図（同2）で和田峠系の判別域下方に位置するが，被熱検定（同3）など他3つの判別図では和田峠系Ⅱの判別域に収まることから，被熱によってKが増加したものと想定する。

先行研究（鹿又ほか2015）の原石試料が一部明らかでないため厳密な比較をできない部分もあるが，分析を担当した井上巌のデータ集（井上2007）を参照すると，井上の「蓼科系」は本書の八ヶ岳系，「和田峠系1」は和田峠系Ⅱ，「板山系」は新発田系に相当する。本項の分析結果と比較すると，AY1～3は矛盾しない。一方，AY4は先行研究で「蓼科系・熱」，本項の分析では男女倉系Ⅲとなった。井上（2007）が「蓼科系」とする冷山・麦草峠の原石試料は本書の八ヶ岳系にあたることから，異なる結果となる。同様に，AY5は先行研究で「板山系」，本項の分析では被熱した和田峠系Ⅱとなった。井上（2007）が「板山系」とする板山の原石試料は本書の新発田系にあたり，異なる結果となる。

先行研究と異なる結果となったAY4・5について，スペクトルから検討を試みる。図5.18には，AY4・5のスペクトルと，それぞれ先行研究（鹿又ほか2015）で推定された「蓼科系」・「板山系」に相当する冷山・板山の原石，そして本項の分析で判別された男女倉系Ⅲを構成する高松沢と，和田峠系Ⅱを構成する東餅屋で採取された原石のスペクトルを示した。冷山と高松沢のスペクトルを比較すると，高松沢はTiとMnの差が冷山よりも顕著で，冷山はSrがZrよりも高い一方，高松沢はSrとZrが同程度となっている。この2点の特徴を踏まえると，AY4は冷山ではなく，高松沢との類似が認められる。次に板山と東餅屋を比較すると，板山はZrよりもSrが高い一方，東餅屋はSrよりもZrが高い特徴をもつ。この特徴から，AY5は東餅屋との共通性が認められる。これらのことから，AY4が男女倉系Ⅲ，AY5が和田峠系Ⅱという判別図からの推定と，スペクトルに矛盾はないことが確認できた。

3. 小　結

本項では荒屋遺跡出土の黒曜石製石器32点の原産地分析を行い，

第3節　本州における札滑型細石刃石器群の黒曜石原産地分析

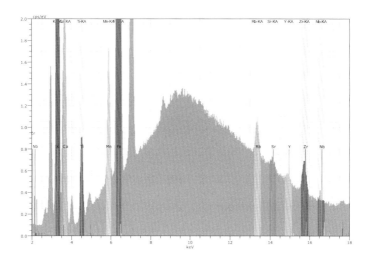

AY4（判別結果：男女倉系Ⅲ）

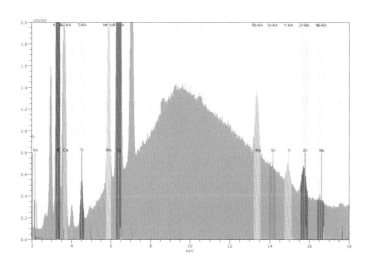

AY5　細石刃（判別結果：和田峠系Ⅱ・被熱）

図5.18A　荒屋遺跡出土試料と原石試料の蛍光X線スペクトル①

第 5 章　黒曜石製石器の原産地分析による石器石材研究

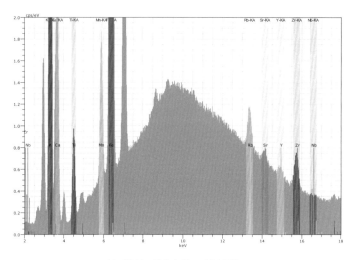

原石試料：男女倉系Ⅲ（高松沢）

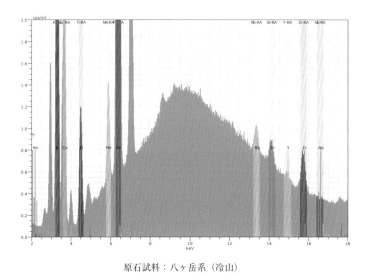

原石試料：八ヶ岳系（冷山）

図5.18B　荒屋遺跡出土試料と原石試料の蛍光X線スペクトル②

八ヶ岳系 20 点，和田峠系 7 点，男女倉系と霧ヶ峰系各 1 点と判別し，ほかに 2 点を判別不可，1 点を原産地不明とした。判別できた原産地は全て信州系である。先行研究（鹿又ほか 2015）で「蓼科系・熱」とされた AY4 が男女倉系Ⅲ，「板山系」とされた AY5 が和田峠系Ⅱとなったほか，新たに分析した試料から霧ヶ峰系 1 点を検出した。本遺跡出土石器のほとんどを占める珪質頁岩は，遺跡よりも北方の山形県最上川流域で採取されたものと考えられてきた（秦 2007，沢田 2014）。一方で，本項の結果を採用すれば，黒曜石は本遺跡から北に位置する板山産が用いられず南西に約 150km 離れた信州系のみが使用されたことになる。このことから，本遺跡で利用された黒曜石は，珪質頁岩の採取とは独立して獲得されていたと考えられる。

第 4 節　本州における白滝型細石刃石器群の黒曜石原産地分析

第 1 項　薬莱山 No.34 遺跡

1.　本項の背景と目的

　薬莱山 No.34 遺跡出土資料は過去に鹿又喜隆らによって EDX による黒曜石原産地分析が行われている（鹿又ほか 2015）。鹿又らは同遺跡出土資料から 3 点を対象とし，うち 2 点が山形県月山産，1 点が宮城県湯の倉産との結果を示した。なお，分析された 3 点はいずれも被熱したものとされた。遺跡出土の約 4,900 点のうち黒曜石製石器の点数は示されていないが，分析結果を肉眼観察結果と統合し，月山産がその主体をなすと結論付けている。ただし，鹿又らの分析には 2 つの課題が残った。第一は 3 点という分析試料の少なさである。これは，本項の分析過程において筆者が確認した同遺跡の黒曜石製石器全 153 点の 2% にも満たない。第二は原産地推定基準の不明確さにある。推定は原石試料の化学分析値をもとにした判別図からなされているが，月山産とされた 2 点は判別図上で月山・男鹿・佐渡など複数の原産地データがオーバーラップする部分に位置する。最終的には判別図以外の基準によって推定されたものと思われるが，少なくとも論文中では根拠が示されていない。ま

た，鹿又ら（2015）は湯の倉産とした細石刃について，縄文時代の砕片が混入したものである可能性を指摘している。

前述のように，薬莱山 No.34 遺跡出土資料には①過去に鹿又ら（2015）によって行われた原産地分析結果への疑問，②そのなかで湯の倉産黒曜石とされた石器が縄文時代遺物の混入である可能性，という２つの課題がある。後者については，湯の倉の黒曜石原産地としての開発年代の議論にもつながる。

そこで本項では，同遺跡において用いられた黒曜石製石器の原産地組成を明らかにすることを目的として，出土黒曜石製石器全点に対する原産地分析を実施した。望月ら（1994）はこの手法の意義として，正確な原産地組成を把握できるだけでなく，原産地別平面分布への応用を挙げている。本遺跡の資料を対象に原産地分析を行った後に原産地別平面分布を作成し，原産地ごとに分布が異なるか検討することで，課題となっている縄文時代遺物の混入が本遺跡の湯の倉産黒曜石製石器全体に影響するのかを明らかにしたい。

2. 対象試料

筆者は薬莱山 No.34 遺跡出土の全資料を観察し，黒曜石製石器 153 点および松脂岩 1 点を抽出，本項での分析の対象試料とした（附表 6）。これは本遺跡出土の黒曜石および松脂岩製石器全点であり，砕片を含む。これらのうち，測定前に接合が確認できたものについては，接合に含まれる 1 点のみを測定対象とし，その測定結果を当該接合資料全体に援用した。その結果，実際の測定点数は 148 点であった。試料には遺跡名を関して YM1～148 の試料番号を付した。なお，本項の YM2・45・53 が，それぞれ鹿又ら（2015）の分析試料 St-14（湯の倉）・12（月山）・13（月山）に該当する。

3. 分析結果

測定値は附表 7 に示す。分析した 148 点のうち，136 点が男鹿系 A，11 点が宮崎系（湯の倉）であった（図 5.19，附表 6）。Sr 分率判別図（図 5.19 の 2）では男鹿系 A の判別域下方に 10 点ほどの試料が下がっている。被熱の影響で K・Rb が増加し（佐々木 2019a），Sr 分率判別図では

第4節　本州における白滝型細石刃石器群の黒曜石原産地分析　　223

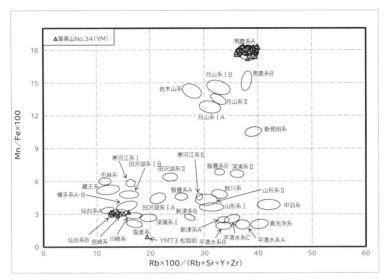

1　Rb分率

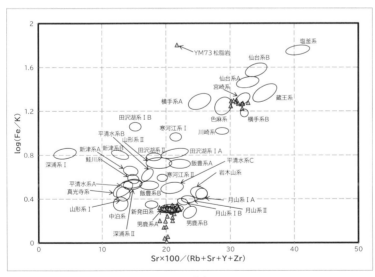

2　Sr分率

図5.19A　薬莱山No.34遺跡の判別図①

224　第5章　黒曜石製石器の原産地分析による石器石材研究

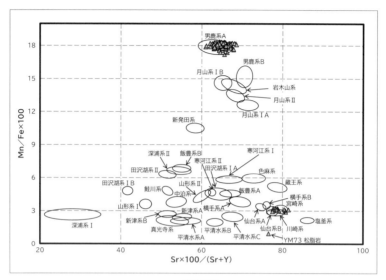

3　被熱検定

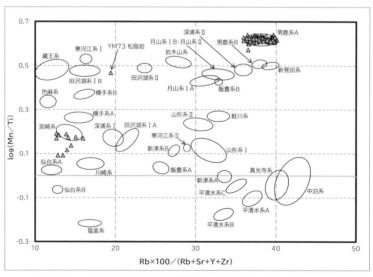

4　風化検定

図5.19B　薬莱山No.34遺跡の判別図②

判別域の下方にプロットされたものと考えられる。また，風化を受けると強度が相対的に高くなる傾向にある Ti と低くなる傾向にある Mn（Eggleton et al. 1987，小口ほか 1993）を組み込んだ風化検定（同4）をみると，宮崎系の判別域下方に 3 点の試料が位置している。これらは風化の影響を受けたものである可能性が指摘される。松脂岩製石器 1 点（YM73）については，筆者が現在測定済みの黒曜石原石データには該当しなかった。

　図 5.20 では一部対象試料（出土遺物）と原石試料のスペクトルを示している。原石試料は，判別図で遺物試料が該当した男鹿系 A と宮崎系に加え，男鹿系のうち A と細分される男鹿系 B，先行研究（鹿又ほか 2015）で推定された月山系[5]のスペクトルを示した。合わせて，佐々木ら（佐々木 2016，吉川・佐々木 2017）が示した各原産地黒曜石の蛍光 X 線スペクトルの特徴を表 5.10 に示す[6]。前述した判別図（図 5.19）や測定値（附表 7）から明らかなように，測定の結果，今回の対象試料とした黒曜石製石器は元素組成では大きく 2 群に分けられ，男鹿系 A と宮崎系に該当する。まず，YM45（図 5.20A 上段）は Rb と Sr のピークの差が大きく，男鹿系 A のスペクトルと類似している。YM6（図 5.20A 下段）は Rb のピークが低く，Ti と Sr，Zr のピークがともに高いことが顕著であり，宮崎系の原石試料と一致する。判別図からの推定とスペクトルに矛盾はないことが確認できた。

　これらの結果を接合資料についても援用すると，今回対象とした 154 点は，142 点が男鹿系 A の黒曜石，11 点が宮崎系（湯の倉）の黒曜石（表 5.11），1 点が松脂岩となる。また，男鹿系 A の 9 点（YM21・49・50・53・76・88・111・125・147）は被熱の影響，宮崎系（湯の倉）の 3 点（YM2・5・74）は風化の影響を受けたものと判断される。鹿又ら（2015）の対象試料と比較すると，湯の倉産とされた細石刃（YM2）が宮崎系（湯の倉），月山産とされた細石刃・細石刃核（YM45・53）が男鹿系 A となった。すなわち，後者 2 点は鹿又らの分析とは異なる結果

　5）　先行研究（鹿又ほか 2015）では「月山系」とされているが，筆者らは月山系を Ⅰ A・Ⅰ B・Ⅱの 3 群に細別している。

　6）　ただし，表 5.10 は検出器に Si 半導体を用いた，本分析とは異なる分析機器に基づくため，Zr の値が低くなっている。

表 5.10 国内産黒曜石の蛍光 X 線スペクトルの特徴

(吉川・佐々木 2017 を改変)

帯	系	群類	県名	Ti, Mnのピーク(略号)	Rb, Sr, Y, Zrのピーク(略号)	元素の特徴の略号	屈折率	比重	磁化量
	名寄系		北海道	Mn=Ti (M´T´)	Rb>Zr>Sr>Y (RZSy)	M´T´-RZSy			
	白滝系	I A		Mn>Ti (MT)	Rb>Zr>Y>Sr (Rzys)	MT-Rzys			0.55emu/g
		I B		Mn>Ti (MT)	Rb>Zr>Y>Sr (Rzys)	MT-Rzys			
		II A		Mn>Ti (Mt)	Rb>Y>Zr (Ry´s´)	Mt-Ry´s´			0.24emu/g
		II B		Mn>Ti (Mt)	Rb>Y=Zr (Ry´s´)	Mt-Ry´s´			
	置戸系	I	北海道	Mn=Ti (M´T´)	Rb>Zr>Sr>Y (RZSY)	M´T´-RZSY			0.19emu/g
		II		Mn=Ti (M´T´)	Zr=Rb>Sr>Y (Z´R´SY)	M´T´-Z´R´SY			
	十勝系	A		Mn>Ti (MT)	Rb>Zr>Sr>Y (RZS´Y´)	MT-RZS´Y´			0.35emu/g
		B		Mn>Ti (MT)	Rb>Sr=Zr>Y (RS´Z´Y)	M´T´-RS´Z´Y			
		C		Mn>Ti (M´T´)	Sr>Zr>Rb>>Y (SZRy)	M´T´-SZRy			
	赤井川系			Mn>Ti (Mt)	Rb>Zr>Sr≧Y (RZSY)	MT-RZSY			0.13emu/g
	奥尻系			Mn>Ti (Mt)	Sr>Zr>Y (RSZY)	MT-RSZY			
青森帯	深浦系	I	青森	Mn>Ti (MT)	Zr>>Rb>Y (Zry)	MT-Zry	1.489-1.491	2.353-2.369	
	中泊系			Mn=Ti (M´T´)	Rb>Zr>Sr>Y (Rzs´y´)	M´T´-Rzs´y´		2.322-2.344	
	青森系	A	青森	Mn>Ti (Mt)	Rb>Zr>Sr>Y (RZSY)	MT-RZSY			
		B		Mn>Ti (Mt)	Rb>Zr=Sr>Y (RZ´S´Y)	MT-RZSY			
	深浦系	II		Mn>>Ti (Mt)	Rb>Zr>Sr>Y (Rzs´y´)	Mt-Rzs´y´			
	藤里系		秋田	Mn>>Ti (Mt)	Rb>Sr>Zr>Y (RSZY)	Mt-RSZY			
日本海帯	岩木山系		青森	Mn>>Ti (Mt)	Rb=Sr>Zr>Y(R´S´ZY)	Mt-R´S´ZY		2.345-2.351	0.22emu/g
	北秋田系		秋田	Mn>Ti (Mt)	Rb>Sr>Zr>Y (RSZY)	Mt-RSZY			
	男鹿系	A	秋田	Mn>>Ti (Mt)	Rb>Sr>Zr>Y (Rszy)	Mt-Rszy	1.487-1.489	2.326-2.346	
		B		Mn>Ti (Mt)	Rb>Sr>Zr>Y (Rszy)	Mt-Rszy			
	月山系	I A	山形	Mn>>Ti (Mt)	Rb>Sr>Zr>Y (RSZY)	Mt-RSZY			
		I B		Mn>Ti (Mt)	Rb>Sr≧Zr>Y (RSZY)	Mt-RSZY			
		II		Mn>>Ti (Mt)	Rb>Sr>Zr>Y (RSZY)	Mt-RSZY	1.485-1.487	2.342-2.362	
西奥羽帯	田沢湖系	I A	秋田	Mn>Ti (MT)	Zr>Rb=Sr>Y (ZR´S´Y)	MT-ZR´S´Y	1.486-1.489	2.331-2.356	0.32,0.13emu/g
		I B		Mn>Ti (MT)	Zr>Y>Rb=Sr (ZYR´S´)	MT-ZYR´S´			
		II		Mn>>Ti (Mt)	Zr>Y>Rb=Y>Sr (ZRY´S´)	Mt-ZRY´S´			
	鮭川系		山形	Mn>Ti (MT)	Rb>Zr>Y>Sr(RZys)	MT-RZys			
	山形系	I		Mn>Ti (MT)	Rb>Zr>Y>Sr (RZYS)	MT-RZYS		2.324	
		II		Mn>Ti (MT)	Rb>Zr>Y>Sr (RZYS)	MT-RZYS		2.287	
	寒河江系	I	山形	Mn>>Ti (Mt)	Zr>Sr>Rb>Y (ZSR´Y´)	Mt-ZSR´Y´			
		II		Mn>Ti (Mt)	Rb>Zr>Sr>Y (RZSY)	MT-RZSY			
	大江系			Mn>Ti (Mt)	Rb>Zr=Y(Sr) (RZ´Y´)	Mt-RZ´Y´			
	飯豊系	A		Mn>Ti (M´T´)	Rb>Zr>Sr>Y (ZRSY)	M´T´-ZRSY			
		B		Mn>Ti (Mt)	Rb>Zr>Sr>Y (RZS´Y´)	Mt-RZS´Y´			
	米沢系	A		Mn>Ti (Mt)	Rb>Zr>Sr>>Y (R´Z´sy)	MT-R´Z´sy			
		B		Mn>Ti (Mt)	Rb>Zr>Y>Sr (RZY´S´)	MT-RZY´S´			
中奥羽帯	横手系	A	秋田	Mn>Ti (MT)	Zr>Sr>Rb>Y (ZSR´Y´)	MT-ZSR´Y´			
		B		Mn>Ti (MT)	Zr=Sr>Rb>Y (Z´S´ry)	MT-Z´S´ry			
	西和賀系		岩手	Mn>Ti (MT)	Zr>Sr>Rb>Y (ZSRY)	MT-ZSRY			
	宮崎系			Mn>Ti (MT)	Zr>Sr>Y>Rb (Z´S´ry)	MT-Z´S´ry	1.492-1.493	2.379-2.386	0.19emu/g
	色麻系			Mn>Ti (MT)	Zr>Sr>Y>Rb (ZSy´r´)	MT-ZSy´r´	1.489-1.493	2.355-2.371	
	仙台系	A	宮城	Ti=Mn (T´M´)	Sr>Zr>Y>Rb (S´Z´y´r´)	TM-SZy´r´	1.494-1.495	2.380-2.396	0.22emu/g
		B		Ti>Mn (TM)	Sr>Zr>Y>Rb (SZy´r´)	TM-SZy´r´		2.363-2.373	
	塩竈系			Ti>Mn (TM)	Sr>Zr>Y (SZry)	TM-SZry	1.530以上	2.422-2.522	
	川崎系			Mn>Ti (M´T´)	Zr>Sr>Rb>Y (ZSry)	M´T´-ZSry		2.351-2.356	
	蔵王系			Mn>Ti (MT)	Zr>Sr>Rb>Y (ZSr´y´)	MT-ZSr´y´			0.19emu/g
	新発田系		新潟	Mn>Ti (Mt)	Rb>>Sr>Zr>Y (Rs´z´y)	Mt-Rs´z´y			
	新津系	A		Mn=Ti (M´T´)	Rb>>Sr>Zr>Y (R´Z´s´y´)	M´T´-R´Z´s´y´			
		B		Mn>Ti (Mt)	Zr>Rb>>Sr>Y (ZRs´y´)	MT-ZRs´y´			
	佐渡系			Mn>Ti (M´T´)	Rb>Zr>Sr>Y (RZs´y´)	M´T´-RZs´y´			
	高原山系		栃木	Mn=Ti (M´T´)	Zr>Rb=Sr>Y (ZR´S´Y)	M´T´-ZR´S´Y			
	和田系		長野	Mn>Ti (MT)	Rb>Zr=Y(>>Sr) (Rz´y´)	MT-Rz´y´			0.08emu/g
	霧ヶ峰系			Mn>>Ti (Mt)	Rb>Zr>Sr>Y (RZS´Y´)	Mt-RZS´Y´			0.29emu/g
	八ヶ岳系			Mn>Ti (M´T´)	Zr>Sr>Rb>Y (ZSRy)	M´T´-ZSRy			
	湯河原系		神奈川	Mn>Ti (M´T´)	Zr>Sr>Rb=Y (ZSRy)	M´T´-ZSry			0.43emu/g
	箱根系			Ti>Mn (TM)	Sr>Zr>Rb=Y (Szr´y´)	TM-Szr´y´			
	神津島系	I	東京	Mn>Ti (MT)	Zr>Sr>Y (Rz´s´y)	MT-Rz´s´y			0.14emu/g
		II		Mn>Ti (MT)	Rb=Zr>Y(R´S´Z´y)	MT-R´S´Z´y			

注1　元素はピークの高い順に左から右に向かって配置した。
注2　元素のピークの高低の違いは不等号「>」で示し、特に高低差が著しい場合には二重不等号「>>」で示した。
注3　略号では「>>」を大文字・小文字で表現し、「=」を「´」で示した。
注4　屈折率は佐々木[1997]、比重と磁化量は佐々木[2012]による。

第4節　本州における白滝型細石刃石器群の黒曜石原産地分析　　227

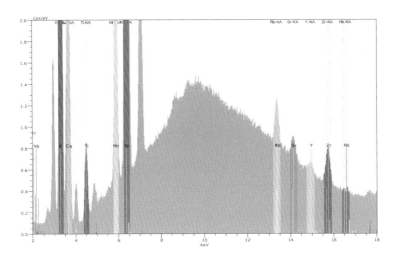

YM45　細石刃核（判別結果：男鹿系A）

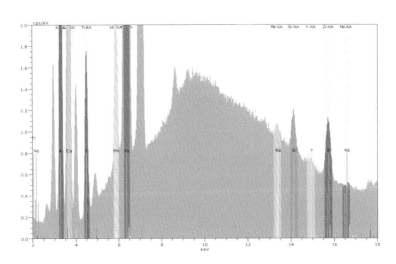

YM6　細石刃（判別結果：宮崎系）

図5.20A　薬莱山No.34遺跡出土試料と原石試料の蛍光X線スペクトル①

228　第5章　黒曜石製石器の原産地分析による石器石材研究

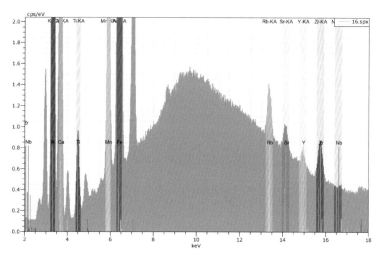

原石試料：男鹿系 A

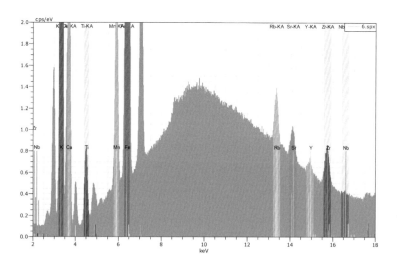

原石試料：男鹿系 B

図5.20B　薬莱山No.34遺跡出土試料と原石試料の蛍光X線スペクトル②

第4節　本州における白滝型細石刃石器群の黒曜石原産地分析　　　229

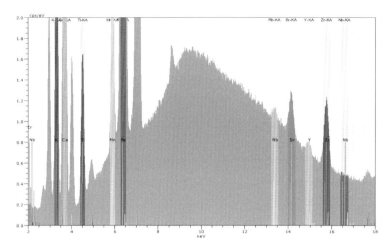

原石試料：宮崎系

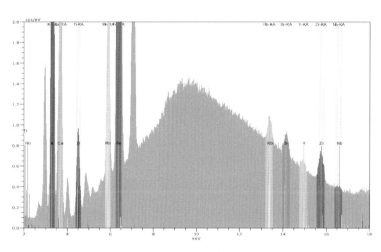

原石試料：月山系ⅠA

図5.20C　薬莱山No.34遺跡出土試料と原石試料の蛍光X線スペクトル③

第 5 章　黒曜石製石器の原産地分析による石器石材研究

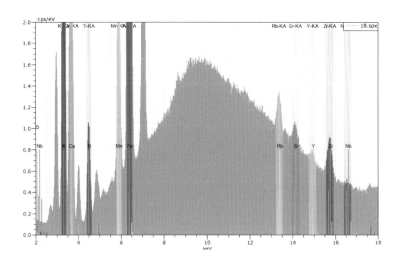

原石試料：月山系ⅠB

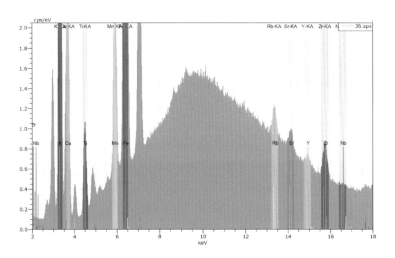

原石試料：月山系Ⅱ

図5.20D　薬莱山No.34遺跡出土試料と原石試料の蛍光X線スペクトル④

第 4 節　本州における白滝型細石刃石器群の黒曜石原産地分析　　231

が得られた。

4. 原産地別平面分布からの考察

　先行研究（鹿又ほか2015）で指摘された，湯の倉産黒曜石製石器の一
部が縄文時代の所産である可能性が湯の倉産黒曜石製石器全体にどれほ
ど影響しているのかを検証するため，原産地別平面分布を作成し，検
討を行った。なお，本分析で宮崎系（湯の倉）とした原石は，一般的に
「湯の倉」と呼ばれる原産地で採取されるものである。そのため，以下
では宮崎系を湯の倉産と読み替えて扱う。

　本遺跡出土資料のうち測量によって出土位置が記録されたのは約
4,900点中131点と少ないものの，ほとんどに出土層位および50cm四方
の出土グリッドが記録されている。黒曜石製石器では全153点のうち
143点にグリッドが記録されていた。これを今回の分析結果と合わせ，
グリッド単位での原産地別平面分布図を作成した（図5.21）。本遺跡に
おいて黒曜石は客体的な石材にすぎないため遺跡構造を理解するには至ら
ないが，上記の目的を果たすには有意であると思われる。

　まず黒曜石製石器全体の分布をみると，1点を除いて第1集中地点に
属し，他の石材と比べても偏った分布を示してはいない。黒曜石製石器
のほとんどが男鹿産であるため，男鹿産黒曜石の分布に対しても同様の
ことがいえる。次に湯の倉産黒曜石の分布をみると，第1集中地点の
西半にしか分布していないことが分かる。ただし，西半は他の遺物を含
めて分布密度が高い部分であるほか，同一のグリッドや周囲のグリッド
で男鹿産黒曜石が出土しているため，湯の倉産が他と異なる分布を示す
事実はない。また，排土から確認された2点を除けば湯の倉産は全て5
層（薬莱Ⅲ）から出土しており，4層を中心とする本遺跡の旧石器出土
層位でも比較的深い層位であるといえる。

　本項からは湯の倉産黒曜石製石器の全体が縄文時代の所産である可能
性を支持する結果は得られなかった。また，筆者は石器製作技術の観点
から，本項で湯の倉産とした黒曜石製細石刃が男鹿産としたものと同様
に後期旧石器時代終末期の白滝型細石刃核から剥離されたものと指摘し
ている（本書第4章第1節）。今後，多方面からの検討が必要となるだろ
うが，全体的な傾向としては，他の旧石器と共伴するものと捉えるべき

表 5.11　薬莱山 No.34 遺跡の分析結果と器種組成

遺物点数	黒曜石点数	分析点数	器種	原産地	
				男鹿	湯の倉
			細石刃核	1	0
約 4900	153	153	細石刃	33	8
			剝　片	108	3
			合　計	142	11

	29	28	27	26	25	24	23	22	21	20	19	18	17	16	15	14	13	12	11	10	9	8	7	6	5	4
X																										
V																				2/0	1/0	1/0	1/0			
U														1/0	0/1	1/0	1/0	1/0	2/0	4/0	1/0	2/0				
T														1/0	0/1	4/0	4/0	4/0	11/0	4/0	1/0	1/0	1/0			
S														1/0	3/0	3/0	2/1	4/0	6/0	2/0		1/0				
R	男鹿/湯の倉															1/0			3/0	2/0	4/0		2/0			
Q														1/0	1/1	1/0			3/0	3/0	1/0	3/0	1/0			
P	トーン部は湯の倉産														1/0		1/0	1/0	1/0		2/0	1/0				
O	出土グリッド													4/0		1/1	1/1		1/1	1/0						
N														2/0	6/0	2/0	8/1	3/0								1/0
M																			第1集中地点							
L																										
K																										
J																										
I																										
H																										
G																										
F				1/0		第2集中地点																				
E																										
D																										
C																						1m				
B																										
A																										

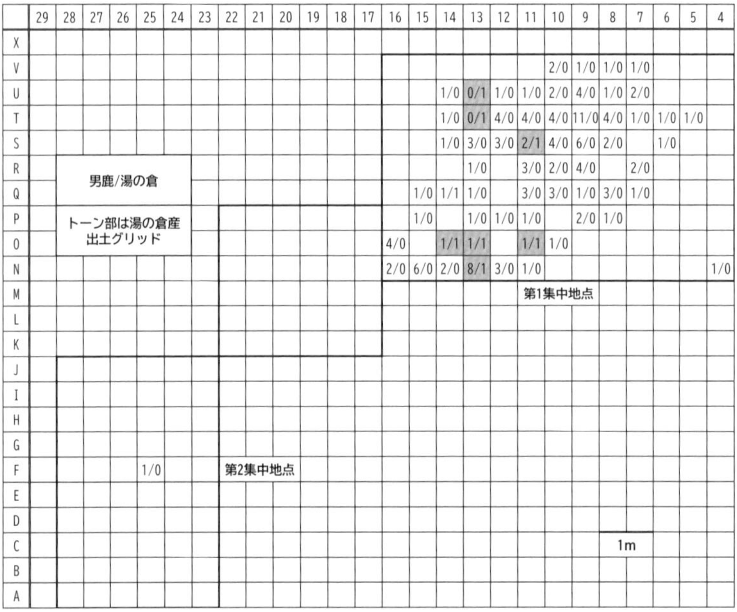

図 5.21　薬莱山 No.34 遺跡出土黒曜石製石器の原産地別平面分布

と考える。そのため，遅くとも本遺跡が残された後期旧石器時代終末期には湯の倉が黒曜石原産地として利用されていたと想定される。

5．小　結

　本項では，本遺跡出土の黒曜石製石器全153点について，秋田県男鹿産（男鹿系A）が142点，宮城県湯の倉産（宮崎系）が11点との結果が得られた。遺跡からの直線距離では湯の倉が約10km，男鹿が約150km離れている。本遺跡において黒曜石は客体的な石材にすぎないが，その中では男鹿産が主体となっていたといえる。

　原産地別平面分布からは，製作技術からの指摘（本書第4章第1節）と同様に，湯の倉産の黒曜石製石器の多くが他の石器と一括のものである可能性が示された。湯の倉の黒曜石原産地は本遺跡が残された後期旧石器時代終末期にはすでに利用されていたと考えられる。

第2項　上原E遺跡

1．本項の背景と目的

　上原E遺跡出土黒曜石製石器の一部は，建石徹によってEDXを用いた原産地分析がすでに行われている。分析された16点のうち13点が長野県小深沢，3点が秋田県脇本とされている（佐藤2003，佐藤2018）。ただし，推定された原産地名が示されているのみで，その根拠となる測定値などが明らかにされていない点が課題といえる。

　そこで，本項ではEDXを用いて各試料を測定し，化学組成などの基礎データ公開を第一の目的とする。これまでEDXを用いた黒曜石の原産地分析は，同じ試料でも各研究者が使用する機器ごとに分析値が異なることが課題とされてきた。しかし近年の研究（金井ほか2019）では，対数比解析により機器に依存しない原産地分析が可能となる可能性が示されている。測定条件の合致などの条件はあるが，他者によるクロスチェックも今後行える可能性があるため，分析値を公開する意義は大きい。

2．対象試料

　本項の分析では，津南町教育委員会による上原E遺跡2000年発掘

234　　第 5 章　黒曜石製石器の原産地分析による石器石材研究

表5.12　上原 E 遺跡の石材組成（佐藤ほか編 2018）

石材 ＼ 器種	細石刃石核	細石刃	尖頭器	彫器	掻器	削器・尖刃削器	抉入石器	石斧・石斧調整剥片	二次的調整のある剥片	不鮮明調整のある剥片	石核	三角状	スキー状	敲無削片	石刃	剥片類	磨+敲石	計
黒曜石	16	841		1	2		1		12	8	1	12	14	1		24	3,007		3,940
硬質頁岩	9	847	3	13	10	1	1		12	8	4	8	15	11		11	2,464		3,417
頁岩				1													7		8
凝灰岩	5	24	2	16	7	5			4	2	4	9	3	2		9	728	1	821
緑色凝灰岩								55									147		202
鉄石英	1	17			2							1	1	5			106		133
無斑晶ガラス質安山岩																1	318		319
安山岩		11				2			2								30		45
チャート		8							1								48		57
黒曜																	3		3
計	31	1,748	6	30	21	8	2	55	31	18	9	30	33	19	45	6,858	1	8,945

表5.13　本分析で対象とした上原 E 遺跡出土試料

器　種	点　数
細石刃核	15
細石刃	21
ファーストスポール	6
スキー状スポール	8
彫刻刀形石器	2
彫刻刀スポール	1
エンド・スクレイパー	3
剥　片	109
計	165

調査（佐藤ほか編 2018）出土の黒曜石製石器全 3,940 点（表 5.12）のうち，165 点を対象として分析を行った（表 5.13，附表 8）。試料の抽出にあたっては，まず報告書（佐藤ほか編 2018）に実測図が掲載された黒曜石製石器のうち 66 点を抽出した。この中には全ての黒曜石製トゥール・細石刃核を含む。加えて，報告時に母岩分類がなされた未掲載剥片1,101 点から 99 点を抽出した。ob1〜20 に分類された各母岩と，母岩分類不可とされた中からそれぞれ一定数以上抽出している。このうち，接合資料の一部に関しては，接合に含まれる 1 点のみを測定対象とし，その結果を当該接合資料全体に援用した。その結果，実際に測定した点数は 126 点となった。対象試料には遺跡名を冠して KHE1〜124 の試料番号を付した。接合資料にはそのうち 1 点にのみ試料番号を付し，当該資料に接合する資料には元資料の番号に「′」を付けて示した。接合する複数の資料（例えば KHE2 と KHE2′）を双方測定したものがあるため，測定した点数と試料番号の上限数は一致しない。なお，このほか測定し

た後に黒曜石でないことが判明した試料が1点あり，試料番号を欠番
（KHE118）としている。

3. 分析結果

測定値を附表9に示す。測定した126点は，和田峠系Iが18点，和
田峠系IIが5点，和田峠系I or IIが103点，男鹿系Aが37点，白滝
系Iが1点（KHE4）と判別できた（図5.22，附表8）。Sr判別図（図5.22
の2）ではKHE109・113など7点の試料が和田峠系の判別域から下に
大きくズレているが，Kを除いた被熱検定（同3）では判別域に収まる
ことから，これは被熱によってKが増加したことによるものと判断さ
れる。

この結果を接合資料にも援用すると，対象試料165点は和田峠系I
が18点，和田峠系IIが6点，和田峠系I or IIが103点，男鹿系Aが
37点，白滝系Iが1点となる（表5.14）。器種ごとにみると，大半を占
める和田峠系の利用は剥片以外では細石刃・細石刃核・ファーストス
ポール・スキー状スポールと細石刃関連に限られるのに対し，約22%
にすぎない男鹿系Aは細石刃関連のほかに彫刻刀形石器や彫刻刀スポー
ル，エンド・スクレイパーにも利用されている。遺跡全体でみれば大半
のトゥールは頁岩や凝灰岩で製作されているが（表5.12），黒曜石の中
でみると和田峠産よりも男鹿産黒曜石がトゥール素材に選択されている
といえる。

母岩ごとに結果をみると，母岩 ob 01・16 では和田峠系・男鹿系が混
在するものの，その他の母岩では和田峠・男鹿が混在しない（表5.15）。
今回の分析結果を母岩分類と結びつけるならば，上原E遺跡において
は和田峠系が主体をなすといえるだろう。ただし，母岩分類不可の石器
が多くあることに加え，表5.15に挙げた計1,222点の他に母岩未分類
の細石刃・砕片が約2,700点あることから，今後の分析次第で傾向が変
わる可能性もある。

本遺跡では，本項で対象とした166点のうち，102点について出土グ
リッドが判断できた。グリッドごとの黒曜石製石器分布（図5.23）と比
較すると，和田峠系は黒曜石製石器が出土したほぼ全てのグリッドで確
認でき，男鹿系は出土量が多いグリッドのほとんどで和田峠系と重複し

第 5 章　黒曜石製石器の原産地分析による石器石材研究

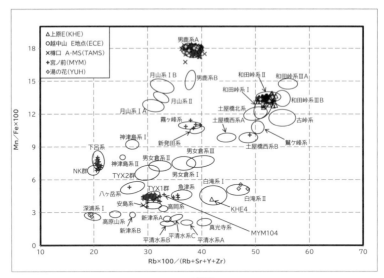

1　Rb分率

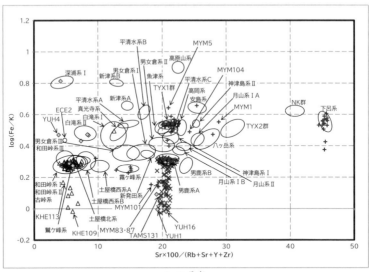

2　Sr分率

図5.22A　上原E・越中山・樽口・宮ノ前・湯の花遺跡の判別図①

第4節　本州における白滝型細石刃石器群の黒曜石原産地分析

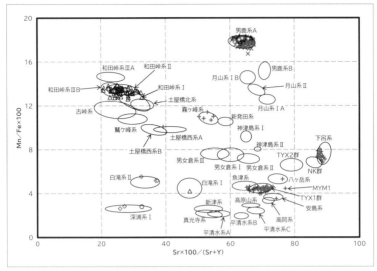

3　被熱検定

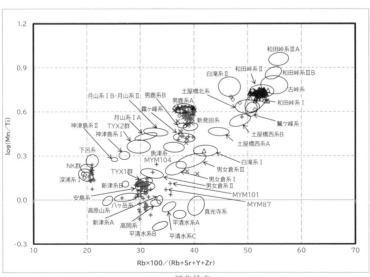

4　風化検定

図5.22B　上原E・越中山・樽口・宮ノ前・湯の花遺跡の判別図②

表 5.14　上原 E 遺跡の分析結果と器種組成

	和田峠系 I	和田峠系 II	和田峠系 I or II	和田峠系 合計	男鹿系 A	白滝系 I
細石刃核	0	1	12	13	1	1
細石刃	3	2	13	18	3	0
ファーストスポール	0	0	4	4	2	0
スキー状スポール	0	2	6	8	2	0
彫刻刀形石器	0	0	0	0	2	0
彫刻刀スポール	0	0	0	0	1	0
エンド・スクレイパー	0	0	0	0	3	0
剥　片	15	1	68	84	23	0
計	18	6	103	127	37	1

表 5.15　母岩ごとの分析点数と分析結果

	分析試料 (掲載)	分析試料 (非掲載)	未分析 (掲載)	未分析 (非掲載)	和田峠系 I	和田峠系 II	和田峠系 I or II	男鹿系 A	白滝系 I
ob01	11	6	12	264			6	11	
ob02	1	4	4	75		1	4		
ob03		3		89				3	
ob04	6	14		68			20		
ob05	8	5	2	34	1		11		
ob06	1	3		41	2		2		
ob07		5		18			5		
ob08	1	3		20			4		
ob09		3		13			3		
ob10	5	5	1	11		1	9		
ob11		11		4	9		2		
ob12	1	3		5				4	
ob13		3		5		1	2		
ob14	2	3						5	
ob15		3		5				3	
ob16	2	1					1	2	
ob17	3						3		
ob18	3							3	
ob19		3					3		
ob20	2						2		
分類不可・記載なし	20	21	36	350	6	2	26	6	1
合計	66	99	55	1002	18	5	103	37	1

第 4 節　本州における白滝型細石刃石器群の黒曜石原産地分析　　239

て確認できる（図 5.24）。1 点のみ判別された白滝系も和田峠系・男鹿系
と同じグリッドから出土しており，出土層位も他と同様である。出土状
況からは両産地の黒曜石製石器と伴っていると捉えられる。

　4.　考察：白滝産と推定される細石刃核について
　ⅰ.　細石刃核の特徴
　本項の分析では，細石刃核 1 点（KHE4）が白滝赤石山産と推定され
た。この細石刃核について少し検討してみたい。
　まずその形態からみると，ファーストスポールを素材とし，一端は折
損している。もう一端にはスポール腹面を打面として細石刃様の剝離面
が 2 面残され，うち 1 面はスポール折れ面まで達するが折れ面との新
旧関係は明確でない（図 5.25）[7]。本資料の最大幅は約 1cm と狭く，本遺
跡で出土した白滝型細石刃核の甲板面幅と合致する。
　白滝型細石刃石器群において，このようにファーストスポールを素材
とした細石刃核はほとんどみられない。白滝型ではないものの，新潟県
荒屋遺跡では珪質頁岩・凝灰岩製ファーストスポールを素材とした細
石刃核が出土しており（芹沢・須藤編 2003），過去には大塚和義によっ
て両面加工の素材を二分割して細石刃核とする「荒屋技法」も提唱され
ている（大塚 1968）。本遺跡と荒屋遺跡は湧別技法とホロカ技法が共伴
する点で共通する。しかし湧別技法についていえば，本遺跡はやや小型
の剝片を素材とする湧別技法白滝型，荒屋遺跡は大型の剝片を素材とし
トゥールの素材生産を取り込む湧別技法札滑型という点で大きく異な
る。本資料が荒屋遺跡の事例に直接関連するものとはいえないが，湧別
技法がホロカ技法の影響を受けたものと考えられる。
　なお，本項では細石刃核としているが，細石刃様剝離面が 2 面しか
なく，その左右にもスポール腹面から細かな剝離が加えられている点か
ら，エンド・スクレイパーや彫刻刀形石器の可能性も考えられる。いず
れにしても，湧別技法のファーストスポールを素材としている点は間違
いないだろう。スポールの状態で廃棄されず細石刃核ないしトゥールと
して加工された点からは，男鹿や和田峠産といった本遺跡で多く確認さ

───────────
　7）　実見の結果を踏まえて，報告書掲載の実測図を加筆修正した。

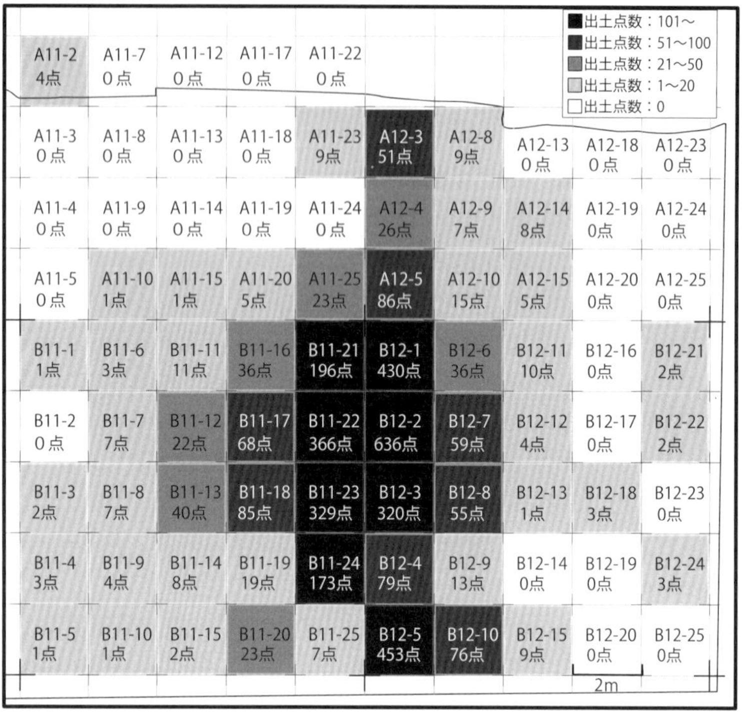

図5.23　グリッドごとの黒曜石製石器分布（佐藤ほか編 2018 を改変）

凡例：
- 出土点数：101〜
- 出土点数：51〜100
- 出土点数：21〜50
- 出土点数：1〜20
- 出土点数：0

A11-2 4点	A11-7 0点	A11-12 0点	A11-17 0点	A11-22 0点					
A11-3 0点	A11-8 0点	A11-13 0点	A11-18 0点	A11-23 9点	A12-3 51点	A12-8 9点	A12-13 0点	A12-18 0点	A12-23 0点
A11-4 0点	A11-9 0点	A11-14 0点	A11-19 0点	A11-24 0点	A12-4 26点	A12-9 7点	A12-14 8点	A12-19 0点	A12-24 0点
A11-5 0点	A11-10 1点	A11-15 1点	A11-20 5点	A11-25 23点	A12-5 86点	A12-10 15点	A12-15 5点	A12-20 0点	A12-25 0点
B11-1 1点	B11-6 3点	B11-11 11点	B11-16 36点	B11-21 196点	B12-1 430点	B12-6 36点	B12-11 10点	B12-16 0点	B12-21 2点
B11-2 0点	B11-7 7点	B11-12 22点	B11-17 68点	B11-22 366点	B12-2 636点	B12-7 59点	B12-12 4点	B12-17 0点	B12-22 2点
B11-3 2点	B11-8 7点	B11-13 40点	B11-18 85点	B11-23 329点	B12-3 320点	B12-8 55点	B12-13 1点	B12-18 3点	B12-23 0点
B11-4 3点	B11-9 4点	B11-14 8点	B11-19 19点	B11-24 173点	B12-4 79点	B12-9 13点	B12-14 0点	B12-19 0点	B12-24 3点
B11-5 1点	B11-10 1点	B11-15 2点	B11-20 23点	B11-25 7点	B12-5 453点	B12-10 76点	B12-15 9点	B12-20 0点	B12-25 0点

2m

れた他産地の黒曜石よりも消費され尽くした白滝産黒曜石の扱い方がうかがえる。

ⅱ. 本州における白滝産黒曜石の事例

本州出土の後期旧石器・縄文時代草創期資料が白滝産と推定された事例としては，後期旧石器時代で山形県角二山遺跡（鹿又・佐々木 2015，本書前節）・湯の花遺跡（建石ほか 2012・2014，本書本節第6項），縄文時代草創期で山形県日向洞窟遺跡（建石ほか 2008）・松岡山遺跡（渋谷・安彦・佐々木 2016），新潟県小瀬ヶ沢洞窟（建石ほか 2008，藁科・小熊 2002）が挙げられる。そのほか，縄文時代前期後葉まで下れば京都府志高遺跡において白滝赤石山産と推定された資料がある（上峯ほか 2013）。そのため，現時点において本遺跡の事例は縄文時代草創期以前で最南端のものといえる。また，白滝に限らず北海道産とすれば，上記の他に

第4節　本州における白滝型細石刃石器群の黒曜石原産地分析　　241

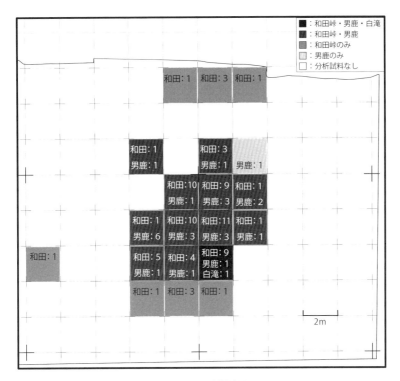

図 5.24　グリッドごとの黒曜石原産地分析結果（佐藤ほか編 2018 をもとに作成）

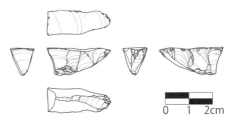

図 5.25　白滝産と判別された細石刃核（佐藤ほか編 2018 に一部剝離面加筆）

後期旧石器時代の山形県清水西遺跡（佐々木 2015）・滝 1 遺跡（渋谷・安彦・佐々木 2016），縄文時代草創期の日向洞窟遺跡（佐々木 2019b）出土資料が置戸産と推定されている。

なお，上記のうち湯の花遺跡では白滝産黒曜石が 41 点，脇本（男鹿）産黒曜石が 79 点と推定されている（建石ほか 2012・2014，渋谷・佐々木 2018）。産地分析結果だけでなく，白滝型細石刃石器群が中心である点も本遺跡と共通する資料であることから，双方の資料を合わせて実見し，遺跡間接合を試みた。しかし湯の花遺跡で白滝産とされた黒曜石は黒地に全て赤い網模様が入り，本遺跡の漆黒の黒曜石とは石質が異なることから，両遺跡で使用されていた黒曜石は異なる母岩と判断される。湯の花遺跡で脇本（男鹿）産と推定された黒曜石は，全て透明度の高いものであった。上原 E 遺跡で男鹿産と推定される資料は透明度が高いものと黒色のもや模様が入る 2 種に分けられる。前者は湯の花遺跡出土資料と肉眼観察で類似するものの，やはり両遺跡間での接合は認められなかった。

6．小　結

本項では，上原 E 遺跡出土黒曜石製石器の原産地分析を行った。その結果，半数以上を占める和田峠産の他，男鹿産・白滝産黒曜石が確認された。この結果は先行研究（佐藤 2003，佐藤 2018）で示されていた小深沢，脇本という結果と整合的であり，クロスチェックとして互いに補強しうるものである。また，分析数を増やしたことにより，細石刃核 1 点が新たに白滝産黒曜石と推定されたことは大きな成果といえる。

第 3 項　越中山遺跡 E 地点

1．本項の背景と目的

山形県鶴岡市（旧朝日村）に所在する越中山遺跡 E 地点は 1967 年に黒曜石製細石刃核が採集されたことをきっかけとし，加藤稔らによって同年に試掘調査が行われた。細石刃や両面調整の尖頭器，エンド・スクレイパーなどが得られている（加藤ほか 1975）。採集された細石刃核は甲板面に擦痕をもつものであり，宮城県薬莱山 No.34 遺跡と並んで現時点で本州では最北の白滝型細石刃核である。剥片類を含めた石材組成

第4節　本州における白滝型細石刃石器群の黒曜石原産地分析　　243

は明らかでないが，硬質頁岩・玉髄を中心とし，数点の黒曜石を含むと
される（加藤ほか1982）。

　本遺跡では2023年から越中山遺跡調査団による発掘調査（青木・鹿
又編2024）も行われているが，本項では過去の採集資料および1967年
の発掘調査出土資料を対象とする。

2. 対象試料

　本項の分析では，出土資料を保管する山形県立うきたむ風土記の丘
考古資料館にて確認できた黒曜石製石器3点を対象とした（表5.16，図
5.26）。対象試料には，遺跡・地点名を冠してECE1〜3の試料番号を付
した。この中には調査のきっかけとなった採集品の細石刃核（ECE1）
も含むほか，ECE2のエンド・スクレイパーには「表」との注記があり，
こちらも表採資料である可能性も考えられる。そのため，対象とする3
点は共伴関係が明らかなものではない。なお，ECE3の石核は剝片素材
の小型のものである。

3. 分析結果

　測定した3点の測定値と判別結果を表5.17に，判別図を図5.22に示
す。いずれの判別図でも2点が男鹿系Aの判別域におおむね収まって
いる。残りの1点はRb分率判別図（図5.22の1）および被熱検定（同
3），風化検定（同4）では深浦系Iに収まるものの，Sr分率判別図（同
2）では深浦系Iの下方に位置している。当該試料（ECE2）は石器表面
の光沢が失われており，被熱した石器と肉眼観察により判断できる。前
項の上原E遺跡と同様に，被熱の影響でK・Rbが増加し，Sr分率判別
図では判別域の下方にプロットされたものと考えられる。

　上記のように，本遺跡の対象試料3点は男鹿系Aが2点，深浦系I
が1点と判別できる（表5.17）。ただし，第2章で述べたようにECE1
の細石刃核は表採資料であり，ECE2のエンド・スクレイパーも表採資
料である可能性がある。そのため，分析試料3点の共伴関係は明らかで
ない。今後再検討が必要になるだろうが，白滝型細石刃石器群を対象
とした集成（次節）では細石刃核の分析結果のみを扱うこととする。

表 5.16 越中山遺跡 E 地点の対象試料一覧

試料番号	器種	長さ mm	幅 mm	厚さ/高さ mm	加藤ほか1982 実測図	注記
1	細石刃核	26.35	10.65	20.50	図 34-1	Ech-D Micro-Core
2	エンド・スクレイパー	53.95	20.25	6.00	図 34-8	Ech-D-1 25/7 表
3	石核	52.20	38.75	10.95		ED-3

表 5.17 越中山遺跡 E 地点の測定結果

試料番号	器種	K (cps)	Ca (cps)	Ti (cps)	Mn (cps)	Fe (cps)	Rb (cps)	Sr (cps)	Y (cps)	Zr (cps)	Nb (cps)	判別結果	被熱風化
1	細石刃核	260034	95775	22835	93364	517350	19774	10776	5673	14244	1725	男鹿系 A	
2	エンド・スクレイパー	339897	44049	17325	25974	929150	7944	1990	4121	27091	1566	深浦系 I	被熱
3	石核	218865	79952	19466	75972	430278	16518	8879	5181	11194	1274	男鹿系 A	

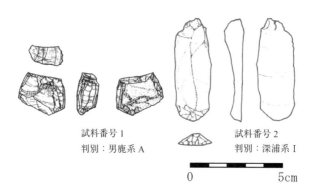

試料番号 1
判別：男鹿系 A

試料番号 2
判別：深浦系 I

図 5.26　越中山遺跡地点対象試料（加藤ほか1982を再配置）

第 4 節　本州における白滝型細石刃石器群の黒曜石原産地分析　　245

第 4 項　樽口遺跡 A-MS 文化層

1.　本項の背景と目的

　本遺跡では 8 つの旧石器文化層が確認され，そのうち白滝型細石刃石器群は A-MS 文化層とされている（立木編 1996）。石材組成としては総点数の 5,484 点のうち黒曜石が 97 % を占め，他に無斑晶質安山岩・珪質頁岩が用いられる。石材組成における黒曜石の突出は，本遺跡の他文化層や白滝型細石刃石器群の他遺跡と比較しても異質といえる。18 点の黒曜石製石器が EDX で測定され，17 点が男鹿産，1 点が和田峠産と推定された（藁科・東村 1996）。ただし，母岩など関係なく同文化層の黒曜石製石器 5,364 点からランダムに抽出された 18 点のみを対象としているため，同文化層の利用原産地構成を反映しているとは言い難い。本項では分析点数を増やすことで，利用原産地構成を捉えるとともに，先行研究のクロスチェックを試みる。

2.　対象試料

　本項では A-MS 文化層出土黒曜石製石器のうち報告書（立木編 1996）に実測図が掲載された全 329 点を対象とする（附表 10）。接合資料については，含まれる 1 点の判別結果を各資料に援用したため，実際の測定点数は 252 点となった。対象試料には遺跡および文化層名を冠してTAMS1〜249・421・422 の試料番号を付した。接合資料にはそのうち 1 点にのみ試料番号を付し，当該資料に接合する資料には元資料の番号に「′」ないし「B」を付けて示した。接合する複数の資料（TAMS13 とTAMS13B）を双方測定したものがあるため，測定した点数と試料番号の上限数は一致しない。なお，対象には先行研究（藁科・東村 1996）で原産地分析が行われた石器を含む。

3.　分析結果

　測定した 252 点の測定値を附表 11 に，判別図を図 5.22 に示す。Rb分率判別図（図 5.22 の 1）では，1 点のみ判別域のやや下方に位置するものの，全点が男鹿系 A の判別域およびその周辺に位置する。Sr 分率判別図（同 2）では男鹿系 A の判別域のほか，55 点がその下方に広がっており，その中には先行研究（藁科・東村 1996）で和田峠産とされた試

料（TAMS131，先行研究の43，図5.27の2）も含まれる。これを含めて下方に分布する試料はSr分率判別図でX軸となっているSr分率のみをみると男鹿系Aの範囲内に収まる。これらのほとんどには肉眼および顕微鏡観察において光沢の消失や蜂の巣状のひび割れ，発泡といった被熱痕跡（興水・福岡1991，中沢2000）がみられる（図5.27）。先行研究で被熱によってK・Rbが増加することが明らかにされていることから（佐々木2019a），本試料も被熱の影響でKが増加したことによりSr分率判別図では判別域の下方にプロットされたものと考えられる。このことは，K・Rbを除去した被熱検定（図5.22の3）ではRb分率判別図と同じ判別域に収まることからも補強される。同様の事象は，筆者が最近実施した山形県湯の花遺跡出土資料の分析でも確認されている（本節第6項）。また，風化を受けると強度が相対的に高くなる傾向にあるTiと低くなる傾向にあるMn（Eggleton et al. 1987，小口ほか1993）を組み込んだ風化検定（同4）をみると，男鹿系Aの判別域のほか，その下方に20点が位置している。これらは風化の影響を受けたものである可能性が指摘される。

　上記を踏まえ，測定した252点全てを男鹿系Aと判別し，これらと接合するものも含めて分析対象全329点を男鹿系Aと判断できる（附表10）。先行研究では17点が男鹿，1点が和田峠とされている（藁科・東村1996）。すなわち，本項の分析では先行研究と異なる結果が得られた。

第5項　宮ノ前遺跡

1. 本項の背景と目的

　岐阜県飛騨市（旧宮川村）に所在する宮ノ前遺跡では，うづか・センター・宮ノ前・前田の4地点が調査され，旧石器のほとんどは前田地点から出土している（早川ほか編1998，小島・立田編2000・2002）。前田地点の18層からはナイフ形石器を含む石器群，17層からは稜柱系細石刃石器群，16層からは白滝型細石刃石器群，15層以上からは縄文時代（草創期含む）文化層が検出されている。そのため，本遺跡出土資料を分析することで，時期による黒曜石利用の変遷を捉えることができる。また，16層の白滝型細石刃石器群は現段階では同石器群の中で最西端に

第4節　本州における白滝型細石刃石器群の黒曜石原産地分析　　　247

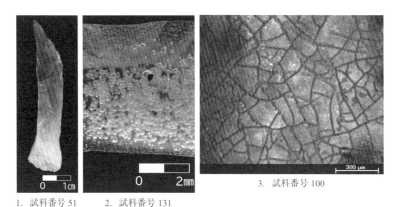

1. 試料番号 51　　2. 試料番号 131　　3. 試料番号 100

図 5.27　樽口遺跡資料の被熱痕跡

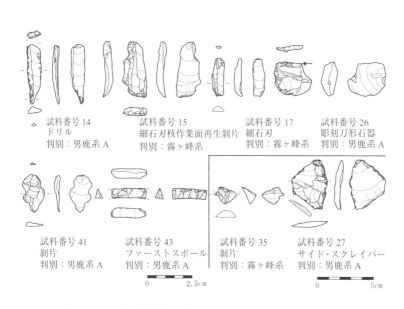

試料番号 14　　　試料番号 15　　　　　　　試料番号 17　　試料番号 26
ドリル　　　　　　細石刃核作業面再生剝片　　細石刃　　　　　彫刻刀形石器
判別：男鹿系 A　　判別：霧ヶ峰系　　　　　　判別：霧ヶ峰系　判別：男鹿系 A

試料番号 41　　　試料番号 43　　　　試料番号 35　　試料番号 27
剝片　　　　　　　ファーストスポール　剝片　　　　　　サイド・スクレイパー
判別：男鹿系 A　　判別：男鹿系 A　　　判別：霧ヶ峰系　判別：男鹿系 A

図 5.28　宮ノ前遺跡対象試料（報告書未掲載資料の一部。筆者ら実測）

あたるため，本遺跡で利用された黒曜石原産地を明らかにすることで，北海道から南下した同石器群の移動経路にも迫ることができる。なお，16層からは隆起線文土器片も出土しているが，細石刃石器群との共伴には検討を要する。

2. 対象試料

本項では，同遺跡出土の黒曜石製旧石器全85点と，下呂石製石器の一部16点の合計101点の分析を行った（附表12）。対象試料には遺跡名を冠してMYM1〜105の分析番号を付した。MYM75・82・102・103については測定後に黒曜石でないと判断し，欠番とした。欠番を含め，MYM1〜103が1998年報告書（早川ほか編1998）調査の出土資料，MYM104・105が2000年報告書（小島・立田編2000，附表12および表5.18では報告書Ⅱと記載）調査の出土資料である。黒曜石製石器の抽出にあたっては出土旧石器全点を観察し，報告書非掲載・石材等未分類の「砕片」から黒曜石製の砕片・ファーストスポールなど（図5.28）を新たに確認したため，報告書の点数とは異なる。対象の黒曜石製石器を層位・地点ごとにみると，前田地点16層が58点，同17層が20点，同18層が2点，その他の地点ないし地層から出土したものが5点となる。なお，この5点には表採資料の白滝型細石刃核1点が含まれる。

3. 分析結果

測定した101点の測定値を附表13に，判別図を図5.22に示す。Rb分率判別図（図5.22の1）および被熱検定（同3）では，ほとんどがTYX1群・男鹿系A・霧ヶ峰系・魚津系・八ヶ岳系・土屋橋西系B・安島系・下呂系いずれかの判別域に収まる。Sr分率判別図（同2）では，Rb分率判別図でTYX1群・男鹿系A・魚津系・下呂系の判別域に収まっていたものの一部が下方に分布している。これらは全て光沢が消失しており，樽口遺跡出土資料と同様に被熱したことによってK・Rbが増加し，各判別域の下方にプロットされたものと考えられる。風化を受けると強度が相対的に高くなる傾向にあるTiと低くなる傾向にあるMn（Eggleton et al. 1987, 小口ほか1993）を組み込んだ風化検定（同4）では，TYX1群・魚津系・安島系・下呂系の下方にも分布が広がってお

表 5.18　宮ノ前遺跡各層の判別結果

出土地点・層位	器種	判別結果									
		TYX1群	男鹿系A	霧ヶ峰系	八ヶ岳系	土屋橋西系B	魚津系	安島系	下呂系	不明	合計
センター地点・表採	ナイフ形石器									1	1
宮ノ前地点・3,4層	細石刃			1							1
前田地点・表土	細石刃								1		1
	細石刃核（白滝型）	1									1
前田地点・15層	細石刃								1		1
前田地点・16層	細石刃	2			1				9		12
	細石刃核（白滝型）	1									1
	ファーストスポール		1								1
	スキー状スポール	1									1
	細石刃核作業面再生剥片			1					1		2
	尖頭器					1					1
	エンド・スクレイパー	1	1								2
	ラウンド・スクレイパー	9		1							10
	サイド・スクレイパー		1								1
	石核	1									1
	剥片	29	4	1			2				36
前田地点・17層	細石刃	9							3	1	13
	細石刃核（角柱・角錐形）	2									2
	細石刃核作業面再生剥片								1		1
	彫刻刀形石器	1									1
	ドリル	1									1
	剥片	5					1				6
前田地点・18層	剥片	1		1							2
報告書II・13層	エンド・スクレイパー							1			1
報告書II・18層	ナイフ形石器									1	1
合計		64	7	5	1	1	3	1	16	3	101

り，風化の影響を受けたものが含まれると考えられる。MYM83・87・101 はいずれも Rb 分率判別図および被熱検定（同 1・3）では魚津系に収まるものの，Sr 分率判別図および風化検定（同 2・4）では 3 点ともでは大きく判別域下方にプロットされている。魚津系原石の特徴として被熱および風化による化学組成変化の影響を受けやすい可能性がある。なお，Sr 分率判別図を中心として各判別図で一定の判別域に収まらない試料が 3 点（MYM1・5・104）あり，これらは原産地不明とした。

　上記をもとに，黒曜石は TYX1 群・男鹿系 A・霧ヶ峰系・魚津系・八ヶ岳系・土屋橋西系 B・安島系と判別し，下呂石は湯ヶ峰から採取された原石試料とおおむね同様の値を示すことを確認した（表 5.18，附表 12）。今回の分析で 64 点，黒曜石製石器の 75％ が該当した TYX1 群

は富山県向野池遺跡・小竹貝塚（望月 2000・2014，古川 2002）など富山県内を中心として約 20 点確認されている原産地不明の一群である。富山県外だと長野県仲町遺跡（望月 2004）で確認されているが，岐阜県域では本遺跡が初めての事例で，検出点数は他県の遺跡と比較しても突出している。後述するように TYX1 群は各文化層で確認できているため，遺跡から比較的採取しやすい，近傍～中距離にある原産地の可能性も想定しうる。また，TYX1 群の黒曜石を素材とした石器には直径 5cm 程度の球状円礫を分割したと想定されるものもあり，河川中～下流域で採取された可能性を指摘できる。ただし，いずれも現段階で明言できるものではない。

4. 文化層ごとの検討

　判別結果を地点・層位ごとにみると，黒曜石製石器の点数が最も多い前田地点 16 層の白滝型細石刃石器群では TYX1 群・男鹿系 A・魚津系・信州系各地と原産地も多彩で，遺跡から直線距離で 450km 以上離れた男鹿系 A が TYX1 群に次いで多い（表 5.18）。湧別技法白滝型によると想定されるファーストスポール（図 5.28 の 43）も男鹿系 A であることは非常に示唆深い。また，木葉形尖頭器は八ヶ岳系であった。17 層の稜柱系細石刃石器群では TYX1 群・魚津系に限られる。18 層では 2 点しか黒曜石製石器が出土していないが，TYX1 群のほかに霧ヶ峰系も判別された。本遺跡において黒曜石は客体的石材にすぎないが，文化層間で原産地構成の変化が認められる。

　石材組成（表 5.19）と合わせてみると，18 層では霧ヶ峰産黒曜石を含むものの，黒曜石・下呂石がともに少なく，チャート・デイサイトなど在地石材が多数を占めている。稜柱系細石刃石器群の 17 層では黒曜石・下呂石が大きく増加するが，黒曜石の産地は TYX1 群と魚津に限定される。白滝型細石刃石器群の 16 層ではさらに黒曜石が増加し，下呂石との合計でチャートの点数を上回るほか，黒曜石の原産地は TYX1 群や魚津に加えて男鹿や八ヶ岳，霧ヶ峰，和田峠（土屋橋西）が用いられ，利用原産地が多様化している（表 5.18）。なお，安島系と唯一判別されたエンド・スクレイパーは隣接地点 13 層の出土で，草創期後半の可能性が指摘されるものである（小島・立田編 2000）

表 5.19 宮ノ前遺跡前田地点各層の器種・石材組成

地点・層位	遺物点数	石材	細石刃核	細石刃	ファーストスポール	スキー状スポール	細石刃核作業面再生剝片	尖頭器	ナイフ形石器	彫刻刀形石器	角錐状石器	エンド・スクレイパー	サイド・スクレイパー	ラウンド・スクレイパー	ドリル	楔形石器	石核	剝片類	総計
前田地点・16層	355	黒曜石	1	3	1	1	1	1				2	1	10			1	36	58
		頁岩		5				2				5	1			1		15	29
		下呂石		10			1					7	9		1	6	1	41	76
		チャート		1				3				2	5	1		7	10	86	115
		その他						5				3	6				3	60	77
		小計	1	19	1	1	2	11				19	22	11	1	14	15	238	355
前田地点・17層	357	黒曜石	2	11									2					5	20
		頁岩		1								1	1					9	12
		下呂石		3			1					3	7			6	1	49	70
		チャート		3							1	1	8	1		7	13	106	140
		デイサイト															1	21	22
		その他						1			1		10				3	78	93
		小計	2	18			1	1			2	5	28	1		13	18	268	357
前田地点・18層	63	黒曜石																2	2
		頁岩							1	1	1							2	5
		下呂石							1									1	2
		チャート							2		1							9	12
		デイサイト															1	21	22
		その他							4				1				1	14	20
		小計							8	1	2		1				2	49	63

出典:実見による（黒曜石以外の砕片は未計数）

5. 微細痕跡の分析

　原産地分析から，宮ノ前遺跡には白滝型細石刃石器群を中心として遠隔地から黒曜石が搬入されていることが明らかとなった。本項では，その搬入形態の検討を目的として，デジタルマイクロスコープ（KEYENCE VHX-1000）による分析を行った。観察は 100～200 倍で行い，記録の際には必要に応じて深度合成を行っている。

　図 5.29A の 1 は男鹿系 A と判別した MYM43 のファーストスポールである。両端を折損しており，折れ面の同 A には太さ 10μm 以下の比較的細い線状痕がまばらに認められる。腹面の同 B には太さ 10～20μm 前後のランダムな線状痕のほか太さ 50μm 以上のうねるような太い線状痕

が認められ，左側面の同Cではこれらに加えて太さ50〜100μmのさらに太い線状痕が長さ200μm以下の短い単位で発達する。太い線状痕は弧状のピットの連続で構成され，Cでは弧状のピットが連続せずに単独で存在する部分も認められる。B・Cにみられるランダムな線状痕や弧状のピットは御堂島（2010・2015・2020）や沢田（2020）らの実験・分類に照らせば，運搬痕跡と考えられる。

　線状痕が希薄な折れ面，運搬痕跡が認められる腹面・左側面の関係は，多段階表面変化（阿子島1992）と捉えられ，廃棄されるまでに運搬など時間の経過があったことをうかがわせる。腹面にも運搬痕跡がみられることから，本資料は遺跡外で剥離された後に本遺跡へ搬入されたと考えられる。腹面よりも左側面の運搬痕跡が激しいことから，細石刃核整形から本スポール剥離までに時間差が存在し，それぞれ別の場所で行われていた可能性もある。

　図5.29Aの2は男鹿系Aと判別したMYM27のサイド・スクレイパーである。背面の同D・E，腹面の同Fともに太さ30μm前後のランダムな線状痕や弧状のピットからなる太さ50〜100μmの太い線状痕が認められる。加えて，Dでは稜線の激しい摩滅がみられる。前述のファーストスポール（同1）と同様に運搬痕跡と捉えられる。製品ないし製作途上の状態で本遺跡に搬入されたと考えられる。

　図5.29Bの3は八ヶ岳系と判別したMYM18の尖頭器である。正面右半の同Gでは幅100μm前後の弧状のピットが密集し，激しく摩滅している一方，同写真右下の剥離面内にはピットが全く認められず，他の面よりも光沢があるためガジリ面と判断できる。報告書（早川ほか編1998）では右下のガジリ面を除くGの範囲が自然剥離面と表現されているように，弧状のピットから構成される摩滅は原石段階での衝突・風化などによるものと想定するが，剥離された後の運搬痕跡である可能性も否定できない。基部側の同Hでは太さ30μm以下のランダムな方向の線状痕が認められるが，右下に写る稜線はほとんど摩滅していない。左半の同Iでは稜線が激しく摩滅しており，剥離面内には太さ20μm程度のランダムな線状痕が多く認められるほか，わずかながら幅100μm前後の弧状のピットもみられる。裏面では，下半の同Jで太さ30μm以下のランダムな線状痕が多くみられ，部分的に幅100μm前後の弧状のピット

第4節　本州における白滝型細石刃石器群の黒曜石原産地分析　　253

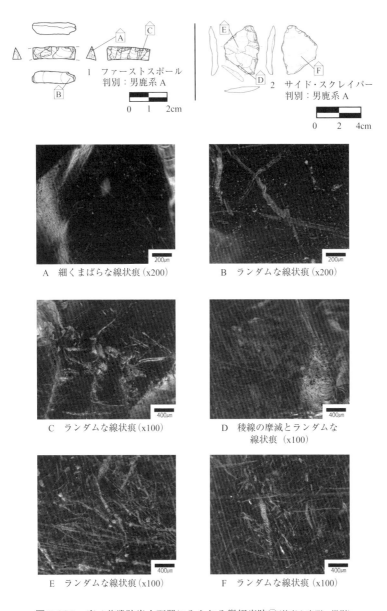

1　ファーストスポール
　判別：男鹿系A

2　サイド・スクレイパー
　判別：男鹿系A

A　細くまばらな線状痕（x200）
B　ランダムな線状痕（x200）
C　ランダムな線状痕（x100）
D　稜線の摩滅とランダムな線状痕（x100）
E　ランダムな線状痕（x100）
F　ランダムな線状痕（x100）

図5.29A　宮ノ前遺跡出土石器にみられる微細痕跡①（筆者ら実測・撮影）

第5章 黒曜石製石器の原産地分析による石器石材研究

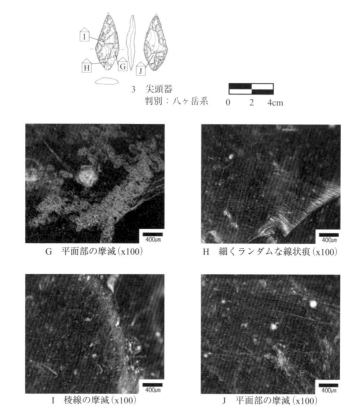

図 5.29B 宮ノ前遺跡出土石器にみられる微細痕跡②
(3の実測図のみ早川ほか編1998, 他は筆者ら実測・撮影)

が密集している。G〜Jに認められるランダムな線状痕や弧状のピットは，他資料と同様に運搬痕跡と捉えることができる。

この資料に関しても，自然面の可能性があるGを含めて稜線・平面部の摩滅が顕著なG・I・J，ランダムな線状痕が認められるものの稜線が摩滅していないH，線状痕が全く認められないG右下部のガジリ面，の少なくとも3段階の多段階表面変化が認められる。G・I・JとHの間でも運搬があったと考えられることから，リダクションを経ながら持ち運ばれ，製品として本遺跡に搬入されたと想定される。本遺跡は男鹿から約450km，八ヶ岳から約120kmに位置する。これら遠隔地から持ち

第4節　本州における白滝型細石刃石器群の黒曜石原産地分析　　255

込まれた石器には運搬痕跡が確認された。いずれも基本的には製品とし
て搬入されたと考えられるが，男鹿産はわずかながらチップも確認され
ており，サイド・スクレイパー（図5.29Aの2）の観察結果と合わせて
考えれば，一部石器の二次加工などが行われていた可能性もある。

第6項　湯の花遺跡

1. 本項の背景と目的

　湯の花遺跡出土資料は，表採資料を含めて複数の研究者によって原産
地分析が実施されてきた（藁科・東村1996，建石ほか2012・2014，渋谷・
佐々木2018）。このうち，建石徹らの報告（建石ほか2014）では，加藤
らによる発掘調査（加藤ほか1982，石井1993）で得られた資料を中心と
して，136点の分析が実施されている（表5.20）。東山石器群では青森
県「深浦」，細石刃石器群では北海道「白滝」・秋田県「脇本」と，石器
群によって主体となる原産地が異なることが示された。特に後者では本
州における北海道産黒曜石の利用が細石刃期にまで遡ることが明らかに
され，学界でも注目を集めた。その一方，原産地不明とされた試料や，
原産地を明確に推定できず結果に「？」を付された試料も一部含まれ
る。また，長野県「小深沢」とされた試料は砕片のみのため帰属する石
器群が推定されておらず，再検討が必要となっている。

　そこで本項では，先行研究で推定が困難とされた試料の黒曜石原産地
を明らかにし，湯の花遺跡出土石器の評価を定めることを目的として，
黒曜石製石器の原産地分析を実施した。推定が困難とされた試料には，
青森県「出来島」や長野県「星ヶ塔」の可能性が示されたものがあり，
これらの有無によって石器群の評価も変動せざるを得ない。本項の分析
でこれらの原産地を特定し，遺跡を残した集団の活動領域や伝播経路の
検討につなげていきたい。

2. 対象試料

　まず，建石ら（2014）が分析対象とした湯の花遺跡出土資料のうち，
推定産地が「不明」とされた試料および推定結果に「？」が付された試
料から5点を抽出した。このほか，推定結果の整合性確認のため，先
行研究で白滝・深浦・脇本と推定された試料から2～3点ずつ抽出して

第5章　黒曜石製石器の原産地分析による石器石材研究

表 5.20　湯の花遺跡先行研究の分析結果

藁科・東村 1996		建石ほか 2014		渋谷・佐々木 2018	
推定結果	点数	推定結果	点数	推定結果	点数
		白滝	41		
		深浦	4		
男鹿	3	脇本	70	男鹿系 A	1
		小深沢	5		
		出来島?	1		
		深浦?	2		
		脇本?	9		
		星ヶ塔?	1		
		不明	3		
合計	3	合計	136	合計	1

表 5.21　湯の花遺跡の対象試料一覧

試料番号	器種	出土グリッド	長さ mm	幅 mm	厚さ/高さ mm	重量 g	石質	被熱痕跡	建石ほか2014通し番号	建石ほか2014推定産地	備考
YUH1	剝片		9.35	7.85	5.45	0.45	透明	ヒビ・発泡	51	不明	
YUH2	剝片		8.95	10.35	1.50	0.05	透明	ヒビ・発泡	90	不明	
YUH3	両面調整石器調整剝片	E-10	34.15	21.85	3.85	2.82	黒色, 茶色網模様, 一部透明		131	白滝	
YUH4	彫刻刀形石器	F-5	18.40	8.00	5.05	0.85	漆黒	光沢消失・微細ヒビ?	136	深浦	
YUH5	剝片	F-9	13.45	11.00	2.20	0.27	茶色, 部分的に黒色		150	小深沢	
YUH6	スキー状スポール	F-9	25.30	12.60	10.30	4.18	茶〜黒色がかった透明		152	脇本	旧甲板面に擦痕
YUH7	細石刃核作業面再生剝片	F-10	19.95	6.50	5.50	0.79	薄く茶色がかった透明	ヒビ	153	出来島?	
YUH8	剝片	F-10	10.35	6.05	1.40	0.08	やや透け		156	小深沢	
YUH9	両面調整石器調整剝片		22.65	31.35	2.60	2.22	黒色, 茶色網模様, 一部透明		160	白滝	
YUH10	剝片		17.55	16.15	4.50	0.64	漆黒		162	深浦	
YUH11	細石刃核		32.20	12.40	21.95	7.71	茶〜黒色がかった透明		169	脇本	甲板面に擦痕
YUH12	剝片	D-10	10.75	10.40	1.55	0.19	灰色, やや透け, 梨肌		171	小深沢	
YUH13	剝片	E-10	6.70	3.70	0.45	0.01	透明		172	小深沢	
YUH14	剝片	E-10	5.30	7.70	1.30	0.05	灰色, やや透け, 梨肌		173	小深沢	
YUH15	剝片	F-7	6.05	5.20	0.60	0.01	茶色混じりの黒色, 一部透明		175	星ヶ塔?	
YUH16	剝片	F-10	7.05	7.45	1.25	0.05	透明	ヒビ・発泡	180	不明	
YUH17	スキー状スポール		35.00	9.65	7.00	2.51	茶〜黒色がかった透明		191	脇本	腹面に擦痕・スレ

第 4 節　本州における白滝型細石刃石器群の黒曜石原産地分析　　257

追加したが，小深沢と推定された試料は東北地方において類例が少ない
ことを踏まえ，全5点を対象とした。
　以上の作業により抽出した計17点を分析対象とし，遺跡名を冠して
YUH1〜17の試料番号を付した（表5.21）。

3. 分析結果

　湯の花遺跡出土試料の測定結果を表5.22に，これに基づく判別図を
図5.22に示す。Rb分率判別図（図5.22の1）では，男鹿系A・和田峠
系ⅠないしⅡ・白滝系Ⅱ・深浦系Ⅰの判別域に各試料が収まっている
が，Sr分率判別図（同2）では各判別域下方の判別範囲外にも広がって
いる。下方に分布する試料のうち，男鹿系A下方の4点（YUH1・2・7・
16）と深浦系Ⅰ下方の1点（YUH4）には肉眼および顕微鏡観察におい
て光沢の消失や蜂の巣状のひび割れ，発泡といった被熱痕跡（興水・福
岡1991，中沢2000）がみられる（図5.30）。そのため本来判別域内に収
まるはずのものが，被熱の影響でK・Rbが増加（佐々木2019a）したこ
とにより，Sr分率判別図で各判別域の下方にプロットされたものと考
えられる。このことは，K・Rbを除去した被熱検定（図5.22の3）では
Rb分率判別図と同じ判別域に収まることからも補強される。
　また，風化を受けると強度が相対的に高くなる傾向にあるTiと低く
なる傾向にあるMn（Eggleton et al. 1987，小口ほか1993）を組み込んだ
風化検定（同4）をみると，白滝系Ⅱの下方にYUH9が位置する。これ
は風化の影響を受けたものである可能性も指摘される。
　上記を踏まえ，測定した17点は，3点が白滝系Ⅱ，2点が深浦系Ⅰ，
7点が男鹿系A，1点が和田峠系Ⅰ，4点が和田峠系Ⅰ or Ⅱと判別する
（表5.22，図5.31）。

4. 先行研究との比較

　先行研究（建石ほか2014）の結果と比較すると，「白滝」とされた2
点はともに白滝系Ⅱと判別でき，「小深沢」とされた5点中1点が和田
峠系Ⅰ，残る4点が和田峠系Ⅰ or Ⅱと判別できた。これらについては，
判別群の名称や判別単位の違いがあるが，先行研究と矛盾するものでは
ない。また，「不明」とされた3点全てを男鹿系Aと判別できている。

258　第5章　黒曜石製石器の原産地分析による石器石材研究

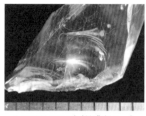
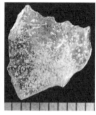
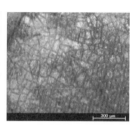

1. YUH7のヒビ（目盛り1mm）　　2. YUH2の発泡・ヒビ　　3. YUH2のヒビ
　　　　　　　　　　　　　　　（目盛り1mm）

図5.30　試料にみられる被熱痕跡

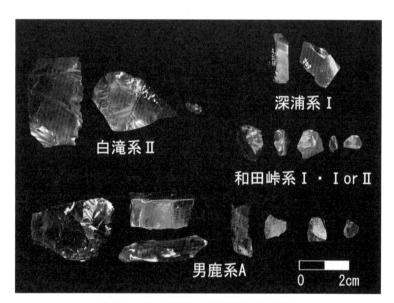

図5.31　湯の花遺跡の対象試料と分析結果

表 5.22 湯の花遺跡測定結果一覧

試料番号	器種	K (cps)	Ca (cps)	Ti (cps)	Mn (cps)	Fe (cps)	Rb (cps)	Sr (cps)	Y (cps)	Zr (cps)	Nb (cps)	判別結果	被熱風化	建石ほか2014推定産地
1	剥片	378825	83904	17588	65693	374271	15749	8136	4932	13440	1655	男鹿系 A	被熱	不明
2	剥片	331063	79600	16385	64559	359998	13553	7034	4407	9630	1230	男鹿系 A	被熱	不明
3	両面調整石器調整剥片	204381	47594	6357	30617	552151	16106	2519	5255	10216	1452	白滝系 II		白滝
4	彫刻刀形石器	342702	43459	17955	26542	1012821	9561	1875	5364	31908	1911	深浦系 I	被熱	深浦
5	剥片	128066	30854	7880	32361	250954	15200	1642	5009	7763	1478	和田峠系 I		小深沢
6	スキー状スポール	200976	72687	17385	71752	395102	15693	8233	4654	11631	1234	男鹿系 A		脇本
7	細石刃核作業面再生剥片	296163	75310	15948	65794	365053	14297	7073	4172	11491	1465	男鹿系 A	被熱	出来島 ?
8	剥片	186824	45085	8675	48147	360841	22800	2468	7811	11725	2063	和田峠系 I or II		小深沢
9	両面調整石器調整剥片	201423	48063	6701	30641	593026	14649	2580	4408	8525	1226	白滝系 II	風化	白滝
10	剥片	200311	37614	26048	36874	1304081	9834	2104	5622	32801	1544	深浦系 I		深浦
11	細石刃核	195299	72241	17434	69442	383300	13613	7583	3952	9431	1198	男鹿系 A		脇本
12	剥片	203284	47935	10283	49700	369297	20921	2431	6399	9734	1667	和田峠系 I or II		小深沢
13	剥片	227749	54230	11714	56307	427662	17540	2028	4526	9245	1371	和田峠系 I or II		小深沢
14	剥片	240410	55309	12099	56569	418026	24825	2725	6810	12352	2029	和田峠系 I or II		小深沢
15	剥片	191016	44791	5830	29383	567201	12920	2310	3867	8463	1174	白滝系 II		星ヶ塔 ?
16	剥片	393338	85307	16713	66988	376165	14548	7956	4976	11160	1270	男鹿系 A	被熱	不明
17	スキー状スポール	231849	84814	20452	81667	450009	15724	8904	5046	12781	1283	男鹿系 A		脇本

一方，先行研究（建石ほか 2014）で「出来島？」とされた細石刃核作業面再生剝片（YUH7）が男鹿系 A,「星ヶ塔？」とされた剝片（YUH15）が白滝系 II となった。すなわち，この 2 点については異なる結果が得られている。

　これら 2 点の検証・確認を目的とし，図 5.32 では YUH7・15 と原石試料のスペクトルを示した。原石試料は，判別図で YUH7 が該当した男鹿系 A と YUH15 が該当した白滝系 II に加え，男鹿系のうち A と細分される男鹿系 B，白滝系のうち II と細別される白滝系 I，そして先行研究（建石ほか 2014）で推定されたものと同じ原産地と想定される原石で構成する岩木山系（出来島）と霧ヶ峰系（星ヶ塔）のスペクトルを示した。また，佐々木らによって提示された，各原産地黒曜石の蛍光 X 線スペクトルにみられる特徴（佐々木 2016，吉川・佐々木 2017）を表 5.09 に示しているので，合わせてご参照いただきたい。

　まず，男鹿系 A と岩木山系（出来島）の原石試料をみると，スペクトル右半に位置する Rb・Sr・Y・Zr のうち，男鹿系は Rb が突出して高いことが認められ，岩木山系（出来島）と比較して男鹿系では Rb と Sr の差が大きい。これらと YUH7 を照合すると，男鹿系 A または B に類似する。判別図では男鹿系 A に該当することを踏まえれば，YUH7 は岩木山系（出来島）ではなく男鹿系 A に該当すると判断できる。

　続いて白滝系と霧ヶ峰系（星ヶ塔）の原石試料をみると，白滝系 I ではスペクトル左半の Mn が極めて高い。白滝系 II では左半の Ti が極めて低く，右半の Rb が高い一方で Sr が低いことから，Rb と Sr の差が大きい。また，Zr もやや低い。霧ヶ峰系（星ヶ塔）では左半の Ti が高い。これらの特徴から，白滝系 I・II および霧ヶ峰系（星ヶ塔）の 3 種は明確に区別できる。YUH15 に目を向けると，スペクトル左半の Ti は低く，Mn は中程度，右半の Rb と Sr の差は大きく，Zr は低いという特徴が認められる。このことから，YUH15 は白滝系 II に該当すると考えられる。

　スペクトルからの検証を踏まえても，YUH7・15 については先行研究（建石ほか 2014）と異なる結果となった。

第4節　本州における白滝型細石刃石器群の黒曜石原産地分析

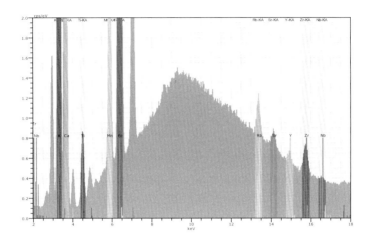

YUH7　細石刃核作業面再生剝片
（判別結果：男鹿系A）

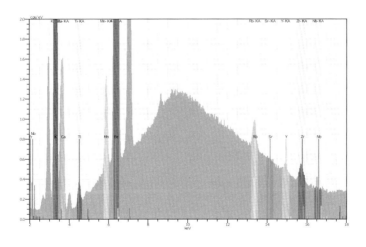

YUH15　剝片（判別結果：白滝系Ⅱ）

図5.32A　湯の花遺跡遺物試料と原石試料のXRFスペクトル①

第 5 章　黒曜石製石器の原産地分析による石器石材研究

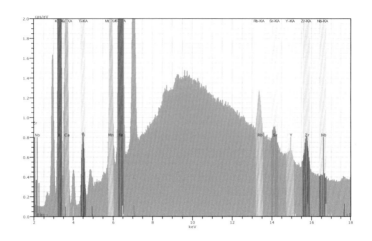

原石試料：男鹿系 A

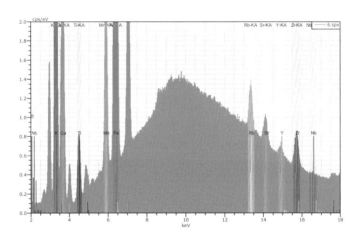

原石試料：男鹿系 B

図 5.32B　湯の花遺跡遺物試料と原石試料の XRF スペクトル②

第4節　本州における白滝型細石刃石器群の黒曜石原産地分析

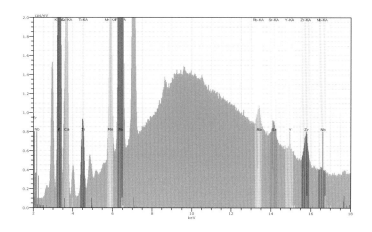

原石試料：岩木山系（出来島）

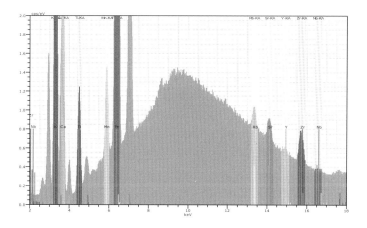

原石試料：霧ヶ峰系（星ヶ塔）

図 5.32C　湯の花遺跡遺物試料と原石試料の XRF スペクトル③

264　第5章　黒曜石製石器の原産地分析による石器石材研究

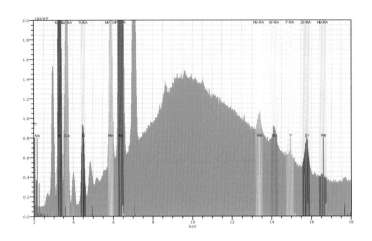

原石試料：白滝系 I

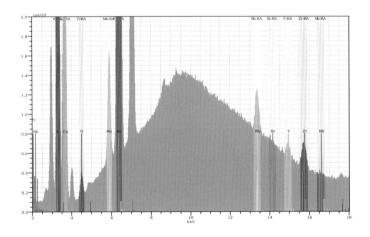

原石試料：白滝系 II

図 5.32D　湯の花遺跡遺物試料と原石試料の XRF スペクトル④

5. 分析試料の帰属石器群について

本項冒頭で述べたように，本遺跡では白滝型細石刃石器群と東山石器群が出土している。両石器群は調査区の東西でおおむね区分されるが，平面分布では一部混在している（図5.33）。先行研究では，各石器群に特徴的なトゥールを含む黒曜石原産地分析の結果から，「白滝」および「脇本」産黒曜石が細石刃石器群，「深浦」産黒曜石が東山石器群によるものと考えられてきた（建石ほか2014）。本項で分析した試料についてもその帰属石器群を検討したい。なお，ここでは各原産地内での細かな議論は行わないため，以下では基本的に先行研究の「白滝」と本書の「白滝系Ⅱ」を白滝産，同じく「深浦」と「深浦系Ⅰ」を深浦産，「脇本」と「男鹿系A」を男鹿産，「小深沢」と「和田峠産Ⅰ・Ⅰ orⅡ」を和田峠産としてそれぞれまとめ，大局的な原産地として扱う。

最初に，各原産地とトゥールの関係から検討する。本項で男鹿産とした試料には細石刃核やスキー状スポール，細石刃核作業面再生剥片など，白滝型細石刃石器群に特徴的な石器を含み，東山石器群に特徴的な石器は含まれない。白滝産とした試料も同様に，白滝型細石刃石器群に伴うと想定される両面調整石器の調整剥片を含む。両者とも砕片・小剥片を含むものの，これら2原産地については，細石刃石器群に伴うものと考えられる。白滝・男鹿については，筆者らが行ってきた他遺跡の白滝型細石刃石器群の原産地分析（本節第1〜4項）でも検出されており，不自然ではない。

本項で深浦産とした2点（YUH4・10）については，YUH4が彫刻刀形石器ではあるが，白滝型細石刃石器群ないし東山石器群に特徴的なものではなく，もう一方のYUH10は剥片であるため，本項の対象試料2点の器種から判別することはできない。ただし，先行研究（建石ほか2014）で深浦産とされた試料にはナイフ形石器や石刃など，東山石器群に特有の石器が含まれている。本項で深浦産とした試料2点と先行研究で深浦産とされた試料はともに漆黒の黒曜石で，肉眼観察では同様の石質と判断できる。また，新潟県樽口遺跡A-KH文化層およびB-KH文化層（藁科・東村1996），山形県新堤遺跡（渋谷・佐々木2018），秋田県小出Ⅳ遺跡（吉川・佐々木2017）など他の東山石器群の分析結果から，深浦産黒曜石と東山石器群には強い関係性も指摘されている。このこと

9
8
7
6
5
4
D
E
F
G
□:石刃石器(石刃含む)
●:細石刃
■:細石刃核関連資料
・:剥片・砕片
0
2m

図 5.33　1973・79 年調査区内の遺物平面分布（渋谷 2021 を改変）

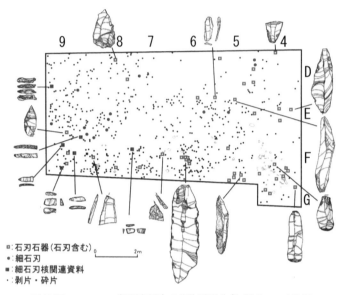

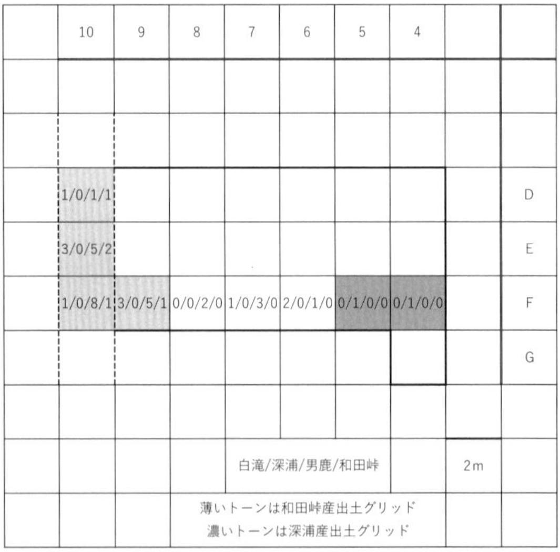

10
9
8
7
6
5
4
D
E
F
G
1/0/1/1
3/0/5/2
1/0/8/1
3/0/5/1
0/0/2/0
1/0/3/0
2/0/1/0
0/1/0/0
0/1/0/0
白滝/深浦/男鹿/和田峠
2m
薄いトーンは和田峠産出土グリッド
濃いトーンは深浦産出土グリッド

図 5.34　湯の花遺跡の原産地別平面分布

表 5.23　湯の花遺跡の分析結果と出土グリッド

	白滝	深浦	深浦？	男鹿 / 脇本	脇本？	和田峠 / 小深沢
D10	1			1		1
E10	3			5		2
F4		1				
F5		1	1			
F6	2			1		
F7	1			3		
F8				2		
F9	3			5	1	1
F10	1			8	1	1
合計	11	2	1	25	2	5

から本項で深浦産とした 2 点は東山石器群に属する可能性が高い。

　本項で和田峠産とした 5 点（YUH5・8・12〜14）はいずれも長さ 15mm 以下のチップ・小剝片であり，器種からの判断は難しい。

　次に，出土グリッドからの検討を行う。本項および先行研究（建石ほか 2014）で分析された 136 点のうち，注記などから出土グリッドを判断できる資料は 46 点に留まる（表 5.23）。図 5.34 では，これらをグリッド図に配置して示した。全体的な傾向としては，西半を中心として白滝・男鹿・和田峠産が分布し，東半には深浦産と推定された試料が 2 点のみながら分布している。これは頁岩製石器を含めた出土資料の平面分布から判断される白滝型細石刃石器群・東山石器群の範囲（図 5.33）とおおむね共通する。出土グリッドから検討しても，白滝・男鹿産は白滝型細石刃石器群に，深浦産は東山石器群に帰属する可能性が高いと指摘できる。

　和田峠産とした 5 点はいずれも調査区の西半，特に 1985 年発掘調査によるグリッド 10 列に多く分布し，白滝・男鹿産とともに出土している。そのため，上記 2 石器群のいずれか，とするならば白滝型細石刃石器群に伴う可能性がある。ただし，本遺跡では土器片も採集されており（山形県立小国高等学校郷土史研究部 1974），遺跡の存続時期は縄文時代にも及ぶと想定される。情報が断片的な現段階では和田峠産が白滝型細石刃石器群に伴うと断定することは難しい。

6. 本州の細石刃石器群と白滝産黒曜石

　本遺跡では，本項と先行研究（建石ほか 2014）を合わせて 41 点の黒

曜石製石器が白滝産と判別されている。このほか，本州の細石刃石器群
では，山形県角二山遺跡や新潟県上原Ｅ遺跡で白滝産黒曜石が確認さ
れている（前節第１項および本節第２項）。ここでは上述の資料から，本
州での白滝産黒曜石の様相を論じたい。

　まず前提として，白滝産黒曜石は主に赤石山山頂部・上部溶岩による
赤石山系と，主に幌加湧別溶岩や十勝石沢溶岩による十勝石沢系に大別
される（図 5.35，和田・佐野 2011）。これらは化学組成で区別すること
ができ，出土石器も EDX や EPMA などによる原産地分析によって，上記
２系統ないし細別した４系統に区別することが可能である。研究者間で
呼称は異なるが，筆者の分析では「白滝系Ⅰ」が赤石山系，「白滝系Ⅱ」
が十勝石沢系に該当する。すなわち，本項で「白滝系Ⅱ」と判別した３
点は十勝石沢系に該当する。十勝石沢系は，あじさいの滝露頭や IK 露
頭などで産出し光沢をもつ十勝石沢系 A と，十勝石沢露頭などで産出
し光沢が鈍く表面がザラザラとした梨肌の十勝石沢系 B に細分される
（和田・佐野 2011）。EDX による本項での分析では A・B いずれに該当す
るか化学組成からは細分できなかったものの，梨肌のものは含まれない
ため十勝石沢系 A に該当すると考えられる。先行研究（建石ほか 2014）
では原石試料の採取地が示されていないため，「白滝」と推定された 41
点が赤石山系・十勝石沢系のいずれに該当するか明らかでない。ただ
し，本項で「白滝系Ⅱ」とした試料と肉眼観察で比較すると「黒色に茶
色の網模様が混ざり，部分的に透明」という石質で全点が共通する。そ
のため，本遺跡の白滝産黒曜石の大半は十勝石沢系 A に該当する可能
性が高い。

　上原 E 遺跡の白滝産黒曜石（本節第２項）は１点のみにとどまるが，
角二山遺跡では東北大学による近年の発掘資料（青木ほか 2017・2018・
2019・2020）に限定しても，筆者らが原産地分析を行った 92 点中に 68
点の白滝産黒曜石が確認されており（前節第１項），湯の花遺跡に匹敵す
る。角二山遺跡では白滝産と判別された 68 点中，「白滝系Ⅰ」が 67 点
と大半を占め，「白滝系Ⅱ」は１点にとどまる。換言すれば，赤石山系
がほぼ全点といえる。点数・重量ともに，湯の花・角二山の両遺跡のみ
で，現段階で本州にて確認されている白滝産黒曜石製旧石器の大多数を
占める。ただし，両遺跡で白滝産と判別された黒曜石はいずれも原礫面

第 4 節　本州における白滝型細石刃石器群の黒曜石原産地分析

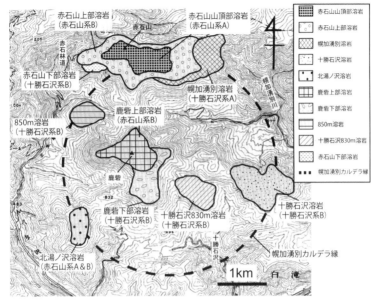

図 5.35　白滝黒曜石流紋岩溶岩群の分布図（和田・佐野 2011）

を残していないため，露頭付近で採取されたか，流下したものを湧別川などで採取したかに言及することはできない。

　札滑型細石刃石器群を中心とする角二山遺跡では，14,499 ± 44 BP〜14,911 ± 46BP の ^{14}C 年代が得られている（Kanomata et al. 2022）。一方，湯の花遺跡を含む白滝型細石刃石器群は年代が明らかでないものの，おおむね浅間—草津黄色軽石（As-K: 約 13,500 yr BP，町田・新井 2003，関口ほか 2011）に前後すると位置付けられている。また，白滝型では局部磨製石斧などを伴うことから，編年としては札滑型から白滝型という変遷が想定されてきた。白滝産黒曜石の利用という観点では，先行する角二山遺跡では赤石山系が主体，後続する湯の花遺跡では十勝石沢系 A が主体，という構図が成り立つ。両遺跡では，見た目ではあまり差がないこれら 2 種の黒曜石がほとんど混在せずに出土している。この要因としては，①原石の採取地点が大きく異なっていた，②角二山遺跡の黒曜石が採取されてから湯の花遺跡の黒曜石が採取されるまでに原石の

産出状況に変化が生じた，③何らかの選択性をもって黒曜石が採取された，などが考えられる。①の場合には，赤石山から黒曜石が流下した河川からの採取ではなく，赤石山系・十勝石沢系の黒曜石が混在しない，各露頭付近での採取が想定される。②の場合には，土砂崩れなどにより各露頭へのアクセス可否および露頭から河川への流下量の変化が想定される。長いスパンで考えればこの可能性もありうるが，同時期の他遺跡においても同様の傾向が生じなければならない。③の場合には，両遺跡を含む札滑型・白滝型細石刃石器群それぞれの傾向を把握する必要がある。現段階では類例が少なく，言及することは難しい。ただし，本州において白滝産黒曜石製石器が確認された細石刃石器群の3遺跡（角二山・湯の花・上原E遺跡）では，十勝石沢系Bにあたる梨肌の黒曜石が1点も含まれていないことから，少なくとも梨肌の黒曜石は各石器群で共通して敬遠されていたと考えてよいだろう。

　本項では，本州の細石刃石器群で確認された白滝産黒曜石について，札滑型細石刃石器群の角二山遺跡と白滝型細石刃石器群の湯の花遺跡で，持ち込まれた黒曜石の系統が異なることを述べた。その要因として3つの仮説を挙げたが，現段階では①および③の可能性が有力と考えられる。ただし，現段階では本州における白滝産黒曜石の事例は限られていることから，類例の増加が待たれる。

　7.　小　結
　本項では，湯の花遺跡出土の黒曜石製石器17点について原産地分析を実施し，3点が北海道白滝産（白滝系Ⅱ），2点が青森県深浦産（深浦系Ⅰ），7点が秋田県男鹿産（男鹿系A），5点が長野県和田峠産（1点が和田峠系Ⅰ，4点が和田峠系Ⅰ or Ⅱ）との結果を得た。うち2点（YUH7・15）では先行研究（建石ほか2014）と異なる推定結果となった。特に，「出来島？」と原産地推定されてきた資料が男鹿産と判別されたことは大きな意味をもつ。本州の白滝型細石刃石器群が北海道から南下した過程を考察するうえで，東北地方の黒曜石利用原産地は極めて重要である。本項の結果を支持するならば，本州の白滝型細石刃石器群について，津軽半島を経由しないルートなど，北海道からの南下の過程に様々な様相を検討する必要がある。

なお，被熱試料については新潟県樽口遺跡でも筆者らの分析によって
先行研究と異なる結果が得られており（本節第4項），被熱検定（佐々木
2019a）の有効性を確認しつつある。今後，他遺跡でも必要に応じて再
分析を実施していきたいが，異なる結果となる試料については第三者へ
のクロスチェック依頼も検討したいと考えている。

これまで帰属石器群の判断がなされてこなかった和田峠産黒曜石の小
剝片類については，出土グリッドの検討から，東山石器群ではなく白滝
型細石刃石器群に属する可能性を指摘した。ただし，同石器群に特徴的
なトゥールを含むものではないため，今後も多角的に検討していく必要
がある。

また，本州において白滝産黒曜石が確認された細石刃石器群の2遺
跡では黒曜石の系統が異なることを指摘した。それぞれ露頭付近で採取
された可能性と，選択性をもって採取された可能性を挙げている。石材
の選択性を想定するならば，石器製作に影響する物理的要素や色調に起
因する象徴的要素など，多方面からのアプローチが可能であろう。今後
も他遺跡を含めて研究を進める中で検討していきたい。

第5節　本州東北部の細石刃石器群における
黒曜石利用の変遷

第1項　本節の目的と方法

本節では，本州東北部における細石刃石器群の黒曜石利用を捉えるた
め，稜柱系細石刃石器群と北方系細石刃石器群（札滑型・白滝型）の黒
曜石原産地分析結果をまとめる。ただし，本州東北部は頁岩資源が豊富
な地域であり，細石刃石器群も頁岩を主体とする遺跡が多い。そのた
め，黒曜石だけでなく石材消費戦略全体を捉えるためには頁岩など黒曜
石以外についても言及する必要がある。本節では各石器群における黒曜
石利用の変遷を捉えることに集中し，他石材を交えた石材消費戦略につ
いては終章で述べることとする。なお，本州東北部には前述の稜柱系・
札滑型・白滝型細石刃石器群のほか，越中山S遺跡（加藤ほか1982）な
どの幌加型細石刃核を主体とする遺跡も存在する。ただし，本州東北

部，特に東北地方において幌加型細石刃核を主体とする石器群では黒曜石原産地分析の事例が極めて少ないため，本節では言及しない。

なお本書第1章第2節でも述べたように，これまでに実施された黒曜石原産地分析では各研究者によって原産地名（判別群）の呼称や細分単位が異なることが課題として挙げられてきた（望月2002，大屋2009，大屋ほか2020）。そこで，本節では細分された原産地を可能な限りまとめ，代表的な原産地名で示す。そのため原産地内の露頭単位など細かな議論はできないが，本節においては各石器群における利用原産地の把握に留めるため，支障はない。

第2項　本州東北部の稜柱系細石刃石器群の利用原産地

本州東北部において稜柱系細石刃石器群は図5.36で示した遺跡を中心に確認されているが，まとまった資料としては，青森県五川目（6）遺跡，岩手県耳取I遺跡・下嵐江遺跡，新潟県荒川台遺跡に限られる。このうち，荒川台遺跡出土資料からは「荒川台技法」（阿部1993）が提唱されている。佐藤宏之（2011）は「荒川台技法」が北海道の前期前葉細石刃石器群（山田2006）に由来し，後に中部・関東における稜柱系細石刃石器群の起源となったとの仮説を示している。

本地域出土資料を対象とした黒曜石原産地分析は，青森県大平山元III遺跡（藁科・東村1989）および荒川台遺跡（阿部・井上2003・2008），新潟県田井A遺跡・高稲場遺跡（菅頭ほか2022）に限られる。そのため，参考として周辺地域にあたる栃木県・茨城県・長野県出土資料の一部を交えて議論を進める（表5.24，図5.37）。まず本州東北部の遺跡からみると，大平山元III遺跡では細石刃核・剝片の計6点が小泊産と推定されている（藁科・東村1989）。荒川台遺跡はまだ調査中であり正式報告が出ていないため細石刃石器群の遺物点数や黒曜石製石器の点数は明らかでないが，13点が分析され，男鹿・板山・和田峠産が確認されている（阿部・井上2003・2008）。両遺跡では共通してそれぞれの近隣原産地の利用が認められるが，荒川台遺跡では男鹿・和田峠産も使用されている。同遺跡は男鹿から南に約200km，和田峠から北に約240kmの距離にあり，両原産地のおおむね中間に位置している。菅頭明日香ら（2022）によって近年分析された田井A遺跡・高稲場遺跡は，いずれも霧ヶ峰（星ヶ

第 5 節　本州東北部の細石刃石器群における黒曜石利用の変遷　　　273

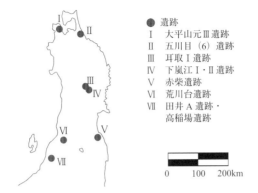

図 5.36　本州東北部の主要な稜柱系細石刃石器群

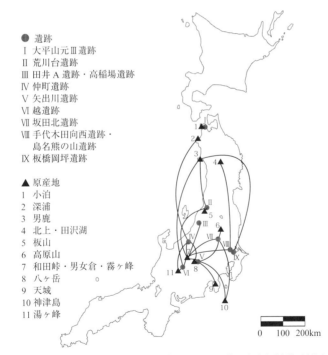

図 5.37　本州東北部を中心とした稜柱系細石刃石器群の遺跡と黒曜石利用原産地

表 5.24　本州東北部を中心とした稜柱系細石刃石器群の黒曜石原産地分析結果

遺跡名	遺物点数	黒曜石点数	分析点数	器種	深浦	小泊	男鹿	北上	板山	高原山	和田峠	男女倉	霧ヶ峰	八ヶ岳	天城	箱根	神津島	隠岐	NK群	TYX1群	不明	出典
青森県 大平山元III遺跡	>1,500	?	6	細石刃核	2																	藁科・東村 1989
				剥片	4																	
新潟県 荒川台遺跡 細石刃石器群	-	-	13	尖頭器			1															阿部・井上 2003・2008
				細石刃核							7					1						
				剥片			1															
新潟県 田井A遺跡	-	>16	9	細石刃										1							1	菅頭(ほか) 2022
				不明							7											
新潟県 高稲場遺跡	-	>10	10	細石刃							2											菅頭(ほか) 2022
				不明							8											
栃木県 坂田北遺跡	577	190	190	細石刃						36	2		21			50						森嶋 2003
				細石刃核							1		1			2						
				その他						43			6			11						
茨城県 手代木田向西遺跡	7	2	1	細石刃					1													窪田 2009
茨城県 烏名熊の山遺跡	-	-	2	細石刃							1											窪田 2009
				細石刃核							1											
茨城県 板碕岡坪遺跡	-	-	1	細石刃核							1											窪田 2009
長野県 仲町遺跡BP第5地点	<17,085	>554	56	細石刃		2					28		12	1						4		望月 2004
				細石刃核							7		1									
長野県 矢出川第I遺跡	>6,064	>1,519	1,519	細石刃							244		310	1	1	232		51			156	望月 2015
				細石刃核							94		138	9		154		43			1	
				細石刃核作業面調整剥片							3		10	1		13		6				
				細石刃核打面再生剥片							1		1		1			1				
長野県 葭窪遺跡 II・III層	712	184	81	尖頭器									8									望月 1999
				細石刃	1						7		3									
				細石刃核							1		1									
				サイド・スクレイパー									1									
				楔形石器									2									
				石核																		
				剥片							36		21									

塔）産のみと推定されている。ただし，報文（菅頭ほか2022）で試料については測定値と写真が示されたのみで基本属性が明らかにされていないため，写真から器種を判別できない試料が多い。

　周辺地域といえる北関東・長野県の遺跡をみると，深浦・男鹿などの利用も部分的に認められはするものの，全体としては和田峠・霧ヶ峰・八ヶ岳といった信州系の利用が目立っている。黒曜石製石器の器種組成では，剝片のほかは細石刃関連に限られる遺跡が多い。唯一，長野県越遺跡において尖頭器やサイド・スクレイパー，楔形石器にも使用されているが，石器群全体の傾向としては細石刃製作に使用される場合が多いのだろう。

　関東・中部地方における稜柱系細石刃石器群の原産地分析事例を集成した先行研究では，和田峠産と神津島産が主体になるとされている（堤2011，夏木2013）。本項でも，栃木県坂田北遺跡や矢出川第I遺跡で神津島産が確認でき，古本州島・神津島間の海上渡航が想起される。本節での集成には含めていないが，南関東および中部地方南部では特にこの傾向が顕著になる。一方，「荒川台技法」が北海道の細石刃石器群の影響を受けて「荒川台技法」が成立したとする佐藤（2011）の説を支持するような，北海道産黒曜石の利用は本項においては確認できなかった。

第3項　北方系細石刃石器群（札滑型）の利用原産地

　札滑型細石刃石器群は本州東北部に広く分布しており遺跡数も多い（図5.38）。しかし，本地域で豊富に産出する珪質頁岩を主要石材とするため，黒曜石原産地分析が行われた事例は少ない。本章で分析を行った角二山遺跡・荒屋遺跡や本州東北部の青森県丸山遺跡，福島県笹山原No.27遺跡のほか，周辺地域にある群馬県八ヶ入遺跡・長野県中ッ原第5遺跡B地点を参考に加えて検討する。また，近畿以西における札滑型細石刃石器群の様相を示すため，滋賀県真野遺跡も含めた（表5.25，図5.39）。

　丸山遺跡では黒曜石製の細石刃と剝片が1点ずつ出土し，原産地分析ではいずれも「折腰内または戸門」（藁科2000）とされた。折腰内は本項での小泊，戸門は青森に該当する。不確定な判別結果であるものの，いずれにしても遺跡からおおむね30km圏内に収まり，比較的近距離で

276　第 5 章　黒曜石製石器の原産地分析による石器石材研究

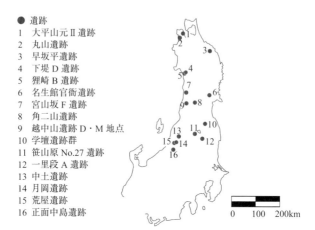

● 遺跡
1　大平山元 II 遺跡
2　丸山遺跡
3　早坂平遺跡
4　下堤 D 遺跡
5　狸崎 B 遺跡
6　名生館官衙遺跡
7　宮山坂 F 遺跡
8　角二山遺跡
9　越中山遺跡 D・M 地点
10　学壇遺跡群
11　笹山原 No.27 遺跡
12　一里段 A 遺跡
13　中土遺跡
14　月岡遺跡
15　荒屋遺跡
16　正面中島遺跡

図 5.38　本州東北部の主要な札滑型細石刃石器群

● 遺跡
I　丸山遺跡
II　角二山遺跡
III　笹山原 No.27 遺跡
IV　荒屋遺跡
V　八ヶ入遺跡
VI　中ッ原第 5 遺跡 B 地点
VII　真野遺跡

▲ 原産地
1　白滝
2　小泊
3　青森
4　男鹿
5　月山
6　和田峠・男女倉・霧ヶ峰
7　八ヶ岳
8　箱根
9　神津島
10　隠岐
11　湯ヶ峰

図 5.39　本州東北部を中心とした札滑型細石刃石器群の遺跡と黒曜石利用原産地

第5節　本州東北部の細石刃石器群における黒曜石利用の変遷　　277

表 5.25　本州東北部を中心とした札滑型細石刃石器群の黒曜石原産地分析結果

遺跡名	遺物点数	黒曜石点数	分析点数	器種	白滝	青森	小泊	男鹿	月山	板山	和田峠	男女倉	霧ヶ峰	蓼科	八ヶ岳	箱根	神津島	隠岐	湯ヶ峰	NK群	不明	出典
青森県 丸山遺跡	62	2	2	細石刃	○	○																嚢科 2000
				剥片	○	○																
山形県 角二山遺跡 東北大調査	7,026	116	92	細石刃	44			7														本書第5章第3節第1項
				細石刃核	1			2														
				彫刻刀形石器	1																	
				彫刻刀スポール				1														
				石核				1														
				剥片	21			12														
福島県 笹山原No.27遺跡	約10,000	2	1	細石刃核					1													井上 2014
新潟県 荒屋遺跡 2・3次	92,453	32	32	細石刃							2		1		2							本書第5章第3節第1項
				剥片							5		1		18						3	
長野県 中ッ原第5遺跡 B地点	1,232	>776	550	細石刃							3		44		38				2	13		望月 2015
				細石刃核									2		2					2		
				削片								1		1								
				剥片							2		17		169					252		
				石核											1					1	1	
群馬県 八ッ入遺跡	1,648	17	17	細石刃核							1					12	2					(株)パレオ・ラボ 2010
				石核												1						
滋賀県 真野遺跡	12	11	11	細石刃核														1				上峰ほか 2017
				エンド・スクレイパー																		
				剥片														9				

の利用といえる。角二山遺跡では，本章第3節での分析によって白滝産・男鹿産が確認された。ただし，第3節で述べたように，白滝産と男鹿産黒曜石は調査区内で分布を異としている。そのため，一つの集団が白滝・男鹿産双方を携えていたのではなく，白滝産を携えた集団と男鹿産を携えた別の集団によって残された可能性を踏まえる必要がある。同様に本書で分析を行った荒屋遺跡では，南西に約150km離れた信州系のみが確認されている。同遺跡で主に使用された最上川流域の珪質頁岩（秦2007，沢田2014）と合わせて，広域から石材が持ち込まれたといえる。笹山原No.27遺跡では，細石刃核1点が月山産とされている（井上2014）。ホロカ技法によるものだが，多くの札滑型細石刃核などとともに採集されていることから，本項に含めた。

　周辺地域といえる北関東の八ヶ入遺跡では，和田峠・箱根産に加えて，神津島産の使用が認められる（㈱パレオ・ラボ2010）。中ッ原第5遺跡B地点では，500点以上の黒曜石製石器が信州系で，わずかに下呂石を含むとされる（望月2015）。真野遺跡では隠岐産黒曜石の利用が認められた。岡山県恩原2遺跡M文化層でも，隠岐産とされる黒曜石製石器が確認されており（藁科1996），近畿以西では北海道や東北，信州系の黒曜石は含まれず，隠岐産が主体となるようである。ただし，同文化層では在地の瑪瑙・玉髄が主体となり，黒曜石は東北地方産とされる珪質頁岩と同じくあくまで客体的な石材である（稲田編1996）。

　黒曜石製石器の器種組成をみると，角二山遺跡で彫刻刀形石器，彫刻刀スポールがみられるほか，後述する真野遺跡でエンド・スクレイパーが1点確認されているが，他遺跡では剥片や石核，細石刃製作関連にとどまる。特に，在地の黒曜石を多用する中ッ原第5遺跡B地点でも黒曜石製トゥールは認められないため，その有無は石材組成における黒曜石比率によるというわけでもなさそうである。トゥールの多くは珪質頁岩など他石材による傾向が強いといえる。

　本州東北部における札滑型細石刃石器群の黒曜石利用原産地の様相としては，①北海道白滝産黒曜石が一部含まれる，②特定の原産地との結びつきは認められないことが挙げられる。他地域の様相としては，③一部に神津島産を含む，④関東以南では本州東北部の黒曜石が認められず信州系がやや優勢となる，⑤近畿以西では信州系が認められず隠岐産が

使用されることが挙げられる。

第4項　北方系細石刃石器群（白滝型）の利用原産地

　本州において白滝型細石刃石器群は薬莱山 No.34 遺跡・越中山遺跡 E 地点を北端とし，宮ノ前遺跡を西端として分布している（図 5.40）。前節で分析した 6 遺跡のほか，各遺跡で黒曜石製石器の原産地分析が行われており，全域の様相を把握することが可能となった（図 5.41，表 5.26）。

　本書での分析以外では，単独出土である群馬県稲荷山 V 遺跡出土の細石刃核は八ヶ岳産とされ（建石ほか 2012），新潟県大刈野遺跡の分析結果も近年示された（菅頭ほか 2022）。また，筆者らが 2023 年から発掘調査を開始した山形県越中山遺跡についても，2023 年度調査出土資料については分析結果を報告済みである（青木・佐々木 2024）。各遺跡の分析結果をまとめると，稲荷山 V 遺跡および大刈野遺跡以外で共通して男鹿産が確認されており，日本海側に位置する湯の花・上原 E 遺跡では加えて白滝産も確認されている（図 5.41）。また，南半の 4 遺跡では信州系が共通して利用されている。

　一括資料であり原産地構成を把握しうる 6 遺跡（薬莱山 No.34・越中山・樽口・湯の花・上原 E・宮ノ前遺跡）を比較すると，樽口・湯の花・上原 E・宮ノ前遺跡では男鹿産黒曜石がトゥールにも使用されているが，薬莱山 No.34・越中山遺跡では細石刃関連資料に限られる。これは後者 2 遺跡における，珪質頁岩など他石材への依存度の高さを示すと考えられる。上原 E 遺跡では約 100km 離れた和田峠産が多数を占め，約 350km 離れた男鹿産はその 3 割ほど，約 850km 離れた白滝産は 1 点のみにとどまる。原産地構成が遺跡との距離に比例しているといえる。ただし，多数を占める和田峠産が細石刃関連に限られるのに対し，より少数の男鹿産が細石刃関連だけでなくトゥールにも使用されるのは興味深い。何らかの使い分けがあった可能性も示唆される。

　最も西に位置し薬莱山 No.34 遺跡同様に他石材が主体となる宮ノ前遺跡では，黒曜石製石器の点数が少ないにも関わらず多様な器種に黒曜石が使用されている。原産地構成をみると，男鹿よりも TYX1 群が多く，黒曜石の大多数を占める。TYX1 群は同遺跡の他文化層でも多用されており，原産地不明であるものの遺跡から数十 km 圏内で採取できる可

第 5 章 黒曜石製石器の原産地分析による石器石材研究

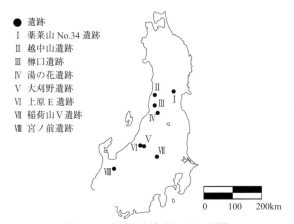

図 5.40 本州の白滝型細石刃石器群

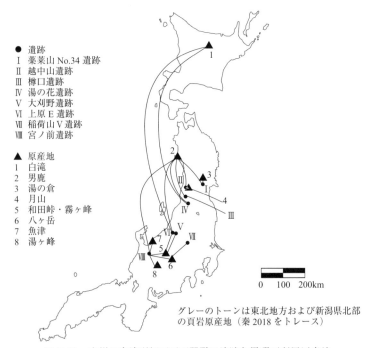

グレーのトーンは東北地方および新潟県北部
の頁岩原産地（秦 2018 をトレース）

図 5.41 本州の白滝型細石刃石器群の遺跡と黒曜石利用原産地

第5節　本州東北部の細石刃石器群における黒曜石利用の変遷　　281

能性が高い。在地～中距離石材の一つとして利用された可能性が検討されるが，同遺跡においても男鹿産黒曜石製のトゥールは存在しており，上原E遺跡にみられたような細石刃とトゥールにおける黒曜石原産地の使い分けは認められない。いずれにせよ，白滝型細石刃石器群においては黒曜石が細石刃製作だけでなくトゥールにも使用されることが一つの特徴といえる。

　白滝型細石刃石器群は北海道から本州へと南下したと製作技術・型式学的に想定されてきたが，白滝産黒曜石の存在により石材研究の観点からも裏付けられた。また，男鹿産が一括資料をもつ全ての遺跡で確認されたことから，南下の過程で男鹿地域が拠点的な役割を担っていたことも想起される。

第5項　小　結

　本項では本節の内容を総括し，各石器群の比較検討を行う。

　北方系である札滑・白滝型の2石器群では，共通して北海道産の利用が認められた。一方，神津島産は札滑型の一部と稜柱系で認められたが，本州東北部では認められず，いずれも関東・中部以南に限られる。

　各石器群と原産地の関係としては，特定の原産地と結びつくものとそうでないものが確認された。稜柱系細石刃石器群では，関東・中部の遺跡において神津島・信州系の黒曜石との結びつきが強いことが先行研究（堤2011，夏木2013）で示されてきた。本節においても，本州東北部の遺跡では荒川台遺跡での和田峠産，田井A・高稲場遺跡の霧ヶ峰産が認められ，周辺地域として取り上げた北関東・長野の遺跡の様相から，先行研究を追認した。白滝型細石刃石器群では，男鹿産黒曜石がほとんどの遺跡に持ち込まれていることから，北海道から南下した後に男鹿で黒曜石が直接採取され，各地に拡散していったと考えられる。一方，札滑型細石刃石器群には特定の黒曜石原産地との結びつきはみられない。北海道から南下したという共通点をもつ札滑型と白滝型だが，その拡散過程に差異があった可能性がある。ただし，札滑型細石刃石器群には山形県最上川流域が主と想定される東北地方日本海側の珪質頁岩が細石刃関連資料およびトゥールの石材として広く伴われることは先学のとおりである。札滑型細石刃石器群における東北地方の珪質頁岩と，白滝型細石

表 5.26 本州東北部を中心とした白滝型細石刃石器群の黒曜石原産地分析結果

遺跡名	遺物点数	黒曜石点数	分析点数	器種	原産地										出典
					白滝	男鹿	月山	湯の倉	和田峠	霧ヶ峰	八ヶ岳	魚津	TYXI群	不明	
宮城県 薬来山 No.34 遺跡	約 4,900	153	153	細石刃核	1										本書第 5 章 第 4 節第 1 項
				細石刃	33		8								
				剥 片	108		3								
山形県 越中山遺跡 E 地点 加藤稔資料	-	-	1	細石刃核	1										本書第 5 章 第 4 節第 3 項
山形県 越中山遺跡 2023 年度調査 TP01	406	60	60	細石刃	16										青木・佐々木 2024
				スキー状スポール	3										
				二次加工ある剥片				1							
				剥 片	40										
新潟県 樽口遺跡 A-MS 文化層	5,484	5,364	329	細石刃核	24										本書第 5 章 第 4 節第 4 項
				細石刃	158										
				ファーストスポール	22										
				スキー状スポール	44										
				エンド・スクレイパー	12										
				ラウンド・スクレイパー	4										
				サイド・スクレイパー	13										
				二次加工ある剥片	7										
				石 刃	3										
				石 核	1										
				剥 片	41										
山形県 湯の花遺跡 細石刃石器群	-	-	126	細石刃核	3										建石ほか 2014 渋谷・佐々木 2018 本書第 5 章 第 4 節第 6 項
				細石刃	10										
				ファーストスポール	1										
				スキー状スポール	6										
				彫刻刀形石器	2										
				エンド・スクレイパー	1										
				ナイフ形石器	1										

第5節　本州東北部の細石刃石器群における黒曜石利用の変遷

遺跡	石刃	石核	剥片	種類	数量	備考
（同上）	2	1	57	細石刃核	42 / 2	同上
新潟県 大刈野遺跡 12ブロック	−	−	2	細石刃核	2 / 1	菅頭（ほか）2022
新潟県 上原E遺跡	8,945	3,940	165	細石刃核	13 / 1	本書第5章第4節第2項
				細石刃	18 / 3	
				ファーストスポール	4 / 2	
				スキー状スポール	8 / 2	
				彫刻刀形石器	1	
				彫刻刀スポール	3	
				エンド・スクレイパー	1	
				剥片	84 / 23	
群馬県 稲荷山IV遺跡	−	−	1	細石刃核	1	建石（ほか）2012
岐阜県 宮ノ前遺跡 表採	−	−	1	細石刃核（白滝型）	1	本書第5章第4節第5項
岐阜県 宮ノ前遺跡 前田地点・16層	416	58	58	細石刃（白滝型）	2	本書第5章第4節第5項
				細石刃核（白滝型）	1	
				ファーストスポール	1	
				スキー状スポール	1	
				細石刃核作業面再生剥片	1	
				尖頭器	1	
				エンド・スクレイパー	1 / 1	
				ラウンド・スクレイパー	1	
				サイド・スクレイパー	1 / 9	
				剥片	4 / 1 / 2 / 29	
				石核	1	

刃石器群の男鹿産黒曜石は，ある意味対になるような存在なのかもしれない。

　次章において，珪質頁岩など他石材を含めた議論を行い，石材消費戦略の考察を進めたい。

終　章

は　じ　め　に

　本章では全体の考察を兼ねる。第 1 節では，年代観の整理を行うため，北海道における白滝型細石刃石器群，本州東北部における札滑型・白滝型細石刃石器群の年代観を提示し，以降の考察の基準とする。第 2 節では石材消費，第 3 節では製作技術の観点から，行動論的理解を試みる。

第 1 節　年代観の整理

第 1 項　北海道における白滝型細石刃石器群の年代

　北海道における白滝型細石刃核出土遺跡および年代値は表 3.09 に示しているが，今のところ ^{14}C 年代が得られた遺跡はない。テフラとの対応としては，千歳市丸子山遺跡（田村編 1994）において En-a（約 17,000yrBP，町田・新井 2003）の上位から出土しているのみだが，道内他石器群との関連をみても，En-a 上位として不足はない。このほか，白滝型細石刃核を含む包含層から出土した試料の黒曜石水和層年代としては，遠軽町白滝第 30 地点遺跡（白滝遺跡 Lo.30）で 12,700yrBP および白滝第 32 地点遺跡（白滝遺跡 Lo.32）で 12,700yr BP とされている（白滝団体研究会 1963）。

他型式の細石刃核との層位関係・共伴事例では，遠軽町タチカルシュナイ第Ⅴ遺跡 B 地点で峠下型細石刃核 1 類の上位から出土しており（直井・石橋 1973），遠軽町白滝服部台遺跡では峠下型細石刃核 2 類と共伴しているとされる（藤山 2016）。特に，白滝服部台遺跡では峠下細石刃核の一部に甲板面の擦痕が認められる点も見逃せない。なお，峠下型細石刃核の細分は山田哲（2006）による。峠下型細石刃核 1 類は今金町美利河 1 遺跡 A 地区から 20,900 ± 260yrBP および 20,100 ± 335yrBP といった ^{14}C 年代が得られており（長沼編 1985），白滝型細石刃石器群の年代はこれよりも新しいと想定できる。峠下型細石刃核 2 類の ^{14}C 年代は千歳市オサツ 16 遺跡 A 地区ブロック 1 で 14,590 ± 200yrBP，ブロック 3 で 10,600 ± 200yrBP の年代が得られており（大島編 1997・1998），今金町ピリカ遺跡 D 地点では 14,980 ± 90yrBP とされている（寺崎編 2001・2002）。また，オサツ 16 遺跡では En-a 上位から出土しているとされる。このほか，美幌町元町 2 遺跡においては甲板面に擦痕がみられる幌加型細石刃核と共伴している（鶴丸編 2008）。タチカルシュナイ第Ⅴ遺跡 C 地点上層においても幌加型細石刃核が共伴しているほか，湧別技法札滑型によると想定されるスキー状スポールなどが共伴する（須藤ほか 1973，本書第 2 章第 3 節）。ただし札滑型細石刃核自体は出土していない。

道内において白滝型に先行すると考えられている札滑型細石刃石器群では，千歳市オルイカ 2 遺跡で 14,630 ± 50yrBP，14,690 ± 70yrBP（㈱地球科学研究所 2003，パレオ・ラボ AMS 年代測定グループ 2005），厚真町上幌内モイ遺跡で 14,450 ± 70〜14,770 ± 70yrBP（乾編 2006，出穂・小田 2008）といった ^{14}C 年代が得られている。前出の 2 遺跡は En-a 上位からの出土である。ただし，帯広市暁遺跡第 1 地点（佐藤・北沢編 1985・1986，北沢編 1989）では峠下細石刃核 2 類と札滑型細石刃核が共伴しており，山田（2006）は両者について「密接な関係をもつ」としている。

上記をまとめると，白滝型細石刃石器群が En-a および峠下細石刃核 1 類を伴う細石刃石器群よりも上位に位置付けられることは間違いない。一部で共伴している峠下型細石刃核 2 類および札滑型細石刃核を伴う石器群と少なからず時期が重複するものと考えられるが，白滝型細

石刃石器群には両面加工尖頭器や彫掻器を伴う点から，全体としては両石器群よりやや新しく，約 14,500yrBP 以後と位置付けたい[1]。

第2項　本州東北部における札滑型細石刃石器群の年代

　本州東北部における主な札滑型細石刃石器群の遺跡は図 5.38 に示している。このうち，^{14}C とテフラ双方から年代が得られているのは，岩手県早坂平遺跡・山形県角二山遺跡・新潟県荒屋遺跡に限られる。早坂平遺跡では十和田八戸テフラ（To-H：約 12,000〜13,000yrBP，町田・新井 2003）下位から荒屋型彫刻刀や角二山型掻器が出土しており，13,460 ± 100yrBP と ^{14}C 年代が得られている（北村ほか編 2004）が，石器などと年代測定試料の共伴関係は明確でない。角二山遺跡については本書第2章第4節でも述べたところだが，1970 年の加藤稔らによる発掘調査（加藤ほか 1971，加藤 1973，宇野・上野 1975）および 2017〜2020 年の東北大学による発掘調査（Kanomata et al.2022）で肘折尾花沢軽石層（Hj-O：約 10,000〜11,000yrBP，町田・新井 2003）の下位から湧別技法札滑型を伴う細石刃石器群が確認されている。東北大学による調査では 4 つの石器集中が確認され，第 1 石器集中では 14,535 ± 420yrBP，第 2 石器集中では 14,630 ± 45 yrBP，第 3 石器集中では 14,820 ± 45 yrBP の年代が得られた（Kanomata et al.2022，図 2.26）。これら 3 つの石器集中は使用石材やその原産地，器種組成や札滑型以外の細石刃製作技術に違いがみられ，現段階では石器集中間の接合も認められていないことから同一集団による可能性は低いが（本書第 5 章第 3 節），いずれも札滑型細石刃核やそのスポール類などが出土しており，湧別技法札滑型の存在が確認できるものである。また，第 1 石器集中から約 1m 離れた炭化物集中で 14,585 ± 40〜14,910 ± 50 yrBP との年代も得られている。荒屋遺跡で

　1）　ただし，北海道では帯広市空港南 A 遺跡の発掘成果などから，これまで後期旧石器時代終末期相当と想定されていた有舌尖頭器や忍路子型細石刃核 2 類を伴う石器群について，約 18,600~17,300yrBP に位置付ける編年案が近年示された（鈴木 2024）。この編年案についてはこれから議論がなされるだろうが，これを採用すれば，白滝型細石刃石器群を新しく位置付ける要素とした両面加工尖頭器や彫掻器の由来を忍路子型細石刃核 2 類を伴う石器群に求め，白滝型細石刃石器群を従来の想定よりも古く位置付けることも可能かもしれない。ただし，現状では決め手に欠けていることから，本書では従来の編年観を重視し，北海道における白滝型細石刃石器群を約 14,500yrBP 以後と位置付けておく。

は，浅間—草津黄色軽石[2]（As-K：約 13,500yrBP，町田・新井 2003，関口ほか 2011）下位，浅間板鼻褐色軽石（As-BP：約 22,500〜23,500yrBP，町田・新井 2003，下岡ほか 2020）の可能性あるテフラの上位で細石刃石器群が確認されている。また，土壌から採取された 13 点の炭化物からは 14,050 ± 110〜14,250 ± 105yrBP，竪穴住居状遺構から採取された 2 点の炭化物からは 13,690 ± 80yrBP および 13,700 ± 290yrBP の ^{14}C 年代が得られている（芹沢・須藤編 2003）。

　このほか，新潟県南部や群馬県域では As-K，浅間板鼻黄色軽石（As-YP：約 13,500yrBP，町田・新井 2003，関口ほか 2011）と関連する遺跡がいくつかみられる。新潟県正面中島遺跡では札滑型細石刃石器群と大型尖頭器石器群に As-K が混在して確認されており，堆積層が薄いことから時間差を想定しつつ，石器群の年代は As-K 前後とされている（佐藤・佐野編 2002）。群馬県八ヶ入遺跡では，As-YP の直下で湧別技法札滑型による細石刃石器群が確認されている（関口編 2010）。

　本石器群においては，角二山遺跡を中心とする「角二山グループ」と荒屋遺跡を中心とする「荒屋グループ」という細分が提示されており（鹿又 2007），前者が後者に先行すると想定されている（鹿又・佐々木 2015）。実際に角二山遺跡（約 14,500〜14,900yrBP）と荒屋遺跡・早坂平遺跡（約 14,250〜13,500yrBP）では年代差がみられるが，本項では時間幅を広く取り石器群全体の年代として検討する。

　^{14}C 年代としては，今のところ角二山遺跡の 14,910 ± 50yrBP が下限，早坂平遺跡の 13,460 ± 100yrBP および荒屋遺跡竪穴住居状遺構の 13,690 ± 80yrBP，13,700 ± 290yrBP が上限となり，おおよそ約 1,300 年の幅をもって 14,820 ± 45yrBP〜13,460 ± 100 yr BP に位置付けられる。テフラからみると，Hj-O 下位に位置付けられることは間違いないだろう。遺跡ごとに差異があるものの，広い目でみれば As-K および As-YP とは前後するものと考えられる。

第 3 項　本州東北部における白滝型細石刃石器群の年代

　本州における白滝型細石刃石器群，すなわち白滝型および関連する

---

2)　第 2 章註 8 に同じ。

第1節　年代観の整理　289

細石刃核を伴う石器群の遺跡は図 5.40 に示したとおりである。このうち，新潟県上原 E 遺跡では 16,100 ± 50yrBP および 16,190 ± 50 yrBP，12,330 ± 40yrBP の ^{14}C 年代が得られているが，石器群の内容や他遺跡との比較検討から，報告者の佐藤らはこれらの ^{14}C 年代の積極的な採用はしていない（佐藤ほか編 2018）。同様に，山形県越中山遺跡 2023 年度調査でも採用可能な ^{14}C 年代は得られていない（青木・鹿又編 2024）。岐阜県宮ノ前遺跡では白滝型細石刃石器群（16 層）下位の 17 層から 12,860 ± 160 yrBP および 14,550 ± 160 yrBP の ^{14}C 年代が得られている（中村 1998）が，年代値に幅があり積極的な評価は難しい。ただし，同遺跡 15 層出土の隆起線文土器内面付着炭化物 2 点から 13,036 ± 38 yr BP，12,768 ± 36 yr BP の年代が近年報告された（栗島・米田 2023）。海洋リザーバー効果などによって数百年程度古く出ている可能性はあるものの，下位の 16 層から出土した白滝型細石刃石器群の上限値として参照できる。

　上記のように ^{14}C から石器群の年代を絞ることは難しいが，テフラとの層位関係はいくつかの遺跡で認められる。宮城県薬莱山 No.34 遺跡（宮城旧石器研究会 2014）では Hj-O 下位，新潟県樽口遺跡 A-MS 文化層（早田 1996）では As-K の下位から白滝型細石刃石器群が検出されているが，上原 E 遺跡（佐藤ほか編 2018）・大刈野遺跡（山本 2004，佐藤 2019）では As-K と混在して検出されている。

　現状で得られている情報からいえば，石器群の年代的位置付けとしては，Hj-O 下位，As-K と混在または下位となる。上限としては，宮ノ前遺跡で上位から出土した土器付着炭化物の 13,036 ± 38 yr BP（栗島・米田 2023）をあてることができる。As-K・As-YP との関連をみると札滑型と一部重複する可能性も否定できないが，薬莱山 No.34 遺跡や上原 E 遺跡で局部磨製石斧が含まれることから，全体としては札滑型よりもやや新しく位置付けられるだろう。白滝型細石刃石器群に伴う確かな ^{14}C 年代は得られていないものの，テフラおよび札滑型との関連をもとに ^{14}C 年代に当てはめるとすれば，約 13,800〜13,300 yr BP 前後に位置付けられるのではないだろうか[3]。

───────────────

3）ただし，註 1 で触れたように，北海道では従来後期旧石器時代終末期相当とされてきた忍路子型細石刃核 2 類を伴う石器群を約 18,600~17,300yrBP に位置付ける編年案（鈴木

第4項 小 結

本節では，テフラおよび^{14}C年代，他石器群との関連から，本州にお
ける白滝型細石刃石器群について^{14}C年代で約13,800〜13,300yrBP前
後と位置付けた。これは荒屋遺跡を中心とする本州の札滑型細石刃石器
群の終末期および青森県大平山元遺跡などに代表される神子柴・長者久
保石器群の年代（工藤2012）に一部重複する。これは本書第4章第2節
で示したように，樽口遺跡A-MS文化層では札滑型細石刃石器群に指
標的な荒屋型彫刻刀を伴い，薬莱山No.34遺跡や上原E遺跡では神子
柴・長者久保石器群に特徴的な局部磨製石斧を伴うという，本石器群の
器種組成からも整合的といえる。明確な共伴関係は明らかでないが，最
西端となっている宮ノ前遺跡でも斧形石器が伴う可能性がある。局部磨
製石斧・斧形石器の共伴が，太平洋側・新潟県南部・岐阜県北部といっ
た本石器群が比較的後出となる地域に限定されていることからも補強さ
れる。少なくとも，本州において白滝型細石刃石器群と神子柴・長者久
保石器群はモザイク状に併存していたのではないだろうか。一方，本州
の白滝型細石刃石器群の出自としては，北海道の白滝型細石刃石器群の
年代が約14,500yrBP以後と推定されることから，従来検討されてきた
ように北海道の白滝型細石刃石器群が南下したことにより本州の白滝型
細石刃石器群となったと考えて支障はない。これは，本書第3章および
第4章で検討した細石刃製作技術・器種組成からも支持される。本州に
おける白滝型細石刃石器群を位置付けた約13,800〜13,300yrBP前後は，
MIS2 LGM Cold-2（約24,000〜15,000 calBP，工藤2012）の終末期にあた

2024）も近年示された。これまで本州の白滝型細石刃石器群は，上原E遺跡や薬莱山No34
遺跡などにおける両面加工尖頭器や局部磨製石斧・斧形石器の存在から神子柴・長者久保石
器群からの影響が想定されてきた（佐久間2015・2018a）。北海道の忍路子型細石刃核2類を
伴う石器群でも両面加工尖頭器や斧形石器が共伴することから，本州の白滝型細石刃石器群
にみられるこれらの由来を神子柴・長者久保石器群ではなく，忍路子型細石刃核2類を伴う
石器群に求め，白滝型細石刃石器群を古く位置付けられる可能性も否定できない。そうした
場合には，上原E遺跡で得られている16,100±50yrBPおよび16,190±50 yrBPという年代
値を再評価する形になるだろう。しかしながら，白滝型細石刃石器群に伴うと考えられる^{14}C
年代測定事例は北海道・本州ともに限られており，現段階では根拠に欠ける。また，北海道
の白滝型細石刃石器群では石斧・斧形石器が確認されていないという課題もある。今後の測
定事例追加や石斧・斧形石器の形態比較など，多方面からの検討が必要になるだろう。その
ため，本書では研究の現状を踏まえ，本州における白滝型細石刃石器群の年代を約13,800〜
13,300 yr BP前後に位置付けておく。

第1節 年代観の整理

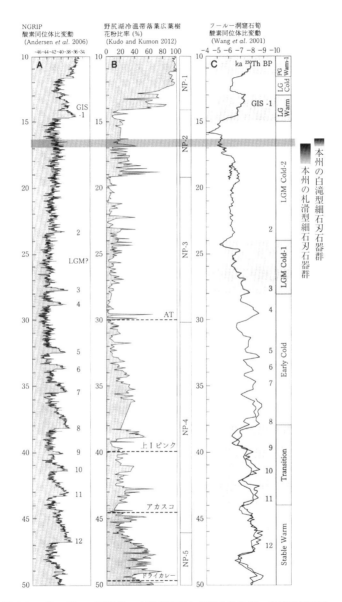

図 6.01　約5万〜1万年前の古環境変動と本州の札滑型・白滝型細石刃石器群の年代（工藤 2012 を加工，図中のトーンは白滝型細石刃石器群の想定年代）

り，続く温暖期の MIS2 LG Warm（約15,000～13,000 calBP）の直前にあたる。本石器群の年代を古環境変動と重ねると，図6.01のようになる。グリーンランド氷床コア（NGRIP, Anderson et al. 2006）では直前の札滑型細石刃石器群の時期と大きな変化は認められないが，野尻湖湖底堆積物の冷温帯落葉広葉樹花粉比率（公文ほか2009, Kudo and Kumon 2012）が白滝型細石刃石器群の開始年代とほぼ同時に大きく上昇している。これは，少なくとも野尻湖周辺においては当該期に温暖化があったことを示す。ただし，温暖期の MIS2 LG Warm（約15,000～13,000 calBP）にみられるような継続的な上昇ではなく，一時的な上昇であることから白滝型細石刃石器群の南下に継続的な影響を及ぼしたとは考えづらい。また，白滝型細石刃石器群の年代はあくまで想定であるため，年代値について検討を要する。しかしながら，この野尻湖落葉広葉樹花粉比率の上昇のタイミングは札滑型細石刃石器群の衰退年代にも重なっていることから，札滑型細石刃石器群の生業活動にこの気候変動が影響を与えた可能性がある。同石器群が衰退したことにより，白滝型細石刃石器群が南下・拡散するきっかけとなったことも想定されうるが，年代値が不明確な現段階では机上の空論にすぎない。今後，白滝型細石刃石器群の年代をより正確なものとしていくことで検証が可能となるだろう。

第2節　北方系細石刃石器群における石材消費

第1項　札滑型細石刃石器群の石材消費

本州東北部を中心とした札滑型細石刃石器群と黒曜石・頁岩原産地について図6.02に示した。これらの石材消費については，鹿又喜隆（2003b・2015）によってまとめられている[4]（図6.03）。特に新潟県荒屋遺跡について詳細に述べられている。同遺跡では第2・3次調査のみで約39kgもの頁岩製石器が出土したものの，剝片のほとんどがトゥールよ

4）鹿又（2015）は「札滑型細石刃核，荒屋型 BR（筆者註：彫刻刀形石器），ES（筆者註：エンド・スクレイパー）」を指標とする細石刃石器群を「荒屋石器群」とし，図6.03にまとめている。樋口遺跡 A-MH 文化層などを含む点から本書における札滑型細石刃石器群の定義とはやや異なると想定されるが，本書における議論に支障を生じさせるものではない。

第 2 節　北方系細石刃石器群における石材消費

図 6.02　本州東北部を中心とした主要な札滑型細石刃石器群の遺跡と黒曜石・頁岩原産地

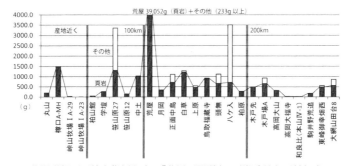

図 6.03　札滑型細石刃核を指標とする「荒屋石器群」の頁岩重量と石材組成（鹿又 2015）

りも小さく，自然面をもつ剥片が約3%にとどまることを踏まえて，原石獲得と石器製作を目的とした遺跡ではなく，「石器の大消費遺跡」と評価している。荒屋遺跡から比較的近い新潟県内にも頁岩原産地は存在するが，秦昭繁（2007）は原産地の踏査および石材の観察をもとに同遺跡で使用された頁岩（珪質頁岩）は山形県の最上川中流域で採取されたものと推定しており，沢田敦（2014）もこれをおおむね首肯している。鹿又ら（2015）による黒曜石製石器の原産地分析では八ヶ岳産（原著では「蓼科」）・和田峠産・板山産と推定されたが，試料数を増やして本書第5章第3節で行った分析では八ヶ岳産・和田峠産・霧ヶ峰産・男女倉産となった。鹿又は札滑型細石刃核を指標とする本州東北部の細石刃石器群について，原産地遺跡が認められず，原産地との距離に関係なく集中的な石器消費遺跡が形成されることを指摘し，長距離を行き来しながら石材が尽きると原産地へ戻る行動システムを採用していた，「超搬出消費型・再生消費型」と位置付けた（鹿又2015）。

　前出の鹿又論文の後に調査が行われた遺跡として，山形県角二山遺跡が挙げられる。角二山遺跡は，珪質頁岩の原産地ともいえる山形県最上川流域に位置する。2017〜2020年調査で確認された4つの石器集中（図2.26）の区分が完了していないため，正確な器種組成は明らかでないが，現状で第1〜3石器集中に分類できた資料をみると，各石器集中に一定数トゥールが認められる（図2.27〜29，青木ほか2017・2018・2019・2020）。珪質頁岩の原産地近傍にありながら，原石を大量に消費するような製作遺跡ではなく，これは消費遺跡と評価できる。本石器群に原産地遺跡が認められないという鹿又の指摘とも合致する。

第2項　白滝型細石刃石器群の石材消費

　本州における白滝型細石刃石器群と黒曜石・頁岩原産地について図6.04にまとめた。これらのうちまとまった資料が得られた遺跡について検討を行い，石器群としての傾向を捉える．

　宮城県薬莱山No.34遺跡では珪質凝灰岩・珪質頁岩を主体として約4,900点の石器が出土し（表4.05，宮城旧石器研究会2014），筆者が行った抽出・集計により153点の黒曜石製石器が確認され，原産地分析では142点が男鹿産，11点が湯の倉産の黒曜石と推定されている（本書第

第 2 節　北方系細石刃石器群における石材消費

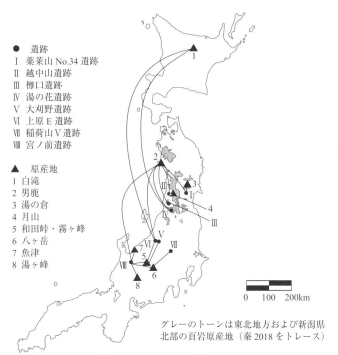

図 6.04　本州東北部を中心とした白滝型細石刃石器群の
　　　　　遺跡と黒曜石・頁岩原産地

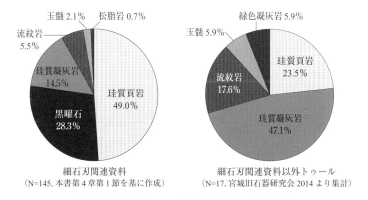

図 6.05　薬莱山 No.34 遺跡出土資料の石材組成

5章第4節）。珪質頁岩は奥羽山脈を越えた山形県側から搬入されたものと想定されるが，珪質凝灰岩については山形県産とする見方（佐久間2018a）と在地石材（小野2021）とする見方がある。本書では，筆者の実見を踏まえて在地石材とみる。出土資料全体の石材組成は明らかでないが，細石刃・細石刃核・細石刃核作業面再生剥片の細石刃関連資料について抽出・石材分類を行ったところ，珪質頁岩が49%を占め，黒曜石が28.3%，珪質凝灰岩が14.5%となった（図6.05左）。一方，宮城旧石器研究会による整理報告（宮城旧石器研究会2014）にて抽出された17点のトゥール類（細石刃関連を除く）の石材組成は珪質頁岩が23.5%，珪質凝灰岩が47.1%となる（図6.05右）。細石刃関連の石材組成と比較すると，黒曜石が認められず，珪質頁岩が約半数に減少した一方，珪質凝灰岩・流紋岩などの割合が上昇している。細石刃は珪質頁岩や黒曜石などの遠隔地の石材を中心として製作され，トゥール類は在地石材を中心として製作された傾向を指摘できる。

　新潟県樽口遺跡A-MS文化層では，ふるい検出資料を除くと1,791点の石器が出土している。その石材組成は黒曜石が93.3%（1,671点），無斑晶質安山岩が5.5%（98点），珪質頁岩が1.2%（22点）となる（立木編1996）。これまで検討されてきたA-MH文化層との分離妥当性の問題（加藤2001）やふるい検出資料の文化層判別が困難であることを踏まえると正確な石材組成の検討は難しいが，いずれにしても黒曜石が半数以上を占めることは間違いないだろう。黒曜石原産地分析では，先行研究で18点中17点が男鹿産，1点が和田峠産とされていたが（藁科・東村1996），本書第5章第4節の分析では分析した329点全てが男鹿産と判別された。黒曜石は細石刃およびエンド・スクレイパー，スクレイパーに用いられ，珪質頁岩はスクレイパーおよび尖頭器，彫刻刀形石器に，無斑晶質安山岩はスクレイパー・尖頭器に使用される（表4.05）。黒曜石は小礫を細石刃核としたもの（本書第4章のIV類）以外は原石の荒割りが他遺跡で行われ，大型剥片として搬入されたものと考えられており，珪質頁岩・無斑晶質安山岩も大型剥片として搬入されたものを遺跡内で尖頭器・スクレイパーに加工したと想定されている（立木編1996）。彫刻刀形石器については接合が認められないことから製品としての搬入も検討できるが，判断は難しい。珪質頁岩・無斑晶質安山岩は遺跡か

第 2 節　北方系細石刃石器群における石材消費　　　297

ら 30km 圏内の荒川流域で採取可能とされるが，筆者の観察では珪質頁岩の一部は山形県最上川流域の珪質頁岩にも類似する。いずれにしても 30～50km 圏内で採取されたと想定できる。細石刃・スクレイパー類には遠隔地の黒曜石が使用され，尖頭器およびスクレイパーの一部には 30～50km 圏内で採取された珪質頁岩・無斑晶質安山岩が使用されたとまとめられる。

　新潟県上原 E 遺跡では 8,945 点の石器が出土し，黒曜石が 3,940 点と約半数を占める（表 5.12，佐藤ほか編 2018）。「硬質頁岩」も 3,417 点と多量に出土しているが，同地域で詳細に行われた石材調査（佐藤 2021，塚原ほか 2021 など）をもとに，東北地方由来のものではなく，凝灰岩や無斑晶ガラス質安山岩と合わせて在地石材とされている（佐藤ほか編 2018）。在地石材の中では，硬質頁岩や凝灰岩が原石で搬入されたと考えられる一方，遺跡から約 3km 地点で採取可能な無斑晶ガラス質安山岩は剝片・石刃のみ出土しているため遺跡内での剝片剝離は行われなかったとされている（佐藤ほか編 2018）。黒曜石製石器のうちトゥール・細石刃核を中心とした 165 点は，原産地分析によって 127 点が和田峠産，37 点が男鹿産，1 点が白滝産と推定されている（表 5.14，本書第 5 章第 4 節）。最も多く推定された和田峠産は細石刃関連に限られる一方，男鹿産黒曜石は細石刃関連だけでなくトゥールにも使用されている。和田峠産で製作されたホロカ技法による細石刃核の多くは自然面をもつが，同産地黒曜石の白滝型細石刃核の多くは自然面をもたないため，和田峠産黒曜石の多くは分割礫や細石刃核素材（剝片）として搬入されたと考えられる。男鹿産黒曜石は自然面を残す資料が 1 点のみのため，ほとんどが製品ないし剝片として搬入されたと考えられる。白滝産黒曜石で製作された資料はファーストスポール素材の細石刃核 1 点のみのため，細石刃核ブランクとして持ち込まれたか，ファーストスポールの状態で搬入されたと考えられる。同遺跡においては細石刃核や細石刃には硬質頁岩も多く認められることから，細石刃には在地（硬質頁岩）・非在地石材（黒曜石）がともに使用され，トゥール類には在地石材と男鹿産黒曜石が使用されたと指摘できる。

　岐阜県宮ノ前遺跡における白滝型細石刃石器群（16 層）の主体を成す 1998 年刊行の報告書（早川ほか編 1998）掲載分の器種・石材組成を表

5.19 に示した。全 355 点は，チャートが 115 点，下呂石が 76 点，黒曜石が 58 点，頁岩が 29 点のほか，流紋岩・輝石安山岩など 77 点から構成される。黒曜石製石器全 58 点について原産地分析を実施し，男鹿産 7 点・霧ヶ峰産 3 点・魚津産 2 点，八ヶ岳産 1 点・和田峠産（土屋橋西系 B）1 点のほか，産地不明の TYX1 群が 44 点確認された（表 5.18，本書第 5 章第 4 節）。このうち TYX1 群以外については製品または細石刃核ブランクとしての搬入が想定され特に男鹿産と判別されたファーストスポールとサイド・スクレイパー，八ヶ岳産と判別された尖頭器については，本書第 5 章第 4 節で示したように運搬痕跡も確認された。TYX1 群については細石刃核ブランクなど製品としての搬入も想定されるが，エンド・スクレイパーには直径 5cm 前後の球状円礫を分割して製作された物が多く，一部は小礫として搬入された可能性もある。このほか，下呂石や頁岩，輝石安山岩も近隣で採取できるものではなく，製品やブランクとして搬入されたものとされる。特に下呂石の原産地，湯ノ峰からは約 60km 離れている。一方，チャートは遺跡近隣を流れる宮川で採取可能な在地石材で，石核や自然面をもつ剥片が多く出土していることから，原石で搬入され遺跡内で石器製作が行われたものと推測できる。ただし，頁岩や輝石安山岩は下層のナイフ形石器を主体とする文化層や上層の縄文文化層でも用いられる石材のため，さほど遠隔地ではなく中距離（25～50km 程度）の範囲で採取されるものと想定する。本遺跡では，主に黒曜石・下呂石が遠隔地からトゥールや細石刃といった製品，細石刃核ブランクなどとして搬入され，原石として搬入される在地のチャートによってトゥール製作が行われたとまとめられる。

　以上，白滝型細石刃石器群の 4 遺跡における石材消費を検討した。石器群の石材消費は表 6.01 のようにまとめられる。50km 以上離れた遠隔地から搬入される石材は黒曜石・下呂石に限られる。東北地方日本海側で産出する珪質頁岩の利用は宮城県・山形県や新潟県北部に限定され，おおむね遺跡から 25～50km で採取可能な場合となる。そのほか，各遺跡から 25km 以内で採取可能な在地石材の利用が認められ，主にトゥール素材として利用される。遠隔地石材である黒曜石・下呂石の搬入には，出土量が少なく遺跡を訪れた初回のみ搬入されたと想定される遺跡（薬莱山 No.34 遺跡・宮ノ前遺跡）と，出土量が多く繰り返し搬入された

第2節　北方系細石刃石器群における石材消費　　299

表6.01　本州における白滝型細石刃石器群の石材消費

	遠隔地石材 （遺跡から50km以上）	中距離石材 （遺跡から25〜50km）	在地石材 （遺跡から25km以下）	
薬莱山 No.34遺跡	男鹿産黒曜石： 剝片として搬入 →細石刃	珪質頁岩（東北）： 剝片・石核として搬入 →細石刃・トゥール	湯の倉産黒曜石： 剝片または製品として搬入→細石刃 珪質凝灰岩： 原石または剝片として搬入→細石刃・トゥール	
樽口遺跡 A-MS文化層	男鹿産黒曜石： 原石・剝片として搬入 →細石刃・トゥール	珪質頁岩（東北）・無斑晶質安山岩： 剝片として搬入 →トゥール		
上原E遺跡	白滝産黒曜石： 細石刃核ブランクとして搬入 →細石刃 または製品（ファーストスポール）として搬入か 男鹿産黒曜石： 剝片・製品として搬入 →細石刃・トゥール 和田峠産黒曜石： 分割礫・剝片として搬入 →細石刃		硬質頁岩・凝灰岩： 原石として搬入 →細石刃・トゥール 無斑晶質ガラス質安山岩： 剝片・石刃として搬入 →トゥール	
宮ノ前遺跡 16層	男鹿産・信州系黒曜石・下呂石： 製品・細石刃核ブランクとして搬入 →細石刃・トゥール	頁岩・輝石安山岩（産地不明）： 製品・剝片として搬入 →トゥール TYX1群黒曜石（産地不明）： 細石刃核ブランク・製品・小礫として搬入 →細石刃・トゥール	チャート： 原石として搬入 →トゥール	

と想定される遺跡（樽口遺跡・上原E遺跡）が認められる。ただし，前者の遺跡が一過性の利用だったわけではなく，薬莱山No.34遺跡においては珪質頁岩・珪質凝灰岩，宮ノ前遺跡においては頁岩・輝石安山岩・MM1群黒曜石・チャートなどが繰り返し搬入されていたと想定する。特に薬莱山No.34遺跡は出土点数・器種も多いことから短期的なキャンプ地とは捉えられない。前者の遺跡ではおおむね50km圏内，後者の場合には100〜200km圏内で石材採取が行われていたものと想定される。この両者の関係は，札滑型細石刃石器群で想定された「小規模遺跡」と「中核的遺跡」のような，居住期間や活動の相違が認められるもの（鹿又2011）ではなく，日本海沿岸から離れた薬莱山No.34遺跡や宮

ノ前遺跡においても一定期間の活動があったものと考える。

第3項　北方系細石刃石器群における石材消費の変化

　第1項にて挙げたように，札滑型細石刃石器群の石材消費は，①原産地遺跡が認められず基本的に消費遺跡である，②細石刃の付け替え，彫刻刀形石器の刃部再生など石材消費を軽減させる技術を有する，③100～250kmの距離を行き来し，石材が尽きると原産地へ戻る行動システムを採用，の3点で「超搬出消費型・再生消費型」と鹿又（2015）によって位置付けられている。本項ではこれらの点を中心に，白滝型細石刃石器群との比較を行う。

　まず，札滑型細石刃石器群は東北地方日本海側で産出する良質な珪質頁岩を重用し，遠隔地においても保持することが多くの先学によって指摘されてきたが，白滝型細石刃石器群において東北地方日本海側の珪質頁岩は遺跡から50km圏内での利用に限られ，全遺跡で認められはしない点が大きく異なる。一方で，男鹿産の黒曜石がほとんどの遺跡で使用されている。ただし，樽口遺跡以外では石材組成における割合が札滑型における珪質頁岩ほど高くはなく，繰り返し原産地（男鹿）へ戻って補給していた可能性を検討しうるのは樽口遺跡に限られる。男鹿から樽口遺跡は約170kmの距離にある。男鹿産に限らず黒曜石とすれば，上原E遺跡では約100km離れた和田峠を繰り返し訪れて黒曜石を獲得していたと考えられるが，その他の遺跡では，50km以上離れた石材原産地で繰り返し石材採取をした様子はほぼ認められない。対照的に，遺跡から25km圏内の在地石材，50km圏内の中距離石材は原産地から繰り返し獲得していた様子がうかがえる（表6.01）。

　各遺跡の器種組成をみると，どの遺跡もトゥールを一定の割合で含み，細石刃核や細石刃を保有している（表4.05）。石器の使用・消費が主目的と想定されることから，いわゆる原産地遺跡は認められない。ただし，本石器群で共通して含まれる男鹿産黒曜石の原産地付近で遺跡が確認されていないため，今後原産地遺跡が発見される可能性もある。鹿又（2015）が札滑型細石刃石器群で指摘した石器の省資源化という点からみれば，彫刻刀形石器や彫刻刀スポールの割合がやや低くはあるが，鹿又論文で比較対象とされた石刃石器群に比べれば多いといえる。ま

た，白滝型細石刃核の擦痕は細石刃剥離の効率化・省資源化につながっている（本書第3章第2節）と考えられることから，再生・消費・省資源化という意識は強いと想定される。ただし，細石刃生産・細石刃核整形がトゥールの素材供給を兼ねる，いわゆる札滑型の「連動システム」（永塚1997）は白滝型に認められないことから，石材運用は大きく異なっている。

　両石器群の比較では，原産地遺跡が認められず基本的に消費遺跡であることや，石材消費を軽減する技術を有するという2点はおおよそ一致したが，重用される石材・石材獲得領域の範囲・連動システムの有無が差異として認められた。重用される石材が異なるのは，白滝型の細石刃製作技術が主に黒曜石を対象として北海道で開発されたものであることが大きいだろう。行動論的に，石材獲得が「埋め込み戦略（embedded strategy）」（Binford 1979，阿子島1983）によると想定するならば，石材獲得領域の範囲が異なる場合には活動領域の範囲も異なることが示唆される。前節で述べたように札滑型・白滝型の境界には一時的な温暖化が認められ，生業活動の変化があった可能性も検討される。荒屋型彫刻刀の有無といった差異も生業活動の変化という仮説を支持しうるものだが，今後機能研究などによって明らかにしていく必要がある。

第3節　湧別技法白滝型細石刃製作技術の変容

第1項　北海道と本州の湧別技法白滝型

　本書第3章と第4章では，これまで再検討があまりなされてこなかった湧別技法白滝型について，北海道と本州についてそれぞれまとめた。本項ではこの2者について再度振り返る。

　両地域ともに湧別技法白滝型の工程は，スポール剥離前のブランク製作までの第1段階，ファーストスポールの剥離開始から細石刃剥離前の第2段階，甲板面への擦痕付与を行う第3段階，細石刃剥離を行う第4段階，作業面転移および打面転移を行う第5段階に分けて理解できた。素材選択の段階では，北海道では剥片が素材として選択されるが，本州では通常の剥片に加えて，自然面をもつ剥片や原石も使用される。これ

は，北海道で使用される黒曜石（主に白滝産）と本州で使用される黒曜石（男鹿産・湯の倉産・信州系など，本書第5章第4節）で原石のサイズが異なっていたことが要因と考えられる。素材選択の後にブランクの整形が行われる。これまで研究史的に定義付けられていたように両面加工とするもののほか，片面加工とするものもみられる。全周から加工を施すものがほとんどだが，本州の一部資料では素材剝片の平坦面を底縁に残すもの（図4.06の1・図4.09の1・図4.11の3，図4.14）や剝片にほとんど加工を加えず次のスポール剝離へと進むもの（図4.12の2）もみられる。本州の資料では全体的にブランク整形が粗くなっていることが指摘できる。第2段階でファーストスポール・スキー状スポールが剝離され打面が形成される。北海道の資料では研究史で指摘されてきたように，甲板面が細石刃核の最大幅をとるまでスポール剝離が行われる（鶴丸1979）が，本州の資料では甲板面が最大幅をとらないものも一定数みられる（図4.06の5，図4.07の3，図4.08の3・4，図4.11の2）。剝離されるスポール本数の多寡にも差異がみられるものの，甲板面が最大幅をとらないものがあるという点に注目したい。擦痕付与の第3段階には大きな違いはみられない。第4段階の細石刃剝離もおおむね共通するが，北海道の白滝型細石刃核には甲板面からの側面調整が認められることから，甲板面設定から細石刃剝離の前後に側面調整が行われたと考えられる。北海道の資料ではスキー状スポールの甲板面から側面調整が行われる事例はあるが，スポールを剝離し終わった後に側面調整が行われるものは認められない。約半数の資料では作業面転移や打面転移が第5段階で行われる。基本的には打面を変えずに細石刃核のもう一端から細石刃剝離を開始するが，北海道では底縁にスポール剝離によって甲板面を設定し打面転移・作業面転移を行ったものが数例のみ認められる（図3.27）。点数が少ないため極めて稀な事例だろう。第5段階において作業面転移が行われたものは北海道・本州ともに極めて小型化して出土している（図3.38，図4.07の2，図4.09の2）。

　北海道と本州の湧別技法白滝型の違いは，①自然面を残す剝片や原石を含む素材選択，②底面を残す細石刃核および片面加工の細石刃核の多さに代表されるブランク整形の粗さ，③甲板面が細石刃核の最大幅をとるに至らないスポール剝離，④細石刃剝離開始前後（第3段階～第4段

階）における側面調整が挙げられる。これらの要素は，使用された黒曜石原産地の変化による部分が大きいと考えられる。北海道の白滝型細石刃石器群は白滝産黒曜石と強く結びつきがあることは先行研究（佐藤・役重 2013）で指摘されてきたところであり，本書でもタチカルシュナイ第Ⅴ遺跡出土資料を対象とした実践研究によって追認している（本書第5章第2節）。一方，本州の白滝型細石刃石器群では，男鹿産黒曜石との強い関連を第5章第4・5節で指摘した。両産地では得られる原石のサイズが大きく異なる。黒曜石を対象として北海道で発展した湧別技法白滝型を維持しつつ本州で生き延びるためには本州の石材環境に適応する必要があったと想定される。比較的小さな原石が多い男鹿産を中心とした本州の黒曜石に適応した形が，本州の湧別技法白滝型であり，北海道から本州に南下した人類集団の環境適応の一つであったと考えられる。一方，器種組成や遺跡立地から白滝型細石刃石器群の終末期と想定される薬莱山 No.34 遺跡の資料では，細石刃剝離の後に細石刃核に擦痕が施される事例が確認できた（本書第4章第1節）。白滝型細石刃核としてよいものかという議論はあるが，いずれにしても筆者はこれを湧別技法白滝型が形骸化したものである可能性を検討している。本州の湧別技法白滝型は，北海道から南下した後の石材環境への適応と，本州で拡散する中で起きた形骸化によって，北海道の湧別技法白滝型から変容を遂げていると捉えたい。

第2項　峠下技法との関係

本書第3章および第4章でⅡ類とした「素材剝片の背面ないし腹面を大きく残す半両面加工または片面加工のブランクに，スポール剝離によって甲板面を作出するもの」のうち本州出土の資料については，峠下技法・峠下型細石刃核との関連が想定されたこともあった（加藤 1990，石井 1995）。近年では「白滝系峠下型」と呼ばれることもある（諸星 2023・2024）。

今回，北海道の資料を含めて集成してみると，北海道でもⅡ類の細石刃核が一定数認められた。ほとんどは素材剝片の剝離軸に斜行ないし直交する方向に甲板面（打面）が設定され，石刃ないし縦長剝片を素材として素材剝片長軸に沿って打面を準備する峠下型（山田 2006）とは大き

く異なる。峠下型との折衷的要素をもつ細石刃核としては，白滝服部台遺跡（杉原・戸沢 1975）で打面に擦痕が認められる峠下型細石刃核が1点出土しているが，管見の限り他の事例はない。本州に目を向けると，北海道よりもII類の細石刃核の割合が高くなるものの，峠下型のように素材剥片長軸に沿って甲板面（打面）を作出する資料は限られ，明確に石刃ないし縦長剥片が素材となった資料は認められない。すなわち，本州で峠下技法との関連が想定されてきたような技術的要素は，峠下技法と異なるものであり，かつ北海道の湧別技法白滝型ですでに認められる。少なくとも本州の資料については，北海道の峠下技法からの影響を受けたものではなく，本書で白滝型のII類細石刃核としたように，湧別技法白滝型の範疇で捉えるべきと考える。

第3項　本州の湧別技法札滑型と白滝型

　前項では湧別技法白滝型を残した人類集団に視点を当て，本州流入前後の細石刃製作技術の差異を確認した。本州という視座では角二山遺跡や荒屋遺跡に代表される湧別技法札滑型を主体とする細石刃石器群から，湯の花遺跡や樽口遺跡に代表される湧別技法白滝型を主体とする細石刃石器群への変遷が想定される。この2者の間ではどのような製作技術の移り変わりがあるだろうか。

　本州における湧別技法札滑型の細石刃製作技術は永塚俊司（1997・2012）が指摘した「連動システム」に特徴付けられる。本石器群は，ホロカ技法の有無や白滝産黒曜石の共伴によって角二山遺跡に代表される「角二山グループ」と荒屋遺跡に代表される「荒屋グループ」に分けられ，前者が先行すると想定されてきた（鹿又 2007，鹿又ほか 2015）。この想定は筆者らが角二山遺跡出土炭化物を試料として実施した ^{14}C 年代測定（Kanomata et al. 2022）によっても確認されたところだが，こうした年代差がある中でも連動システムは両遺跡にあり続けていることから，本石器群の最も重要な要素といえる。

　第4章で述べたように，この連動システムが白滝型細石刃石器群には認められない。代わって石刃や縦長剥片によってトゥールが多く生産される傾向が認められる（本書第4章第2節）。無論，両石器群間には擦痕の有無など，いくつか細石刃製作技術の違いはあるものの，注目すべ

きはこの点にあると考える。連動システムにみられる両面調整石器（細石刃核）の存在が長距離移動・遊動性を示すものとする先行研究（加藤1996・1997，長沼2008）を踏まえれば，札滑型から白滝型への変遷のなかで，長距離移動・遊動性が低下しているといえる。この傾向は，前節での石材獲得・消費からの考察とも整合的である。本章第1節で可能性を挙げた，札滑型・白滝型の境界にある一時的な温暖化が両石器群の生業活動にどれほど影響を与えたかは明らかでないが，札滑型で200km以上であった石材獲得領域・活動領域が白滝型のほとんどで50km圏内，一部で100km圏内と想定されることから，生業活動に何らかの影響があったものと捉えたい。遺跡立地や機能研究を中心に，札滑型の生業活動としては内水面漁撈（加藤1981，佐藤1992）やシカ類の狩猟（加藤1996・1997），動物資源の獲得（鹿又2003a・2004・2011）などが挙げられている。白滝型細石刃石器群についてはこれらの研究が限られており，その生業活動は明らかでない。今後の課題として残さざるを得ないだろう。

結　　語

　本書では，東北日本を対象地域とし，特に本州の白滝型細石刃石器群を中心に議論を進めた。第1章で挙げた白滝型の細石刃製作技術の再検討や石器群の再定義，黒曜石原産地分析を各章で実践的に進め，本章で石材獲得領域の検討を中心に行動論的理解を試みた。

　その結果，これまで北方系細石刃石器群として札滑型と一括されることも多かった本州の白滝型細石刃石器群は，石材獲得領域・活動領域が札滑型細石刃石器群よりも小さくなっていることを示した。この現象の要因には，本州を南下するなかで神子柴・長者久保石器群と接触し局部磨製石斧を取り込んでいるなど，生業活動に同石器群の影響をうけたことも想定される。本章第1節で約13,800〜13,300 yr BP 前後と想定した本州における白滝型細石刃石器群の年代観を踏まえても，少なくとも本州においては白滝型細石刃石器群と神子柴・長者久保石器群は一時期モザイク状に併存していたと考えざるを得ない。まさしく，旧石器時代か

ら縄文時代への移行を示す石器群の一つと位置付けられる。

このように本州での拡散過程について注目されるところだが，北海道から本州への南下過程についても議論の種は尽きない。北海道と本州を隔てる津軽海峡は後期旧石器時代を通じて一度も陸化することなく，人類・文化の障壁であり続けた。白滝型細石刃石器群の遺跡分布をみると，北海道では道央の倶知安町峠下遺跡が最も本州に近く，道南地域ではこれまで確認されていない（図3.23）。これまで触れてきたように本州側では山形県越中山遺跡，宮城県薬莱山No.34遺跡が北限となるが，各遺跡で男鹿産黒曜石の利用が認められる（図5.41）。すなわち，道南から男鹿半島にかけては同石器群の痕跡が認められず，空白地帯となっている。そのため，北海道から本州への南下ルートのなかで，どのように津軽海峡を越えてきたのか言及できる要素はほとんどない。青森県大平山元Ⅱ遺跡・丸山遺跡と津軽半島に遺跡を遺した札滑型細石刃石器群（図5.38）とは対照的であり，南下のルート・手段が両石器群で異なった可能性も踏まえていく必要がある。例えば，津軽海峡に氷橋が形成された冬季にソリなどで南下してきたか，その他の季節に舟で渡海してきたか，など様々な想定が可能になるだろう。また，両石器群で南下の年代が異なれば，環境変動に伴って津軽海峡の海流の変化も想定され，舟が利用された場合には北海道・本州の発着地に大きな差が生じる可能性も排除できない。本書第5章第5節では，ほぼ全ての遺跡で男鹿産黒曜石が確認された白滝型細石刃石器群について，その南下過程で男鹿地域が拠点的な役割を果たした可能性を指摘した。現代の男鹿半島（図6.06）は日本海に大きく突き出たランドマークとなりうるものだが，海水面が低下し海岸線がより海側にあった最終氷期においても，海岸段丘が発達した男鹿半島の地形は，日本海沿岸を移動する際に大きなランドマークになったと想定できる。

今後も調査研究を重ねていくことで，後期旧石器時代終末期におけるダイナミックな人類の動態に迫ることが期待される。

図 6.06　男鹿半島金ヶ崎の黒曜石原産地（筆者撮影）

あ と が き

　本書は，2022 年に 1 月に東北大学大学院文学研究科に提出した博士論文を基礎とし，その後の研究を追加したものである。個別には下記の既出論文を基にした内容を含んでおり，本書刊行にあたり事例の追加や用語の変更，再分析等で細かな数値等に変更がある部分もあるが，論旨に大幅な変更はない。

　第 2 章第 3 節　タチカルシュナイ遺跡群：2018 年「北海道タチカルシュナイ遺跡群の現代的意義」『北海道考古学』54

　第 3 章第 1 節　細石刃核甲板面にみられる擦痕の微細痕跡的評価：2020 年「白滝型細石刃核の甲板面にみられる擦痕の効果」『旧石器考古学』84

　　同第 2 節　白滝型細石刃にみられる擦痕の効果：同上の一部内容をベースに再分析

　　同第 3 節　擦痕の効果に関する製作実験：2019 年「細石刃の製作実験」『実験考古学ワークショップ』（瀬下直人と共著）

　第 4 章第 1 節　本州における湧別技法白滝型の変容：2021「宮城県薬莱山 No.34 遺跡と新潟県上原 E 遺跡から考察する細石刃製作技術の変容」『宮城考古学』23

　第 5 章第 4 節第 1 項　薬莱山 No.34 遺跡：2021 年「宮城県薬莱山 No.34 遺跡出土黒曜石製石器の原産地分析」『文化財科学』83（佐々木繁喜と共著）

　　同第 2 項　上原 E 遺跡：2021 年「津南町上原 E 遺跡出土黒曜石製石器の原産地分析」『苗場山麓ジオパーク研究集録』3（佐々木繁喜と共著）

　　同第 3 項　越中山遺跡 E 地点：2022 年「本州における白滝型細石刃石器群の石材獲得・消費戦略」『旧石器研究』19（佐々木繁喜・

傍島健太と共著）

　　同第 4 項　樽口遺跡 A-MS 文化層：同上

　　同第 5 項　宮ノ前遺跡：同上

　　同第 6 項　湯の花遺跡：2022 年「山形県湯の花遺跡出土黒曜石製石
　　　　器の原産地分析とその含意」『文化財科学』86（佐々木繁喜と共著）

　終章第 1 節　年代観の整理：2024 年「東北・北陸地方への湧別技法
　　　　の展開」『日本旧石器学会第 22 回研究発表シンポジウム予稿集
　　　　湧別技法：展開とその背景』

　　同第 2 節　北方系細石刃石器群における石材消費：2022 年，前掲
　　　　『旧石器研究』19（佐々木繁喜・傍島健太と共著）

　本書の基礎となった博士論文の執筆にあたっては，東北大学大学院文
学研究科の鹿又喜隆教授・阿子島香名誉教授から常々厳しくも暖かい御
指導を賜ったほか，所蔵資料の分析にあたり御許可をいただいた。心
より感謝いたします。特に，鹿又教授には資料との向き合い方や自然科
学分析の取り扱い，阿子島名誉教授には考古学理論を中心に御鞭撻いた
だいた。また，東北大学総合学術博物館の藤澤敦教授・柳田俊雄名誉教
授，東北大学東北アジア研究センターの佐野勝宏教授，東北大学埋蔵文
化財調査室の菅野智則准教授には考古学研究室配属以来，講義のほか発
掘調査や資料調査において広く考古学全般の御指導を賜り，研究面でも
忌憚なく御鞭撻をいただいた。研究室の学生諸氏には日頃から様々な議
論に付き合っていただいたほか，澁谷侑奈氏・傍島健太氏をはじめとし
た先輩・後輩諸氏には石材調査や石器の製作・使用実験において補助し
ていただいた。本書の作成にあたっても，傍島氏・舘内魁生氏・熊谷亮
介氏・鈴木秋平氏には原稿を通読していただき，貴重な御意見を賜っ
た。記して御礼申し上げます。

　任期付きながら 2021 年 8 月に新潟大学人文社会科学系に奉職してか
らは，白石典之教授・森貴教准教授をはじめとして多くの同僚の先生方
に恵まれた。博士課程を単位取得退学して着任した筆者が，着任約半年
後に博士論文を提出できたのは，周囲の先生方からのご配慮があったか
らに他ならない。特に，白石教授には筆者が人文社会科学系を退職した
後も，学術研究員として雇用していただいた。この御厚誼がなければ，

本書の刊行には至ることが出来なかった。心より感謝申し上げます。

着任から1年後の2022年夏には，新潟県津南町上原E遺跡にて，初めて自身を調査担当とする発掘調査を実施することが出来た。当時発掘調査にあてる研究費がなかった筆者が，大学の実習という形で自身の研究テーマに沿った発掘調査を実施できたことは僥倖であった。この際には，地権者や津南町教育委員会の方々にも大変お世話になった。

幸いにも科研費を得た2023年からは，山形県鶴岡市越中山遺跡の発掘調査を開始した。地権者や地元の鶴岡市教育委員会の方々に大変お世話になっているのは無論だが，任期付きの不安定な立場にある筆者が越中山という学史的な遺跡の発掘調査を実施できているのは，共同研究者となっていただいた鹿又教授のほか，調査指導をいただいている渋谷孝雄氏（山形県立うきたむ風土記の丘考古資料館），會田容弘教授（郡山女子短期大学）らの強力なバックアップによる。本遺跡発掘調査のきっかけは，実は北海道での夜にあった。2022年冬に千歳市で行われた某学会の最終日，帰路に搭乗予定だった飛行機が大雪で欠航となったため延泊することとし，学会参加者と夕食をとるなかで，越中山遺跡の現況が変わり調査も出来そうだ，という話が舞い込んできた。前年の上原E遺跡に続き，本書のテーマでもある白滝型細石刃石器群の遺跡を発掘調査したいと考えていた筆者にとって，またとない機会であった。大雪でなければ本遺跡の調査もなかったかもしれないと思うと，数奇な縁である。本遺跡の発掘調査成果も，可能な範囲で本書に盛り込んだ。

さて，本書の分析対象には東北大学考古学研究室所蔵資料のほか，東北日本各地の大学・博物館等の収蔵資料を利用させていただいた。北海道では北海道埋蔵文化財センターの坂本尚文氏・倉橋直孝氏・柳瀬由佳氏・長沼孝氏，遠軽町埋蔵文化財センターの松村愉文氏・瀬下直人氏・熊谷誠氏（当時），帯広市教育委員会の山原敏朗氏・森久大氏・北沢実氏（当時），北見市教育委員会の中村雄紀氏，札幌国際大学の坂梨夏代准教授・越田賢一郎教授・渡井瞳氏，札幌学院大学の鶴丸俊明教授（当時），本州では加美町教育委員会の吉田桂氏，山形県立うきたむ風土記の丘考古資料館の渋谷孝雄氏，津南町教育委員会の佐藤雅一氏・佐藤信之氏，村上市教育委員会の吉井雅勇氏，奥三面歴史交流館の野田豊文氏，岩宿博物館の小菅将夫氏・荻原研一氏・鈴木秋平氏，岐阜県飛騨市

教育委員会の三好清超氏・石川蕗氏，明治大学の藤山龍造教授・尾崎沙羅氏（当時）・宮地雄大氏（当時）など，多くの方々にご配慮とご協力をいただいた。特に，藤山教授には，明治大学および岩宿博物館で実見した白滝服部台遺跡出土資料について，再整理中にもかかわらず本書でのデータ使用を御許可いただいた。厚く御礼申し上げます。

また，黒曜石原産地分析で基準試料とした原石や遺跡出土試料は筆者が採集したもののほか，一関市文化財調査委員の佐々木繁喜氏，明治大学黒耀石研究センターの池谷信之特任教授，八ヶ岳旧石器研究グループの堤隆氏，北海道教育大学旭川校の和田恵治名誉教授，株式会社東京航業研究所，遠軽町埋蔵文化財センター，富山県埋蔵文化財センター，富山市教育委員会からご提供いただいたものを使用した。分析機器の利用にあたっては岩手県南技術研究センターの皆様に大変お世話になった。

本書の一部には前出の瀬下氏，佐々木氏，傍島氏，和田名誉教授，兵庫県立大学の佐野恭平助教との共同研究の成果を含む。いずれも筆者が起案して分析を実施し成果をまとめたものだが，分析実施・議論にあたって上記の方々にご協力いただいた。感謝申し上げます。

なお，本論で示した成果は以下の研究助成によるものを含む。いずれも，筆者を研究代表者とするものである。

日本学術振興会
　2019～2021 年度・科学研究費補助金（特別研究員奨励費）
　　「日本列島に流入した後期旧石器時代人類の生業活動の変化―石器微細痕跡研究の確立―」（19J11882）
　2023～2024 年度・科学研究費補助金（若手研究）
　　「先史時代の東北日本における海峡文化史の考古学的研究」（23K12309）
東北大学学際高等研究教育院
　2017～2019 年度・博士教育院生研究支援
　　「日本列島に流入した後期旧石器時代人類の環境適応を探る―石器の微細痕跡とファブリック解析をもとに―」
白滝ジオパーク推進協議会
　2017 年度・白滝ジオパーク調査研究助成

「遠軽町タチカルシュナイ遺跡群の現代的意義の確立」
2018 年度・白滝ジオパーク調査研究助成
「遠軽町タチカルシュナイ第Ⅱ遺跡における後期旧石器時代人類活動の復元」
2019 年度・白滝ジオパーク調査研究助成
「遠軽町タチカルシュナイ遺跡群における黒曜石製石器の原産地推定」
株式会社パレオ・ラボ
2020～2021 年度・若手研究者を支援する研究助成
「本州東北部の旧石器―縄文移行期における文化的接触とその年代に関する研究―」
日本科学協会
2022 年度・笹川科学研究助成
「旧石器―縄文時代移行期の津軽海峡を越えた人類集団の接触―黒曜石原産地分析を中心に―」

　本書は新潟大学人文学部研究叢書の 20 冊目として刊行される。人文系の研究者，特に筆者のような若手が学術書を刊行できる機会が少ない環境の中で，長らく本制度，そして研究環境を維持されてきた歴代の先生方に心から敬意を表したい。本シリーズは新潟大学人文学部教員を対象として公募のうえ選考され，刊行に至る。公募時には人文学部に在籍していたものの，刊行時には退職している見込みであった筆者の応募を受け付けてくださり，審査・査読していただいた研究推進委員会と査読委員の先生方に厚く御礼申し上げます。また，本書の原稿提出から刊行に至るまで，知泉書館の松田真理子氏には筆者の数多くの要望を叶えていただき，大変お世話になりました。

　最後に，学生時代より単著の刊行を心待ちにしていた両親と，発掘調査や分析で長く出張に出ることも多い筆者を自宅で見守ってくれている妻と長男に感謝を捧げたい。

　2025 年 2 月 25 日

青 木 　要 祐

引 用 文 献

青木要祐　2018「湧別技法による細石刃の形態と製作技術研究―函館市石川 1 遺跡出土資料の再評価―」『東北日本の旧石器時代』六一書房，pp.459-474

―――編　2023『上原 E 遺跡―2022 年度発掘調査報告書―』新潟大学考古学研究室調査研究報告 23，上原 E 遺跡発掘調査団・新潟大学考古学研究室

青木要祐・鹿又喜隆編　2024『越中山遺跡の研究―2023 年度発掘調査報告書―』越中山遺跡調査団

青木要祐・木村　恒・鈴木秋平・舘内魁生・王　晗・洪　惠媛・鹿又喜隆・阿子島香　2017「山形県角二山遺跡 2017 年度発掘調査」『第 31 回東北日本の旧石器文化を語る会予稿集』pp.23-32

青木要祐・佐々木繁喜　2024「越中山遺跡出土黒曜石製石器の原産地分析」『越中山遺跡の研究―2023 年度発掘調査報告書―』越中山遺跡調査団，pp.53-58

青木要祐・花田杜綺・早川文弥・今西純菜・鈴木秋平・王　晗・舘内魁生・熊谷亮介・洪　惠媛・鹿又喜隆・阿子島香　2018「山形県角二山遺跡 2018 年度発掘調査」『第 32 回東北日本の旧石器文化を語る会予稿集』pp.31-40

青木要祐・王　晗・早川文弥・洪　惠媛・鹿又喜隆・藤沢　敦　2019「山形県大石田町角二山遺跡 2019 年度発掘調査」『第 33 回東北日本の旧石器文化を語る会予稿集』pp.74-83

青木要祐・王　晗・舘内魁生・ジュルマナグレコ・崔　笑宇・郭　昕怡・寒川朋枝・洪　惠媛・佐野勝宏・鹿又喜隆・阿子島香　2020「山形県大石田町角二山遺跡 2020 年度発掘調査」『第 34 回東北日本の旧石器文化を語る会予稿集』pp.26-35

赤井文人　2005「千歳市丸子山遺跡恵庭 a テフラ上位石器群の再検討」『論集忍路子』Ⅰ，pp.103-123

阿子島香　1983「ミドルレンジセオリー」『考古学論叢Ⅰ』寧楽社，pp.171-197

―――　1989『石器の使用痕』考古学ライブラリー 56，ニュー・サイエンス社

安彦政信・渋谷孝雄・佐々木繁喜　2017「山形県内出土黒曜石製石器の原産地推定　北海道産黒曜石の利用解明」『日本文化財科学会第 34 回大会研究発表要旨集』pp.188-190

阿部明義編　2003『千歳市オルイカ 2 遺跡』㈶北海道埋蔵文化財センター調査報告書 189

阿部明義・広田良成編　2005『千歳市オルイカ 2 遺跡（2）』北海道埋蔵文化財センター調査報告書 221

阿部朝衛　1993「新潟県荒川台遺跡の細石刃生産技術の実態　荒川台技法の提唱」

『法政考古学』20，pp.1-22

――――編　2002『荒川台遺跡―1989 年度調査―』帝京大学文学部史学科

阿部朝衛・井上　巌　2003「荒川台人の行動領域」『帝京史学』18，pp.39-79

阿部朝衛・井上　巌　2008「新潟県北部地域出土黒曜石製石器の化学分析」『帝京史学』23，pp.146-102

安蒜政雄　1979「日本の細石核」『駿台史学』47，pp.152-183

池谷信之　2003「伊豆・箱根黒曜石原産地の産状と成因」『黒曜石文化研究』2，pp.23-35

池谷信之・渡辺圭太・鈴木正男　2005「旧石器時代の神津島黒曜石と海上渡航」『考古学ジャーナル』525，pp.12-14

石井浩幸　1986「越中山遺跡群における細石器文化の探求－湧別技法による細石刃生産技術をめぐって―」『庄内考古学』20，pp.33-50

――――　1991「越中山遺跡群における細石器文化の探求Ⅱ」『山形孜古』4-4，pp.31-47

出穂雅実・小田寛貴　2008「北海道勇払郡厚真町上幌内モイ遺跡旧石器地点の放射性炭素年代」『論集忍路子』Ⅱ，pp.13-18

稲田孝司　1993「細石器文化と神子柴文化の接点―縄文時代初頭の集団と分業・予察―」『考古学研究』40-2，pp.21-46

――――編　1996『恩原 2 遺跡』恩原遺跡発掘調査団

――――編　2009『恩原 1 遺跡』恩原遺跡発掘調査団

乾　哲也編　2006『厚真町上幌内モイ遺跡（1）』厚真町教育委員会

井上　巌　2000「東北・北陸北部における原産地黒曜石の蛍光 X 線分析」『北越考古学』11，pp.23-38

――――　2007『東北日本の黒曜石原産地　東北・北陸地方編』第四紀地質研究所

――――　2014「黒曜石原産地分析」『猪苗代湖畔に消えた旧石器時代遺跡』東北大学大学院文学研究科考古学研究室 pp.26-27

井上善六・小島準一・吉朝則富・永塚俊司　2001「岐阜県高根村日和田　池の原遺跡群の報告（その 1）」『飛騨と考古学Ⅱ』pp.3-51

㈲遺物分析研究所　2005「オルイカ 2 遺跡出土の黒曜石製石器，剥片の原材産地分析・水和層測定」『千歳市オルイカ 2 遺跡（2）』北海道埋蔵文化財センター調査報告書 221，pp.365-379

岩田安之・最上法聖編　2011『五川目（6）遺跡』青森県埋蔵文化財調査報告書 502

植田弥生　2005「千歳市オルイカ 2 遺跡出土炭化材の樹種同定」『千歳市オルイカ 2 遺跡（2）』北海道埋蔵文化財センター調査報告書 221，pp.339-348

上野秀一・加藤　稔　1973「東北地方の細石刃技術とその北海道との関連について」『北海道考古学』9，pp.25-49

上峯篤史・大塚宜明・金成太郎　2017「滋賀県大津市真野遺跡の旧石器」『旧石器考古学』82，pp.71-82

上峯篤史・松崎健太・金成太郎・杉原重夫　2013「京都府舞鶴市志高遺跡・浦入遺跡出土黒曜岩製遺物の原産地推定」『日本文化財科学会第 30 回大会研究発表要

旨集』，pp.302-303

宇野修平・上野秀一　1975「角二山遺跡」『日本の旧石器文化』第 2 巻，雄山閣，pp.96-111

卜部厚志　2024「越中山遺跡の火山灰層序」『越中山遺跡の研究─2023 年度発掘調査報告書─』越中山遺跡調査団，pp.44-46

江上波夫・後藤守一・山内清男・八幡一郎・甲野　勇　1936「日本石器時代の源流と下限を探る」『ミネルヴァ』1，pp.34-46

江上波夫・水野清一　1935『内蒙古長城地帯』東亜考古学会

遠軽町編　2008『遠軽町百年史』遠軽町

遠軽町教育委員会　1978『遠軽町遺跡分布調査報告書』遠軽町教育委員会

大沢真澄編　1991『黒曜石の化学組成』平成 2 年度科学研究費補助金（一般研究 B）研究成果報告書

大沢真澄・清田三郎・古屋和夫・藤倉満里子・榊原健太郎・粕谷英雄　1974「黒曜石およびひすいの微量成分元素存在量─考古学試料の産地分析について」『東京学芸大学紀要　第 4 部門』31，pp.188-208

大島秀俊編　1997『千歳市オサツ 16 遺跡（2）』北海道文化財保護協会調査報告書 7
─────編　1998『千歳市オサツ 16 遺跡（3）』北海道文化財保護協会調査報告書 9

大塚和義　1968「本州地方における湧別技法に関する一考察」『信濃』20-4，pp.233-242

大塚富男・高浜信行・卜部篤志　2018「津南町内遺跡に関する火山灰分析および火山灰層序」，『上原 E 遺跡』津南町文化財調査報告書 74，pp.268-273

大塚宜明　2021「湧別系細石刃石器群における原料獲得消費方式の総意とその要因」『北海道考古学』57，pp.1-20

大鳥居仁編　2001『史跡ユクエピラチャシ跡』陸別町文化財調査報告書 1
─────編　2007『史跡ユクエピラチャシ跡』陸別町文化財調査報告書 2
─────編　2009『史跡ユクエピラチャシ跡』北海道陸別町教育委員会

大沼克彦　1995「湧別技法における石核打面の再生について」『王朝の考古学』雄山閣，pp.3-9

大沼克彦・久保田正寿　1992「石器製作技術の復元的研究：細石刃剝離方法の同定研究」『ラーフィダーン』13，pp.1-26

大場利夫・大谷良夫　1959『北見市上常呂遺跡』北海道北見市・北海道北見市教育委員会

大場正善　2023「細石刃の作り方の基本─石器技術学におけるメトードの観点から─」『研究紀要』15，pp.3-22

大屋道則　2009「最新の分析手法」『考古学ジャーナル』585，pp.5-8

大屋道則・坂下貴則・宅間清公　2020「黒曜石の産地推定とは何か」『㈱東京航業研究所　研究紀要』創刊号 pp.329-346

岡崎里美　1983「黒曜石の使用痕研究」『季刊考古学』4，pp.51-55

岡村道雄・松藤和人・木村英明・辻誠一郎・馬場悠男　1998「旧石器人の道具」『旧石器時代の考古学』シンポジウム日本の考古学 1，学生社，pp.205-231

引 用 文 献

小口千明　2017「風化変質層の発達速度に関する一考察」『地学雑誌』126(4)，pp.473-485

小口千明・八田珠郎・松倉公憲　1993「火山岩の風化プロセス」『筑波大学水理実験センター報告』18，pp.5-17

小野章太郎　2021「薬莱山麓遺跡群の地域的特徴」『宮城考古学』23，pp.9-28

小野田町教育委員会　2000『薬莱山麓遺跡群発掘調査報告書』宮城県小野田町文化財調査報告書 8

織笠　昭　1983「細石刃の形態学的一考察」『人間・遺跡・遺物　わが考古学論集 1』pp.77-104

加速器分析研究所　2024「放射性炭素年代測定」『越中山遺跡の研究─2023 年度発掘調査報告書─』越中山遺跡調査団，pp.47-49

加藤真二　2013「華北地域における角錐状細石刃石器群　古本州島の細石刃石器群との関連について」『シンポジウム　日本列島における細石刃石器群の起源』八ヶ岳旧石器研究グループ，pp.14-27

加藤晋平　1965「北海道の石刃」『歴史教育』13-3，pp.15-21

──────　1981「旧石器時代の漁撈活動─先土器時代の経済活動を考える上で─」『信濃』33-2，pp.1-12

加藤晋平・鶴丸俊明　1980『石器の基礎知識 I』柏書房

加藤博文　1996「モービル・トゥールとしての両面調整石器」『考古学雑渉』西野元先生退官記念会，pp.26-44

──────　1997「技術体系とその多様性の解釈」『筑波大学先史学・考古学研究調査報告』8，pp.1-29

──────　2003「シベリアの細石刃文化」『シンポジウム　日本の細石刃文化 II』八ヶ岳旧石器研究グループ，pp.246-266

加藤　学　2001「荒屋遺跡と中土遺跡：共通点と相違点の実態把握と検討」『新潟県埋蔵文化財調査事業団研究紀要』3，pp.1-26

──────　1973「ある研究史　最上川・荒川流域における後期旧石器文化研究の諸問題」『山形考古』2-2，pp.31-54

──────　1990「東北地方の細石刃核─「湧別技法＝角二山型」以前の諸型式について─」『考古学古代史論攷』今野印刷，pp.25-49

加藤　稔・宇野修平・長沢正機・荒木利見　1975「月山西麓の旧石器文化」『出羽三山・葉山』山形考古学文献刊行会，pp.370-395

加藤　稔・酒井忠一・宇野修平・佐藤禎宏・長沢正機・海野丈芳　1982「最上川・荒川流域の細石刃文化」『最上川』山形県総合学術調査会，pp.768-819

加藤　稔・鈴木雅宏・米地文夫　1971「尾花沢角二山遺跡の発掘とそのテフラ研究上の意義」『第四紀』16，pp.26-29

門脇耕一　1982「小国盆地の旧石器資料」『越中山かわら版』6，pp.17-23

金井拓人・池谷信之・保坂康夫　2019「化学組成データの対数比解析を利用した黒曜石の原産地推定」『文化財科学』78，pp.37-51

鹿又喜隆　2003a「荒屋型彫刻刀の機能─荒屋遺跡第 2・3 次発掘調査出土資料の分

析を通して─」『シンポジウム日本の細石刃文化Ⅱ』八ヶ岳旧石器研究グループ, pp.11-24

─── 2003b「細石刃石器群における石器製作・使用・維持・廃棄の様相」『荒屋遺跡第2・3次発掘調査報告書』東北大学文学部考古学研究会, pp.73-81

─── 2004「大石田町立歴史民俗資料館所蔵の角二山遺跡細石刃石器群の研究」『山形考古』7-4, pp.19-32

─── 2007「細石刃集団の移動と生業活動」『考古学談叢』六一書房 pp.131-149

─── 2008「大石田町立歴史民俗資料館所蔵の角二山遺跡細石刃石器群の研究（その2）」『山形考古』8-4, pp.3-6

─── 2011「細石刃集団による地点間の活動差」『東北文化研究室紀要』52, pp.182-200

─── 2015「東北地方の後期旧石器時代における石器石材の獲得と消費の変化」『旧石器研究』11, pp.29-48

─── 2023「山形県大石田町角二山遺跡2017年から2020年発掘調査の要点」『北村山の歴史』22, pp.1-9

鹿又喜隆・井上　巖・柳田俊雄　2015「黒曜石原産地分析による先史時代の石材流通に関する基礎的研究」『文化』79-1・2, pp.47-61

鹿又喜隆・佐々木繁喜　2015「角二山遺跡出土の黒曜石製細石刃の原産地推定とその意義」『山形考古』45, pp.34-40

菅頭明日香・佐藤信之・建石　徹・二宮修治　2022「新潟県内諸遺跡における黒曜石製細石刃石器群の産地分析報告」『新潟考古』33, pp.157-161

北沢　実編　1988『帯広・暁遺跡3』帯広市埋蔵文化財調査報告7

───編　1989『帯広市暁遺跡の発掘調査─第5次調査報告書─』十勝考古学研究所調査報告1

北沢　実・山原敏朗編　2006『帯広・大正遺跡群2』帯広市埋蔵文化財調査報告27

北村忠昭・米田　寛・長村克稔編　2004『早坂平遺跡発掘調査報告書』岩手県文化振興事業団埋蔵文化財調査報告書437

木村英明　1967「北海道先土器文化終焉に関る一理解」『古代文化』19-2, pp.1-11

───　1995「黒曜石・ヒト・技術」『北海道考古学』31, pp.3-63

───　2012『黒曜石原産地遺跡・「白滝コード」を読み解く』六一書房

倶知安町教育委員会　1990「倶知安町の旧石器時代遺跡」『第4回東北日本の旧石器文化を語る会予稿集』pp.37-42

工藤雄一郎　2012『旧石器・縄文時代の環境文化史』新泉社

國木田大・松崎浩之　2020「タチカルシュナイ遺跡M-Ⅰ地点出土資料の14C年代測定」『日本列島北部における新石器型狩猟採集社会の形成過程─タチカルシュナイ遺跡M-Ⅰ地点の研究─』東京大学常呂実習施設研究報告16, pp.104-114

国武貞克・大屋道則・田村　隆・島立　桂・横山一己・望月明彦・平尾良光　2006「黒曜岩の理化学的分析による産地推定法」『日本考古学協会第72回総会研究発表要旨』pp.296-297

窪田恵一　2009「茨城県筑波・稲敷台地の細石刃石器群」『常総台地』16, pp.146-

318 　　　　　　　　　　　　　　引 用 文 献

155

熊谷仁志編　2011『北見市北上4遺跡』北海道埋蔵文化財センター調査報告書275

栗島義明　2010「擦痕を持つ細石刃核」『利根川』32，pp.15-25

─────　2021「「白滝型」細石刃核について」『資源環境と人類』11，pp.57-77

栗島義明・米田　穣　2023「宮ノ前遺跡出土土器の放射性炭素年代」『資源環境と人類』13，pp.179-164

古環境研究所　2024「鶴岡市越中山遺跡調査における植物珪酸体分析」『越中山遺跡の研究─2023年度発掘調査報告書─』越中山遺跡調査団，pp.50-52

小島　功・立田佳美編　2000『岐阜県吉城郡宮川村　宮ノ前遺跡発掘調査報告書（Ⅱ）』岐阜県・宮川村教育委員会

小島　功・立田佳美編　2002『岐阜県吉城郡宮川村　宮ノ前遺跡Ⅲ・塩屋島遺跡』岐阜県・宮川村教育委員会

興水達司・福岡　孝　1991「黒曜石の表面光沢損失に関する熱の影響」『考古学と自然科学』24，pp.63-68

小菅将夫　1994「群馬県内出土の細石核2例」『群馬考古学手帳』4，pp.107-112

児玉作左衛門・大場利夫　1957「狩太遺跡」『狩太遺跡』北海道虻田郡狩太町・北海道虻田郡狩太町教育委員会，pp.16-62

小林達雄　1970「日本列島に於ける細石刃インダストリー」『物質文化』16，pp.1-10

小牧實繁・水野清一・江上波夫・駒井和愛　1931「蒙古多倫淖爾に於ける新石器時代の遺蹟」『人類学雑誌』46-8，pp.291-296

斎藤武一　1960「美瑛町北瑛発見の舟底形石器について」『旭商郷土部 Note』2，pp.1-10

─────　1965「北海道上川郡北美瑛遺跡」『日本考古学年報』13，pp.77

斎藤武一・清杉久義　1958『旭川市旭ヶ丘遺跡』

齋藤基幹　1993「下呂石─飛騨・木曽川水系における転石のあり方─」『愛知女子短期大学紀要　人文編』26，pp.139-157

酒井忠一・加藤　稔編　1973『越中山遺跡の研究・序説　付：越中山遺跡K地点第三次調査略報』朝日村教育委員会

坂梨夏代　2014「吉崎昌一先生の業績（1）」『札幌国際大学紀要』45，pp.121-127

坂梨夏代・越田賢一郎　2015「倶知安町峠下遺跡発掘調査について」『第29回東北日本の旧石器文化を語る会予稿集』pp.36-42

佐久間光平　2015「本州における『打面に擦痕のある黒曜石製細石刃核』の新たな事例と石器群の評価について」『宮城考古学』17，pp.57-72

─────　2018a「北方系細石刃石器群と神子柴・長者久保石器群の共存─薬莱山 No.34遺跡をめぐって─」『宮城の旧石器時代遺跡』宮城県考古学会旧石器部会，pp.89-94

─────　2018b「東北地方の「北方系細石刃石器群」をめぐって」『東北日本の旧石器時代』六一書房，pp.475-488

桜井美枝　1992「細石刃石器群の技術構造　山形県角二山遺跡の分析」『東北文化論

のための先史学歴史学論集』加藤稔先生還暦記念会, pp.441-462
佐々木繁喜　1979「十勝石について」『十勝考古』3, pp.11-24
─────　1997「東北地方の黒曜石」『岩手考古学』9, pp.45-83
─────　2012「岩手県北上川流域の黒曜石について」『岩手考古学』29, pp.3-26
─────　2013「岩手県門前貝塚および宮城県大木囲貝塚出土黒曜石の産地推定分析」『岩手考古学』24, pp.1-20
─────　2015「黒曜石製石器の石質鑑定」『清水西遺跡発掘調査報告書』山形県埋蔵文化財センター調査報告書220, 附編 pp.7-9
─────　2016「東北地方とその周辺地域から産出する黒曜岩の蛍光X線分析と原産地推定」『岩手考古学』27, pp.1-18
─────　2019a「岩手県内の遺跡から出土した黒曜石の蛍光X線分析による原産地推定」『岩手考古学』30, pp.1-18
─────　2019b「黒曜石産地推定」『日向洞窟遺跡』日向洞窟遺跡発掘調査団, pp.252-255
─────　2020「異なる機器による黒曜石製石器の蛍光X線分析」『宮城考古学』22, pp.241-245
佐藤訓敏・北沢　実編　1985『帯広・暁遺跡1』帯広市埋蔵文化財調査報告1
佐藤訓敏・北沢　実編　1986『帯広・暁遺跡2』帯広市埋蔵文化財調査報告5
佐藤信之　2018「正面中島遺跡を中心とした細石刃石器群の遺跡」『津南学』7, pp.32-40
─────　2021「魚沼地域の石材環境とその利用」『晩氷期・細石刃文化の資源利用』苗場山麓ジオパーク振興協議会, pp.2-6
佐藤宏之　1992「北方系削片系細石器石器群と定住化仮説」『法政大学大学院紀要』29, pp.55-83
─────　2011「荒川台型細石刃石器群の形成と展開　陵柱系細石刃石器群の生成プロセスを展望として」『考古学研究』58-3, pp.51-68
─────　2013「稜柱系細石刃石器群の生成プロセスの展望：荒川台型細石刃石器群を中心として」『シンポジウム　日本列島における細石刃石器群の起源』八ヶ岳旧石器研究グループ, pp.10-13
佐藤宏之・役重みゆき　2013「北海道の後期旧石器時代における黒曜石産地の開発と黒曜石の流通」『旧石器研究』9, pp.1-25
佐藤雅一　2002「新潟県津南段丘における石器群研究の現状と展望―後期旧石器時代から縄文時代草創期に残された活動痕跡―」『先史考古学論集』11, pp.1-52
─────　2003「遺跡の立地と集団の動き」『季刊考古学』83, pp.37-41
─────　2019「大刈野遺跡の理解に向けて」『旧石器時代文化から縄文時代文化の潮流』六一書房, pp.225-236
─────　2020「中部北部の移行期」『シンポジウム　旧石器から縄文へ』明治大学黒曜石研究センター, pp.9-16
佐藤雅一・佐藤信之・新海達也編　2018『上原E遺跡』津南町文化財調査報告書74
佐藤雅一・佐野勝宏編　2002『正面中島遺跡』津南町文化財調査報告書37

佐野勝宏　2002「北方系細石刃石器群を残した人類の行動形態」『考古学研究』
　　49-1,　pp.38-58
鮫島輝彦 1972「段間遺跡の地質学的所見」『河津町見高段間遺跡第二次調査報告書』
　　河津町教育委員会
沢田　敦　2014『荒屋遺跡』シリーズ日本の遺跡 47,　同成社
―――　2020「運搬痕跡研究とその考古学的意義」『石器痕跡研究の理論と実践』
　　同成社,　pp.49-83
沢田　敦・田海義正編　2002『荒屋遺跡』川口町埋蔵文化財報告 3
下岡順直・早田　勉・青木かおり・若井明彦　2020「浅間板鼻褐色軽石群（As-BP
　　Group）の岩石記載と放射性炭素年代」『地球環境研究』22,　pp.57-65
篠遠喜彦・中山　榮　1944「南沢遺跡出土の黒曜石について」『採集と飼育』6-2,
　　pp.60-64
芝康次郎　2011「九州における細石刃技術の分類」『九州における細石刃石器群の研
　　究』六一書房,　pp.27-59
渋谷孝雄　2021『小国町の考古学』山形県立うきたむ風土記の丘考古資料館
渋谷孝雄・安彦政信・佐々木繁喜　2016「山形県中山町滝 1 遺跡の広郷型細石刃核
　　と松岡山遺跡の尖頭器の原産地推定とその意義」『山形考古』46,　pp.3-11
渋谷孝雄・海藤直行　2015「山形県角二山遺跡の範囲確認調査」『第 28 回東北日本
　　の旧石器文化を語る会予稿集』pp.56-66
渋谷孝雄・佐々木繁喜　2018「山形県内から出土した旧石器時代から縄文時代草創
　　期の黒曜石製石器の産地同定とその意義」『東北日本の旧石器時代』六一書房,
　　pp.323-345
島田和高・山科　哲　1998「明治大学考古学博物館収蔵資料（旧石器時代）の再検
　　討・再評価」『明治大学博物館研究報告』3,　pp.23-67
白石典之　1994「細石刃核の打面と作業面のなす角度の分析」『古代文化』46-10,
　　pp.1-14
白滝団体研究会　1963『白滝遺跡の研究』白滝団体研究会
市立函館博物館　1960『立川』市立函館博物館
神保小虎　1886「黒曜石比較研究緒言」『人類学会報告』2,　p.24
末光正卓編　2010『千歳市オルイカ 2 遺跡（3）』北海道埋蔵文化財センター調査報
　　告書 267
―――編　2013『千歳市祝梅川上田遺跡（2）』北海道埋蔵文化財センター調査報
　　告書 300
杉原荘介　1965「会報」『考古学集刊』3-2,　東京考古学会,　裏表紙
杉原荘介・戸沢充則　1975『北海道白滝服部台における細石器文化』明治大学文学
　　部研究報告第五冊,　明治大学文学部考古学研究室
鈴木忠司　1971「野岳遺跡の細石核と西南日本における細石刃文化」『古代文化』
　　23-8,　pp.175-192
鈴木宏行　2024「石器群の年代について」『帯広市　空港南 A 遺跡』北海道埋蔵文
　　財センター調査報告書 376,　pp.141-144

引 用 文 献 321

鈴木正男　1969「フィッショントラック法による黒曜石の噴出年代とウラン濃度の測定（第1報）―石器時代黒曜石製石器の原産地推定に関する基礎的研究―」『第四紀研究』8-4，pp.123-130

―――　1970「フィッショントラック法による黒曜石の噴出年代とウラン濃度の測定（第2報）―本州中部，伊豆諸島産出の黒曜石について―」『第四紀研究』9-1，pp.1-6

鈴木正男・戸村健児　1991「中ッ原遺跡第5遺跡B地点の黒曜石の分析」『中ッ原遺跡第5遺跡B地点』八ヶ岳旧石器研究グループ，pp.202-206

鈴木三男　2003「荒屋遺跡出土炭化材の樹種」『荒屋遺跡第2・3次発掘調査報告書』東北大学文学部考古学研究会，pp.62-69

須藤　隆・平口哲夫・千葉英一　1973「C地点」『タチカルシュナイ遺跡　1972』北海道遠軽町教育委員会，pp.16-18

須藤隆司　2009「細石刃技術―環日本海技術と地域技術の構造と組織―」『旧石器研究』5，pp.67-97

関口博幸編　2010『八ヶ入遺跡I』群馬県埋蔵文化財調査事業団調査報告書491

関口博幸・早田　勉・下岡順直　2011「群馬の旧石器編年のための基礎的研究」『研究紀要』29，pp.1-20

芹沢長介　1953「関東及中部地方に於ける無土器文化の終末と縄文文化の発生とに関する予察」『駿台史学』4，pp.65-106

―――　1954「信濃・矢出川遺跡の調査」『日本考古学協会総会研究発表要旨』14，pp.1-2

―――　1956「日本に於ける無土器文化」『人類学雑誌』64-3，pp.31-43

―――　1958「細石器問題の進展（その一）」『貝塚』82，p.1

―――　1959a「ローム層に潜む文化」『世界考古学大系』1，平凡社，pp.17-38

―――　1959b「新潟県荒屋遺跡における細石刃文化と荒屋形彫刻刀について（予察）」『第四紀研究』1-5，pp.174-181

―――　1960「細石器問題の進展（その四）」『貝塚』96，pp.1-2

―――　1962「北海道紋別郡タチカルシナイ遺跡」『日本考古学年報』11，p.48

―――　1967「旧石器時代の終末と土器の発生」『信濃』19-4，pp.5-12

―――　2003「細石刃の装着法について」『荒屋遺跡第2・3次発掘調査報告書』東北大学文学部考古学研究会，pp.84-88

芹沢長介・須藤　隆編　2003『荒屋遺跡第2・3次発掘調査報告書』東北大学文学部考古学研究会

早田　勉　1996「樽口遺跡上段のテフラ分析」『樽口遺跡』朝日村文化財報告書11，pp.128-138

髙倉　純　2008「北海道勇払郡厚真町上幌内モイ遺跡旧石器地点出土の旧石器時代石器群における剝離方法の同定」『論集忍路子』II　pp.41-48

竹原弘展　2012「早月上野遺跡出土黒曜石製石器の産地推定」『早月上野遺跡発掘調査報告』富山県文化振興財団埋蔵文化財調査事務所，第一分冊pp.274-278

―――　2013a「祝梅川上田遺跡出土黒曜石の産地推定（平成18年度）」『千歳市

祝梅川上田遺跡（2）』北海道埋蔵文化財センター調査報告書 300，pp.377-381

――――　2013b「祝梅川上田遺跡出土黒曜石の産地推定（平成 20 年度）」『千歳市祝梅川上田遺跡（2）』センター調査報告書 300，pp.382-384

田近　淳・八幡正弘　1991『5 万分の 1 地質図幅説明書（遠軽）』北海道立地質資源調査所

建石　徹・加藤　稔・渋谷孝雄・会田容弘・小菅将夫・二宮修治　2012「山形県湯の花遺跡・群馬県稲荷山 V 遺跡出土黒曜石資料の産地分析」『岩宿フォーラム2012／シンポジウム『北関東の細石刃文化』予稿集』pp.90-94

建石　徹・加藤　稔・渋谷孝雄・会田容弘・小菅将夫・二宮修治　2014「山形県湯の花遺跡出土黒曜石資料の産地分析」『岩宿』3，pp.7-15

建石　徹・坂上恵梨・柳田明進・二宮修治　2008「縄文時代草創期遺跡出土黒曜石の産地分析―新潟県内出土資料を中心として―」『縄文文化の胎動―予稿集―』津南学叢書 8，pp.43-48

田村俊之編　1994『丸子山遺跡における考古学的調査』千歳市文化財調査報告書 14

㈱地球科学研究所，2003「放射性炭素年代測定」『千歳市オルイカ 2 遺跡』北海道埋蔵文化財センター調査報告書 189，pp.151-154

千葉英一　1989「タチカルシュナイ第 V 遺跡 C 地点下層石器群の再検討」『考古学論叢 II』芹沢長介先生還暦記念論文集刊行会，pp.89-103

千葉英一・吉崎昌一・横山英介　1984「湧別技法」『考古学ジャーナル』229，pp.16-21

立木宏明編　1996『樽口遺跡』朝日村文化財報告書 11

立木宏明・吉井雅勇・沢田　敦　2018「新潟県樽口遺跡出土石器群の再検討」『東北日本の旧石器時代』六一書房，pp.103-116

塚原秀之・桑原　健・佐藤信之　2021「千曲川―信濃川流域の石器石材環境」『千曲川―信濃川流域の先史文化』津南学叢書 40，pp.93-103

筑波大学歴史人類学系遠間資料研究グループ　1990『湧別川』北海道紋別郡遠軽町教育委員会

辻本崇夫　1984「細石器文化の遺構」『駿台史学』60，pp.94-117

辻　秀子・直井孝一　1973「A 地点」タチカルシュナイ遺跡　1972』北海道遠軽町教育委員会，pp.6-11

堤　隆　1997「荒屋型彫刻刀形石器の機能推定―埼玉県白草遺跡の石器使用痕分析から―」『旧石器考古学』54，pp.17-36

――――　2011「細石刃狩猟民の黒曜石資源受給と石材・技術運用」『資源環境と人類』1，pp.47-65

鶴丸俊明　1979「北海道地方の細石刃文化」『駿台史学』47，pp.23-49

――――　1981「白滝型細石刃核をもつ遺跡」『北見市史』北見市役所，pp.347-351

――――編　2008『北海道東・北部の細石刃文化の研究』札幌学院大学人文学部

寺崎康史　2006「北海道の地域編年」『旧石器時代の地域編年的研究』六一書房，pp.275-314

引 用 文 献

―――――編　2001『ピリカ遺跡Ⅰ』今金町文化財調査報告 4

―――――編　2002『ピリカ遺跡Ⅱ』今金町文化財調査報告 5

㈱東京航業研究所地球化学分析室編　2020「日本の黒曜石」『㈱東京航業研究所　研究紀要』創刊号，pp.1-328

東北大学大学院文学研究科・東北大学総合学術博物館・仙台市富沢遺跡保存館地底の森ミュージアム編　2016『企画展「アジアの中の東北日本旧石器時代」展示図録』共催企画展「アジアの中の東北日本旧石器時代」(http://www.museum.tohoku.ac.jp/exhibition_info/other/asia_tohoku_kyusekki.htm) 2017/12/13 取得

戸沢充則　1967「北海道置戸安住遺跡の調査とその石器群」『考古学集刊』3-3，pp.1-44

友田哲弘　1994「先土器時代の上川」『新旭川市史』第一巻，旭川市，pp.109-155

直井孝一・石橋孝夫　1973「B 地点」『タチカルシュナイ遺跡　1972』北海道遠軽町教育委員会 pp.13-15

直江康雄編　2007『白滝遺跡群Ⅶ』北海道埋蔵文化財センター調査報告書 236

直江康雄　2014「北海道における旧石器時代から縄文時代草創期に相当する石器群の年代と編年」『旧石器考古学』10，pp.23-39

中井　泉　2016「蛍光 X 線分析の基礎」『蛍光 X 線分析の実際　第 2 版』朝倉書店，pp.2-18

長井謙治　2009『石器づくりの考古学―実験考古学と縄文時代の始まり―』ものが語る歴史 18，同成社

中沢祐一　2000「黒曜石石器群に認められる被熱痕跡の生成実験と量的評価」『第四紀研究』39-6，pp.535-546

中沢祐一・矢原史希編　2017『北海道大学所蔵中里遺跡（置戸町）収集考古資料』北海道大学

永塚俊司　1997「荒屋系細石刃石器群における一つの定点」『麻生優先生退官記念論文集　人間・遺跡・遺物 3』発掘者談話会，pp.90-117

―――――　2012「荒屋系細石刃石器群の諸相」『考古学論攷 1』六一書房，pp.71-108

長野県立歴史館編　2018『最古の信州ブランド　黒曜石』長野県立歴史館

長沼　孝編　1985『今金町　美利河 1 遺跡』北海道埋蔵文化財センター調査報告書 23

―――――編　1988『石川 1 遺跡』北海道埋蔵文化財センター調査報告書 45

―――――編　2002『白滝遺跡群Ⅲ』㈶北海道埋蔵文化財センター調査報告書 169

長沼　孝・佐藤　剛編　2000『日東遺跡』㈶北海道埋蔵文化財センター調査報告書 141

長沼正樹　2008「両面石器リダクションの事例（1）」『論集忍路子』Ⅱ，pp.125-150

中村俊夫　1998「岐阜県吉城郡宮川村宮ノ前遺跡から採取された植物質試料の加速器 ¹⁴C 年代」『岐阜県吉城郡宮川村　宮ノ前遺跡発掘調査報告書』岐阜県・宮川村教育委員会，pp.351-356

中村由克　2015「和田・高山地域の黒曜石河川礫の分布調査」『資源環境と人類』5，

pp.53-64

─── 2018「黒曜石採集地の推定のための自然面解析法」『資源環境と人類』8, pp.43-51

那須孝悌 1985「先土器時代の環境」『岩波講座日本考古学2 人間と環境』岩波書店, pp.51-109

夏木大吾 2013「稜柱形細石刃核の形態的変異に関する研究」『東京大学考古学研究室研究紀要』27, pp.79-129

─── 2018「北海道における縄文時代草創期文化」『論集忍路子』V, pp.59-77

─── 2020「東北日本の稜柱系細石刃石器群」『福岡大学考古学論集3』武末純一先生退職記念事業会, pp.3-16

───編 2020『日本列島北部における新石器型狩猟採集社会の形成過程―タチカルシュナイ遺跡M-Ⅰ地点の研究―』東京大学常呂実習施設研究報告16

名取武光・松下亘 1961a『峠下遺跡』倶知安教育委員会

名取武光・松下亘 1961b「倶知安町の遺跡と先住民」『倶知安町史』倶知安町, pp.10-33

野村崇 2013「北海道考古学会創立の頃の思い出（その2）」『北海道考古学だより』106, pp.8-9

橋本勝雄 1988「千葉県佐倉市木戸場遺跡A地点「第1・第2ユニット」から」『研究連絡誌』21, pp.12-20

─── 2011a「関東最南端の北方系細石刃石器群―君津市向郷菩提遺跡と袖ケ浦市東上泉遺跡出土資料の再評価―」『研究連絡誌』72, pp.45-50

─── 2011b「関東の北方系細石刃石器群―成田市キサキ遺跡4地点の再検討と関東の最新成果―」『研究紀要』8, pp.1-21

─── 2014「佐倉市間野台貝塚出土の北方系細石刃石器群」『佐倉市史研究』27, pp.16-36

秦昭繁 2007「新潟県の珪質頁岩石材環境と特徴」『第21回東北日本の旧石器文化を語る会予稿集』pp.51-57

─── 2018「東日本の珪質頁岩を河川資源と捉える」『考古学ジャーナル』710, pp.34-37

早川正一・河野典夫・立田佳美・小島功編 1998『岐阜県吉城郡宮川村 宮ノ前遺跡発掘調査報告書』岐阜県・宮川村教育委員会

平井尚志編 1958『貝塚（考古ニュース）』80

パリノ・サーヴェイ株式会社 2003「オリイカ2遺跡から出土した炭化材の樹種」『千歳市オリイカ2遺跡』北海道埋蔵文化財センター調査報告書189, pp.155-158

─── 2018「上原E遺跡の自然科学分析」『上原E遺跡』津南町文化財調査報告書74, pp.249-267

パリノサーベイ株式会社 2003「新潟県川口町荒屋遺跡のテフラについて」『荒屋遺跡第2・3次発掘調査報告書』東北大学文学部考古学研究会, pp.57-61

㈱パレオ・ラボ 2010「八ヶ入遺跡出土の黒曜石製石器の原産地推定」『八ヶ入遺跡

Ⅰ』群馬県埋蔵文化財調査事業団調査報告 491，pp.232-236

パレオ・ラボ AMS 年代測定グループ　2005「放射性炭素年代測定」『千歳市オルイカ 2 遺跡（2）』北海道埋蔵文化財センター調査報告書 221，pp.325-338

ファーガソン・ジェフリー・マイケル・グラスコック・出穂雅実　2012「黒曜石遺物の蛍光 X 線分析および放射化分析」『黒曜石の流通と消費から見た環日本海北部地域における更新世人類社会の形成と変容（Ⅰ）』東京大学常呂実習施設研究報告 10，pp.125-131

ファーガソン・ジェフリー・出穂雅実・尾田識好・中沢祐一・山原敏朗　2014「北海道帯広市南町 2 遺跡スポット 3 の黒曜石遺物の蛍光 X 線分析」『黒曜石の流通と消費から見た環日本海北部地域における更新世人類社会の形成と変容（Ⅱ）』東京大学常呂実習施設研究報告 12，pp.97-102

藤川尚位　1959「置戸遺跡出土の擦痕石器の実例と細石核について」『先史時代』9，pp.14-21

藤山龍造　2013「白滝服部台遺跡における石器集中域の復元」『考古学集刊』9，pp.57-74

―――　2016「北海道における旧石器時代・基準資料の再構築」『明治大学人文科学研究所紀要』79，pp.89-150

―――　2017「バイフェイス・リダクション仮説とその評価―尖頭器石器群の発達を中心に―」『駿台史学』161，pp.81-109

古川知明　2002「黒曜石の産地同定結果」『富山市向野池遺跡発掘調査報告書』富山市教育委員会，p.67

本間　寿　2016「蛍光 X 線分析装置」『蛍光 X 線分析の実際　第 2 版』朝倉書店，pp.32-56

増田和彦　1962「本邦産黒曜石の晶子形態と考古学への応用について」『新潟県中魚沼郡津南町上野遺跡発掘調査報告書』津南町

町田　洋・新井房夫　2003『新編火山灰アトラス』東京大学出版会

松村愉文・瀬下直人編　2002『白滝第 4 地点遺跡』北海道白滝村教育委員会

三浦麻衣子・建石　徹・二宮修治　2012「ICP 発光分光分析を用いた遺跡出土黒曜石石器の原産地推定に関わる基礎的研究」『日本文化財科学会第 29 回大会研究発表要旨』pp.242-243

三浦麻衣子・建石　徹・二宮修治　2020「最近の黒曜石産地分析の動向」『文化財科学』80，pp.29-44

御堂島正　2010「石器の運搬痕跡」『比較考古学の新地平』同成社，pp.23-34

―――　2015「石器の稜線に形成される磨滅」『鴨大史学』13，pp.1-16

―――　2020「黒曜岩製石器の運搬痕跡に関する再検討」『大正大学考古学論集』大正大学考古学論集刊行会，pp.1-24

三橋誠之・宮　宏明　2004「擦痕を有する細石刃核と削片」『北海道旧石器文化研究』9，pp.15-28

宮城旧石器研究会　2014「加美町薬莱山麓の旧石器遺跡（3）―薬莱山 No.34 遺跡―」『宮城考古学』16，pp.107-120

三宅徹也・松山　力・山口義伸・横山祐平　1980『大平山元Ⅱ遺跡発掘調査報告書』青森県立郷土館調査報告 8

向井正幸　2005a「紋別地域，留辺蘂，豊浦地域から産出する黒曜石ガラスの化学組成」『旭川市博物館研究報告』11，pp.9-20

―――― 2005b「青森県津軽地方から産出する黒曜石ガラスの化学組成」『旭川市博物館研究報告』11，pp.21-30

―――― 2005c「秋田県男鹿半島から産出する黒曜石ガラスの化学組成」『旭川市博物館研究報告』11，pp.31-38

―――― 2010「北海道から産出する黒曜石ガラスの化学組成」『旭川博物科学館研究報告』2，pp.1-34

―――― 2016「北海道地方から産出する黒曜石ガラスの主成分化学組成について」『旭川市博物館研究報告』23，pp.1-24

向井正幸・渋谷亮太・和田恵治　2004「生田原地域から産出する黒曜石ガラスの化学組成」『旭川市博物館研究報告』10，pp.35-40

向井正幸・長谷川仁彦・和田恵治　2000「旭川周辺地域における黒曜石ガラスの化学組成―黒曜石の産地特定への適用―」『旭川市博物館研究報告』6，pp.51-64

向井正幸・和田恵治・大倉千加子　2002「置戸地域・赤井川地域から産出する黒曜石ガラスの化学組成」『旭川市博物館研究報告』8，pp.47-58

村上裕次　2007「タチカルシュナイ第Ⅴ遺跡の石器製作技術」『考古学談叢』六一書房，pp.25-58

望月明彦　1997「蛍光Ｘ線分析による中部・関東地方の黒曜石産地の判別」『Ｘ線分析の進歩』28，pp.157-168

―――― 1999「黒曜石山地推定報告」『越遺跡』pp.49-54

―――― 2000「向野池遺跡出土黒曜石産地推定結果」『境野新遺跡・向野池遺跡』富山市教育委員会，p.16

―――― 2002「黒耀石分析化学の現状と展望」『黒耀石文化研究』創刊号，pp.95-102

―――― 2004「黒曜石産地推定」『信濃町内その 3　仲町遺跡　第 2 分冊』長野県埋蔵文化財センター発掘調査報告書 63，pp.202-203

―――― 2014「エネルギー分散蛍光Ｘ線分析による黒曜石の産地推定」『小竹貝塚発掘調査報告』富山県文化振興財団埋蔵文化財調査事務所，第二分冊 pp.150-155

―――― 2015「野辺山高原における細石刃石器群の産地推定」『矢出川』八ヶ岳旧石器研究グループ，pp.884-296

望月明彦・池谷信之　2008「蛍光Ｘ線分析法の最近の話題について」『日本旧石器学会ニュースレター』9，pp.1-4

望月明彦・池谷信之・小林克次・武藤由里　1994「遺跡内における黒曜石製石器の原産地別分布について―沼津市土手上遺跡 BB Ⅴ層の原産地推定から―」『静岡県考古学研究』26，pp.1-24

望月明彦・吉田　望・安蒜政雄　2006「月見野遺跡群第Ⅲ遺跡 C 地点出土黒耀石製

引 用 文 献　　　327

石器群の産地推定分析」『黒耀石文化研究』4，pp.71-90

森嶋秀一　2003「旧石器時代の栃木県域における黒曜石の利用（予察）」『栃木の考古学』堝静夫先生古稀記念論文集「栃木の考古学」刊行会，pp.1-19

諸星良一　2023「樽口遺跡の A-MS 石器群の技術構造の分析」『三面川流域の考古学』20，pp.1-34

――――　2024「山形県湯の花遺跡採集の黒曜石製細石刃石核の再検討」『旧石器研究』20，pp.69-78

矢島國雄　1979「東北地方の細石器文化」『駿台史學』47，pp.51-65

矢原史希・中沢祐一　2018「北海道置戸町中里地区収集の細石刃核の検討」『論集忍路子』V，pp.91-107

山崎博信　1963「北海道名寄市旭東区南出地点の遺跡」『道北文化研究』3，pp.12-15

――――　1964『名寄市日進遺跡篠原地点』郷土資料集 5，名寄市立図書館

山田晃弘　1986「北海道後期旧石器時代における石器製作技術構造の変遷に関する予察」『考古学雑誌』71-4，pp.1-29

山田　治　1988「年代測定」『石川 1 遺跡』㈶北海道埋蔵文化財センター調査報告書 45，p.260

山田　哲　2006『北海道における細石刃石器群の研究』六一書房

山中一郎　1982「荒屋遺跡出土の彫器―型式学的彫器研究の試み―」『考古学論考』平凡社，pp.5-40

山原敏朗　1996「北海道における細石刃石器群以前の石器群について―十勝地域の恵庭 a 火山灰降下以前の石器群の分析から―」『帯広百年記念館研究紀要』14，pp.1-28

山本　克　2000「上原 E 遺跡」『平成 12 年度津南町遺跡発掘調査概要報告書』津南町文化財調査報告 33，pp.18-21

――――　2004「大刈野遺跡」『湯沢町史』湯沢町教育委員会，pp.7-18

八幡一郎　1935a「日本の石器時代と細石器の問題」『科学知識』15-4，pp.444-446

――――　1935b「北海道の細石器」『人類学雑誌』15-3，p.44-46

――――　1936a「信州諏訪湖底「曽根」の石器時代遺跡」，『ミネルヴァ』1-2，pp.12-19

――――　1936b「日本新石器時代初期の石器」『民族学研究』2-3，pp.543-557

――――　1937「日本に於ける中石器文化的様相に就いて」『考古学雑誌』27-6，pp.1-14

湧別川流域史研究会　1997『遠軽町タチカルシナイ遺跡 M1 地点発掘調査報告書』湧別川流域史研究会

横山英介　1961「北海道の旧石器文化について」『北海道考古学』7，pp.1-16

吉川耕太郎・佐々木繁喜　2017「秋田県・岩手県出土黒曜石製石器の原産地推定」『秋田県立博物館研究報告』42，pp.18-36

吉崎昌一　1955「北海道北見国相内村豊田遺跡略報」『石器時代』1，pp.46-49

――――　1958a「北海道の無土器文化について」『郷土の科学』19，pp.2-6

引 用 文 献

――――　1958b「細石器問題の進展（その二）」『貝塚』83，p.1

――――　1959a「札滑遺跡」『北海道学芸大学考古学研究会連絡紙』18，pp.84-88

――――　1959b「北海道白滝村 Loc.30 の石器群」『考古学手帖』6，pp.2-3

――――　1961「白滝遺跡と北海道の無土器文化」『民族学研究』26-1，pp.13-23

――――　1972『昭和 46 年度　遠軽町彌生区（タチカルシュナイ）遺跡調査概要』

――――編　1973『タチカルシュナイ遺跡　1972』北海道遠軽町教育委員会

林　乃如・楠　裕人・青木要祐・鹿又喜隆・松本圭太・森　貴教　2024「山形県鶴
　　岡市越中山遺跡 2024 年度発掘調査」『第 38 回東北日本の旧石器文化を語る会予
　　稿集』pp.63-72

和田恵治・向井正幸・武田　修　2003「EPMA による黒曜石ガラスの主成分化学組
　　成―遺跡出土黒曜石の産地特定：常呂川河口遺跡の例―」『北海道教育大学大雪
　　山自然教育研究施設研究報告』37，pp.59-70

和田恵治・佐野恭平　2011「白滝黒曜石の化学組成と微細組織」『旧石器研究』7，
　　pp.57-73

藁科哲男　1996「恩原遺跡出土のサヌカイト・黒曜石製遺物の原材産地分析」『恩原
　　2 遺跡』恩原遺跡発掘調査団，pp.247-252

――――　2000「丸山遺跡出土の黒曜石製石器の原材産地分析」『東北町長者久保遺
　　跡・木造町丸山遺跡』青森県立郷土館調査報告 44，pp.56-69

――――　2003「オルイカ 2 遺跡出土の黒曜石製石器・剥片の原材産地分析」『千歳
　　市オルイカ 2 遺跡』北海道埋蔵文化財センター調査報告書 189，pp.169-178

藁科哲男・小熊博史　2002「新潟県小瀬ヶ沢洞窟・室谷洞窟遺跡出土黒曜石製遺物
　　の原材産地分析」『長岡市立科学博物館研究報告』37，pp.107-118

藁科哲男・東村武信　1983「石器原材の産地分析」『考古学と自然科学』16，pp.59-
　　89

藁科哲男・東村武信　1985「西日本地域の黒曜石研究」『考古学ジャーナル』244，
　　pp.12-17

藁科哲男・東村武信　1989「上北郡六ヶ所村表館（1）遺跡を中心とした青森県内主
　　要遺跡出土の石材産地分析」『表館（1）遺跡発掘調査報告書Ⅲ』青森県埋蔵文
　　化財調査報告書 120，pp.571-584

藁科哲男・東村武信　1995「中ッ原遺跡群出土石器の石材産地分析」『中ッ原第 1 遺
　　跡 G 地点の研究』八ヶ岳旧石器研究グループ，pp.101-110

藁科哲男・東村武信　1996「樽口遺跡出土の黒曜石，安山岩製遺物の石材産地分析」
　　『樽口遺跡』朝日村文化財報告書 11，pp.176-185

Binford, L. R. 1979, Organization and formation processes: looking at curated
　　technologies. *Journal of Anthropological Research* 35, pp.255-273

Davis, M.K., T. L, Jackson., M. K, Shackley., T, Teague. and J. H, Hampel. 1998.
　　Factors Affecting the Energy-Dispersive X-Ray Fluorescence（EDXRF）Analysis
　　of Archaeological Obsidian. In: M. S, Shackley., (eds.), *Archaeological Obsidian
　　Studies*, Plenum Press, New York, pp.159-180

引 用 文 献　　　　　　　329

Eggleton, R. A., C. Foudoulis. and D. Varkevisser. 1987. Weathering of Basalt: Changes in Rock Chemistry and Mineralogy. *Clays and Clay Minerals* 35, pp.161-169

Glascock, D. M., Neff, H., Stryker, S. K. and Johnson, N. T., 1994, Sourcing archaeological obsidian by an abbreviated NAA procedure. *Journal of Radioanalytical and Nuclear Chemistry*, 180, pp.29-35

Kanomata, Y, Aoki, Y., Sasaki, S., Kumagai, R., Akoshima, K. and A. V, Tabarev. 2022, Obsidian Transportation Across the Tsugaru Strait in the Context of the Late Pleistocene. In: Sobkowiak-Tabaka, I., A, Diachenko. and A, Wiśniewski., (eds.), *Quantifying Stone Age Mobility,* Springer, Cham, pp.69-94

Kellway. S, J., et.al, 2010, Assessing the viability of portable Raman spectroscopy for determining the geological source of obsidian. *Vibrational Spectroscopy,* 53-1, pp.88-96

Kimura, H., 1992. *Reexamination of the Yubetsu technique and Study of the Horokazawa Toma Lithic Culture*, Sapporo

Sato, H. and Tsutsumi, T., 2007. The Japanese Microblade Industries: Technology, Raw Material Procurement, and Adaptations. In: Kuzmin, Y. V., S, G. Keates. and C, Shen., (eds.), *Origin and Spread of Microblade Technology in Northern Asia and North America*, Archaeology Press Simon Fraser University, Burnaby, pp.53-78Serizawa, C. and Ikawa, F.,1960. The Oldest Archaeological Materials from Japan. *Asian Perspectives* 2(2), pp. 1-39

Smith, V.C., Staff, R.A., Blockley, S.P.E., Ramsey, C.B., Nakagawa, T., Mark, D.F., Takemura, K., Danhara, T. and Suigetsu 2006 Project Members., 2013. Identification and correlation of visible tephras in the Lake Suigetsu SG06 sedimentary archive, Japan: chronostratigraphic markers for synchronizing of east Asian/west Pacific palaeoclimatic records across the last 150ka. *Quaternary Science Reviews*, 67, pp.121-137

Suda, Y., 2012, Chemical analysis of obsidian by Wave Length-dispersive X-ray fluorescence spectrometry: application to nondestructive analysis of archaeological obsidian artifacts. *Natural Resource Environment and Humans*, 2, pp.1-14

Suzuki. M. and Tomura. K., 1983. Basic data for identifying the source of archaeological obsidian by activation analysis and discriminant analysis. *St. Paul's Review of Science*, 4-4, pp.99-110

Wako, T., 1963 River Terraces and Gentle Slopes along the Yubetsu River - Geomorphological Study in Northeastern Hokkaido (3). *The science reports of the Tohoku University. 7th series, Geography*, No.12-1, pp.35-52

附表 1　タチカルシュナイ第Ｖ遺跡 C 地点の対象試料と判別結果

（凡例）MC：細石刃核　MCB：細石刃核素材　MB：細石刃　FSP：ファーストスポール　SSP：スキー
　　　　状スポール　BU：彫刻刀形石器　ES：エンド・スクレイパー　SS：サイド・スクレイパー　BL：石刃
　　　　FL：剝片　CO：石核

試料番号	文化層	遺物番号	層位	母岩番号	器種	EPMA 結果	EDX 結果	被熱・風化	備考
TCV1	上層	279	Ⅲa	母3	FL	白滝十勝石沢 B	白滝系Ⅱ		
TCV2	上層	356	Ⅲa	母55	FL	白滝十勝石沢 A	白滝系Ⅱ		
TCV3	上層	380	Ⅲ	母22	FL	白滝赤石山	白滝系Ⅰ		
TCV4	上層	829-2	Ⅲa	母47	FL	白滝十勝石沢	白滝系Ⅱ		
TCV5	上層	1216-1	Ⅲa	母51	FL	白滝十勝石沢 A	白滝系Ⅱ		
TCV6	上層	1344-3	Ⅲa	母1a	FL	白滝赤石山	白滝系Ⅰ		
TCV7	上層	1371	Ⅲa	母29	FL	白滝十勝石沢	白滝系Ⅱ	被熱・風化	
TCV8	上層	2079-3	Ⅲa	母54	FL	白滝赤石山 A	白滝系Ⅰ		
TCV9	上層	2137-2	Ⅲa	母15	FL	白滝赤石山	白滝系Ⅰ？		
TCV10	上層	2148-5	Ⅲa	母4	FL	白滝十勝石沢 B	白滝系Ⅱ		
TCV11	上層	2196-3	Ⅲa	母7a	FL	白滝赤石山 A	白滝系Ⅰ	風化	
TCV12	上層	2223-34	Ⅲa	母23a	FL	白滝赤石山 A	白滝系Ⅰ？		
TCV13	上層	2223-48	Ⅲa	母49	FL	白滝十勝石沢	白滝系Ⅰ		
TCV14	上層	2226-4	Ⅲ	母42d	FL	白滝十勝石沢	白滝系Ⅱ		
TCV15	上層	2775	Ⅲa	母33	FL	白滝赤石山 A	白滝系Ⅰ？	被熱・風化	
TCV16	下層	1416	Ⅲb	ob-4	FL	白滝赤石山 A	白滝系Ⅰ		
TCV17	下層	1574-1	Ⅲb	ob-5	FL	不明	ケショマップ系	風化	
TCV18	下層	1663	Ⅳb	ob-7	FL	白滝十勝石沢 A	白滝系Ⅱ	風化	
TCV19	下層	1727-1	Ⅳa	ob-8	FL	白滝十勝石沢	白滝系Ⅱ		
TCV20	下層	1878	Ⅳa	ob-17	FL	白滝赤石山 A	白滝系Ⅰ？		
TCV21	下層	1887-1	Ⅲb	ob-6	FL	白滝十勝石沢	白滝系Ⅱ		
TCV22	下層	1967-1	Ⅳb	ob-13	FL	白滝十勝石沢 B	白滝系Ⅱ		
TCV23	下層	2503-1	Ⅳb	ob-1	FL	白滝赤石山 A	白滝系Ⅰ		
TCV24	下層	2639-1	Ⅲb	ob-18	FL	留辺蘂通子沢	ケショマップ系	風化	
TCV25	下層	2795-1	Ⅲb	ob-14	FL	白滝赤石山 A	白滝系Ⅰ		
TCV26	下層	2813-2	Ⅳa	ob-3	FL	白滝赤石山 B	白滝系Ⅰ		
TCV27	下層	1673-2	Ⅳb	ob-5	BL		ケショマップ系	風化	TCV17 と同一母岩
TCV28	下層	1817-2	Ⅳb	ob-5	BL		ケショマップ系	風化	TCV17 と同一母岩
TCV29	下層	1815-2	Ⅳb	ob-18	FL		生田原系	風化	TCV24 と同一母岩
TCV30	下層	1451	Ⅳb	ob-10	ES		ケショマップ系	被熱・風化	灰色
TCV31	上層	979	Ⅱ		MC		白滝系Ⅰ		白滝型
TCV32	上層	7001	Ⅰ		MC		白滝系Ⅰ		白滝型
TCV33	上層	7003	Ⅱ		MCB		白滝系Ⅰ		白滝型
TCV34	上層	7004	Ⅱ		SSP		白滝系Ⅰ		白滝型
TCV35	上層	2688	Ⅱ		SSP		白滝系Ⅱ		白滝型
TCV36	上層	433	Ⅱ		MC		白滝系Ⅱ		幌加型
TCV37	上層	7002	Ⅰ		MC		白滝系Ⅰ		幌加型
TCV38	上層	1940	Ⅲa		MCB		白滝系Ⅰ		湧別技法
TCV39	上層	49	Ⅱ	母1b	MB		白滝系Ⅱ	被熱	打面擦痕あり

試料番号	文化層	遺物番号	層位	母岩番号	器種	EPMA結果	EDX結果	被熱・風化	備考
TCV40	上層	247	Ⅲ	母33	MB		白滝系Ⅰ		打面擦痕あり
TCV41	上層	1941-3	Ⅱ	母50	MB		白滝系Ⅱ		打面擦痕あり
TCV42	上層	38	Ⅱ	母1a	MB		白滝系Ⅰ		打面擦痕あり
TCV43	上層	1031	Ⅱ	母47	MB		置戸系Ⅰ		打面擦痕あり
TCV44	上層	1281	Ⅱ	母42a	MB		白滝系Ⅱ		打面擦痕あり
TCV45	上層	1218	Ⅲ	母47	MB		置戸系Ⅰ		打面擦痕あり
TCV46	上層	811	Ⅲ	母13	MB		白滝系Ⅰ		打面擦痕あり
TCV47	上層	92	Ⅱ	母7a	MB		白滝系Ⅰ		打面擦痕あり
TCV48	上層	1897-4	Ⅱ	母13	MB		白滝系Ⅰ		打面擦痕あり
TCV49	上層	2689	Ⅱ	母44a	MB		白滝系Ⅰ		打面擦痕あり
TCV50	上層	1105	Ⅱ	母1b	MB		白滝系Ⅱ		打面擦痕あり
TCV51	上層	1027	Ⅱ	母44a	FL		白滝系Ⅰ		作業面再生剝片，打面擦痕あり
TCV52	上層	1725-7	Ⅲ	母33	MB		白滝系Ⅰ		
TCV53	上層	11	Ⅱ	母6a=5	MB		白滝系Ⅱ		
TCV54	上層	1772-1	Ⅱ	母14	MB		白滝系Ⅰ		幅広
TCV55	上層	1770	Ⅱ	母50	MB		白滝系Ⅰ		幅広
TCV56	上層	1694	Ⅱ	母2a	FL		白滝系Ⅱ		
TCV57	上層	1709	Ⅱ	母34	FL		白滝系Ⅰ	風化	
TCV58	上層	1931	Ⅱ	母外	FL		ケショマップ系		円礫面
TCV59	上層	2661	Ⅲa	母40	FL		白滝系Ⅰ		角礫面
TCV60	上層	7829	Ⅱ	母59a	FL		生田原系		
TCV61	上層	994	Ⅱ	母33	CO		白滝系Ⅰ		
TCV62	上層	1941-5	Ⅱ		SSP		白滝系Ⅱ		590-3，2056-1，1100，7020と接合
TCV63	上層	1063	Ⅱ		SSP		白滝系Ⅱ		
TCV64	上層	7012	Ⅰ		SSP		白滝系Ⅰ		
TCV65	上層	1631	Ⅱ	母4	MB		白滝系Ⅱ？		860，861，7130と接合
TCV66	上層	1186-2	Ⅲa	母4	MB		白滝系Ⅱ		1897-2と接合
TCV67	上層	32	Ⅱ	母44c	MB		白滝系Ⅰ		
TCV68	上層	85	Ⅱ		MB		白滝系Ⅰ		
TCV69	上層	526	Ⅱ	母45b	MB		白滝系Ⅰ		
TCV70	上層	228	Ⅱ		MB		白滝系Ⅱ		
TCV71	上層	2220-4	Ⅲa	母52	MB		白滝系Ⅰ	被熱	
TCV72	上層	1314	Ⅲ	母49	MB		白滝系Ⅱ	被熱・風化	
TCV73	上層	58	Ⅱ	母52	MB		白滝系Ⅰ		
TCV74	上層	2784	Ⅲb	母外	MB		白滝系Ⅰ		2783と接合
TCV75	上層	616	Ⅲ	母55	MB		ケショマップ系	風化	
TCV76	上層	1167	Ⅱ	母42a	MB		白滝系Ⅱ	風化	
TCV77	上層	1530	Ⅱ	母20a	MB		ケショマップ系	風化	
TCV78	上層	312-3	Ⅲa	外	MB		置戸系Ⅰ		
TCV79	上層	1204	Ⅲ	母47	MB		置戸系Ⅰ	被熱	
TCV80	上層	748	Ⅲ	母47	MB		置戸系Ⅰ		
TCV81	上層	558	Ⅱ	母33	MB		白滝系Ⅱ	被熱・風化	

試料番号	文化層	遺物番号	層位	母岩番号	器種	EPMA 結果	EDX 結果	被熱・風化	備考
TCV82	上層	696	Ⅱ	母 44c	MB		白滝系 I		
TCV83	上層	1594	Ⅱ		MB		白滝系 Ⅱ	被熱	
TCV84	上層	17	Ⅱ	母 3	MB		白滝系 I		
TCV85	上層	515	Ⅱ	母 9a	MB		白滝系 I		
TCV86	上層	1902 (-7)	Ⅱ	母 13	MB		白滝系 I		
TCV87	上層	2794	Ⅲ	母 6a=5	MB		白滝系 I		
TCV88	上層	1115	Ⅱ	母 23b	MB		白滝系 Ⅱ		
TCV89	上層	22	Ⅱ	母 6a	MB		白滝系 I		
TCV90	上層	874	Ⅱ	母 16	MB		白滝系 Ⅱ		
TCV91	上層	2033	Ⅲ	母 18a	MB		白滝系 Ⅱ	被熱	
TCV92	上層	7103	Ⅱ	母 32	MB		白滝系 Ⅱ		
TCV93	上層	1514	Ⅱ	母 47	MB		白滝系 Ⅱ		
TCV94	上層	63	Ⅲ	母 43b	MB		白滝系 Ⅱ	被熱・風化	
TCV95	上層	1779	Ⅱ	母 53	MB		白滝系 Ⅱ		
TCV96	上層	711	Ⅱ		MB		白滝系 I		
TCV97	上層	2711	Ⅲ	母 39	彫掻器		白滝系 I		
TCV98	上層	865	Ⅲ		SSP		白滝系 I		1940・1941 と折れ接
TCV99	上層	1399	Ⅱ	母 58b	BU		白滝系 Ⅱ		荒屋型
TCV100	上層	996-2	Ⅱ	母 51	ES		白滝系 I		肉眼観察では被熱
TCV62′	上層	590-3	Ⅱ		SSP		白滝系 Ⅱ		
TCV62′	上層	2056-1	Ⅲ		SSP		白滝系 Ⅱ		
TCV62′	上層	1100	Ⅲ		SSP		白滝系 Ⅱ		
TCV62′	上層	7020	Ⅱ		SSP		白滝系 Ⅱ		
TCV65′	上層	860	Ⅲ	母 4	MB		白滝系 Ⅱ		
TCV65′	上層	861	Ⅲ	母 4	MB		白滝系 Ⅱ		
TCV65′	上層	7130	I	母 32	MB		白滝系 Ⅱ		
TCV66′	上層	1897-2	Ⅱ	母 4	MB		白滝系 Ⅱ		
TCV74′	上層	2783	Ⅲ a	母 6c	MB		白滝系 I		
TCV98′	上層	1940	Ⅲ	母 33	FL		白滝系 I		
TCV98′	上層	1940	Ⅲ		FL		白滝系 I		
TCV98′	上層	1940	Ⅲ	母 7	SS		白滝系 I		
TCV98′	上層	1940	Ⅲ a		MCB		白滝系 I		
TCV98′	上層	1941	Ⅱ	母 7	SS		白滝系 I		

附表 2　タチカルシュナイ第Ⅴ遺跡 C 地点出土試料の EDX による測定値と判別結果

試料番号	K (cps)	Ca (cps)	Ti (cps)	Mn (cps)	Fe (cps)	Rb (cps)	Sr (cps)	Y (cps)	Zr (cps)	Nb (cps)	判別結果	被熱風化
TCV1	180266	38374	4823	28276	558775	16942	2821	5528	10636	1506	白滝系Ⅰ	
TCV2	220743	50951	6066	33685	650485	18734	3163	6323	12481	1638	白滝系Ⅱ	
TCV3	211874	52889	11920	26084	615941	14807	4138	4858	11496	1295	白滝系Ⅰ	
TCV4	168465	39008	4695	27957	567493	22330	4409	6891	12863	1292	白滝系Ⅱ	
TCV5	210361	48566	5994	33077	656875	19034	3775	5862	11937	1562	白滝系Ⅱ	
TCV6	190306	49392	12261	25066	599022	14278	4092	5262	12206	1195	白滝系Ⅰ	
TCV7	207567	52570	9464	30956	510647	18426	3144	6025	13629	1867	白滝系Ⅱ	被熱風化
TCV8	265154	68046	16583	33591	813781	20928	5484	5916	14975	1745	白滝系Ⅰ	
TCV9	234374	60643	14222	29226	709583	13856	4354	3332	11065	1200	白滝系Ⅰ？	
TCV10	255594	55779	6350	38778	734032	24498	3709	7752	15245	1760	白滝系Ⅱ	
TCV11	193150	47295	15074	25634	611095	14069	4628	4493	10892	1903	白滝系Ⅰ	風化
TCV12	216519	53732	13387	29009	630648	16782	6093	4852	13652	1277	白滝系Ⅰ？	
TCV13	249710	56870	6581	37717	722159	21307	3400	7112	13835	1528	白滝系Ⅱ	
TCV14	250367	57922	6751	38844	728667	27669	4887	8346	16815	2752	白滝系Ⅱ	
TCV15	236541	60345	15157	26444	460212	11028	3632	3168	9694	1350	白滝系Ⅰ？	被熱風化
TCV16	190596	49561	11245	24682	609161	14491	4441	5398	11009	1113	白滝系Ⅰ	
TCV17	130054	101866	34272	24195	785461	10036	9062	3286	13915	962	ケショマップ系	風化
TCV18	233111	55368	8045	35119	692403	19913	3600	6272	12400	1534	白滝系Ⅱ	風化
TCV19	182412	42231	5108	29137	581965	21052	3930	7468	13148	2015	白滝系Ⅱ	
TCV20	168833	41513	10857	21864	582454	12969	4267	3975	10594	964	白滝系Ⅰ	
TCV21	179533	41918	4687	28055	521291	15210	3003	4791	9749	1375	白滝系Ⅱ	
TCV22	214300	44901	5112	31328	613857	18549	3037	6070	11562	1458	白滝系Ⅱ	
TCV23	232064	57009	13494	29352	679781	17602	4619	5513	13698	1372	白滝系Ⅰ	
TCV24	172273	122436	24049	33632	1178295	15867	14561	5323	20846	1860	ケショマップ系	風化
TCV25	220649	57178	14512	28518	644211	16907	4964	5754	13515	1411	白滝系Ⅰ	
TCV26	211131	54308	12919	27781	677839	15299	4540	4896	13069	1616	白滝系Ⅰ	
TCV27	156366	133805	34442	31100	1003622	12215	10902	4490	15252	1165	ケショマップ系	風化
TCV28	144092	107278	28870	25748	860371	11233	9618	3863	14282	1226	ケショマップ系	風化
TCV29	288019	72275	34713	17264	1035476	18920	6411	6568	25235	1985	生田原系	風化
TCV30	168691	135349	30578	30823	1008567	13207	11987	4318	15721	1626	ケショマップ系	被熱風化
TCV31	188629	48335	11824	24144	477875	15101	4096	5007	11258	1412	白滝系Ⅰ	
TCV32	220512	56158	13517	29701	701097	17809	4890	5329	13880	1364	白滝系Ⅰ	
TCV33	241606	62573	14700	32314	765853	18494	5316	5671	14115	1679	白滝系Ⅰ	
TCV34	221052	57283	14445	27432	677831	17273	4850	6119	13567	1760	白滝系Ⅰ	
TCV35	230502	53789	6197	35940	690043	20598	3648	6735	13636	2228	白滝系Ⅱ	
TCV36	231594	52362	5745	34470	696749	18934	2998	5956	11524	1626	白滝系Ⅱ	
TCV37	192077	50321	11691	24948	599235	14788	4258	4919	11335	1667	白滝系Ⅰ	
TCV38	236185	60810	14706	30574	722265	18416	5189	5687	13756	1536	白滝系Ⅰ	
TCV39	243931	42256	4338	21551	406748	12791	1958	4131	8685	1161	白滝系Ⅱ	被熱
TCV40	186084	48014	13163	25168	643578	14270	4024	4325	9821	1191	白滝系Ⅰ	
TCV41	241268	54316	6294	34524	699086	19071	2844	5687	11087	1596	白滝系Ⅱ	
TCV42	234751	58669	14444	28011	696778	18228	5430	5399	11770	1269	白滝系Ⅰ	
TCV43	166288	65727	21933	20631	587152	13163	6528	3872	12553	1720	置戸系Ⅰ	

試料番号	K (cps)	Ca (cps)	Ti (cps)	Mn (cps)	Fe (cps)	Rb (cps)	Sr (cps)	Y (cps)	Zr (cps)	Nb (cps)	判別結果	被熱 風化
TCV44	193240	45135	5357	30917	616368	17833	3893	5621	11067	1698	白滝系Ⅱ	
TCV45	183761	72822	23371	22598	645595	12878	6693	3663	12038	1495	置戸系Ⅰ	
TCV46	223987	57439	13611	29256	661489	20452	5978	6428	14240	1626	白滝系Ⅰ	
TCV47	222703	57737	13721	30241	728526	17366	4527	5572	13504	1225	白滝系Ⅰ	
TCV48	165960	42719	10105	21577	497108	13463	4256	4435	9823	1081	白滝系Ⅰ	
TCV49	245033	62535	14809	32730	762298	19462	5490	6385	16055	1642	白滝系Ⅰ	
TCV50	182960	41626	5322	28307	552867	15961	2905	5284	10955	1030	白滝系Ⅱ	
TCV51	182020	46902	11099	24663	604365	15801	4429	5053	12782	1457	白滝系Ⅰ	
TCV52	191541	48974	12784	25582	598135	22594	6692	7204	16926	1310	白滝系Ⅰ	
TCV53	209506	46661	5790	31455	572106	18142	3048	5575	11846	1241	白滝系Ⅱ	
TCV54	195974	50521	12040	25703	628966	16041	5033	5292	13555	1811	白滝系Ⅰ	
TCV55	253697	65723	15603	32882	797577	20225	6807	6498	15752	1823	白滝系Ⅰ	
TCV56	273931	63894	7345	41357	809755	24173	4108	7530	15991	2396	白滝系Ⅱ	
TCV57	228116	61315	16689	27399	693736	17527	4877	5412	13404	1642	白滝系Ⅰ	風化
TCV58	149986	108206	19610	31223	1060828	12507	11880	4304	16541	1641	ケショマップ系	
TCV59	187436	49562	11233	24471	473410	14276	4591	4833	10877	1524	白滝系Ⅰ	
TCV60	253655	83798	28819	22043	1095777	17639	6625	6569	23286	1244	生田原系	
TCV61	203920	51971	12383	26410	562386	16133	5064	5693	13829	1883	白滝系Ⅰ	
TCV62	177935	41039	5006	26594	527856	15658	2494	5064	10786	1002	白滝系Ⅱ	
TCV63	214700	49627	5920	32651	622591	18717	2759	6027	12478	1634	白滝系Ⅱ	
TCV64	207461	53007	12512	28057	624006	16233	4205	5282	12536	1181	白滝系Ⅰ	
TCV65	189048	41240	4834	29870	561767	17150	3602	5632	10406	1744	白滝系Ⅱ	
TCV66	203091	44164	4932	31573	577189	18360	3306	6051	12351	1495	白滝系Ⅱ	
TCV67	254497	64586	15611	31927	738478	19544	5529	6507	15066	1829	白滝系Ⅰ	
TCV68	217269	56663	14926	28866	621693	18246	4899	5607	13868	1788	白滝系Ⅰ	
TCV69	192354	48993	11781	25760	611015	14799	4343	5147	11930	1350	白滝系Ⅰ	
TCV70	186461	43526	5044	28984	545463	17196	3645	5616	11510	1712	白滝系Ⅱ	
TCV71	271416	53717	11469	24273	527534	19677	5371	6627	15899	2028	白滝系Ⅰ	被熱
TCV72	319785	49339	10511	26752	507482	17212	2882	5478	11108	1682	白滝系Ⅱ	被熱 風化
TCV73	184192	47250	11374	24660	536624	18379	5219	6178	16753	991	白滝系Ⅰ	
TCV74	176625	45633	11925	23820	539273	14430	4371	4424	11276	1198	白滝系Ⅰ	
TCV75	144062	105617	23891	28696	882235	10934	9533	4004	13580	1178	ケショマップ系	風化
TCV76	247526	51225	18107	32269	644054	18248	3357	5842	12817	1223	白滝系Ⅱ	風化
TCV77	177530	119472	33489	31963	1153516	14276	13786	5169	20577	1790	ケショマップ系	風化
TCV78	152777	61156	19655	19878	553533	13465	7016	4869	14918	1567	置戸系Ⅰ	
TCV79	188503	68462	21925	22451	596798	14070	6992	4262	13422	1077	置戸系Ⅰ	被熱
TCV80	184570	72116	23795	23067	645693	15421	7455	4373	16333	1116	置戸系Ⅰ	
TCV81	248668	51115	8002	29490	562423	17201	2706	5557	10760	1189	白滝系Ⅱ	被熱 風化
TCV82	179851	45819	11452	23495	495777	14971	4759	5256	12004	1662	白滝系Ⅰ	
TCV83	230085	51437	5994	34156	601214	19979	4177	6346	12305	1609	白滝系Ⅱ	被熱
TCV84	193168	49794	11835	25615	558161	15234	4346	4499	11178	1126	白滝系Ⅰ	
TCV85	201172	51306	12130	25699	567399	16372	4464	4924	11743	1153	白滝系Ⅰ	
TCV86	188064	48466	11737	24974	548254	14802	4336	4566	10918	1158	白滝系Ⅰ	
TCV87	174365	44379	10811	23187	519865	13931	3995	4714	11340	1472	白滝系Ⅰ	
TCV88	195620	45022	5104	30941	618668	17506	3023	5480	11612	1704	白滝系Ⅱ	

試料番号	K (cps)	Ca (cps)	Ti (cps)	Mn (cps)	Fe (cps)	Rb (cps)	Sr (cps)	Y (cps)	Zr (cps)	Nb (cps)	判別結果	被熱風化
TCV89	200937	51348	12174	27283	572598	16500	4850	5816	12840	1644	白滝系 I	
TCV90	210422	47336	5595	31467	561531	19123	2909	6180	12904	1298	白滝系 II	
TCV91	280763	52369	5467	29264	554883	18030	3407	5962	11144	2056	白滝系 II	被熱
TCV92	186172	42489	5028	28653	517730	16262	3037	5819	10815	1431	白滝系 II	
TCV93	190626	44336	5274	29310	545743	17865	3221	5766	10109	1302	白滝系 II	
TCV94	353694	56799	8064	26541	489769	16416	2569	5924	11237	1501	白滝系 II	被熱風化
TCV95	200128	46313	5639	31066	602072	18819	3188	5518	12263	1234	白滝系 II	
TCV96	178698	45002	11313	23361	521732	14550	3859	4155	11073	1195	白滝系 I	
TCV97	188898	47716	11231	24916	611220	13967	4215	4618	9983	1566	白滝系 I	
TCV98	206794	51790	12279	27320	600495	15231	5104	5185	11225	1434	白滝系 I	
TCV99	217400	49600	5957	33314	641621	17551	2743	5998	10694	1386	白滝系 II	
TCV100	181661	45959	11201	23818	553748	12305	3659	3664	9765	1149	白滝系 I	

附表3　角二山遺跡の対象試料と判別結果

（凡例）MC：細石刃核　MB：細石刃　BU：彫刻刀形石器　BSP：彫刻刀スポール
FL：剥片　CO：石核

試料番号	遺物番号	石器集中	層位	器種	接合	判別結果	被熱・風化
KNY1	2265	2	3a	MC	KNY4・90	男鹿系A	
KNY2	2274	2	3a	FL	KNY7	男鹿系A	
KNY3	2299	1	3a	MB		白滝系I	
KNY4	2514	2	3a	FL	KNY1・90	男鹿系A	
KNY5	2516	2	3a	MB		白滝系I	
KNY6	2924	1	3a	FL		白滝系I	
KNY7	3136	2	3a	CO	KNY2	男鹿系A	
KNY8	3171	1	3a	BU		白滝系I	
KNY9	3275	1	3a	MC	KNY46・47	白滝系I	
KNY10	3443	1	3a	MB	KNY12	白滝系I	
KNY11	78	1	3a	MB		白滝系I	
KNY12	162	1	3a	MB	KNY10	白滝系I	
KNY13	405	1	3a	MB		白滝系I	
KNY14	1232	1	3a	FL		白滝系I	
KNY15	1236	1	3a	MB		男鹿系A	
KNY16	1282	1	3a	MB		男鹿系A	
KNY17	1473	1	3a	FL	KNY92	白滝系I	
KNY18	1427	1	3a	MC 作業面再生 FL		白滝系I	
KNY19	1496	1	3b	MB		白滝系I	
KNY20	1936	1	3b	MB	KNY27	白滝系I	
KNY21	2273	2	3a	FL		男鹿系A	
KNY22	3208	1	3a	FL		白滝系I	
KNY23	仮1		1	MB		白滝系I	
KNY24	619	1	3a	MB		白滝系I	被熱
KNY25	984	1	3a	FL		白滝系I	
KNY26	1264	1	3a	MB		白滝系I	
KNY27	1509	1	3a	MB	KNY20	白滝系I	
KNY28	1672	1	3a	MB		白滝系I	
KNY29	1975	1	3a	FL		白滝系I	
KNY30	2097	1	3a	MB		白滝系I	
KNY31	3205	1	3a	MB		白滝系I	
KNY32	2598	1	3a	MB		白滝系I	
KNY33	2178	1	3a	MB		白滝系I	
KNY34	4212	2	3a	MC		男鹿系A	
KNY35	4007	2	3a	MB		男鹿系A	
KNY36	3606	2	3a	MB	KNY89	男鹿系A	
KNY37	4158	2	3a	FL		男鹿系A	
KNY38	2700	1	3a	FL		白滝系I	
KNY39	仮2			FL		白滝系I	被熱
KNY40	仮3			FL		白滝系I	被熱
KNY41	仮4			FL		男鹿系A	

試料番号	遺物番号	石器集中	層位	器種	接合	判別結果	被熱・風化
KNY42	仮 5			MB		白滝系 I	被熱
KNY43	仮 6			MB		白滝系 I	
KNY44	仮 7			FL		白滝系 I	
KNY45	2434	1	3a	BSP		白滝系 I	
KNY46	63	1	3a	FL	KNY9・47	白滝系 I	
KNY47	84	1	3a	FL	KNY9・46	白滝系 I	
KNY48	764	1	3a	FL		白滝系 I	
KNY49	1514	1	3a	FL		白滝系 I	
KNY50	2027	1	3a	FL		白滝系 I	
KNY51	2660	2	3a	FL		男鹿系 A	
KNY52	2849	1	3a	FL		白滝系 I	
KNY53	2855	1	3a	FL		白滝系 I	
KNY54	3010	1	3a	FL		白滝系 I	
KNY55	3318	2	3a	FL		男鹿系 A	
KNY56	3319	2	3a	FL		男鹿系 A	
KNY57	4164	2	3a	FL		男鹿系 A	
KNY58	仮 8			FL		白滝系 I	
KNY59	仮 9			FL		男鹿系 A	
KNY60	仮 10			MB		白滝系 I	
KNY61	仮 11			MB		白滝系 I	
KNY62	仮 12			MB		白滝系 I	
KNY63	仮 13			MB		白滝系 I	
KNY64	仮 14			FL		男鹿系 A	
KNY65	70	1	3a	MB		白滝系 I	
KNY66	407	1	3a	MB		白滝系 I	
KNY67	626	1	3a	MB		白滝系 I	
KNY68	1086	1	3a	MB		白滝系 I	
KNY69	1244	1	3a	MB		白滝系 I	
KNY70	1254	1	3a	MB		判別不可	
KNY71	1454	1	3a	MB		白滝系 I	
KNY72	1513	1	3a	MB		判別不可	
KNY73	1918	1	3a	MB		白滝系 I	
KNY74	1937	1	3b	MB		白滝系 I	
KNY75	2081	1	3b	MB		白滝系 I	
KNY76	2096	1	3b	MB		白滝系 I	
KNY77	2268	2	3a	MB		男鹿系 A	
KNY78	2296	1	3a	MB		白滝系 I	
KNY79	2461	1	3a	MB		白滝系 II	風化
KNY80	2599	1	3a	MB		白滝系 I	
KNY81	2690	1	3a	MB		白滝系 I	被熱・風化
KNY82	2907	1	3a	MB		白滝系 I	
KNY83	2979	1	3a	MB		白滝系 I	
KNY84	3297	1	3a	MB		白滝系 I	
KNY85	3320	2	3a	MB		男鹿系 A	
KNY86	3334	1	3b	MB		白滝系 I	
KNY87	3411	1	3a	MB		白滝系 I	

試料番号	遺物番号	石器集中	層位	器種	接合	判別結果	被熱・風化
KNY88	1307	1	3a	MB	KNY16	白滝系 I	
KNY89	5241	2	3a	MB	KNY36	男鹿系 A （接合より。単独 では判別不可）	
KNY90	3605	2	3a	FL	KNY1・4	男鹿系 A	
KNY91	4555	2	3a	MB		男鹿系 A	
KNY92	1275	1	3a	FL	KNY17	白滝系 I	

339

附表 4　角二山遺跡出土試料の測定値と判別結果

試料番号	K (cps)	Ca (cps)	Ti (cps)	Mn (cps)	Fe (cps)	Rb (cps)	Sr (cps)	Y (cps)	Zr (cps)	Nb (cps)	判別結果	被熱風化
KNY1	176705	64888	16388	67699	386791	18601	9803	5756	14418	2236	男鹿系 A	
KNY2	180763	63695	15057	65802	366792	16296	8584	5011	11990	1483	男鹿系 A	
KNY3	165391	42316	10453	23075	553802	17138	5724	6048	11744	1367	白滝系 I	
KNY4	192274	70055	17155	69558	391702	18690	9464	5279	13173	1412	男鹿系 A	
KNY5	216267	55798	14105	27926	586319	19319	5821	6599	12947	1297	白滝系 I	
KNY6	205689	51695	12510	27767	640189	17362	4471	5839	13482	1433	白滝系 I	
KNY7	190356	68304	16677	70067	401582	17181	9627	4839	13256	1596	男鹿系 A	
KNY8	234447	59462	15984	30355	722080	19611	5301	6067	15043	1635	白滝系 I	
KNY9	210897	53037	13090	29515	694813	17862	4849	5906	14155	1831	白滝系 I	
KNY10	213582	55007	13148	29236	727426	18149	5492	5451	12641	1908	白滝系 I	
KNY11	187610	55685	11693	24894	626060	15927	4931	5303	13058	2006	白滝系 I	
KNY12	185670	48176	11763	25418	583053	15638	4399	5061	11227	1677	白滝系 I	
KNY13	219763	56508	13549	29559	709519	18458	5267	5393	13690	1256	白滝系 I	
KNY14	257856	59379	14296	30348	760864	18489	5240	5929	14704	1504	白滝系 I	
KNY15	161816	56625	14496	58500	328862	15871	9159	5092	11109	1610	男鹿系 A	
KNY16	223277	57743	13536	29590	684692	15573	4755	4978	12290	1813	白滝系 I	
KNY17	203647	52126	12721	27588	583363	15133	4914	5361	12702	1314	白滝系 I	
KNY18	167394	43195	10083	22930	579755	13094	4049	4612	10927	1539	白滝系 I	
KNY19	270756	69303	16620	36761	908729	24376	6955	7788	17515	2014	白滝系 I	
KNY20	252221	64515	15279	34528	819802	21010	6233	7301	18399	1614	白滝系 I	
KNY21	159176	56454	13574	59720	331827	14580	7818	4877	11348	1488	男鹿系 A	
KNY22	168674	44467	10013	22558	559435	13670	4105	4629	9420	1089	白滝系 I	
KNY23	191547	48563	12226	25283	496921	16528	4471	5125	13356	1681	白滝系 I	
KNY24	249842	48422	10239	22431	566087	14043	4445	4914	10018	1042	白滝系 I	被熱
KNY25	184489	46657	10898	25523	596555	14361	4674	5630	11174	1603	白滝系 I	
KNY26	214982	54604	13247	28090	668509	15121	3894	5362	12532	2010	白滝系 I	
KNY27	179382	44951	11033	23818	608926	15135	4864	4920	12383	1805	白滝系 I	
KNY28	213622	52361	13471	27804	631894	17434	4039	5298	12590	1647	白滝系 I	
KNY29	215866	55743	13219	27320	640765	16073	4773	5077	9908	1606	白滝系 I	
KNY30	200974	49728	12147	27085	633594	17338	4968	5711	11939	1652	白滝系 I	
KNY31	217819	56079	13479	29442	716182	16022	5175	5410	13440	1518	白滝系 I	
KNY32	210226	51590	12653	28265	718896	22975	6652	7186	15682	1326	白滝系 I	
KNY33	223853	56657	13555	29178	690326	15218	3720	4863	12435	2458	白滝系 I	
KNY34	199029	72760	16881	68310	381574	14756	7326	4569	10609	1742	男鹿系 A	
KNY35	205050	73225	18124	73923	413498	17739	10064	5414	11518	1132	男鹿系 A	
KNY36	173226	61771	15136	63991	353805	15405	8343	4696	11546	1571	男鹿系 A	
KNY37	224118	79945	19722	83257	466852	18773	10125	5873	14059	1583	男鹿系 A	
KNY38	205226	53152	13072	27406	638733	16277	4056	4919	12210	1457	白滝系 I	
KNY39	271531	78277	10633	22653	536798	13345	4090	4635	9872	1236	白滝系 I	被熱
KNY40	305107	56470	11395	23387	548771	14069	3902	4388	10535	1079	白滝系 I	被熱
KNY41	217459	77387	18635	78081	429576	18797	9687	5797	13340	1728	男鹿系 A	
KNY42	338925	55521	11559	26090	527325	14667	4324	4339	10562	1330	白滝系 I	被熱
KNY43	162098	40118	9835	21546	511235	14522	4163	4587	11014	1528	白滝系 I	
KNY44	188968	46766	12039	25648	602913	14862	4192	4652	10815	1410	白滝系 I	
KNY45	199829	50622	11928	27112	623464	14448	4355	4120	13097	992	白滝系 I	

試料番号	K (cps)	Ca (cps)	Ti (cps)	Mn (cps)	Fe (cps)	Rb (cps)	Sr (cps)	Y (cps)	Zr (cps)	Nb (cps)	判別結果	被熱風化
KNY46	172096	44315	10650	23506	536363	14542	4351	4942	10707	1329	白滝系 I	
KNY47	178622	45927	11008	24584	583583	14915	5161	5369	10678	1591	白滝系 I	
KNY48	193335	51207	12429	26791	609277	16703	4896	5362	11160	1540	白滝系 I	
KNY49	196956	50684	12123	27698	619349	15862	3955	4670	14303	1475	白滝系 I	
KNY50	234307	59810	14698	32105	745364	18965	5985	5698	16029	1247	白滝系 I	
KNY51	203481	72536	17705	74715	418073	18639	10378	5142	14143	1299	男鹿系 A	
KNY52	179455	46254	10602	24191	601193	15201	4477	4998	11343	1488	白滝系 I	
KNY53	142752	36202	8997	20298	466063	13322	3893	4830	10314	853	白滝系 I	
KNY54	145211	38391	9666	20562	505520	13742	3977	4276	11128	1494	白滝系 I	
KNY55	259539	102173	22109	94017	515452	25267	13717	7659	18963	1924	男鹿系 A	
KNY56	225313	80723	19663	81918	453328	20265	11126	5972	15725	1514	男鹿系 A	
KNY57	156834	55815	13724	57917	322803	13970	8106	4583	11740	1726	男鹿系 A	
KNY58	226382	57834	14148	29000	704144	17296	5189	5341	11154	1396	白滝系 I	
KNY59	213933	53981	12879	27695	701477	15190	4127	4491	12451	1346	男鹿系 A	
KNY60	153363	41481	9494	21367	483925	15911	4867	4560	11909	1225	白滝系 I	
KNY61	155919	40256	9833	22617	536576	11093	3471	3680	6857	958	白滝系 I	
KNY62	188516	48670	12062	25627	618803	14871	4197	4445	11094	1555	白滝系 I	
KNY63	182206	45607	11045	24963	535451	15031	4138	4644	13509	1536	白滝系 I	
KNY64	165081	68965	14911	62232	349356	19202	10885	6014	15875	1683	男鹿系 A	
KNY65	188071	47430	11384	25721	596176	15384	4386	4381	11344	1075	白滝系 I	
KNY66	217663	55057	13149	28559	661443	17257	4944	5336	10994	1300	白滝系 I	
KNY67	205552	52948	12111	27407	624698	16102	4689	5424	11481	1449	白滝系 I	
KNY68	193542	49449	11915	26046	547292	14319	4435	5041	9205	1236	白滝系 I	
KNY69	189834	48969	11448	25663	556729	14705	4774	5150	11347	1539	白滝系 I	
KNY70	116514	30021	7262	16311	377389	7323	2178	2621	6885	1129	判別不可	
KNY71	180486	46183	10921	24644	591505	14311	3923	4417	9243	1224	白滝系 I	
KNY72	176506	44888	10707	23985	618774	15478	4704	5067	16639	1339	判別不可	
KNY73	176252	45004	10315	23748	506404	13781	3538	4315	9528	1132	白滝系 I	
KNY74	203288	51773	12105	27645	664612	17605	4834	5404	11229	1006	白滝系 I	
KNY75	222335	56489	13439	29822	678567	15626	4582	4628	9587	992	白滝系 I	
KNY76	208312	53472	13594	28362	666387	14451	4399	4373	13751	1095	白滝系 I	
KNY77	242364	86830	20784	87979	494909	22488	11819	6761	17502	2790	男鹿系 A	
KNY78	177993	46645	11200	23889	573007	13677	4562	4432	9094	1048	白滝系 I	
KNY79	267288	60152	8946	41309	801266	24214	3830	7125	15295	1496	白滝系 II	風化
KNY80	204503	52285	12566	27163	676935	16465	4400	4989	10995	1238	白滝系 I	
KNY81	425129	64249	15190	25012	566268	16461	4136	5055	13105	1675	白滝系 I	被熱風化
KNY82	199123	50599	12024	26461	662935	14134	4307	4578	9291	1193	白滝系 I	
KNY83	220466	56071	13483	28941	714867	14972	4193	4556	9326	1189	白滝系 I	
KNY84	192809	49477	11666	26105	645800	15424	4369	4879	10825	1451	白滝系 I	
KNY85	178759	63545	15554	66757	369010	17170	9490	4957	13980	1483	男鹿系 A	
KNY86	173452	44697	11150	22887	549495	13255	3950	4386	10740	1144	白滝系 I	
KNY87	193858	49911	11729	26224	626915	16429	5213	5272	11860	1298	白滝系 I	
KNY88	217465	54383	13212	29127	745024	18137	5198	5824	15615	1147	白滝系 I	

試料 番号	K (cps)	Ca (cps)	Ti (cps)	Mn (cps)	Fe (cps)	Rb (cps)	Sr (cps)	Y (cps)	Zr (cps)	Nb (cps)	判別 結果	被熱 風化
KNY89	279748	100916	23834	97790	532979	22319	11895	5851	12419	1272	男鹿系 A （接合より。 単独では 判別不可）	
KNY90	211741	77609	18967	79187	439180	20425	11415	5949	15383	1807	男鹿系 A	
KNY91	190916	67132	16366	70933	396302	17227	8413	4732	13262	1593	男鹿系 A	
KNY92	203469	51233	12518	27723	649146	17224	5010	5385	13710	1482	白滝系 I	

附表5　荒屋遺跡出土試料の測定値と判別結果

試料番号	K (cps)	Ca (cps)	Ti (cps)	Mn (cps)	Fe (cps)	Rb (cps)	Sr (cps)	Y (cps)	Zr (cps)	Nb (cps)	判別結果	被熱風化
AY1	202571	62776	25636	26787	514064	9471	9451	3764	12188	996	八ヶ岳系	
AY2	171662	57324	23710	24766	458881	9250	8559	3018	11646	1371	八ヶ岳系	
AY3	180170	41197	8189	44898	333255	19769	1882	5865	9182	1839	和田峠系 II	
AY4	209577	57482	20031	35861	494053	14487	5568	3875	12601	1333	男女倉系 III	
AY5	291330	59457	10986	60251	448030	26504	2595	7784	12185	2297	和田峠系 II	被熱
AY6	170511	57513	24623	25442	498931	8416	7576	2978	10605	1148	八ヶ岳系	
AY7	218368	50177	10210	54190	409539	18716	2151	5270	9940	1111	和田峠系 I or II	
AY8	203781	48644	9360	51571	386680	23144	2590	6449	11164	1381	和田峠系 I or II	
AY9	194622	47557	7426	59594	418467	25059	2652	7416	10243	1941	和田峠系 III（AorB）	
AY10	204852	70209	30049	29359	587801	6441	5774	1728	8843	1129	八ヶ岳系	
AY11	184636	61846	26594	26493	539072	8196	7382	2259	10610	1093	八ヶ岳系	
AY12	201874	68879	28901	28751	581977	8081	7419	2707	9770	969	八ヶ岳系	
AY13	167190	39240	7974	43178	318388	14929	1848	4217	8182	1298	和田峠系 I or II	
AY14	80052	146333	48689	40108	1215972	5014	9346	2996	15262	1402	不明	
AY15	215083	73113	30845	28912	568751	9406	8464	3099	11383	1760	八ヶ岳系	風化
AY16	177782	59655	25193	24871	479126	8446	7690	3022	10464	1224	八ヶ岳系	
AY17	184379	63074	26585	26275	498293	8232	7553	2237	10013	1160	八ヶ岳系	
AY18	209431	49418	11722	54389	426405	15519	1667	4186	8615	1416	和田峠系 I	
AY19	189779	44071	13635	36211	333596	12174	4393	3777	11043	1319	霧ヶ峰系	
AY20	165556	55260	23119	23751	447986	8646	7612	2656	10427	1016	八ヶ岳系	
AY21	182075	61564	25899	25800	499312	7854	6850	2567	10017	1306	八ヶ岳系	
AY22	163383	54619	23292	23799	456384	8205	8107	3158	11083	967	八ヶ岳系	
AY23	247081	81763	35135	35100	685630	5880	5467	1732	10183	1089	判別不可（八ヶ岳？）	
AY24	140501	46176	19894	20263	387412	8561	7366	2948	10055	1299	八ヶ岳系	
AY25	162945	54831	23049	23327	458604	7781	7401	2454	10259	1034	八ヶ岳系	
AY26	173881	58209	24273	24744	484592	7045	6597	2503	9654	853	八ヶ岳系	
AY27	171807	57553	24079	24423	454019	9310	8996	2814	11982	1042	八ヶ岳系	
AY28	174156	57256	24996	25160	476718	7398	6229	2105	10174	1274	判別不可（八ヶ岳？）	
AY29	209500	70727	29438	29883	581322	11182	11026	3289	16761	1375	八ヶ岳系	
AY30	169665	57503	24052	24870	485552	8955	8471	3281	11740	1078	八ヶ岳系	
AY31	155012	52383	22052	23524	442925	9237	9371	3184	13709	1335	八ヶ岳系	
AY32	153004	51254	21754	22520	428138	8159	7669	2975	9607	1122	八ヶ岳系	

343

附表6　薬莱山 No34 遺跡の対象試料と判別結果

(凡例) MC：細石刃核　MB：細石刃　FL：剥片　CP：砕片

試料番号	遺物番号	層位	器種	接合	長さ(㎜)	幅(㎜)	厚さ(㎜)	判別結果	被熱・風化
YM1	55	4排土	MB		8.4	3.1	1.35	宮崎系	
YM2	2994	5	MB		9.2	3.55	0.6	宮崎系	風化
YM3	3798	5	MB		7	2.8	1	宮崎系	
YM4	4261	5	MB		6.1	5.1	0.8	宮崎系	
YM5	4618	5	MB		4.00	3.70	1.35	宮崎系	風化
YM6	4769	5	MB		10.7	3.1	1.5	宮崎系	
YM7	1	6	FL		26.05	24.8	10.05	宮崎系	
YM8	2	6	FL		41.8	12.6	10.9	宮崎系	
YM9	169	4排土	FL		15.5	13.8	2.05	宮崎系	
YM10	16	4	CP		10.25	6.4	2.2	男鹿系A	
YM11	17	4	CP		10.75	7.4	1.55	男鹿系A	
YM12	122	4	CP		16.8	8.2	2.85	男鹿系A	
YM13	168	4排土	FL		18.95	10.3	2.5	男鹿系A	
YM14	653	4	CP		15.6	11.5	3.6	男鹿系A	
YM15	688	4	CP		9.8	9.5	1.75	男鹿系A	
YM16	1323	4	FL		24.05	12.15	3.6	男鹿系A	
YM17	1416	4	CP		5.9	5.85	1.85	男鹿系A	
YM18	1882	4	CP		6.65	8.9	1.5	男鹿系A	
YM19	1886	4	CP		14.1	8.55	4.4	男鹿系A	
YM20	1897	4	CP		9.4	6	2.2	男鹿系A	
YM21	1911	4	MB		10.6	7.2	1.8	男鹿系A	被熱
YM22	1930	4	CP		4.05	11.05	2.6	男鹿系A	
YM23	1933	4	CP		7.7	8.9	2.4	男鹿系A	
YM24	1973	4	CP		11.05	8.95	2.2	男鹿系A	
YM25	2032	4	CP		10.7	8.55	2.5	男鹿系A	
YM26	2098	4	CP	接合A	13.95	11.1	7.45	男鹿系A	
YM27	2109	4	FL	接合A	19.95	17.65	8.1	男鹿系A	
YM28	2369	5	FL		13.3	9.2	5	男鹿系A	
YM29	2667	5	CP		8	5.1	0.95	男鹿系A	
YM30	2681	5	CP		8.4	7.2	2.6	男鹿系A	
YM31	2882	5	CP		1.2	3.8	2.3	男鹿系A	
YM32	3562	5	CP		4	4.45	2.35	男鹿系A	
YM33	3659	5	CP		13.9	5.8	3.3	男鹿系A	
YM34	3712	5	CP		9.7	12.25	1.45	男鹿系A	
YM35	4201	5	FL		23.9	18.85	3.2	男鹿系A	
YM36	4435	5	CP		9.25	17.1	2.9	男鹿系A	
YM37	4545	5	CP		9.3	10.85	4	男鹿系A	
YM38	4546	5	FL		18.3	10.45	2.5	男鹿系A	
YM39	4548	5	CP	接合B	7.9	11.6	4.2	男鹿系A	
YM40	4666	5	CP		11.5	4.3	2.15	男鹿系A	
YM41	4710	5	MC		14.3	7	2.35	男鹿系A	
YM42	4758	5	CP		6.65	5.1	2.4	男鹿系A	
YM43	4812	5	CP		14.4	8.15	2.65	男鹿系A	
YM44	1819	4	FL	接合B	21.2	25.7	15	男鹿系A	

試料番号	遺物番号	層位	器種	接合	長さ (mm)	幅 (mm)	厚さ (mm)	判別結果	被熱・風化
YM45	4420	5	MC	接合 C	16.8	27.2	8.85	男鹿系 A	
YM46	940	4	CP		8.2	5.1	1.2	男鹿系 A	
YM47	1842	4	CP		8.45	4.7	1.65	男鹿系 A	
YM48	1888	4	MB	接合 D	17.90	6.60	1.4	男鹿系 A	
YM49	1975	4	MB		15.25	3.50	1.50	男鹿系 A	被熱
YM50	2068	4	CP		14.6	7.95	2.8	男鹿系 A	被熱
YM51	2714	5	CP		6	6.2	1.15	男鹿系 A	
YM52	3069	5	MB		8.60	4.10	1.2	男鹿系 A	
YM53	4015	5	MB		19.40	8.00	1.7	男鹿系 A	被熱
YM54	4200	5	MB		22.90	12.70	2.5	男鹿系 A	
YM55	837	4	MB		12.3	4.25	1.3	男鹿系 A	
YM56	1063	4	MB		5.5	3.3	1.5	男鹿系 A	
YM57	2741	5	MB		13.2	3.2	0.9	男鹿系 A	
YM58	2744	5	MB		4.4	6.3	2.1	男鹿系 A	
YM59	3871	5	MB		8.95	4.85	1.8	男鹿系 A	
YM60	4689	5	MB		13.85	6.7	1.7	男鹿系 A	
YM61	4876	4	MB		14.55	5.45	1.30	男鹿系 A	
YM62	606	4	CP		8.55	6.5	3.1	男鹿系 A	
YM63	1582	4	CP		11	6.9	1.7	男鹿系 A	
YM64	1696	4	CP		6.45	7.9	2.8	男鹿系 A	
YM65	3299	5	CP		7.15	3.4	1.6	男鹿系 A	
YM66	3911	不明	CP		4.3	4.2	2.3	男鹿系 A	
YM67	3918	5	CP		8.2	8.95	1.65	男鹿系 A	
YM68	4140	5	CP	接合 C	7.65	9.1	2.8	男鹿系 A	
YM69	4165	5	CP		7.3	7.2	1.6	男鹿系 A	
YM70	4434	5	CP		4.8	6.9	1.35	男鹿系 A	
YM71	4673	5	CP		6.2	6.35	2.2	男鹿系 A	
YM72	4416	5	CP	接合 E	5.9	2.25	1.8	男鹿系 A	
YM73	4097	5	MB		5.4	6.5	1	松脂岩	
YM74	2650	5	MB		8.2	4.4	0.9	宮崎系	風化
YM75	4792	5	MB	接合 C	9.95	4.6	1.2	男鹿系 A	
YM76	4885	4	MB		11	4.55	1.5	男鹿系 A	被熱
YM77	4686	5	MB		4.5	4.1	0.95	男鹿系 A	
YM78	4226	5	MB		6.6	3.3	0.8	男鹿系 A	
YM79	1771	4	MB		10.60	3.85	0.65	男鹿系 A	
YM80	2677	5	MB		6.95	4.25	1.1	男鹿系 A	
YM81	2737	5	MB		8.40	4.35	1.1	男鹿系 A	
YM82	1941	4	MB		6.5	3.7	1.2	男鹿系 A	
YM83	4782	5	CP		11.2	5.9	1.05	男鹿系 A	
YM84	1139	4	CP		9.3	8.45	1.7	男鹿系 A	
YM85	1548	4	MB		8.45	3.3	0.9	男鹿系 A	
YM86	1856	4	MB		8.8	3.65	0.75	男鹿系 A	
YM87	1870	4	MB		7.5	4.5	0.9	男鹿系 A	
YM88	3065	5	MB		6.1	2.7	0.65	男鹿系 A	被熱
YM89	2039	4	MB		6.50	5.35	1.3	男鹿系 A	
YM90	3590	5	MB		6	3.1	0.6	男鹿系 A	

試料 番号	遺物番号	層位	器種	接合	長さ (mm)	幅 (mm)	厚さ (mm)	判別結果	被熱・風化
YM91	4141	5	MB		7.65	3.45	0.75	男鹿系A	
YM92	842	4	MB		4	3.3	0.35	宮崎系	
YM93	643	4	CP		6.6	5.3	0.9	男鹿系A	
YM94	693	4	CP		5.7	7.2	1.1	男鹿系A	
YM95	850	4	CP		6.4	4.7	1.85	男鹿系A	
YM96	1986	4	CP		5.1	4.6	0.5	男鹿系A	
YM97	3612	5	CP		7	6.4	1.6	男鹿系A	
YM98	3672	5	CP		3.75	5.8	1.1	男鹿系A	
YM99	3963	5	CP		6.9	5.65	1.35	男鹿系A	
YM100	4008	5	MB		6.4	5.2	1.15	男鹿系A	
YM101	4139	5	CP		7.1	4.3	1.4	男鹿系A	
YM102	4284	5	CP		6.5	6	2.25	男鹿系A	
YM103	4341	5	CP		3.3	7.2	2.1	男鹿系A	
YM104	4436	5	CP		6.9	5.3	2	男鹿系A	
YM105	4459	5	CP		4.6	5.7	1.4	男鹿系A	
YM106	4570	5	CP		7.05	4.5	1.4	男鹿系A	
YM107	639	4	CP		4.6	4.5	1	男鹿系A	
YM108	630	4	CP		5.85	3.7	0.9	男鹿系A	
YM109	4368	5	CP		7.4	4.2	1.05	男鹿系A	
YM110	690	4	CP		7.7	3.8	2.1	男鹿系A	
YM111	1198	4	CP		5.1	4.45	1.05	男鹿系A	被熱
YM112	1570	4	CP		10	2.3	2.8	男鹿系A	
YM113	1725	4	CP		3.05	5	1.9	男鹿系A	
YM114	1828	4	CP		4.2	5.4	1.7	男鹿系A	
YM115	1850	4	CP		6.55	6.4	1.05	男鹿系A	
YM116	1906	4	CP		7.6	3.3	0.9	男鹿系A	
YM117	2047	4	CP		9.85	6.1	1.15	男鹿系A	
YM118	2651	5	CP		6.05	3	0.7	男鹿系A	
YM119	2653	5	CP		9.1	8.2	1.2	男鹿系A	
YM120	2655	5	CP		3.7	5.1	1.35	男鹿系A	
YM121	3572	5	CP		4	3.8	1.2	男鹿系A	
YM122	3576	5	CP		7.1	5.1	2.4	男鹿系A	
YM123	4164	5	CP		5.3	6.25	1.2	男鹿系A	
YM124	4227	5	CP		4.9	6.4	0.9	男鹿系A	
YM125	4273	5	CP		7.25	6.6	1.65	男鹿系A	被熱
YM126	4390	5	CP		5.8	2	2.75	男鹿系A	
YM127	4867	4	CP		10.5	11.6	1.4	男鹿系A	
YM128	627	4	MB		6.1	3.05	0.4	男鹿系A	
YM129	1443	4	MB		5	3.3	0.4	男鹿系A	
YM130	1637	4	CP		4.5	5.05	0.65	男鹿系A	
YM131	2652	5	CP		7.55	5.3	0.55	男鹿系A	
YM132	3194	5	CP		3.9	7.8	0.75	男鹿系A	
YM133	4310	5	CP		7.4	5.5	1	男鹿系A	
YM134	626	4	CP		5.5	5.1	0.7	男鹿系A	
YM135	958	4	CP		6.5	4.2	0.6	男鹿系A	
YM136	1064	4	CP		5.85	3.3	0.5	男鹿系A	

試料番号	遺物番号	層位	器種	接合	長さ(mm)	幅(mm)	厚さ(mm)	判別結果	被熱・風化
YM137	1106	4	CP		6.85	4.1	0.6	男鹿系 A	
YM138	1550	4	CP		5.85	5	0.55	男鹿系 A	
YM139	1699	4	CP		5.4	3.45	0.85	男鹿系 A	
YM140	1873	4	CP		4.6	3.8	0.4	男鹿系 A	
YM141	2725	5	CP		6.2	5.6	0.6	男鹿系 A	
YM142	2905	5	CP		4.9	4.6	0.8	男鹿系 A	
YM143	3680	5	CP		7.4	4	6.5	男鹿系 A	
YM144	3960	5	CP		4.3	5.5	0.8	男鹿系 A	
YM145	4674	5	CP		9.2	4.4	0.7	男鹿系 A	
YM146	4807	5	CP		4.3	4.4	0.6	男鹿系 A	
YM147	4830	6	CP		5.75	4.6	0.55	男鹿系 A	被熱
YM148	1348	4	CP		7.4	4.3	0.4	男鹿系 A	
	4677	5	CP	接合 B	8.05	16	2.85	男鹿系 A	
	1924	4	FL	接合 C	4.6	18.7	4.85	男鹿系 A	
	3988	5	CP	接合 C	4.8	10.3	3.1	男鹿系 A	
	4132	5	MB	接合 C	14.9	6.25	2.55	男鹿系 A	
	1889	4	MB	接合 D	21.80	8.00	1.95	男鹿系 A	
	4437	5	CP	接合 E	7.6	9.05	1.75	男鹿系 A	

附表 7　薬莱山 No.34 遺跡出土試料の測定値と判別結果

試料番号	K (cps)	Ca (cps)	Ti (cps)	Mn (cps)	Fe (cps)	Rb (cps)	Sr (cps)	Y (cps)	Zr (cps)	Nb (cps)	判別結果	被熱風化
YM1	74462	172642	30417	47221	1488186	5887	14419	4141	22075	1555	宮崎系	
YM2	80788	163035	36247	44857	1483461	5536	13051	3117	19402	1255	宮崎系	風化
YM3	69886	152824	28742	42866	1382371	6159	13299	3021	21075	1490	宮崎系	
YM4	78144	167161	31037	46442	1531024	6341	12680	3353	19664	868	宮崎系	
YM5	85291	166968	36222	47392	1640004	7150	15802	3757	24425	1541	宮崎系	風化
YM6	98257	204293	40044	55007	1821686	7866	16981	4655	24764	1582	宮崎系	
YM7	65432	145086	25604	39553	1237443	5625	13281	3565	18002	1194	宮崎系	
YM8	84978	186697	33082	50612	1587037	6642	16407	4536	23706	1578	宮崎系	
YM9	86876	173396	30785	45466	1453099	5558	13989	3407	20936	1034	宮崎系	
YM10	223338	80202	19340	80958	445590	20526	11453	5284	16674	1767	男鹿系 A	
YM11	172329	62248	14980	63387	350861	17256	9470	4999	15532	2388	男鹿系 A	
YM12	210904	75849	18225	77185	424872	19594	9921	5599	14651	1514	男鹿系 A	
YM13	172733	60449	14309	61882	338687	15839	8412	4792	12564	1431	男鹿系 A	
YM14	164544	59611	14174	60840	336190	16196	9095	4995	12779	1329	男鹿系 A	
YM15	319321	113646	27261	109916	604414	27119	14315	7132	19872	1645	男鹿系 A	
YM16	179190	64551	15501	65877	361734	16206	8828	5184	11939	1137	男鹿系 A	
YM17	171032	61387	15280	63508	351987	16655	9204	4862	14036	1820	男鹿系 A	
YM18	186705	67497	16511	68392	383875	17768	9371	4896	14153	1754	男鹿系 A	
YM19	186799	68065	16604	68433	379502	17563	9758	5183	14363	1296	男鹿系 A	
YM20	209260	75351	18408	74966	420816	18889	10160	5143	14437	1539	男鹿系 A	
YM21	309779	73239	15342	62773	352875	15546	8047	4480	11651	1180	男鹿系 A	被熱
YM22	194368	71352	17681	71153	400553	18145	10146	5375	15149	1722	男鹿系 A	
YM23	200747	73730	17889	72783	410118	18759	10165	5353	15765	1492	男鹿系 A	
YM24	235218	86028	20553	84885	469376	22601	12350	6321	18846	1740	男鹿系 A	
YM25	235429	86116	20243	84491	467258	20341	11300	6017	17576	1801	男鹿系 A	
YM26	178840	64905	15799	65684	359945	15916	8654	4570	14125	1325	男鹿系 A	
YM27	158080	57414	14049	58385	322510	15508	8625	4533	11931	1667	男鹿系 A	
YM28	194321	70337	16707	71671	396162	17757	8882	4718	13325	1362	男鹿系 A	
YM29	183411	66889	16023	67725	370609	16038	8453	4374	11983	1649	男鹿系 A	
YM30	169256	61179	14521	62079	344939	15358	8128	4102	11991	1365	男鹿系 A	
YM31	208544	75813	18213	77774	428247	19532	10374	5567	17062	1663	男鹿系 A	
YM32	173238	62793	15547	64048	357782	17230	8952	5122	15056	1703	男鹿系 A	
YM33	181909	66310	15700	66496	367015	16406	8861	4894	13676	1639	男鹿系 A	
YM34	224697	81150	19903	83444	459117	21262	11566	6226	17455	1960	男鹿系 A	
YM35	250065	78496	18427	77388	427451	19467	10798	5746	15462	1792	男鹿系 A	
YM36	264426	95368	22921	94672	519577	23949	12451	6909	17629	1797	男鹿系 A	
YM37	167185	59960	14987	61317	341352	15329	8094	4300	11816	1727	男鹿系 A	
YM38	200985	72542	17613	72726	406489	18521	9569	5828	16156	2357	男鹿系 A	
YM39	190663	69077	16969	69575	387383	17425	9775	5720	13894	1695	男鹿系 A	
YM40	203421	73191	17701	74631	417305	19562	10829	5786	16401	1821	男鹿系 A	
YM41	180369	65777	15761	66530	365301	16089	8310	5079	13001	1409	男鹿系 A	
YM42	170192	62545	14990	64297	353467	16385	9336	4836	13436	1617	男鹿系 A	
YM43	176206	63898	15837	65206	360217	17657	9679	5564	14305	1484	男鹿系 A	
YM44	187535	66931	16628	68621	381999	18821	10573	6000	16678	2298	男鹿系 A	
YM45	175666	64090	15526	64751	358605	16640	8702	5051	12851	1489	男鹿系 A	

試料番号	K (cps)	Ca (cps)	Ti (cps)	Mn (cps)	Fe (cps)	Rb (cps)	Sr (cps)	Y (cps)	Zr (cps)	Nb (cps)	判別結果	被熱風化
YM46	173725	61643	15047	64331	354558	15468	8193	4282	12421	1370	男鹿系 A	
YM47	255439	91385	22390	92273	512571	21571	11938	6113	16742	1407	男鹿系 A	
YM48	179847	64228	15920	65754	363596	16546	9087	4897	13503	1824	男鹿系 A	
YM49	244205	64739	14419	60521	338525	15576	8215	5262	12774	1524	男鹿系 A	被熱
YM50	254708	76862	17347	74012	406087	18714	10266	5334	14560	1753	男鹿系 A	被熱
YM51	226183	80923	19544	81325	448672	19480	10936	6114	14285	1600	男鹿系 A	
YM52	278618	99783	24254	100106	555887	22705	12095	6101	18794	2309	男鹿系 A	
YM53	222242	66585	15047	64299	353760	16687	8405	4750	14350	1416	男鹿系 A	被熱
YM54	201722	71767	17618	72712	398249	18085	9440	5029	14930	1642	男鹿系 A	
YM55	187734	66293	16331	68273	376892	16381	8955	4407	13399	1843	男鹿系 A	
YM56	199736	70027	17272	73302	399385	16439	9087	5020	13503	1531	男鹿系 A	
YM57	190199	66909	16628	70312	387261	17014	8887	4764	14553	1550	男鹿系 A	
YM58	155272	56428	14507	58367	325643	20657	12018	6300	17531	2597	男鹿系 A	
YM59	211354	76032	18419	76835	426168	18854	9852	4951	15277	1924	男鹿系 A	
YM60	252343	85162	20047	83834	465489	19636	10776	5241	15035	1935	男鹿系 A	
YM61	186363	68023	16447	68678	378604	18644	10119	5654	15236	1363	男鹿系 A	
YM62	229652	82905	19754	82849	456677	20059	10633	5416	15789	1589	男鹿系 A	
YM63	179821	65001	15812	65342	359562	16289	9203	4569	12246	1565	男鹿系 A	
YM64	194935	71081	17501	76518	432904	28743	15758	8121	19860	2020	男鹿系 A	
YM65	212045	76959	19277	76562	424714	17416	10302	5401	14469	1363	男鹿系 A	
YM66	222806	80961	19606	81129	456054	19730	10619	5262	15808	1609	男鹿系 A	
YM67	181404	66005	15728	66935	371116	16430	9082	4915	14070	1764	男鹿系 A	
YM68	199301	72497	17402	73791	404518	18613	9820	5274	14586	1770	男鹿系 A	
YM69	163839	59369	14177	61667	341811	16426	8956	4519	14090	1015	男鹿系 A	
YM70	178618	65657	15749	66719	371784	18641	10537	5113	15496	1778	男鹿系 A	
YM71	192924	69592	16728	70498	388669	18383	10073	5876	15191	1553	男鹿系 A	
YM72	226069	81715	19737	82315	459261	20320	11396	5611	16933	1762	男鹿系 A	
YM73	13006	3138	2550	7302	756908	4252	4900	1713	11425	1754	松脂岩	
YM74	85578	153190	35824	44253	1510695	5648	13237	3835	21264	1634	宮崎系	風化
YM75	206952	74792	18315	76000	421184	17900	9552	4901	14013	1453	男鹿系 A	
YM76	379512	83997	16860	69984	392934	17641	9259	4976	14244	1727	男鹿系 A	被熱
YM77	187451	70112	18407	68635	389636	14977	8437	3997	13602	1317	男鹿系 A	
YM78	214225	76912	18941	78282	435831	19014	9789	4976	15310	1663	男鹿系 A	
YM79	211714	75727	18231	75880	417366	17261	9422	4571	12247	1344	男鹿系 A	
YM80	227580	81702	20153	82616	467969	15478	8147	3852	13229	1226	男鹿系 A	
YM81	162215	57638	14335	59714	331393	14645	7949	4248	12869	1819	男鹿系 A	
YM82	170445	60917	15344	63024	358605	14862	7843	4208	14417	1632	男鹿系 A	
YM83	200231	71935	17810	72807	405608	16586	9077	5058	14393	1164	男鹿系 A	
YM84	154974	55507	13776	58483	329418	15623	8747	4888	14195	1329	男鹿系 A	
YM85	182548	64977	16148	67412	374092	14349	7675	3763	10624	1469	男鹿系 A	
YM86	184279	66245	16380	68344	375552	15874	8596	4237	12739	2183	男鹿系 A	
YM87	177678	63075	15768	64613	355183	13564	7340	4386	10115	1948	男鹿系 A	
YM88	227133	72417	17144	71783	397652	14160	7413	3939	11207	1478	男鹿系 A	被熱
YM89	205852	73841	18141	74559	412511	16113	8361	4475	12155	1565	男鹿系 A	
YM90	133384	48042	11980	50449	284975	13288	7162	4207	11583	1186	男鹿系 A	
YM91	239494	84906	20919	87038	474964	17469	8755	4599	12955	1561	男鹿系 A	

試料番号	K (cps)	Ca (cps)	Ti (cps)	Mn (cps)	Fe (cps)	Rb (cps)	Sr (cps)	Y (cps)	Zr (cps)	Nb (cps)	判別結果	被熱風化
YM92	61054	131611	24229	35808	1129059	4702	9389	2543	12788	1026	宮崎系	
YM93	221347	78919	19336	80822	445927	18127	10668	5652	13747	1299	男鹿系A	
YM94	169134	60005	14719	62473	343649	15454	8590	4857	12428	1563	男鹿系A	
YM95	184000	65120	16465	68066	373911	17073	9164	5389	12354	1621	男鹿系A	
YM96	228756	82920	20220	82374	451904	15827	7885	3783	13028	1024	男鹿系A	
YM97	182608	65701	15807	66565	365875	15957	8689	4072	11598	1385	男鹿系A	
YM98	169152	60967	15039	61723	344557	16799	9254	4955	12551	1621	男鹿系A	
YM99	253842	90707	21886	90822	498027	21623	11091	6042	15442	1215	男鹿系A	
YM100	189999	68804	16589	69179	382999	15143	8156	4647	11864	1511	男鹿系A	
YM101	226623	82202	19325	79822	438007	17846	9240	5091	12329	1689	男鹿系A	
YM102	188360	67771	16376	68583	382934	16837	9009	5215	13324	1542	男鹿系A	
YM103	180515	65261	16012	65871	365810	16532	9022	4687	11994	1671	男鹿系A	
YM104	159918	58639	14339	59348	327081	14743	7993	4515	11511	1244	男鹿系A	
YM105	209572	76015	18051	74986	424315	18741	10560	5848	14379	1472	男鹿系A	
YM106	206658	75062	17980	75945	421116	20037	10979	6053	16693	2209	男鹿系A	
YM107	165089	60144	14671	61097	334980	13900	7720	4307	10832	1304	男鹿系A	
YM108	164171	59861	14426	61099	355333	14666	8348	4373	11106	1077	男鹿系A	
YM109	189142	69223	16751	69192	383832	16239	8725	4666	12594	1621	男鹿系A	
YM110	196011	70980	17372	72399	400733	16655	8843	4787	14147	1942	男鹿系A	
YM111	332302	79334	16224	66495	366239	9686	5143	2576	8602	1180	男鹿系A	被熱
YM112	142900	52343	12711	53593	298357	14253	8101	4221	12652	1314	男鹿系A	
YM113	210625	76986	18507	77820	437839	21886	11819	6275	15066	1257	男鹿系A	
YM114	174917	63223	15130	63632	355559	15509	8272	4306	12676	1725	男鹿系A	
YM115	197022	71253	17326	72250	401653	17898	9398	5972	12869	1738	男鹿系A	
YM116	154072	56965	13841	55933	315030	14063	7662	4469	11245	1173	男鹿系A	
YM117	204248	75236	17665	73473	407324	16895	9355	5017	12018	1330	男鹿系A	
YM118	211977	75586	19171	77867	448183	19301	10169	5167	14247	1127	男鹿系A	
YM119	185890	67992	16344	67476	371673	16451	9052	4829	12000	1308	男鹿系A	
YM120	172692	62418	15553	64661	360111	15892	8632	4377	13857	1665	男鹿系A	
YM121	165237	60484	14673	60933	343861	15574	8843	4641	11332	1177	男鹿系A	
YM122	237963	87665	21130	85497	481135	20096	10806	5283	14675	2160	男鹿系A	
YM123	138298	50335	12202	51524	283252	13243	7725	4060	10225	1188	男鹿系A	
YM124	257041	93137	22620	91501	506604	18810	9905	5341	13220	1768	男鹿系A	
YM125	288418	77992	17487	71726	403689	15278	7731	4141	11500	1414	男鹿系A	被熱
YM126	112354	40440	9976	43503	247862	14410	8284	4596	12254	1237	男鹿系A	
YM127	169204	62472	14973	63169	345743	15855	8701	5059	11811	1686	男鹿系A	
YM128	172790	63122	15245	63855	352977	13369	7235	4246	10545	1599	男鹿系A	
YM129	181314	66447	16072	66063	368092	12843	6954	3805	10038	1251	男鹿系A	
YM130	209854	77425	18907	76313	424992	17186	9233	5123	12355	1515	男鹿系A	
YM131	194913	71485	17169	71365	398211	15771	8313	4667	11879	1154	男鹿系A	
YM132	150931	54736	13133	56786	326796	14185	7722	4234	10457	1132	男鹿系A	
YM133	179314	65964	15824	65975	364955	15719	8374	4105	11704	890	男鹿系A	
YM134	201861	73323	18024	73241	402800	16880	8981	4672	11813	1187	男鹿系A	
YM135	158451	57750	13992	58566	323654	13077	7385	3817	10584	1183	男鹿系A	
YM136	231279	84542	20293	83217	455459	16787	8363	4358	12745	1326	男鹿系A	
YM137	171891	62543	15234	63931	348904	11104	5806	3143	9828	1382	男鹿系A	

試料番号	K (cps)	Ca (cps)	Ti (cps)	Mn (cps)	Fe (cps)	Rb (cps)	Sr (cps)	Y (cps)	Zr (cps)	Nb (cps)	判別結果	被熱風化
YM138	178596	64424	15716	66035	367113	15270	7755	4227	11369	1416	男鹿系A	
YM139	202831	74055	18319	74495	409286	13288	7137	3792	10680	1120	男鹿系A	
YM140	247214	87944	21441	88070	487211	16380	8767	4011	12350	1408	男鹿系A	
YM141	193996	69516	17269	69606	389029	15024	7861	4041	11270	1483	男鹿系A	
YM142	175878	62993	15474	63848	353487	14209	7582	4339	10404	1325	男鹿系A	
YM143	219085	77065	18993	78823	439782	17481	9089	4586	12972	1028	男鹿系A	
YM144	230450	81894	20244	82761	455890	18470	9396	5199	13932	2018	男鹿系A	
YM145	224999	80025	19421	82704	462371	17762	9158	4726	12927	1850	男鹿系A	
YM146	205043	72852	18244	73878	411361	16307	8572	4419	11709	1654	男鹿系A	
YM147	207375	61466	14353	58485	327685	12911	6685	3904	10087	1292	男鹿系A	被熱
YM148	172024	62900	15350	63608	351996	12771	6650	3767	10523	1477	男鹿系A	

351

附表 8　上原 E 遺跡の対象試料と判別結果

(凡例) MC：細石刃核　MCB：MCB　MB：細石刃　FSP：ファーストスポール　SSP：スキー状スポール　BU：彫刻刀形石器　BSP：彫刻刀スポール　ES：エンド・スクレイパー　FL：剥片

試料番号	石質	報告書掲載番号	グリッド	層位	器種	接合	建石分析	判別結果	被熱風化
KHE1	ob04	1	B11-18	1	MC	接合7	小深沢	和田峠系 I or II	
KHE1′	ob04	73	B12-2	3	MB	接合7		和田峠系 I or II	
KHE2	ob10	2	B11-3	2b	MC	接合8	小深沢	和田峠系 I or II	
KHE2′	ob10	71	A11-20	2b	MB	接合8		和田峠系 I or II	
KHE3	ob4	3	B12-2		MC		小深沢	和田峠系 I or II	
KHE4	分類不可	4	B12-3	2b	MC			白滝系 I	
KHE5	ob10	5	B12-1		MC	接合9	小深沢	和田峠系 I or II	
KHE5′	ob10	31	B12-1		MB	接合9		和田峠系 I or II	
KHE6	ob4	6	B11-19	2b	MC		小深沢	和田峠系 I or II	
KHE7	ob01	7	B11-21	2b	MC	接合6	脇本	男鹿系 A	
KHE7′	ob01	75	B11-17		MC作業面再生 FL	接合6		男鹿系 A	
KHE8	ob04	8	B11-21	2b	MC		小深沢	和田峠系 I or II	
KHE9	ob01	9	B11-21		MC		小深沢	和田峠系 I or II	
KHE10	ob17	10	B11-23	3	MCB	接合10	小深沢	和田峠系 I or II	
KHE10′	ob17	接合10a	B12	2b	FL	接合10		和田峠系 I or II	
KHE11	分類不可	11	B11-18	2b	MCB		小深沢	和田峠系 I or II	
KHE12	ob17	12	B11-22		MCB		小深沢	和田峠系 I or II	
KHE13	ob01	13	B11-18	2b	BU	接合5	脇本	男鹿系 A	
KHE13′	ob01	148	B11-17	3	BSP	接合5		男鹿系 A	
KHE14	記載なし	25	B12-3		MB			和田峠系 I or II	
KHE15	分類不可	38	B12-2	3	MB			和田峠系 I or II	被熱
KHE16	ob01	41	B12-2	3	MB			和田峠系 I or II	
KHE17	分類不可	46	B11-23	2b	MB			和田峠系 I	被熱
KHE18	記載なし	50	B12-2		MB			和田峠系 I	被熱
KHE19	ob01	51	B12-1	3	MB			男鹿系 A	
KHE20	ob02	63	B12-1	3	MB			和田峠系 I or II	
KHE21	記載なし	65	B12-3		MB			和田峠系 I or II	
KHE22	分類不可	70	B12-2	2b	MB			和田峠系 I	被熱
KHE23	ob10	72	B11-21	2b	MB			和田峠系 II	
KHE24	記載なし	77	B11-17	2b	MC作業面再生 FL			和田峠系 I or II	
KHE25	分類不可	80	A12-5	3	MB			和田峠系 I or II	
KHE26	ob08	106	A12-3	3	FSP			和田峠系 I or II	
KHE27	分類不可	108	B11-23	2b	FSP			和田峠系 I or II	
KHE28	ob20	109	B11-22	3	FSP	XRF28′		和田峠系 I or II	被熱
KHE28′	ob20	109	B11-22		FSP	XRF28		和田峠系 I or II	
KHE29	ob18	137	B11-22		SSP	接合4		男鹿系 A	
KHE29′	ob18	116	B11-17		FSP	接合4		男鹿系 A	
KHE29′	ob18	116	B12-2		FSP	接合4		男鹿系 A	
KHE30	ob01	121	B11-24	2b	SSP			和田峠系 I or II	
KHE31	ob01	123	B11-24	2b	SSP			和田峠系 I or II	

試料番号	石質	報告書掲載番号	グリッド	層位	器種	接合	建石分析	判別結果	被熱風化
KHE32	分類不可	126	B11-18	2b	SSP			和田峠系Ⅱ	
KHE33	ob06	128	B12-3	2b	SSP			和田峠系Ⅱ	
KHE34	分類不可	129	B11-18	3	SSP			和田峠系Ⅰ or Ⅱ	
KHE35	分類不可	132	B11-21		SSP			和田峠系Ⅰ or Ⅱ	
KHE36	ob04	136	B11-22	3	SSP			和田峠系Ⅰ or Ⅱ	
KHE37	ob12	149	B12-3	3	MC作業面再生FL			男鹿系A	
KHE38	分類不可	150	B11-22	3	MC側面調整FL			和田峠系Ⅰ or Ⅱ	
KHE39	ob01	186	B11-23	2b	BU		脇本	男鹿系A	
KHE40	ob16	202	B11-17	3	ES	図202/XRF43		男鹿系A	
KHE41	ob16	202	B11-17	2b	ES	図202/XRF43		男鹿系A	
KHE42	記載なし	236	B12-2		FL			和田峠系Ⅰ or Ⅱ	
KHE43	記載なし	237	B11-17		ES	XRF40/41		男鹿系A	
KHE44	ob01	238	A11-20	2b	FL			男鹿系A	
KHE45	記載なし	263	?11	2b	MC		小深沢	和田峠系Ⅱ	
KHE46	記載なし	264	不明		MC		小深沢	和田峠系Ⅰ or Ⅱ	
KHE47	記載なし	265	不明		MC		小深沢	和田峠系Ⅰ or Ⅱ	
KHE48	ob14	接合1a	B12	2b	FL	接合1		男鹿系A	
KHE48′	ob14	接合1b	B12		FL	接合1		男鹿系A	
KHE49	ob05	接合11f	B12		FL	接合11		和田峠系Ⅰ or Ⅱ	
KHE49′	ob05	接合11a	B12-1		FL	接合11		和田峠系Ⅰ or Ⅱ	
KHE49′	ob05	接合11b	B12		FL	接合11		和田峠系Ⅰ or Ⅱ	
KHE49′	ob05	接合11c	A12		FL	接合11		和田峠系Ⅰ or Ⅱ	
KHE49′	ob05	接合11d	B12		FL	接合11		和田峠系Ⅰ or Ⅱ	
KHE49′	ob05	接合11e	B12		FL	接合11		和田峠系Ⅰ or Ⅱ	
KHE49′	ob05	接合11g	B12-1		FL	接合11		和田峠系Ⅰ or Ⅱ	
KHE49′	ob05	接合11h	B12-1		FL	接合11		和田峠系Ⅰ or Ⅱ	
KHE50	ob01	非掲載	B12	3	SSP（打面再生）			男鹿系A	
KHE51	ob01	非掲載	B12-2		FL			男鹿系A	
KHE52	ob01	非掲載	B11	3	FL			和田峠系Ⅰ or Ⅱ	
KHE53	ob01	非掲載	B12-3		MB			和田峠系Ⅰ or Ⅱ	
KHE54	ob01	非掲載	B12-7		MB			男鹿系A	
KHE55	ob01	非掲載	B12		稜付きMB			男鹿系A	
KHE56	ob02	非掲載	A12	2b	MB			和田峠系Ⅰ or Ⅱ	
KHE57	ob02	非掲載	A12-5		MB			和田峠系Ⅰ or Ⅱ	
KHE58	ob02	非掲載	B11-21		MB			和田峠系Ⅱ	
KHE59	ob02	非掲載	B12	2b	FL			和田峠系Ⅰ or Ⅱ	
KHE60	ob03	非掲載	B12-1	3	FL			男鹿系A	
KHE61	ob03	非掲載	B12	3	FL			男鹿系A	
KHE62	ob03	非掲載	B12	2b	FL			男鹿系A	

試料番号	石質	報告書掲載番号	グリッド	層位	器種	接合	建石分析	判別結果	被熱風化
KHE63	ob04	非掲載	B12-7	2b	FL	I		和田峠系 I or II	
KHE63′	ob04	非掲載			FL	I		和田峠系 I or II	
KHE63′	ob04	非掲載			FL	I		和田峠系 I or II	
KHE63′	ob04	非掲載			FL	I		和田峠系 I or II	
KHE63′	ob04	非掲載			FL	I		和田峠系 I or II	
KHE63′	ob04	非掲載			FL	I		和田峠系 I or II	
KHE64	ob04	非掲載	B12-2	2b	FL			和田峠系 I or II	
KHE65	ob04	非掲載	B12	1	FL	J		和田峠系 I or II	
KHE65′	ob04	非掲載			FL	J		和田峠系 I or II	
KHE65′	ob04	非掲載			FL	J		和田峠系 I or II	
KHE65′	ob04	非掲載			FL	J		和田峠系 I or II	
KHE65′	ob04	非掲載			FL	J		和田峠系 I or II	
KHE65′	ob04	非掲載			FL	J		和田峠系 I or II	
KHE65′	ob04	非掲載			FL	J		和田峠系 I or II	
KHE66	ob05	非掲載	B12	2b	FL	K		和田峠系 I or II	
KHE66′	ob05	非掲載	B12	2b	FL	K		和田峠系 I or II	
KHE67	ob05	非掲載	B11-21	2b	FL			和田峠系 I or II	
KHE68	ob05	非掲載	B11-22	3	FL	A		和田峠系 I	
KHE68′	ob05	非掲載	B11		FL	A		和田峠系 I	
KHE69	ob06	非掲載	B11	2b	FL			和田峠系 I or II	
KHE70	ob06	非掲載	B12	2b	FL			和田峠系 I	
KHE71	ob06	非掲載	B12-3	3	SSP			和田峠系 I or II	
KHE72	ob07	非掲載	B12-1	3	FL			和田峠系 I or II	
KHE73	ob07	非掲載	B12-2		FL	G		和田峠系 I or II	
KHE73′	ob07	非掲載	B12-2	2b	FL	G		和田峠系 I or II	
KHE74	ob07	非掲載	B11-21	3	FL	H		和田峠系 I or II	
KHE74′	ob07	非掲載	B11-21	3	FL	H		和田峠系 I or II	
KHE75	ob08	非掲載	A11-23	3	FL			和田峠系 I or II	
KHE76	ob08	非掲載	A12-8	3	FL			和田峠系 I or II	
KHE77	ob08	非掲載	A12	3	FL			和田峠系 I or II	
KHE78	ob09	非掲載	B11-21	3	FL			和田峠系 I or II	
KHE79	ob09	非掲載	B12-3	3	FL			和田峠系 I or II	
KHE80	ob09	非掲載	B11	2b	FL			和田峠系 I or II	
KHE81	ob10	非掲載	B11	3	FL			和田峠系 I or II	
KHE82	ob10	非掲載	B12-1	3	FL	E		和田峠系 I or II	
KHE82′	ob10	非掲載	A12	2b	FL	E		和田峠系 I or II	
KHE83	ob10	非掲載	B12-1	3	FL	F		和田峠系 I or II	
KHE83′	ob10	非掲載			FL	F		和田峠系 I or II	
KHE84	ob11	非掲載	B11-22	2a	FL	B		和田峠系 I	
KHE84′	ob11	非掲載	B12-3	3	FL	B		和田峠系 I	
KHE85	ob11	非掲載	B12-3		FL	C		和田峠系 I	
KHE85′	ob11	非掲載	B11-22	3	FL	C		和田峠系 I	
KHE85′	ob11	非掲載	B12-4		FL	C		和田峠系 I	
KHE85′	ob11	非掲載	B12	2b	FL	C/折れ①		和田峠系 I	
KHE85′	ob11	非掲載	B12	3	FL	C/折れ①		和田峠系 I	

試料番号	石質	報告書掲載番号	グリッド	層位	器種	接合	建石分析	判別結果	被熱風化
KHE85′	ob11	非掲載		2b	FL	C		和田峠系Ⅰ	
KHE85′	ob11	非掲載	B12	2b	FL	C		和田峠系Ⅰ	
KHE86	ob11	非掲載	B11	2b	FL	D		和田峠系Ⅰ or Ⅱ	
KHE86′	ob11	非掲載	B12	3	FL	D		和田峠系Ⅰ or Ⅱ	
KHE87	ob12	非掲載	B12-1	3	FL			男鹿系A	
KHE88	ob12	非掲載	B11-22	3	FL			男鹿系A	
KHE89	ob12	非掲載	B12-6		FL			男鹿系A	
KHE90	ob13	非掲載	A12-3	3	FL			和田峠系Ⅰ or Ⅱ	
KHE91	ob13	非掲載	A12-3	3	FL			和田峠系Ⅰ or Ⅱ	
KHE92	ob13	非掲載	A11	2b	FL			和田峠系Ⅱ	
KHE93	ob14	非掲載	B12-2		FL			男鹿系A	
KHE94	ob14	非掲載	B12	2b	FL			男鹿系A	
KHE95	ob14	非掲載	B12	2b	FL			男鹿系A	
KHE96	ob15	非掲載	B12	2b	FL			男鹿系A	
KHE97	ob15	非掲載	B12	2b	FL			男鹿系A	
KHE98	ob15	非掲載	B12-6	3	FL			男鹿系A	
KHE99	ob16	非掲載	B11	2b	FL			和田峠系Ⅰ or Ⅱ	
KHE100	ob19	非掲載	B11	2b	FL	L		和田峠系Ⅰ or Ⅱ	
KHE101	ob19	非掲載	B11	1	FL	L		和田峠系Ⅰ or Ⅱ	
KHE102	ob19	非掲載	B11	2b	FL	L		和田峠系Ⅰ or Ⅱ	
KHE103	分類不可	非掲載	B12	3	FL			男鹿系A	
KHE104	分類不可	非掲載	B12	2b	FL			和田峠系Ⅰ or Ⅱ	
KHE105	分類不可	非掲載	B13	2b	FL			和田峠系Ⅰ or Ⅱ	
KHE106	分類不可	非掲載	A12-5	3	FL			男鹿系A	
KHE107	分類不可	非掲載	B12-6	3	FL			和田峠系Ⅰ or Ⅱ	
KHE108	分類不可	非掲載	B11-22		FL			男鹿系A	
KHE109	分類不可	非掲載	B11-22	2a	FL			和田峠系Ⅰ	被熱
KHE110	分類不可	非掲載	A12-10	2b	FL			男鹿系A	
KHE111	分類不可	非掲載	B11-18		FL			和田峠系Ⅰ	
KHE112	分類不可	非掲載	B11	1	FL			和田峠系Ⅰ or Ⅱ	
KHE113	分類不可	非掲載	B11-22	2b	MB			和田峠系Ⅰ or Ⅱ	被熱
KHE114	分類不可	非掲載	B12	3	FL			男鹿系A	
KHE115	分類不可	非掲載	B11	3	FL			和田峠系Ⅰ or Ⅱ	
KHE116	分類不可	非掲載	B11	2b	FL			和田峠系Ⅰ or Ⅱ	
KHE117	分類不可	非掲載	A12-5		FL			和田峠系Ⅰ or Ⅱ	
KHE119	分類不可	非掲載	B12	2b	FL			和田峠系Ⅰ	
KHE120	分類不可	非掲載	B12-2	3	FL			和田峠系Ⅰ or Ⅱ	
KHE121	分類不可	非掲載	B12-3		FL			和田峠系Ⅰ or Ⅱ	
KHE122	分類不可	非掲載	B11-21	2b	FL			和田峠系Ⅰ or Ⅱ	
KHE123	分類不可	非掲載	B11-23	2b	FL			和田峠系Ⅰ or Ⅱ	
KHE124	分類不可	非掲載	B11-24	2b	FL			和田峠系Ⅰ or Ⅱ	

附表 9　上原 E 遺跡出土試料の測定値と判別結果

試料番号	長さ (mm)	幅 (mm)	厚さ (mm)	K (cps)	Ca (cps)	Ti (cps)	Mn (cps)	Fe (cps)	Rb (cps)	Sr (cps)	Y (cps)	Zr (cps)	Nb (cps)	判別結果	被熱有無
KHE1	23.20	18.60	22.30	234447	54264	11465	61057	454257	30129	2931	8711	15142	2548	和田峠系 I or II	
KHE2	30.25	14.40	23.30	193848	46295	9641	49612	376664	24991	2906	7414	11907	1550	和田峠系 I or II	
KHE2'	21.65	6.40	2.00	198631	47732	10181	51194	382551	24591	2268	7245	12479	1719	和田峠系 I or II	
KHE3	28.70	9.10	15.25	231988	55260	11099	60583	459131	30209	3298	9408	15059	2234	和田峠系 I or II	
KHE4	26.55	10.20	11.10	258215	65366	15712	33931	806918	19592	5865	6508	14847	1675	白滝系 I	
KHE5	31.90	18.30	24.55	212715	52543	10656	54778	407220	26850	2488	8154	13201	1753	和田峠系 I or II	
KHE5'	17.70	8.60	2.75	206144	49972	10110	52050	394356	27194	2980	8074	14002	2105	和田峠系 I or II	
KHE6	25.65	14.65	21.30	200501	48080	9454	52719	380323	26397	2595	7735	13126	2134	和田峠系 I or II	
KHE7	24.25	15.25	20.80	237043	85583	20027	84613	465069	19684	10046	5332	14264	2077	男鹿系 A	
KHE8	31.35	14.90	33.25	240766	57447	11490	60943	452438	29860	3466	8913	15650	2418	和田峠系 I or II	
KHE9	30.55	10.70	19.20	206656	49269	9766	53537	397459	26204	2748	8501	14341	2181	和田峠系 I or II	
KHE10	56.25	23.00	21.80	231923	55898	11306	59957	445871	30443	3546	9649	15974	2324	和田峠系 I or II	
KHE11	35.65	14.65	19.35	216263	50984	10135	55264	412145	28113	3048	8284	14293	2332	和田峠系 I or II	
KHE12	23.60	13.95	24.30	193289	45899	8975	49579	371892	23974	2388	6934	11854	1618	和田峠系 I or II	
KHE13	26.75	24.10	7.35	201424	72190	17313	73585	404364	17815	9896	5550	13049	1392	男鹿系 A	
KHE13'	24.40	4.00	6.30	191267	69070	16779	69739	383215	17024	9744	4937	12140	1627	男鹿系 A	
KHE14	16.00	4.15	2.35	194617	46004	9094	50341	375239	24572	2741	7275	11742	1908	和田峠系 I or II	
KHE15	19.25	6.60	1.95	346984	56509	9041	47002	353943	23728	2430	7426	12104	1884	和田峠系 I or II	被熱
KHE16	23.10	8.30	1.70	219446	51338	9935	54926	418245	26178	3372	8032	13884	1863	和田峠系 I or II	
KHE17	18.50	5.75	2.30	352278	62061	11995	56660	442311	30295	3489	9814	15341	1976	和田峠系 I	被熱
KHE18	27.00	7.15	1.60	310949	52244	8564	44535	336100	23828	3118	6739	11625	1828	和田峠系 I	被熱
KHE19	20.75	6.30	1.85	182633	65805	15822	67460	372592	16867	9568	5289	13878	1419	男鹿系 A	
KHE20	24.75	6.95	1.70	217342	51966	10668	56026	424701	29370	3695	8592	13748	1800	和田峠系 I or II	
KHE21	11.35	4.15	1.95	188521	43962	9057	46791	349509	21876	2920	6606	10759	1481	和田峠系 I or II	
KHE22	23.60	5.50	2.00	282258	49689	8839	43778	341651	22598	2292	6781	11298	1802	和田峠系 I	被熱
KHE23	19.80	5.75	1.95	277553	66213	12678	70662	518725	33886	2938	10183	15966	1970	和田峠系 II	
KHE24	31.80	10.70	5.30	174775	40879	8243	45145	334797	22610	2412	7091	11084	2145	和田峠系 I or II	
KHE25	23.45	5.35	1.40	214347	51841	10573	55641	411934	26785	3093	8411	14532	2384	和田峠系 I or II	
KHE26	43.80	12.00	7.95	173948	40947	7901	44142	328831	22440	2135	6856	11492	2560	和田峠系 I or II	
KHE27	33.90	7.80	9.25	218990	50837	10243	53714	395167	28226	3351	8396	15163	2438	和田峠系 I or II	

試料番号	長さ(mm)	幅(mm)	厚さ(mm)	K(cps)	Ca(cps)	Ti(cps)	Mn(cps)	Fe(cps)	Rb(cps)	Sr(cps)	Y(cps)	Zr(cps)	Nb(cps)	判別結果	被熱有無
KHE28	36.85	11.45	9.90	277975	54226	10449	50657	377342	25528	2784	7846	12880	2266	和田峠系 I or II	被熱
KHE29	32.00	10.70	3.90	183575	66826	16002	66544	363615	15168	7990	4317	11461	1699	男鹿系A	
KHE30	41.45	17.10	7.50	199213	47724	9283	50706	378829	22983	2164	7007	11145	1979	和田峠系 I or II	
KHE31	13.20	4.45	2.35	196155	46924	9265	50551	379126	24031	2338	7563	13104	2445	和田峠系 I or II	
KHE32	42.55	13.25	5.90	216602	51626	10230	56078	411376	26710	2169	8217	13250	1773	和田峠系II	
KHE33	31.15	10.90	3.40	186775	44311	8487	47969	345190	23451	2352	7035	11333	1627	和田峠系II	
KHE34	35.80	13.80	13.20	213415	51082	9971	55549	411224	27232	2945	7996	13677	2142	和田峠系 I or II	
KHE35	39.00	12.90	5.60	236217	54708	11551	59301	446265	29816	3102	9372	14933	2462	和田峠系 I or II	
KHE36	31.00	10.85	7.15	189406	45688	8918	48879	366222	23827	2435	7318	11974	2114	和田峠系 I or II	
KHE37	40.65	10.90	9.65	181833	65216	15485	65950	363516	15697	8896	5076	11989	1487	男鹿系A	
KHE38	28.65	38.80	9.35	188054	44699	8926	48407	360675	24087	2783	7612	12451	1567	和田峠系 I or II	
KHE39	28.85	30.50	9.85	171270	62193	14897	63289	345094	14986	8434	4937	10981	1547	男鹿系A	
KHE40	25.70	22.55	3.90	192732	68959	16614	68371	380036	16929	8893	4972	12889	1288	男鹿系A	
KHE41	21.70	33.20	4.60	167239	61053	14817	61101	337473	14861	7843	4552	10112	1122	男鹿系A	
KHE42	10.80	19.80	6.50	211054	50180	10486	54940	412460	28487	2606	8617	15524	2171	和田峠系 I or II	
KHE43	11.30	12.30	2.85	215031	78452	18664	78154	433111	18783	9535	5060	13667	1895	男鹿系A	
KHE44	26.90	14.45	5.00	184490	66727	16228	66777	367550	16775	9201	4791	12343	1664	男鹿系A	
KHE45	22.50	17.70	16.15	208842	50154	10012	54572	406584	28744	2149	8207	14894	2256	和田峠系II	
KHE46	24.80	14.50	28.45	249442	59191	11926	64056	476495	31437	3055	9412	16349	2127	和田峠系 I or II	
KHE47	33.75	21.25	23.15	225392	51560	10043	54178	404638	26859	2473	7779	14271	2092	和田峠系 I or II	
KHE48	32.25	10.10	3.35	250649	90792	21743	90203	495435	21230	11638	6305	15630	1962	男鹿系A	
KHE49	32.05	28.50	6.15	219616	52879	10415	56850	416323	28967	3791	9182	13726	2149	和田峠系 I or II	
KHE50	19.30	11.35	2.70	186532	68272	16261	67334	371926	15866	8529	4753	11247	1655	男鹿系A	
KHE51	26.20	5.30	6.00	192723	69757	17011	69693	385059	16870	9244	4953	12978	1606	男鹿系A	
KHE52	21.90	29.80	5.45	196771	46516	9354	50693	374971	25030	2575	7931	13365	1782	和田峠系 I or II	
KHE53	17.00	8.70	2.00	198461	46214	9190	49088	363495	25693	2805	7606	12584	1829	和田峠系 I or II	
KHE54	16.20	8.00	2.50	214911	78276	18954	77669	427204	18623	10405	5799	13886	1669	男鹿系A	
KHE55	19.80	3.70	2.40	209652	75609	18420	74879	419558	17975	9567	5550	14506	1714	男鹿系A	
KHE56	10.90	6.15	2.60	180021	43634	8667	46199	345381	23627	3437	7586	12150	1284	和田峠系 I or II	
KHE57	14.95	7.40	2.50	239430	57499	11517	62735	460801	30066	3049	8670	15374	2104	和田峠系 I or II	
KHE58	22.35	8.20	3.90	215486	51690	10150	56495	408661	27783	2348	8172	14130	2231	和田峠系II	
KHE59	20.55	11.85	5.30	189908	45709	9241	50000	381123	24803	2770	7807	12656	1967	和田峠系 I or II	
KHE60	30.60	15.85	3.40	188560	68432	16522	69085	377773	16684	8872	5243	13009	1415	男鹿系A	
KHE61	24.15	7.50	3.05	187188	68353	16293	68271	374934	16711	9354	5547	12035	1850	男鹿系A	
KHE62	26.90	29.85	3.65	212819	76973	18437	76502	422656	18686	10157	5533	13758	1829	男鹿系A	

試料番号	長さ (mm)	幅 (mm)	厚さ (mm)	K (cps)	Ca (cps)	Ti (cps)	Mn (cps)	Fe (cps)	Rb (cps)	Sr (cps)	Y (cps)	Zr (cps)	Nb (cps)	判別結果	被熱有無
KHE63	36.20	18.35	6.50	221732	51708	10176	53616	396289	27639	2846	7953	13609	1581	和田峠系 I or II	
KHE64	34.40	15.15	6.25	237480	53662	10448	56986	423565	28226	2923	8724	13945	2051	和田峠系 I or II	
KHE65	37.05	29.75	9.40	200241	44045	8838	46224	354037	24885	2484	7614	12070	1901	和田峠系 I or II	
KHE66	25.95	13.50	4.70	207238	50148	9969	54134	401478	27383	3206	8061	13204	1644	和田峠系 I or II	
KHE67	20.35	20.95	2.70	217900	52489	10157	55782	425277	27619	2656	8389	14074	2057	和田峠系 I or II	
KHE68	21.90	23.05	3.95	209162	51355	11021	53578	420035	26193	3810	7869	13035	1944	和田峠系 I	
KHE69	17.40	16.40	4.30	197822	47077	9574	50057	369252	25737	2741	7954	13159	2160	和田峠系 I or II	
KHE70	21.30	19.70	3.35	188309	45011	8939	47549	373424	23816	2366	7360	12507	2265	和田峠系 I	
KHE71	19.95	10.15	4.60	187582	45365	8893	48599	357462	23859	2402	7506	12676	1550	和田峠系 I or II	
KHE72	20.15	16.20	2.30	199675	48001	9606	51229	378765	24553	2740	8218	12376	1854	和田峠系 I or II	
KHE73	27.25	22.80	2.90	226504	54154	10446	56990	425716	28644	3039	8521	13930	2244	和田峠系 I or II	
KHE74	24.10	18.60	4.75	194872	46489	9251	50382	372469	24370	3018	8266	12447	1621	和田峠系 I or II	
KHE75	29.20	20.65	4.70	189448	45680	8814	47627	358037	23605	2215	6894	11494	2140	和田峠系 I or II	
KHE76	18.30	18.50	6.00	213075	50208	9807	54055	396539	26314	2772	7637	13661	2121	和田峠系 I or II	
KHE77	26.20	23.45	7.45	174830	41163	8219	43704	326177	21688	3055	6930	11434	1817	和田峠系 I or II	
KHE78	12.30	16.30	3.90	211340	50520	10266	54347	404574	27051	3010	8276	13510	2164	和田峠系 I or II	
KHE79	13.40	10.80	1.95	158075	37756	7870	42029	315198	21167	2776	6756	11259	1840	和田峠系 I or II	
KHE80	10.80	19.20	3.60	234159	55921	10774	59401	446083	29673	2801	9089	14446	1840	和田峠系 I or II	
KHE81	52.60	34.00	7.00	188004	44997	8725	48659	360609	23732	2218	7010	12054	2274	和田峠系 I or II	
KHE82	31.65	21.70	6.30	201553	49297	9399	52769	386725	25181	2550	7898	12751	1587	和田峠系 I or II	
KHE83	29.20	37.00	5.60	209444	50223	9975	54533	409840	26702	2708	8174	13456	2099	和田峠系 I or II	
KHE84	24.80	28.15	5.25	175031	42252	9128	45009	343650	22551	2909	6838	12352	1872	和田峠系 I	
KHE85	19.70	18.65	3.00	235720	56983	11898	60325	456644	29298	4124	8609	14159	2132	和田峠系 I	
KHE86	15.60	11.45	4.70	200527	48085	9228	52258	385756	25552	2555	7370	13411	2036	和田峠系 I or II	
KHE87	8.80	13.40	3.90	228715	83055	19948	81191	447038	20241	10672	6088	14973	1776	男鹿系 A	
KHE88	8.75	6.10	2.90	185212	64767	16020	67696	371313	15934	8180	4549	11685	1667	男鹿系 A	
KHE89	19.45	12.00	3.20	169751	61232	15076	62411	345249	14503	7731	4724	12324	1883	男鹿系 A	
KHE90	13.80	12.70	4.50	225853	52526	10127	56365	418358	28170	3303	8931	14712	2222	和田峠系 I or II	
KHE91	21.50	20.55	4.85	193780	45023	9384	49172	365335	24053	2389	7235	13067	2327	和田峠系 I or II	
KHE92	12.85	15.90	5.55	250027	57605	11502	61274	451865	29837	2724	9011	15591	2266	和田峠系 II	
KHE93	32.85	28.70	6.90	208880	74569	18021	74073	406768	17877	9471	5325	13197	1659	男鹿系 A	

試料番号	長さ(mm)	幅(mm)	厚さ(mm)	K(cps)	Ca(cps)	Ti(cps)	Mn(cps)	Fe(cps)	Rb(cps)	Sr(cps)	Y(cps)	Zr(cps)	Nb(cps)	判別結果	被熱有無
KHE94	18.60	28.85	6.25	226684	82212	20041	80870	444805	19372	10945	6079	13593	1305	男鹿系A	
KHE95	30.15	24.80	3.90	205875	74514	17612	73653	402966	17443	9854	5288	12381	1947	男鹿系A	
KHE96	18.00	24.25	4.60	215782	77471	18659	78227	430207	18844	10251	5124	14259	1410	男鹿系A	
KHE97	33.20	19.60	4.20	223901	80495	19254	80547	441497	18998	10246	6307	14756	1922	男鹿系A	
KHE98	21.65	13.50	3.40	243205	87583	21359	88273	489204	21308	11419	6194	15777	1995	男鹿系A	
KHE99	16.20	10.25	2.15	207607	49067	9605	54060	401484	26838	2649	8252	12945	2230	和田峠系 I or II	
KHE100	25.45	41.45	8.35	182534	43940	8991	48321	354599	23857	2407	7371	12263	2020	和田峠系 I or II	
KHE101	13.05	22.65	6.25	188315	44405	9025	49387	361167	24864	2954	7403	12451	1970	和田峠系 I or II	
KHE102	13.30	39.50	6.80	199648	46910	9407	52456	386936	26450	2751	7915	13508	2043	和田峠系 I or II	
KHE103	9.15	6.85	4.95	209092	75247	18224	76146	420890	19117	10599	5928	14427	1786	男鹿系A	
KHE104	31.45	33.15	8.45	194212	45549	9663	50145	380859	25669	3168	7572	12502	2463	和田峠系 I or II	
KHE105	33.15	37.05	11.90	217608	52849	10495	54858	417958	26928	3193	8091	13517	2069	和田峠系 I or II	
KHE106	17.80	18.10	4.20	257926	93431	22741	92924	512263	21707	11366	6148	15672	1745	男鹿系A	
KHE107	30.80	28.00	5.20	181643	42426	8599	47546	361815	24931	2485	7272	12148	1995	和田峠系 I or II	
KHE108	12.50	6.00	0.95	176538	63465	15408	64713	356659	15300	8408	4221	11192	1502	男鹿系A	
KHE109	13.05	25.05	5.70	387941	59470	9895	48120	373055	26611	3111	7810	13762	1721	和田峠系 I	被熱
KHE110	19.30	14.10	3.75	206047	74587	17904	75026	410649	18003	9722	5419	13858	1762	男鹿系A	
KHE111	32.15	11.50	3.70	229414	54293	10944	58654	460933	30324	3633	9094	13836	1967	和田峠系 I	
KHE112	29.65	27.40	12.40	190151	45391	9099	50156	371156	25585	3125	8149	13061	1906	和田峠系 I or II	
KHE113	17.50	7.00	2.35	270401	44216	10797	50823	397566	25955	2195	7423	12716	1860	和田峠系 I or II	被熱
KHE114	34.15	28.60	5.60	182122	66106	15658	65748	362372	15670	8275	5280	11984	1518	男鹿系A	
KHE115	17.50	11.65	2.35	185954	44256	8925	47714	349732	24123	2674	7529	12175	2052	和田峠系 I or II	
KHE116	30.35	31.10	8.60	267474	64538	12661	69654	518354	34004	3745	10451	16257	2251	和田峠系 I or II	
KHE117	21.50	14.05	3.25	213321	51125	10398	54952	408815	27524	2650	8207	13084	2920	和田峠系 I or II	
KHE118	11.15	14.60	5.10	205808	50126	10829	53230	422757	26871	3214	8112	14010	1752	和田峠系 I	
KHE119	10.90	5.45	6.20	233068	56257	11164	59666	446626	30955	3282	9906	16435	2902	和田峠系 I or II	
KHE120	17.00	17.40	2.10	213535	51011	10742	53775	404110	26501	3357	7380	12799	2249	和田峠系 I or II	
KHE121	21.85	16.20	4.10	194890	46676	9586	51913	388801	25002	2304	7676	13547	2273	和田峠系 I or II	
KHE122	22.10	17.65	2.75	206432	49755	10083	53979	399867	27017	3049	8520	13394	2065	和田峠系 I or II	
KHE123	10.35	13.90	2.25	214209	51905	10308	56080	417350	27368	2925	8540	13785	1864	和田峠系 I or II	

附表 10 樽口遺跡 A-MS 文化層の対象試料と判別結果

（凡例）MC：細石刃核　MCB：細石刃核素材　MB：細石刃　FSP：ファーストスポール
SSP：スキー状スポール　ES：エンド・スクレイパー　RS：ラウンド・スクレイパー
SS：サイド・スクレイパー　RF：二次加工ある剥片　BL：石刃　FL：剥片　CO：石核

試料番号	報告書掲載番号	器種	接合	藁科・東村 1996の遺物番号・推定	判別結果	被熱・風化
TAMS1	35-159	MC			男鹿系 A	
TAMS2	35-160	MC			男鹿系 A	
TAMS3	35-161	MC			男鹿系 A	
TAMS4	35-162	MC			男鹿系 A	
TAMS5	35-163	MC			男鹿系 A	
TAMS6	35-164	MC			男鹿系 A	
TAMS7	35-165	MC		12・男鹿	男鹿系 A	
TAMS8	35-166	MC			男鹿系 A	
TAMS9	35-167	SSP	接合 59		男鹿系 A	
TAMS9′	35-168	MC	接合 59			
TAMS10	36-169	FL	接合 18		男鹿系 A	
TAMS10′	36-170	SSP	接合 18			
TAMS10′	36-171	SSP	接合 18			
TAMS10′	36-172	SSP	接合 18			
TAMS10′	36-173	SSP	接合 18			
TAMS10′	36-174	SSP	接合 18			
TAMS10′	36-175	SSP	接合 18			
TAMS10′	36-176	SSP	接合 18			
TAMS10′	36-177	SSP	接合 18			
TAMS10′	36-178	MC	接合 18			
TAMS11	37-179	FSP	接合 186	14・男鹿	男鹿系 A	
TAMS11′	37-180	SSP	接合 186			
TAMS11′	37-181	MC	接合 186			
TAMS12	37-183	FL	接合 19		男鹿系 A	
TAMS12′	37-182	SSP	接合 19			
TAMS12′	37-184	FL	接合 19			
TAMS12′	37-185	FL	接合 19			
TAMS12′	37-186	FL	接合 19			
TAMS12′	37-187	MC	接合 19			
TAMS13	38-188	FSP	接合 57		男鹿系 A	
TAMS13B	38-190	SSP	接合 57		男鹿系 A	
TAMS13′	38-189	SSP	接合 57			
TAMS13′	38-191	SSP	接合 57			
TAMS13′	38-192	SSP	接合 57			
TAMS13′	38-193	SSP	接合 57			
TAMS13′	38-194	MC	接合 57			
TAMS14	39-199	SSP	接合 56		男鹿系 A	
TAMS14′	39-195	FSP	接合 56			
TAMS14′	39-196	SSP	接合 56			
TAMS14′	39-197	SSP	接合 56			
TAMS14′	39-198	ES	接合 56			
TAMS14′	39-200	MC	接合 56			

試料番号	報告書掲載番号	器種	接合	藁科・東村 1996の遺物番号・推定	判別結果	被熱・風化
TAMS15	40-201	SSP	接合 14		男鹿系 A	
TAMS15′	40-202	SSP	接合 14			
TAMS15′	40-203	MC	接合 14			
TAMS16	40-206	MC	接合 21		男鹿系 A	
TAMS16′	40-204・205	FSP	接合 21			
TAMS17	41-207	FSP	接合 58		男鹿系 A	
TAMS18	41-208	SSP	接合 15			
TAMS18B	41-208	SSP	接合 15		男鹿系 A	
TAMS19	41-209	FSP			男鹿系 A	
TAMS20	41-210	FSP			男鹿系 A	
TAMS21	41-211	FSP			男鹿系 A	
TAMS22	41-212	FSP			男鹿系 A	
TAMS23	41-213	FSP			男鹿系 A	
TAMS24	41-214	FSP			男鹿系 A	
TAMS25	41-217	SSP	接合 22		男鹿系 A	
TAMS25′	41-215	SSP	接合 22			
TAMS25′	41-216	SSP	接合 22			
TAMS26	42-219	SSP	接合 17		男鹿系 A	
TAMS26′	42-218	FSP	接合 17			
TAMS27	42-220	FSP	接合 23		男鹿系 A	
TAMS27′	42-221	SSP	接合 23			
TAMS27′	42-222	SSP	接合 23			
TAMS28	42-224	SSP	接合 182		男鹿系 A	
TAMS28′	42-223	FSP	接合 182			
TAMS29	43-225	SSP			男鹿系 A	
TAMS30	43-226	SSP			男鹿系 A	
TAMS31	43-227	SSP			男鹿系 A	
TAMS32	43-228	SSP			男鹿系 A	
TAMS33	43-229	SSP			男鹿系 A	
TAMS34	43-230	SSP			男鹿系 A	
TAMS35	43-231	SSP			男鹿系 A	
TAMS36	43-232	SSP			男鹿系 A	
TAMS37	43-234	SSP	接合 183		男鹿系 A	
TAMS37′	43-235	SSP	接合 183			
TAMS38	43-233	FL			男鹿系 A	
TAMS39	44-236	MCB			男鹿系 A	
TAMS40	44-237	MCB			男鹿系 A	
TAMS41	44-238	MCB			男鹿系 A	
TAMS42	44-239	FSP			男鹿系 A	
TAMS43	44-240	MCB			男鹿系 A	
TAMS44	44-241	SS			男鹿系 A	
TAMS45	44-242	CO			男鹿系 A	
TAMS46	44-244・245	MCB	接合 20		男鹿系 A	
TAMS46′	44-243	SSP	接合 20			
TAMS46′	44-246	FL	接合 20			
TAMS47	45-248	MCB	接合 159		男鹿系 A	

試料番号	報告書掲載番号	器種	接合	藁科・東村 1996の遺物番号・推定	判別結果	被熱・風化
TAMS47′	45-247	FL	接合 159			
TAMS48	45-250	MCB	接合 16		男鹿系 A	
TAMS48′	45-249	FSP	接合 16			
TAMS49	45-252	ES			男鹿系 A	
TAMS50	45-253	RS			男鹿系 A	
TAMS51	45-254	ES			男鹿系 A	被熱・風化
TAMS52	46-255	RF			男鹿系 A	
TAMS53	46-256	RS			男鹿系 A	
TAMS54	46-257	ES			男鹿系 A	
TAMS55	46-258	ES			男鹿系 A	
TAMS56	46-259	ES			男鹿系 A	
TAMS57	46-260	ES		17・男鹿	男鹿系 A	
TAMS58	46-261	ES		15・男鹿	男鹿系 A	
TAMS59	46-262	ES			男鹿系 A	
TAMS60	46-263	ES			男鹿系 A	
TAMS61	46-264	RS			男鹿系 A	
TAMS62	46-265	ES			男鹿系 A	
TAMS63	46-266	RS			男鹿系 A	
TAMS64	47-267	ES		16・男鹿	男鹿系 A	
TAMS65	47-268	SS			男鹿系 A	
TAMS66	47-269	RF			男鹿系 A	
TAMS67	47-270	SS			男鹿系 A	
TAMS68	47-271	RF			男鹿系 A	
TAMS69	47-272	SS			男鹿系 A	
TAMS70	47-273	SS	接合 195		男鹿系 A	
TAMS71	47-274	SS			男鹿系 A	
TAMS72	47-275	RF			男鹿系 A	
TAMS73	47-276	SS			男鹿系 A	
TAMS74	48-277	RF			男鹿系 A	
TAMS75	48-278	SS			男鹿系 A	
TAMS76	48-279	RF			男鹿系 A	
TAMS77	48-281	BL	接合 65		男鹿系 A	
TAMS77′	48-280	FL	接合 65			
TAMS77′	48-282	FL	接合 65			
TAMS78	48-283	FL	接合 200		男鹿系 A	
TAMS78′	48-284	SS	接合 200			
TAMS79	49-285	FL			男鹿系 A	
TAMS80	49-286	FL			男鹿系 A	
TAMS81	49-287	BL			男鹿系 A	
TAMS82	49-288	FL	接合 188		男鹿系 A	
TAMS82′	49-289	FL	接合 188			
TAMS83	49-291	FL	接合 162		男鹿系 A	
TAMS83′	49-290	FL	接合 162			
TAMS84	49-293	FL	接合 138		男鹿系 A	
TAMS84′	49-292	FL	接合 138			
TAMS84′	49-294	FL	接合 138			

試料番号	報告書掲載番号	器種	接合	藁科・東村 1996の遺物番号・推定	判別結果	被熱・風化
TAMS85	49-296	FL	接合 221		男鹿系 A	
TAMS85′	49-295	FL	接合 221			
TAMS86	50-298	FL	接合 187		男鹿系 A	
TAMS86′	50-297	FL	接合 187			
TAMS87	50-299	FL	接合 189		男鹿系 A	
TAMS87′	50-300	FL	接合 189			
TAMS88	50-302	FL	接合 191		男鹿系 A	
TAMS88′	50-301	FL	接合 191			
TAMS89	50-303	FL	接合 192		男鹿系 A	
TAMS89′	50-304	RF	接合 192			
TAMS90	50-305	FL	接合 60		男鹿系 A	
TAMS90′	50-306	FL	接合 60			
TAMS91	50-307	FL	接合 222		男鹿系 A	
TAMS91′	50-308	FL	接合 222			
TAMS92	33-1	MB			男鹿系 A	被熱
TAMS93	33-1	MB			男鹿系 A	被熱
TAMS94	33-3	MB			男鹿系 A	被熱
TAMS95	33-4	MB			男鹿系 A	被熱
TAMS96	33-5	MB		3・男鹿？	男鹿系 A	被熱
TAMS97	33-6	MB			男鹿系 A	被熱
TAMS98	33-7	MB			男鹿系 A	
TAMS99	33-8	MB			男鹿系 A	
TAMS100	33-9	MB			男鹿系 A	被熱・風化
TAMS101	33-10	MB			男鹿系 A	被熱
TAMS102	33-11	MB			男鹿系 A	
TAMS103	33-12	MB			男鹿系 A	
TAMS104	33-13	MB			男鹿系 A	
TAMS105	33-14	MB			男鹿系 A	
TAMS106	33-15	MB			男鹿系 A	
TAMS107	33-16	MB			男鹿系 A	
TAMS108	33-17	MB			男鹿系 A	
TAMS109	33-18	MB			男鹿系 A	被熱
TAMS110	33-19	MB			男鹿系 A	
TAMS111	33-20	MB			男鹿系 A	
TAMS112	33-21	MB			男鹿系 A	
TAMS113	33-22	MB			男鹿系 A	被熱・風化
TAMS114	33-23	MB			男鹿系 A	被熱
TAMS115	33-24	MB			男鹿系 A	
TAMS116	33-25	MB			男鹿系 A	
TAMS117	33-26	MB			男鹿系 A	風化
TAMS118	33-27	MB			男鹿系 A	風化
TAMS119	33-28	MB			男鹿系 A	
TAMS120	33-29	MB			男鹿系 A	風化
TAMS121	33-30	MB			男鹿系 A	
TAMS122	33-31	MB			男鹿系 A	
TAMS123	33-32	MB			男鹿系 A	

試料番号	報告書掲載番号	器種	接合	藥科・東村1996の遺物番号・推定	判別結果	被熱・風化
TAMS124	33-33	MB			男鹿系A	
TAMS125	33-34	MB			男鹿系A	
TAMS126	33-35	MB		10・男鹿？	男鹿系A	被熱
TAMS127	33-36	MB			男鹿系A	
TAMS128	33-37	MB			男鹿系A	被熱
TAMS129	33-38	MB			男鹿系A	
TAMS130	33-39	MB			男鹿系A	
TAMS131	33-40	MB		43・和田峠	男鹿系A	被熱
TAMS132	33-41	MB		7・男鹿	男鹿系A	
TAMS133	33-42	MB			男鹿系A	
TAMS134	33-43	MB			男鹿系A	風化
TAMS135	33-44	MB			男鹿系A	
TAMS136	33-45	MB			男鹿系A	
TAMS137	33-46	MB			男鹿系A	被熱
TAMS138	33-47	MB			男鹿系A	被熱
TAMS139	33-48	MB			男鹿系A	被熱
TAMS140	33-49	MB			男鹿系A	
TAMS141	33-50	MB		9・男鹿？	男鹿系A	
TAMS142	33-51	MB		6・男鹿？	男鹿系A	被熱・風化
TAMS143	33-52	MB			男鹿系A	
TAMS144	33-53	MB			男鹿系A	
TAMS145	33-54	MB			男鹿系A	被熱
TAMS146	33-55	MB		4・男鹿	男鹿系A	被熱
TAMS147	33-56	MB			男鹿系A	
TAMS148	33-57	MB		8・男鹿？	男鹿系A	
TAMS149	33-58	MB			男鹿系A	被熱
TAMS150	33-59	MB			男鹿系A	被熱
TAMS151	33-60	MB			男鹿系A	被熱
TAMS152	33-61	MB			男鹿系A	
TAMS153	33-62	MB			男鹿系A	
TAMS154	33-63	MB			男鹿系A	
TAMS155	33-64	MB			男鹿系A	風化
TAMS156	33-65	MB			男鹿系A	被熱
TAMS157	33-66	MB			男鹿系A	被熱・風化
TAMS158	33-67	MB			男鹿系A	
TAMS159	33-68	MB			男鹿系A	
TAMS160	33-69	MB			男鹿系A	風化
TAMS161	33-70	MB			男鹿系A	被熱
TAMS162	33-71	MB			男鹿系A	
TAMS163	33-72	MB			男鹿系A	
TAMS164	33-73	MB			男鹿系A	被熱
TAMS165	33-74	MB		2・男鹿	男鹿系A	
TAMS166	33-75	MB			男鹿系A	
TAMS167	33-76	MB			男鹿系A	被熱
TAMS168	33-77	MB			男鹿系A	被熱
TAMS169	33-78	MB			男鹿系A	風化

試料番号	報告書掲載番号	器種	接合	藁科・東村1996の遺物番号・推定	判別結果	被熱・風化
TAMS170	33-79	MB			男鹿系A	
TAMS171	33-80	MB			男鹿系A	
TAMS172	33-81	MB			男鹿系A	被熱
TAMS173	33-82	MB			男鹿系A	
TAMS174	33-83	MB			男鹿系A	
TAMS175	33-84	MB			男鹿系A	
TAMS176	34-85	MB			男鹿系A	被熱
TAMS177	34-86	MB			男鹿系A	被熱
TAMS178	34-87	MB			男鹿系A	被熱
TAMS179	34-88	MB			男鹿系A	
TAMS180	34-89	MB			男鹿系A	
TAMS181	34-90	MB			男鹿系A	風化
TAMS182	34-91	MB			男鹿系A	
TAMS183	34-92	MB			男鹿系A	被熱
TAMS184	34-93	MB			男鹿系A	
TAMS185	34-94	MB			男鹿系A	
TAMS186	34-95	MB			男鹿系A	風化
TAMS187	34-96	MB			男鹿系A	被熱・風化
TAMS188	34-97	MB			男鹿系A	
TAMS189	34-98	MB			男鹿系A	風化
TAMS190	34-99	MB			男鹿系A	
TAMS191	34-100	MB			男鹿系A	風化
TAMS192	34-101	MB			男鹿系A	
TAMS193	34-102	MB			男鹿系A	
TAMS194	34-103	MB			男鹿系A	
TAMS195	34-104	MB			男鹿系A	
TAMS196	34-105	MB			男鹿系A	
TAMS197	34-106	MB			男鹿系A	被熱
TAMS198	34-107	MB			男鹿系A	被熱
TAMS199	34-108	MB			男鹿系A	被熱
TAMS200	34-109	MB			男鹿系A	被熱
TAMS201	34-110	MB			男鹿系A	
TAMS202	34-111	MB		11・男鹿	男鹿系A	
TAMS203	34-112	MB			男鹿系A	
TAMS204	34-113	MB			男鹿系A	
TAMS205	34-114	MB			男鹿系A	
TAMS206	34-115	MB			男鹿系A	
TAMS207	34-116	MB			男鹿系A	
TAMS208	34-117	MB			男鹿系A	被熱
TAMS209	34-118	MB			男鹿系A	
TAMS210	34-119	MB			男鹿系A	
TAMS211	34-120	MB			男鹿系A	
TAMS212	34-121	MB			男鹿系A	
TAMS213	34-122	MB			男鹿系A	被熱
TAMS214	34-123	MB			男鹿系A	
TAMS215	34-124	MB			男鹿系A	

試料番号	報告書掲載番号	器種	接合	藁科・東村1996の遺物番号・推定	判別結果	被熱・風化
TAMS216	34-125	MB			男鹿系A	被熱・風化
TAMS217	34-126	MB			男鹿系A	
TAMS218	34-127	MB			男鹿系A	被熱
TAMS219	34-128	MB			男鹿系A	
TAMS220	34-129	MB			男鹿系A	被熱
TAMS221	34-130	MB			男鹿系A	
TAMS222	34-131	MB			男鹿系A	
TAMS223	34-132	MB			男鹿系A	
TAMS224	34-133	MB			男鹿系A	被熱
TAMS225	34-134	MB			男鹿系A	
TAMS226	34-135	MB			男鹿系A	被熱
TAMS227	34-136	MB			男鹿系A	被熱
TAMS228	34-137	MB			男鹿系A	
TAMS229	34-138	MB			男鹿系A	
TAMS230	34-139	MB		1・男鹿	男鹿系A	
TAMS231	34-140	MB			男鹿系A	被熱
TAMS232	34-141	MB		5・男鹿	男鹿系A	被熱
TAMS233	34-142	MB			男鹿系A	
TAMS234	34-143	MB			男鹿系A	被熱・風化
TAMS235	34-144	MB			男鹿系A	
TAMS236	34-145	MB			男鹿系A	
TAMS237	34-146	MB			男鹿系A	
TAMS238	34-147	MB			男鹿系A	被熱
TAMS239	34-148	MB			男鹿系A	
TAMS240	34-149	MB			男鹿系A	
TAMS241	34-150	MB			男鹿系A	被熱
TAMS242	34-151	MB			男鹿系A	
TAMS243	34-152	MB			男鹿系A	被熱・風化
TAMS244	34-153	MB			男鹿系A	
TAMS245	34-154	MB			男鹿系A	
TAMS246	34-155	MB			男鹿系A	
TAMS247	34-156	MB			男鹿系A	
TAMS248	34-157	MB			男鹿系A	
TAMS249	34-158	MB			男鹿系A	被熱
TAMS421	52-323	FL			男鹿系A	
TAMS422	52-324	FL			男鹿系A	

附表 11 樽口遺跡 A-MS 文化層出土試料の測定値と判別結果

試料番号	K (cps)	Ca (cps)	Ti (cps)	Mn (cps)	Fe (cps)	Rb (cps)	Sr (cps)	Y (cps)	Zr (cps)	Nb (cps)	判別結果	被熱風化
TAMS1	195653	71478	17384	70168	390008	17380	8933	5786	12553	1676	男鹿系 A	
TAMS2	182746	67723	15988	66281	366892	15885	8678	4792	11669	1263	男鹿系 A	
TAMS3	205062	75649	18361	73241	409100	18420	9440	5496	14048	1745	男鹿系 A	
TAMS4	182135	67949	15978	65851	366033	15826	8355	4801	11173	1379	男鹿系 A	
TAMS5	215700	79786	18777	77020	433808	18398	9798	5559	13891	1416	男鹿系 A	
TAMS6	165616	61251	14531	59958	331224	14188	7458	4749	10720	1657	男鹿系 A	
TAMS7	190962	68531	16396	68831	381827	17087	9159	4810	12403	1535	男鹿系 A	
TAMS8	179828	65445	15794	63622	353630	15221	7659	4210	11118	1344	男鹿系 A	
TAMS9	199422	73204	17308	71113	394718	17608	9662	5332	13672	1646	男鹿系 A	
TAMS10	174525	63392	15140	63605	350669	16074	8743	4915	12135	1457	男鹿系 A	
TAMS11	211456	78743	19054	76724	428073	18764	10030	5831	14787	1149	男鹿系 A	
TAMS12	168713	61643	14974	60805	337049	14419	7814	4268	11859	1258	男鹿系 A	
TAMS13	196802	71794	17020	71434	395589	17609	9479	5334	13705	2017	男鹿系 A	
TAMS13B	237245	87624	21069	85316	472791	20646	10969	5818	14724	1362	男鹿系 A	
TAMS14	191408	70492	17104	69352	385353	17023	9387	5284	13037	1428	男鹿系 A	
TAMS15	171699	62583	14912	61799	340248	14938	7659	4393	11811	1155	男鹿系 A	
TAMS16	166821	61404	14804	61471	340297	15140	8466	4610	11353	1416	男鹿系 A	
TAMS17	221112	80900	19173	79306	442416	18997	10676	5301	13985	1258	男鹿系 A	
TAMS18B	167311	61705	14742	60648	334216	15193	8348	4954	11268	1591	男鹿系 A	
TAMS19	202488	73912	17821	72793	413447	18239	9307	5725	13939	1171	男鹿系 A	
TAMS20	184475	67833	16353	66167	368790	16677	8519	4863	12187	1316	男鹿系 A	
TAMS21	173194	63635	15267	61651	344810	15173	7565	4486	10950	1449	男鹿系 A	
TAMS22	173313	63961	15287	63408	348721	15230	8210	5193	11765	1390	男鹿系 A	
TAMS23	166891	61350	14536	60822	337678	15453	8108	4329	11849	1587	男鹿系 A	
TAMS24	191658	71547	16966	70073	386266	16766	8971	4695	12043	1584	男鹿系 A	
TAMS25	176307	64852	15609	63107	349205	15226	8735	4764	11740	1456	男鹿系 A	
TAMS26	172237	62533	15105	61571	341663	15123	8090	4624	11209	878	男鹿系 A	
TAMS27	167573	61817	15044	61813	342279	15068	8121	4850	11590	1362	男鹿系 A	
TAMS28	195343	72229	17320	70743	391556	17943	9676	5410	13076	1653	男鹿系 A	
TAMS29	214964	78822	18988	77259	430562	18652	10262	5348	13706	1569	男鹿系 A	
TAMS30	172389	64174	15108	62052	345815	15525	8300	4881	11700	1237	男鹿系 A	
TAMS31	176576	65403	15834	65097	358302	16157	8667	4598	11848	1230	男鹿系 A	
TAMS32	245648	90185	21272	87911	486262	21072	11209	6149	16955	1285	男鹿系 A	
TAMS33	191037	69854	16635	68974	382806	16158	9174	5404	13164	1577	男鹿系 A	
TAMS34	167644	61882	14920	60042	336851	15030	7846	4184	10996	1436	男鹿系 A	
TAMS35	166486	61576	15053	60406	335419	15194	8262	4432	11454	1584	男鹿系 A	
TAMS36	169333	61148	14875	61280	338416	14818	7700	4357	10915	1306	男鹿系 A	
TAMS37	198478	73282	17541	72268	401723	18030	9595	5151	12602	2000	男鹿系 A	
TAMS38	203284	75151	18156	73011	403100	17800	9755	4910	13696	1621	男鹿系 A	
TAMS39	186238	68754	16241	68051	374806	15791	8449	4970	11839	1026	男鹿系 A	
TAMS40	195259	70499	17338	70512	392366	16892	9122	4924	12285	2228	男鹿系 A	
TAMS41	166792	60762	14900	59975	333153	15271	8420	4280	10794	1462	男鹿系 A	
TAMS42	187947	69183	16769	68183	378154	16992	9088	5083	12700	1852	男鹿系 A	
TAMS43	178896	66288	15885	65323	361429	15827	8804	4726	11216	1250	男鹿系 A	
TAMS44	179966	65276	15740	64649	357778	15810	8355	5112	11925	1683	男鹿系 A	

試料番号	K (cps)	Ca (cps)	Ti (cps)	Mn (cps)	Fe (cps)	Rb (cps)	Sr (cps)	Y (cps)	Zr (cps)	Nb (cps)	判別結果	被熱風化
TAMS45	181633	67317	16013	64757	361689	15707	8030	4243	11635	1983	男鹿系 A	
TAMS46	210337	76851	18057	75262	421742	18330	9903	5314	13365	1679	男鹿系 A	
TAMS47	174017	64581	15124	62823	349737	15251	8027	4787	11686	1722	男鹿系 A	
TAMS48	193603	71744	17102	70005	387302	17442	9116	5246	13036	1895	男鹿系 A	
TAMS49	166167	61428	14126	60579	335968	15114	8498	4687	11460	1303	男鹿系 A	
TAMS50	168948	62680	15266	61149	339465	16121	8767	4975	11771	1553	男鹿系 A	
TAMS51	245084	71333	16694	60489	341358	15549	8457	4766	11418	1237	男鹿系 A	被熱風化
TAMS52	210109	76603	18747	75015	414734	18126	9655	5139	13143	1947	男鹿系 A	
TAMS53	189498	68220	16798	67443	375817	16719	8603	5100	11798	1613	男鹿系 A	
TAMS54	170662	62196	14892	61186	339623	15135	8012	4526	10854	1402	男鹿系 A	
TAMS55	190199	68921	17010	67987	378266	17469	9343	5474	12602	1598	男鹿系 A	
TAMS56	178816	65677	15601	64239	359714	16042	8477	4972	11621	1743	男鹿系 A	
TAMS57	207189	74520	17585	71398	398652	17064	9108	5099	13077	1757	男鹿系 A	
TAMS58	197589	72548	17495	70497	392888	17081	9076	4505	12183	980	男鹿系 A	
TAMS59	192440	70787	18902	68631	382637	16364	8443	4843	12201	1648	男鹿系 A	
TAMS60	197703	72967	16748	71123	392535	17842	9550	5001	13513	1976	男鹿系 A	
TAMS61	209772	78224	18519	75840	420499	18742	10060	4954	13315	1326	男鹿系 A	
TAMS62	170633	64240	15108	60351	330318	18606	10822	5756	15430	1539	男鹿系 A	
TAMS63	203289	75045	18052	73194	407354	17208	9228	4986	15990	1113	男鹿系 A	
TAMS64	177775	66112	15830	64917	360364	15585	8090	4755	11656	1850	男鹿系 A	
TAMS65	169700	63556	15111	61710	342742	15497	8079	4463	11250	1641	男鹿系 A	
TAMS66	165734	61507	14534	59559	330912	14891	7782	4337	10426	1623	男鹿系 A	
TAMS67	169722	61053	14782	60933	339210	14895	8107	4467	10835	2024	男鹿系 A	
TAMS68	197955	73291	17194	70747	393642	17296	9704	5446	12986	1292	男鹿系 A	
TAMS69	209705	77135	18499	74933	414540	17862	9775	5221	13422	1622	男鹿系 A	
TAMS70	175965	65102	15816	63406	350307	15242	8219	4329	11117	1464	男鹿系 A	
TAMS71	169336	63787	15189	62105	343270	14886	8228	4774	10944	1426	男鹿系 A	
TAMS72	174289	64443	15444	63254	351711	16289	8483	4818	11390	1319	男鹿系 A	
TAMS73	169752	62916	14684	61573	342296	15092	8450	4839	11234	1274	男鹿系 A	
TAMS74	154636	56680	13476	55689	308533	13654	7359	3795	10145	1422	男鹿系 A	
TAMS75	160500	59614	14268	59169	325544	14251	7398	4168	11006	1361	男鹿系 A	
TAMS76	188135	70207	16877	68021	378778	16379	9096	5065	13545	1526	男鹿系 A	
TAMS77	204104	74727	17853	73377	406582	17788	9701	5171	12747	1323	男鹿系 A	
TAMS78	197294	71607	17137	71371	394190	17472	9191	4662	12546	1579	男鹿系 A	
TAMS79	169886	62221	14595	61560	344053	14937	8461	4494	11361	1624	男鹿系 A	
TAMS80	169506	61549	14778	60836	337055	14851	7880	4910	10999	1534	男鹿系 A	
TAMS81	191506	71040	17042	69954	387838	17316	9303	4949	12471	1465	男鹿系 A	
TAMS82	217670	81135	18847	76997	425972	18963	10418	5425	13435	1571	男鹿系 A	
TAMS83	171930	62585	14733	61327	337762	15609	8445	4485	11328	1208	男鹿系 A	
TAMS84	212634	78753	19274	76177	425623	18777	9431	5310	14049	1352	男鹿系 A	
TAMS85	191416	69853	16813	67957	378669	16933	9150	5014	12510	1460	男鹿系 A	
TAMS86	162201	59424	14486	58709	323201	14430	8113	4970	11576	1516	男鹿系 A	
TAMS87	168407	62773	15059	61569	341492	14773	7875	4176	10783	956	男鹿系 A	
TAMS88	196931	72454	17970	71178	397475	17833	10038	5379	13185	1456	男鹿系 A	
TAMS89	169329	63164	15031	61094	340493	15237	8308	4522	11123	1236	男鹿系 A	

試料番号	K (cps)	Ca (cps)	Ti (cps)	Mn (cps)	Fe (cps)	Rb (cps)	Sr (cps)	Y (cps)	Zr (cps)	Nb (cps)	判別結果	被熱風化
TAMS90	183676	67333	15877	66482	367090	16919	8872	4907	14476	1049	男鹿系A	
TAMS91	173642	64035	15264	62252	347207	15270	8217	4530	11198	1195	男鹿系A	
TAMS92	177465	55816	12936	51306	293137	13841	7151	3697	10408	1239	男鹿系A	被熱
TAMS93	247252	68668	14812	61262	337028	15869	8160	4601	11390	1622	男鹿系A	被熱
TAMS94	386558	89102	18281	72245	407711	18434	9604	5584	13885	1747	男鹿系A	被熱
TAMS95	236700	79661	18519	75150	423757	17152	9168	4742	12884	1668	男鹿系A	被熱
TAMS96	286483	66845	14000	55658	310711	14791	7537	4341	11414	1162	男鹿系A	被熱
TAMS97	308012	74684	16790	64529	371551	16734	8729	5240	13226	1707	男鹿系A	被熱
TAMS98	167417	61352	14167	59833	335423	14558	7614	4191	11245	1745	男鹿系A	
TAMS99	171347	64191	15236	62001	342870	14410	7296	3907	11071	1521	男鹿系A	
TAMS100	219731	61909	16110	55254	330297	14724	8266	4330	12519	1445	男鹿系A	被熱風化
TAMS101	284913	78544	17358	70208	388673	16401	8738	4560	12420	1651	男鹿系A	被熱
TAMS102	154948	57104	14001	56133	321923	12723	6811	3965	10871	1664	男鹿系A	
TAMS103	207574	76465	18627	74943	413936	16940	9562	5196	12805	1811	男鹿系A	
TAMS104	163622	60262	14766	60411	333072	14032	7430	4373	10241	1070	男鹿系A	
TAMS105	178108	66472	17383	63982	356867	15259	8202	4153	11258	1276	男鹿系A	
TAMS106	192322	71355	17522	69824	393492	16587	9266	4903	12521	1628	男鹿系A	
TAMS107	214560	79367	19560	77992	432246	18968	9960	5885	14762	1222	男鹿系A	
TAMS108	158380	57589	13815	57515	318658	13516	7357	4036	11202	1839	男鹿系A	
TAMS109	219076	62757	14230	58368	323509	13623	7280	3868	11121	1323	男鹿系A	被熱
TAMS110	145228	54561	13204	53877	299794	13723	7461	4241	10130	1329	男鹿系A	
TAMS111	159343	58537	15084	57969	335238	13512	7016	3826	11073	1371	男鹿系A	
TAMS112	171861	63570	15431	62307	343022	12531	6677	3756	9911	1015	男鹿系A	
TAMS113	195208	66969	40152	62938	362493	14439	7590	4560	10758	1168	男鹿系A	被熱風化
TAMS114	292870	75287	16200	65577	365538	14515	7717	4388	10778	1217	男鹿系A	被熱
TAMS115	168721	62762	19176	61444	343160	15009	8017	4599	11070	1423	男鹿系A	
TAMS116	180758	68172	16572	65946	370853	16501	9115	4637	13155	1878	男鹿系A	
TAMS117	162847	61365	22010	59902	332102	14598	8130	4891	11433	1520	男鹿系A	風化
TAMS118	194266	72231	21810	70967	396751	15854	8002	4411	12370	1599	男鹿系A	風化
TAMS119	192888	70349	17583	68656	381881	13928	6971	3559	10534	1254	男鹿系A	
TAMS120	168791	63023	25541	62428	357583	14113	7467	4163	10898	1292	男鹿系A	風化
TAMS121	181000	66197	16270	65284	362415	15680	8261	4458	12121	1511	男鹿系A	
TAMS122	194382	71202	17397	69524	387451	16921	9070	4640	12289	1261	男鹿系A	
TAMS123	159860	58601	14229	58176	330344	12926	6996	3809	10909	1738	男鹿系A	
TAMS124	203759	73774	18932	73251	421366	17757	8981	5034	13473	1366	男鹿系A	
TAMS125	183505	67874	16518	66478	366154	14310	7857	4434	10629	1442	男鹿系A	
TAMS126	369742	86023	17549	71686	399121	20143	9974	5925	14908	1990	男鹿系A	被熱
TAMS127	186456	67437	16288	66990	372564	16346	8580	5242	12216	1364	男鹿系A	
TAMS128	355280	81776	15984	65822	369040	17591	9525	5203	12991	1409	男鹿系A	被熱
TAMS129	169771	62124	14973	61000	338006	14639	8046	4222	10356	1526	男鹿系A	
TAMS130	171657	62763	15895	61431	352936	15068	8727	4432	10826	1420	男鹿系A	
TAMS131	260110	67877	13578	56527	315359	15004	7543	4359	11344	1280	男鹿系A	被熱
TAMS132	168095	62175	14960	61123	340588	14931	7785	4690	11166	1186	男鹿系A	
TAMS133	187560	68897	16752	67560	377665	16351	8203	4547	11958	1409	男鹿系A	
TAMS134	170542	62487	17396	61155	348529	14603	7689	4272	10806	1410	男鹿系A	風化

試料番号	K (cps)	Ca (cps)	Ti (cps)	Mn (cps)	Fe (cps)	Rb (cps)	Sr (cps)	Y (cps)	Zr (cps)	Nb (cps)	判別結果	被熱風化
TAMS135	167240	61561	15366	61502	339575	14802	7967	4554	10562	1103	男鹿系A	
TAMS136	182300	66534	16318	65882	364405	15919	8531	4278	11488	991	男鹿系A	
TAMS137	414356	97840	20897	80211	466007	19158	10221	5112	13737	1005	男鹿系A	被熱
TAMS138	284269	65336	13519	51899	291128	14036	7347	3576	10431	1463	男鹿系A	被熱
TAMS139	214901	65316	14890	59893	335930	14138	7548	3905	10554	1148	男鹿系A	被熱
TAMS140	210489	77391	18752	75968	419977	17143	8963	5273	12931	1457	男鹿系A	
TAMS141	180164	65894	15734	64156	357372	15244	8307	4049	11670	1694	男鹿系A	
TAMS142	267815	71807	18931	63077	351749	15473	8090	4244	11366	1320	男鹿系A	被熱風化
TAMS143	256530	92981	22289	91230	509268	20326	10830	5636	15673	1578	男鹿系A	
TAMS144	205185	74520	18456	72959	405340	16426	8598	4617	12492	1476	男鹿系A	
TAMS145	215768	73382	18344	69949	392579	16854	9265	4799	13032	1683	男鹿系A	被熱
TAMS146	348464	75890	14833	60500	338405	16234	8453	5013	11958	1682	男鹿系A	被熱
TAMS147	189777	69914	18740	68437	385843	16392	8491	4535	13346	1473	男鹿系A	
TAMS148	181713	66987	16391	64341	360010	12784	7098	3600	9388	1046	男鹿系A	
TAMS149	279311	69641	15389	60512	337549	14936	7908	4395	11172	1465	男鹿系A	被熱
TAMS150	180921	61680	14795	60660	333929	14347	7717	4447	10142	1288	男鹿系A	被熱
TAMS151	318177	77609	15701	64591	365454	16736	8501	5120	12890	1516	男鹿系A	被熱
TAMS152	212079	77867	19141	76229	420498	17105	9240	5621	12845	1350	男鹿系A	
TAMS153	260190	95220	23358	94157	521156	19960	10187	5810	15395	2250	男鹿系A	
TAMS154	183370	67606	16427	65810	368712	16353	8658	4960	11958	1148	男鹿系A	
TAMS155	182341	67604	20496	67224	370714	15721	8858	4998	11492	1259	男鹿系A	風化
TAMS156	200337	69072	16476	66895	372560	14842	7976	4664	10847	1821	男鹿系A	被熱
TAMS157	343522	75918	38853	58458	334259	15601	8044	4210	10620	1092	男鹿系A	被熱風化
TAMS158	208342	76533	20563	74807	421543	17650	8845	5024	13519	2086	男鹿系A	
TAMS159	182462	66267	15868	64922	361843	14703	7581	3745	11615	1389	男鹿系A	
TAMS160	205348	75832	21757	74375	412041	17075	9068	5479	12527	1836	男鹿系A	風化
TAMS161	249351	69566	16335	62613	363803	15339	7940	4101	11434	1114	男鹿系A	被熱
TAMS162	200366	73292	17428	70742	394290	15929	8448	4549	11539	1685	男鹿系A	
TAMS163	175233	63770	15460	63273	349256	15715	8072	4673	11862	1432	男鹿系A	
TAMS164	306626	72869	14749	59581	334224	16429	8455	4754	11539	1507	男鹿系A	被熱
TAMS165	201546	74657	18049	73024	404692	16986	9083	4885	12905	2070	男鹿系A	
TAMS166	171909	63590	14713	62920	354170	15442	8087	4179	11606	1357	男鹿系A	
TAMS167	234060	68004	15143	61884	347961	15860	8153	4949	12819	1587	男鹿系A	被熱
TAMS168	311644	65858	12887	52534	293361	15624	7696	4342	11294	1372	男鹿系A	被熱
TAMS169	196001	72784	19879	70733	392514	17134	9048	5031	12480	1414	男鹿系A	風化
TAMS170	169738	62049	15386	61131	338484	14355	7317	4302	11177	1462	男鹿系A	
TAMS171	185526	66937	16330	66712	372574	15998	8412	4277	13042	1658	男鹿系A	
TAMS172	266207	72395	17492	64439	356435	15309	8336	4242	11323	1272	男鹿系A	被熱
TAMS173	187462	68760	17053	66738	370300	15881	7972	4386	11966	1839	男鹿系A	
TAMS174	181572	66867	16129	64846	357844	16118	8552	4758	11661	1158	男鹿系A	
TAMS175	171609	63450	15270	64336	360619	16387	9270	5143	13947	2094	男鹿系A	
TAMS176	363149	86274	16737	68823	383704	16402	8910	5079	13361	2224	男鹿系A	被熱
TAMS177	259907	72624	16367	63795	357610	15494	8495	4697	12452	1234	男鹿系A	被熱
TAMS178	325469	86469	18319	74648	416735	17072	8709	5136	12845	1636	男鹿系A	被熱
TAMS179	164697	61817	14981	59760	330715	14705	7624	4031	11110	1621	男鹿系A	

試料番号	K (cps)	Ca (cps)	Ti (cps)	Mn (cps)	Fe (cps)	Rb (cps)	Sr (cps)	Y (cps)	Zr (cps)	Nb (cps)	判別結果	被熱風化
TAMS180	163539	59868	14600	58122	323442	14154	7387	4076	11076	1218	男鹿系 A	
TAMS181	161149	60239	20399	59904	329369	14165	7976	4522	11195	1310	男鹿系 A	風化
TAMS182	200775	73479	17962	71113	393349	16357	8821	4752	12201	1747	男鹿系 A	
TAMS183	208648	68661	16357	65177	362755	13900	6700	3843	10450	983	男鹿系 A	被熱
TAMS184	154148	56239	13585	56131	311404	13695	7805	3832	10328	1005	男鹿系 A	
TAMS185	187623	68753	17146	67519	371756	15139	7692	4270	11507	1157	男鹿系 A	
TAMS186	234580	86137	32138	83277	480397	20656	10246	5885	16545	1690	男鹿系 A	風化
TAMS187	250303	67696	20557	59307	337053	15011	8292	4676	11996	1498	男鹿系 A	被熱風化
TAMS188	170480	62897	15137	62011	345297	13573	7350	4064	10946	1143	男鹿系 A	
TAMS189	176704	62896	18211	59984	337402	15030	8019	4721	10915	1405	男鹿系 A	風化
TAMS190	177931	65849	16782	65156	362549	14918	7879	3860	10882	1132	男鹿系 A	
TAMS191	186300	68770	18735	66180	372860	15185	8015	4244	10818	1768	男鹿系 A	風化
TAMS192	227828	82791	20416	81439	453498	18580	9823	5278	13751	1395	男鹿系 A	
TAMS193	199549	72502	17943	72046	397900	17643	9211	4799	12805	1480	男鹿系 A	
TAMS194	179214	65483	16529	63948	363653	15189	8366	4830	11008	1784	男鹿系 A	
TAMS195	170061	61794	14681	61289	344818	15490	8308	5004	12676	1711	男鹿系 A	
TAMS196	218874	76610	18522	74270	415973	18325	9912	5122	14039	1563	男鹿系 A	
TAMS197	278817	79546	18287	72202	398980	17017	8888	4997	12864	1301	男鹿系 A	被熱
TAMS198	337815	86027	19041	74554	418794	18438	9652	5279	13507	1710	男鹿系 A	被熱
TAMS199	315295	71563	14575	57581	320914	14880	7386	3883	11948	1243	男鹿系 A	被熱
TAMS200	212211	71929	16871	68683	382417	16190	8708	4610	12418	1574	男鹿系 A	被熱
TAMS201	164898	60258	14502	59076	328436	14690	7816	4782	10940	1135	男鹿系 A	
TAMS202	175451	63726	15727	63041	347705	15219	7929	4495	11296	1221	男鹿系 A	
TAMS203	160517	58650	14203	58444	324457	14324	7622	4325	11091	1073	男鹿系 A	
TAMS204	200833	73658	17336	71399	397639	16133	8684	4842	12276	1394	男鹿系 A	
TAMS205	207150	75795	18637	74629	428251	16423	8216	4907	12616	1271	男鹿系 A	
TAMS206	209107	75753	18101	74292	408737	16657	8911	4631	12471	1317	男鹿系 A	
TAMS207	188095	69969	16769	67556	372832	15752	8760	4881	11342	1459	男鹿系 A	
TAMS208	350480	78392	16105	63479	365709	16418	8504	4607	12086	1591	男鹿系 A	被熱
TAMS209	182661	66903	16157	66742	370070	15310	8132	4298	11511	1697	男鹿系 A	
TAMS210	174664	64524	16056	63390	351473	13841	7121	3582	10427	1002	男鹿系 A	
TAMS211	209771	76194	18576	74335	412823	18000	10276	5443	13205	1637	男鹿系 A	
TAMS212	214944	78834	19043	76460	423519	14600	7367	4016	11425	1327	男鹿系 A	
TAMS213	208956	67948	15723	63530	352656	15544	8082	4160	11302	1296	男鹿系 A	被熱
TAMS214	178402	65295	15689	63013	349741	11147	5774	3325	8990	942	男鹿系 A	
TAMS215	184201	68390	16893	66413	369918	15107	8556	4590	11942	1263	男鹿系 A	
TAMS216	245194	67904	17251	62632	354286	15312	8346	4045	12603	1257	男鹿系 A	被熱風化
TAMS217	219656	80426	19716	77313	436072	15803	8276	4140	11702	1551	男鹿系 A	
TAMS218	216000	68383	16099	63744	353598	16669	8537	5088	11893	1901	男鹿系 A	被熱
TAMS219	172210	63581	15557	62236	356569	15188	8000	4562	11993	1142	男鹿系 A	
TAMS220	281374	79254	17414	70520	394837	17482	9175	4888	13181	2260	男鹿系 A	被熱
TAMS221	179064	65260	15610	63867	358158	15366	8010	4638	11341	1397	男鹿系 A	
TAMS222	203641	74157	17976	73133	405831	16504	8378	4647	13097	2011	男鹿系 A	
TAMS223	197347	72033	18013	70499	390488	16115	8547	4448	11315	1642	男鹿系 A	
TAMS224	221635	71157	16807	68053	380270	19171	10381	5446	14598	1764	男鹿系 A	被熱

試料番号	K (cps)	Ca (cps)	Ti (cps)	Mn (cps)	Fe (cps)	Rb (cps)	Sr (cps)	Y (cps)	Zr (cps)	Nb (cps)	判別結果	被熱 風化
TAMS225	196504	71858	17986	71077	395675	16854	8917	4825	12601	1252	男鹿系 A	
TAMS226	292556	71964	15401	61436	345972	15440	8385	4465	11162	1307	男鹿系 A	被熱
TAMS227	237007	68741	15332	63053	350908	16431	8244	4676	11963	1402	男鹿系 A	被熱
TAMS228	181443	66386	16184	65673	359644	15456	8296	4635	11657	1752	男鹿系 A	
TAMS229	202958	72936	17513	71891	400354	16446	8416	5046	12052	1560	男鹿系 A	
TAMS230	189906	68746	16871	67236	376407	16199	8393	4575	12883	1430	男鹿系 A	
TAMS231	279754	74902	16454	66687	380303	16795	8748	4233	12858	1381	男鹿系 A	被熱
TAMS232	220374	76053	18659	73912	408673	17979	9878	5175	12743	2060	男鹿系 A	被熱
TAMS233	178026	65579	15788	64606	364186	16732	8893	4678	12110	1278	男鹿系 A	
TAMS234	225572	64107	16564	59059	334436	14686	7669	4229	11487	1418	男鹿系 A	被熱 風化
TAMS235	160536	58751	14026	57586	321318	14787	7757	4356	12563	1614	男鹿系 A	
TAMS236	181076	66980	15668	64164	358321	15602	8242	5141	12028	1472	男鹿系 A	
TAMS237	193635	71092	17085	69445	385042	16682	8866	4668	12998	1617	男鹿系 A	
TAMS238	214257	63831	14811	59813	331430	14142	7596	4047	10199	1238	男鹿系 A	被熱
TAMS239	168487	61919	15371	60638	336227	14619	8298	4318	11545	1360	男鹿系 A	
TAMS240	183042	63909	15876	61068	342671	13935	7448	3931	9586	1190	男鹿系 A	
TAMS241	204714	72229	16850	67485	376895	11986	6255	3284	9604	1804	男鹿系 A	被熱
TAMS242	170597	62810	15552	61839	342167	14231	7050	4097	10459	1070	男鹿系 A	
TAMS243	286442	71335	17282	62134	346713	15890	8441	4251	11634	1319	男鹿系 A	被熱 風化
TAMS244	193741	70578	16758	68301	382364	16402	8409	4600	12329	1265	男鹿系 A	
TAMS245	164520	61352	15015	60295	336997	14594	7902	4208	10811	1231	男鹿系 A	
TAMS246	168660	62236	15300	60843	336541	14234	7558	4676	10059	1239	男鹿系 A	
TAMS247	171503	63022	14947	62124	352057	14860	8335	4124	11151	1445	男鹿系 A	
TAMS248	230046	83628	20484	82561	460961	18587	9900	4854	14320	1612	男鹿系 A	
TAMS249	206794	62950	14237	58860	325696	13944	7556	4204	10279	1183	男鹿系 A	被熱
TAMS421	203853	73538	17772	72871	406614	16681	8843	4710	12044	1859	男鹿系 A	
TAMS422	203091	73991	17260	72815	404433	17027	8774	4708	12045	1890	男鹿系 A	

附表 12 宮ノ前遺跡の対象試料と判別結果

（凡例）MC：細石刃核　MCB：細石刃核素材　MB：細石刃　MFR：細石刃核作業面再生剝片
　　　　FSS：ファーストスポール　SKS：スキー状スポール　PT：尖頭器　KN：ナイフ形石器
　　　　ES：エンド・スクレイパー　RS：ラウンド・スクレイパー　SS：サイド・スクレイパー
　　　　DR：ドリル　BU：彫刻刀形石器　RF：二次加工ある剝片　FL：剝片　CO：石核

試料番号	報告書掲載番号	地点	グリッド	層位	器種	判別結果	被熱・風化
MYM1	56-9	センター		表採	KN	不明	
MYM2	57-6	前田	C9	17	MB	TYX1群	被熱・風化
MYM3	57-1	前田	B10	17	MB	TYX1群	風化
MYM4	57-4	前田	C10	17	MB	TYX1群	風化
MYM5	57-3	前田	C10	17	MB	不明（TYX1群？）	風化
MYM6	57-2	前田	C10	17	MB	TYX1群	風化
MYM7	57-7	前田	なし	17	MB	TYX1群	風化
MYM8	57-5	前田	C10	17	MB	TYX1群	風化
MYM9	57-8	前田	C10	17	MB	TYX1群	
MYM10	57-9	前田	C10	17	MB	TYX1群	
MYM11	非掲載	前田	C10	17	DR	TYX1群	風化
MYM12	非掲載	前田		17	MB	TYX1群	被熱・風化
MYM13	非掲載	前田	A15	16	MB	TYX1群	被熱・風化
MYM14	非掲載	前田	A16	16	MB	TYX1群	風化
MYM15	非掲載	前田	C17	16	MFR	霧ヶ峰系	
MYM16	57-27	前田	C17	16	MB	土屋橋西系B	
MYM17	非掲載	宮ノ前		3・4	MB	霧ヶ峰系	
MYM18	60-8	前田	B14	16	PT	八ヶ岳系	
MYM19	63-8	前田	A14	16	RS	TYX1群	
MYM20	63-4	前田		16	RS	霧ヶ峰系	
MYM21	63-2	前田	C17	16	RS	TYX1群	風化
MYM22	63-6	前田	C17	16	RS	TYX1群	
MYM23	63-9	前田	C17	16	RS	TYX1群	
MYM24	63-3	前田	C17	16	RS	TYX1群	
MYM25	63-7	前田	C18	16	RS	TYX1群	
MYM26	非掲載	前田	C10	17	BU	TYX1群	
MYM27	非掲載	前田	A16	16	SS	男鹿系A	
MYM28	58-1	前田	C10	17	MC	TYX1群	風化
MYM29	58-2	前田	C10	17	MC	TYX1群	
MYM30	59-5	前田	A15	16	MC	TYX1群	
MYM31	59-6	前田	B19	表土	MC	TYX1群	
MYM32	58-3a	前田		17	FL	TYX1群	風化
MYM33	58-3b	前田	C10	17	FL	TYX1群	
MYM34	59-3	前田	A16	16	SKS	TYX1群	
MYM35	非掲載	前田	B18	18	FL	霧ヶ峰系	
MYM36	非掲載	前田	A14	16	FL	TYX1群	
MYM37	非掲載	前田	C17	16	FL	TYX1群	
MYM38	非掲載	前田	B18	18	FL	TYX1群	
MYM39	非掲載	前田	C10	16	FL	TYX1群	
MYM40	非掲載	前田	A16	16	FL	TYX1群	
MYM41	非掲載	前田	A15	16	FL	男鹿系A	

試料番号	報告書掲載番号	地点	グリッド	層位	器種	判別結果	被熱・風化
MYM42	非掲載	前田	C10	16	FL	TYX1 群	
MYM43	非掲載	前田	B11	16	FSS	男鹿系 A	
MYM44	非掲載	前田	B13	17	FL	TYX1 群	
MYM45	非掲載	前田	C12	16	FL	男鹿系 A	
MYM46	57-12	前田	A9	17	MB	下呂系	被熱
MYM47	57-11	前田	A9	17	MB	下呂系	
MYM48	57-13	前田	C9	17	MB	下呂系	
MYM49	57-17	前田	A11	16	MB	下呂系	
MYM50	57-16	前田	B11	16	MB	下呂系	被熱
MYM51	57-18	前田	A13	16	MB	下呂系	
MYM52	57-19	前田	なし	16	MB	下呂系	
MYM53	57-21	前田	なし	16	MB	下呂系	
MYM54	57-15	前田	B13	16	MB	下呂系	
MYM55	57-20	前田	B13	16	MB	下呂系	
MYM56	57-22	前田	B11	表土	MB	下呂系	
MYM57	59-1	前田	A9	17	MFR	下呂系	
MYM58	59-4	前田	B14	16	MFR	下呂系	
MYM59	非掲載	前田	なし	16	MB	下呂系	
MYM60	非掲載	前田	B13	16	MB	下呂系	
MYM61	非掲載	前田	A11	15	MB	下呂系	
MYM62	非掲載	前田	B12	16	ES	男鹿系 A	
MYM63	非掲載	前田	A15	16	ES	TYX1 群	
MYM64	非掲載	前田	C17	16	RS	TYX1 群	
MYM65	非掲載	前田	C17	16	RS	TYX1 群	
MYM66	非掲載	前田	B18	16	RS	TYX1 群	
MYM67	非掲載	前田	C13	16	FL	TYX1 群	
MYM68	非掲載	前田	A16	16	FL	男鹿系 A	
MYM69	非掲載	前田	B17	16	FL	TYX1 群	
MYM70	非掲載	前田	C17	16	FL	TYX1 群	
MYM71	非掲載	前田	B18	16	FL	TYX1 群	
MYM72	非掲載	前田	B9	17	MCB	TYX1 群	
MYM73	非掲載	前田	B12	16	CO	TYX1 群	
MYM74	非掲載	前田	A16	16	RF	TYX1 群	被熱
MYM75	非掲載	前田	B14	17	RF	メノウ	
MYM76	非掲載	前田	B13	16	FL	TYX1 群	
MYM77	非掲載	前田	A9	16	FL	TYX1 群	風化
MYM78	非掲載	前田	A17	16	FL	TYX1 群	
MYM79	非掲載	前田	C17	16	FL	TYX1 群	
MYM80	非掲載	前田	A15	16	FL	TYX1 群	
MYM81	非掲載	前田	A14	16	FL	TYX1 群	風化
MYM82	非掲載	前田	B14	16	FL	メノウ	
MYM83	非掲載	前田	A18	16	FL	魚津系	被熱・風化
MYM84	非掲載	前田	C18	16	FL	TYX1 群	
MYM85	非掲載	前田	C18	16	FL	TYX1 群	
MYM86	非掲載	前田	B10	16	FL	TYX1 群	
MYM87	非掲載	前田	A17	16	FL	魚津系	被熱・風化

試料番号	報告書掲載番号	地点	グリッド	層位	器種	判別結果	被熱・風化
MYM88	非掲載	前田	C17	16	FL	TYX1 群	
MYM89	非掲載	前田	C17	16	FL	TYX1 群	
MYM90	非掲載	前田	C16	16	FL	TYX1 群	被熱
MYM91	非掲載	前田	C17	16	FL	霧ヶ峰系	
MYM92	非掲載	前田	C17	16	FL	男鹿系 A	
MYM93	非掲載	前田	C17	16	FL	TYX1 群	被熱
MYM94	非掲載	前田	B19	16	FL	TYX1 群	被熱
MYM95	非掲載	前田	B13	16	FL	TYX1 群	
MYM96	非掲載	前田	B11	16	FL	TYX1 群	
MYM97	非掲載	前田	A16	16	FL	TYX1 群	
MYM98	非掲載	前田	C11	16	FL	TYX1 群	
MYM99	非掲載	前田	A16	16	FL	TYX1 群	
MYM100	非掲載	前田	C10	17	FL	TYX1 群	
MYM101	非掲載	前田	C10	17	FL	魚津系	被熱・風化
MYM102	非掲載	前田	A17	17	FL	メノウ	
MYM103	非掲載	前田	C10	16	FL	メノウ	
MYM104	25-1	報告書Ⅱ	拡トレ D13	18	KN	不明	
MYM105	25-7	報告書Ⅱ	拡トレ E9	13	ES	安島系	風化

附表13　宮ノ前遺跡出土試料の測定値と判別結果

試料番号	K (cps)	Ca (cps)	Ti (cps)	Mn (cps)	Fe (cps)	Rb (cps)	Sr (cps)	Y (cps)	Zr (cps)	Nb (cps)	判別結果	被熱風化
MYM1	167934	80162	17296	26692	599086	12527	11195	3320	11760	1336	不明	
MYM2	332552	81293	29382	27345	669746	12785	9020	3969	15403	815	TYX1群	被熱風化
MYM3	218453	84359	32608	33435	756063	13937	9801	3883	18041	1847	TYX1群	風化
MYM4	208169	78902	33559	31952	726454	13126	9590	3974	15761	1592	TYX1群	風化
MYM5	152711	60159	31853	26397	669563	9859	6928	3089	13137	1216	不明（TYX1群？）	風化
MYM6	158268	57810	27019	24065	563571	9861	7065	2884	12239	1200	風化	
MYM7	177272	69540	35655	28147	685356	11302	7592	3111	13471	1294	TYX1群	風化
MYM8	165091	63205	29807	25642	598789	10401	7909	3330	13345	1721	TYX1群	風化
MYM9	162639	60619	22194	24489	563115	9925	6785	2814	12475	1028	TYX1群	
MYM10	198095	73880	26511	31140	695994	12705	8867	3708	17112	1571	TYX1群	
MYM11	177089	65110	25222	26406	614175	11312	7722	3190	13702	1479	TYX1群	風化
MYM12	287311	70977	49344	23682	592800	11298	7051	3067	13617	2150	TYX1群	被熱風化
MYM13	281223	66732	26417	23901	562802	10424	7164	2823	12930	1368	TYX1群	被熱風化
MYM14	191112	69022	27106	28732	666709	11749	8763	3511	15624	1877	TYX1群	風化
MYM15	211082	45750	15014	40482	367447	14490	5640	4651	12460	1804	霧ヶ峰系	
MYM16	197012	49140	11346	41548	412773	18941	3731	5790	10242	1267	土屋橋西系B	
MYM17	188129	42311	14640	37608	346664	13312	5407	5037	12183	1664	霧ヶ峰系	
MYM18	174289	61380	26679	27516	518377	10536	11062	3448	14570	949	八ヶ岳系	
MYM19	177894	63991	23170	27049	613700	10812	7638	3300	14137	1535	TYX1群	
MYM20	188991	42928	13798	36163	338231	12880	5073	4308	11206	1604	霧ヶ峰系	
MYM21	177249	65843	28306	26784	616998	10723	7747	3519	13943	1517	TYX1群	風化
MYM22	214262	79700	28361	31976	730127	13361	8969	4268	16382	1763	TYX1群	
MYM23	162165	59627	19986	25020	570393	10135	7055	2688	13048	1417	TYX1群	
MYM24	196878	71773	22873	30079	659826	11742	8447	3861	14554	1854	TYX1群	
MYM25	166332	59478	19559	24968	554860	9987	6823	3084	13587	2082	TYX1群	
MYM26	184822	67955	21934	28272	639191	11305	8352	3365	14840	1557	TYX1群	
MYM27	204580	73020	17895	75223	414092	17483	9425	5002	12766	1399	男鹿系A	
MYM28	217961	86512	36286	32441	743740	13970	9404	3740	17721	2507	TYX1群	風化
MYM29	217787	81793	24526	31770	682540	10890	7559	3026	13433	1383	TYX1群	
MYM30	189702	70396	23043	29127	632966	12033	8595	3483	14229	1417	TYX1群	
MYM31	183808	74445	32488	27742	629087	11560	7805	4084	13931	1628	TYX1群	
MYM32	193750	71579	39509	29302	672870	12178	8759	4294	15595	1660	TYX1群	風化
MYM33	182228	66048	23485	27972	614009	11469	7859	3315	14653	1719	TYX1群	
MYM34	178133	66487	24717	27164	624988	11230	7728	3785	15322	1245	TYX1群	
MYM35	177215	41218	12580	34165	299061	13073	5075	4509	11803	1315	霧ヶ峰系	
MYM36	190322	69409	23311	29460	668314	11484	8605	4112	15270	1808	TYX1群	
MYM37	184582	69556	21543	28558	638647	12113	8945	3854	15970	1403	TYX1群	
MYM38	139816	51415	16300	21904	484863	8456	6115	2327	11193	982	TYX1群	
MYM39	165406	60943	20151	25255	573961	8823	6350	3085	11797	1464	TYX1群	
MYM40	156863	59359	18956	24335	536463	10604	7355	3147	13569	1163	TYX1群	
MYM41	157544	56016	13936	58842	323026	14585	8000	4621	10735	1216	男鹿系A	

試料番号	K (cps)	Ca (cps)	Ti (cps)	Mn (cps)	Fe (cps)	Rb (cps)	Sr (cps)	Y (cps)	Zr (cps)	Nb (cps)	判別結果	被熱風化
MYM42	233155	86556	27400	35493	806827	14735	10779	4442	19108	1827	TYX1群	
MYM43	174930	61285	15208	63351	349020	15000	8351	4589	11443	1712	男鹿系A	
MYM44	176428	64196	20642	27135	596243	10941	7518	3581	13813	1684	TYX1群	
MYM45	184453	64605	16209	67007	366845	16076	8866	4982	11701	1335	男鹿系A	
MYM46	247804	134513	34512	40866	588826	13398	28927	3807	17656	1618	下呂系	被熱
MYM47	165738	128885	27914	42881	561898	12951	28259	4014	16536	1292	下呂系	
MYM48	184708	130597	31420	47613	645925	13522	29739	4101	18337	1326	下呂系	
MYM49	147131	115301	27194	36807	472206	11324	24894	3302	15545	1346	下呂系	
MYM50	194711	108138	24716	39651	519093	11760	25534	3489	15361	1325	下呂系	被熱
MYM51	163971	123044	32688	44839	635363	12805	28041	3755	17266	1684	下呂系	
MYM52	145750	95834	26408	37831	504781	11356	25222	3615	15490	1445	下呂系	
MYM53	162528	111046	32419	43517	552622	12301	26308	3883	16688	1300	下呂系	
MYM54	136206	93630	26343	36541	513510	11119	23935	2829	14434	1388	下呂系	
MYM55	144080	107507	28190	38216	524099	11787	24871	3059	15456	1539	下呂系	
MYM56	157819	97356	32104	43070	536191	12046	26131	3603	16302	1805	下呂系	
MYM57	150054	135079	23599	40981	557041	12767	27573	4113	16391	1635	下呂系	
MYM58	155379	103233	27398	40958	564587	11784	25614	3196	15318	1279	下呂系	
MYM59	141329	115495	23700	37762	520447	11969	25877	3624	15238	1433	下呂系	
MYM60	167358	113112	28080	45032	603242	12779	27814	3581	17553	1407	下呂系	
MYM61	130491	107195	24532	35944	525391	11326	25181	3183	15470	1572	下呂系	
MYM62	29525	159109	59087	14298	57734	323536	14543	7366	3854	10666	男鹿系A	
MYM63	33955	179775	69128	24088	26676	617784	11598	7882	3319	15011	TYX1群	
MYM64	29934	164902	63331	19329	25843	571941	10717	7271	2908	13440	TYX1群	
MYM65	33058	182148	72000	23706	27934	639924	12304	8284	3384	15370	TYX1群	
MYM66	29071	164880	62777	19753	25056	558624	10827	7530	3179	13646	TYX1群	
MYM67	33062	179452	69131	23308	27626	623074	12014	8365	3237	15393	TYX1群	
MYM68	32776	184089	68481	16216	67925	373957	16560	9517	5204	12497	男鹿系A	
MYM69	29134	158105	60312	19037	23137	531315	9864	6685	3050	12139	TYX1群	
MYM70	34328	182050	70398	21587	28154	631738	12245	8540	3961	15391	TYX1群	
MYM71	28319	173080	67322	20630	26165	589113	11545	7940	3519	13958	TYX1群	
MYM72	30206	155385	57118	17401	24074	527913	10239	6911	2842	12826	TYX1群	
MYM73	33041	277836	104319	31776	38399	851466	12803	9035	4099	16311	TYX1群	
MYM74	30445	393146	93456	23863	29991	674918	11898	8123	3962	14419	TYX1群	被熱
MYM75	32859	9400	2566	6456	8522	91317	3710	7715	1864	9199	メノウ	
MYM76	28691	155112	58610	21083	23191	542125	10036	6988	3399	13055	TYX1群	
MYM77	29361	168945	64872	24465	25803	601275	11135	7917	3198	14738	TYX1群	風化
MYM78	33089	177210	68288	24850	27461	639762	11766	8850	3459	15098	TYX1群	
MYM79	32658	179983	68942	21726	27340	614725	11872	8523	3409	15319	TYX1群	
MYM80	34309	160875	57965	18764	24767	553945	10625	7408	3445	13769	TYX1群	
MYM81	29245	143214	56596	21515	22444	532350	10398	7807	4026	13483	TYX1群	風化
MYM82	28693	10396	2447	6192	7422	62956	3765	8037	2284	8828	メノウ	
MYM83	34162	404557	83959	22448	24373	559570	15240	8317	4368	14897	魚津系	被熱風化
MYM84	33900	203827	76242	22605	29236	659410	11212	7889	3415	14246	TYX1群	
MYM85	29467	169615	65012	20289	25433	580837	10971	7777	3324	14379	TYX1群	
MYM86	29819	178776	64403	19549	25498	573722	10552	7834	3380	14059	TYX1群	

試料番号	K (cps)	Ca (cps)	Ti (cps)	Mn (cps)	Fe (cps)	Rb (cps)	Sr (cps)	Y (cps)	Zr (cps)	Nb (cps)	判別結果	被熱風化
MYM87	34364	398210	83104	21958	25779	587613	14019	7842	3762	14752	魚津系	被熱風化
MYM88	30320	165914	63192	20145	25095	571145	10777	7839	3414	14486	TYX1 群	
MYM89	36143	171255	65375	22560	26717	599796	12031	8376	3774	15536	TYX1 群	
MYM90	34222	242109	72301	20861	27201	607196	11997	8359	3616	15732	TYX1 群	被熱
MYM91	29874	187730	45069	13596	36350	330169	12618	4077	4025	11038	霧ヶ峰系	
MYM92	34865	183720	68364	17300	66707	372615	16994	9291	4902	12710	男鹿系 A	
MYM93	31652	183346	57454	17570	22063	499895	9777	6480	2845	12052	TYX1 群	被熱
MYM94	29807	248751	65428	18001	23331	525635	10835	7452	3371	13758	TYX1 群	被熱
MYM95	28281	155697	58326	19735	24033	518777	10391	6940	3576	12949	TYX1 群	
MYM96	27582	162126	61258	18720	24680	542577	10351	7502	3391	13333	TYX1 群	
MYM97	29145	177203	65693	22900	26973	613547	11889	7517	3466	14394	TYX1 群	
MYM98	33279	191583	73084	23467	29125	652802	12035	7887	3651	15797	TYX1 群	
MYM99	28749	157236	60292	18948	23876	536601	9742	6903	3200	13544	TYX1 群	
MYM100	29395	165481	62053	22053	25398	573398	10740	8196	3434	14000	TYX1 群	
MYM101	34677	352347	71766	17688	22857	501166	13078	6724	3601	13429	魚津系	被熱風化
MYM102	35041	13667	7138	5132	7419	237250	4459	4751	3991	11621	メノウ	
MYM103	32800	8200	6250	3703	9806	43750	4008	8885	2695	9880	メノウ	
MYM104	29423	274984	78155	13392	24258	517355	13147	9675	3599	14609	不明	
MYM105	28244	140519	73622	23820	22376	636702	12643	10768	3728	15242	安島系	風化

事 項 索 引

あ 行

姶良—丹沢火山灰（AT）　89, 91, 93, 98, 162

赤川　96

浅間板鼻黄色軽石（As–YP）　81, 162, 288, 289

浅間板鼻褐色軽石（As–BP）　81, 288

浅間—草津黄色軽石（As–K）　81, 89, 91, 93, 162, 269, 288, 289

荒川台型細石刃石器群　21, 315

荒川台技法　21, 272, 275

荒屋型彫刻刀　10, 12, 19, 21, 22, 24, 41, 43, 51, 53, 55, 68, 73, 78, 81, 140, 159, 287, 290, 301

荒屋技法　12, 16, 18, 81, 239

荒屋グループ　24, 26, 288, 304

安山岩　57, 62, 65, 81, 142

　輝石安山岩　298, 299

　無斑晶ガラス質安山岩　92, 297

　無斑晶質安山岩　89, 245, 296, 297

生田原川　48, 59, 206

石狩低地帯　39

遺跡立地　148, 159, 160, 181, 303, 305

一次産地　207

魚野川　78

埋め込み戦略　301

運搬痕跡　152, 154–56, 252, 254, 255, 298

越中山開拓地面　96

恵庭 a 火山灰（En–a）　41, 44, 62, 133, 197, 198, 202, 285, 286

エネルギー分散型蛍光 X 線分析装置（EDX）　33, 29, 31, 36, 37, 183, 187, 191, 192, 194, 197, 202, 203, 207–09, 221, 233, 245, 268

遠隔地石材　98, 298, 299

エンガルポイント　59

円錐形・角柱形細石刃核　21

大鳥苗畑面　96

男鹿半島　306

置戸型細石刃核　16

渡島半島　19

忍路子型細石刃核　16, 52, 59, 287, 289, 290

忍路子技法　15, 16, 179

斧形石器　57, 95, 177, 181, 290

か 行

角二山型掻器　73, 74, 159, 215, 287

角二山グループ　24, 26, 288, 304

加工痕ある木片　95

火山灰　41, 62, 89, 93, 98

括弧状の痕跡　101, 102, 106, 107, 120, 152, 155

活動領域　255, 301, 305

環境適応　3, 4, 303

技術組織　121

旧石器—縄文時代移行期　4, 7, 27, 57, 59, 147

凝灰岩　62, 81, 82, 91, 92, 150, 151, 158, 174, 177, 235, 239, 294, 296, 297, 299

　珪質凝灰岩　150, 151, 294, 296, 299

　緑色凝灰岩　82

玉髄　98, 150, 243, 278

局部磨製石斧　4, 26, 82, 84, 89, 91, 147, 148, 177, 181, 269, 289, 290, 305

事 項 索 引　　　　379

楔形細石刃核　　22, 99, 112, 114
屈折率　　27, 29
グリーンランド氷床コア　　292
珪岩　　41, 43
蛍光X線分析　　29, 31, 41, 43, 188,
　　216
頁岩　　10, 18, 19, 41, 43, 57, 62, 73, 78,
　　92, 95, 98, 140, 150, 151, 159, 174,
　　177, 213, 235, 267, 271, 292, 294,
　　298, 299
　凝灰質頁岩　　150
　珪質頁岩　　4, 24, 33, 73, 74, 81, 82,
　　85, 89, 151, 158–60, 213, 215, 221,
　　239, 245, 275, 278, 279, 281, 284,
　　294, 296–300
　硬質頁岩　　91, 92, 243, 297, 299
結晶構造　　27
下呂石　　31, 95, 248–50, 278, 298
原産地遺跡　　112, 294, 300, 301
小型尖頭器　　57
黒曜石原産地分析　　7, 27, 31, 33, 36,
　　37, 46, 78, 145, 167, 182, 183, 187,
　　197, 207, 208, 215, 216, 221, 265,
　　271, 272, 275, 296, 305
黒曜石全点分析　　30, 34
古サハリン―北海道―千島半島　　3
弧状のピット　　152, 154, 155, 252, 254
古利根川水系　　21, 22

さ　行

細石器　　7, 8, 13, 16
在地石材　　92, 98, 174, 250, 278, 281,
　　296–300
砂岩　　62
作業面転移　　115, 116, 144, 148, 156,
　　177, 180, 301, 302
　作業面の転移　　131
削片系　　15, 16, 93
札滑型細石刃核　　12, 13, 16, 26, 41,
　　43, 57, 59, 62, 73, 114, 116, 136, 140,
　　278, 286, 287, 292, 294

札滑型細石刃石器群　　4, –6, 18, 33,
　　35, 36, 39, 41, 43, 70, 140, 145, 160,
　　183, 208, 269, 270, 275, 278, 281,
　　286–88, 290, 292, 299, 300, 305, 306
擦痕　　5, 12, 18, 26, 46, 82, 84, 89, 91,
　　93, 96, 99, 100–02, 106–09, 112,
　　114, 116, 118–21, 124, 127, 129,
　　132, 135, 136, 140, 144, 148, 150–
　　52, 155–61, 163, 169, 177, 179, 181,
　　242, 286, 301–04
自然面解析法　　31
信濃川　　78, 89
斜行剝離　　53, 57, 127
支湧別川　　44
祝梅川　　43
樹種　　41, 82, 93, 95
松脂岩　　150, 222, 225
晶子形態　　27
消費遺跡　　294, 300, 301
使用痕分析　　22, 24
植物珪酸体分析　　98
白滝形舟底石器　　10, 12, 13, 129
白滝式エングレーヴァー　　13
白滝型コア―ビュアリン　　13
白滝型細石刃核　　3–5, 12, 13, 18, 19,
　　26, 27, 46, 53, 55, 57, 59, 62, 82, 87,
　　89, 91, 93, 96, 99, 100, 102, 106–08,
　　115, 116, 120, 121, 129, 131, 136,
　　140, 142, 144, 145, 147, 148, 150,
　　152, 155, 157, 158–61, 163, 167,
　　169, 171, 177, 179, 181, 182, 231,
　　239, 242, 248, 285, 297, 301–03
白滝型細石刃石器群　　3–6, 16, 18, 19,
　　24, 26, 27, 34, 36, 37, 39, 44–46, 73,
　　82, 87, 89, 91, 95, 96, 100, 116, 129,
　　131, 135, 136, 140, 145, 147, 148,
　　151, 155, 157, 159–61, 169, 171,
　　174, 177, 181–83, 197, 198, 202,
　　221, 239, 242, 243, 245, 246, 250,
　　251, 265, 267, 269–71, 279, 281,
　　285–90, 292, 294, 297, 298, 300,
　　303–06

事 項 索 引

白滝型の変容　5, 147, 157, 160
白滝系峠下型　303
神通川　93
水和層年代　13, 285, 133
杉久保型ナイフ形石器　21
スキー状スポール　12, 15, 16, 55, 57,
　　62, 74, 87, 89, 95, 98, 99, 102, 107,
　　114, 115, 121, 129, 136, 142, 144,
　　157, 169, 174, 179, 180, 235, 265,
　　286, 302
スペクトル　218, 225, 260
滑り止め　99, 120, 121, 124, 127, 148,
　　157, 159
生業活動　21, 22, 292, 301, 305
製作実験　99, 100, 121, 148
勢雄型細石刃核　16
石材獲得領域　301, 305
石材消費　6, 37, 120, 121, 157, 183,
　　198, 271, 284, 285, 292, 294, 298–
　　301
石刃湧別技法　16
石器扱い　127
前面角　100, 112, 114–20, 123, 124,
　　127

た　行

対数比解析　33, 233
竹木場型細石刃核　169
多段階表面変化　155, 252, 254
立川ポイント　59
竪穴住居状遺構　79, 81, 288
打面再生　115, 116, 132, 144, 180,
　　215, 274
打面調整　115, 116
炭化種実　82
短沈線文　53
チャート　92, 95, 250, 251, 298, 299
中距離石材　281, 299, 300
中性子放射化分析　29, 34
津軽海峡　3, 4, 306
津軽半島　270, 306

爪形文　53
デイサイト　74, 78, 250, 251
泥岩　59
定住型狩猟採集　22
鉄石英　91, 92, 158
電子マイクロプローブアナライザー
　　（EPMA）　6, 31, 183, 184, 194,
　　197, 198, 202, 207, 208, 268, 186,
　　199, 200
伝播経路　255
峠下型細石刃核　16, 19, 46, 52, 55,
　　59, 100, 136, 142, 286, 303, 304
峠下技法　16, 303, 304
頭部調整　115, 116
トゥール素材供給　144, 181, 182
　　トゥールの素材供給　136, 169,
　　171, 177, 301
土壌　79, 81, 217, 288
土坑　79
十和田八戸テフラ　287

な　行

内水面漁撈　22, 24, 305
中土グループ　24
丹生川　70
二次産地　207
仁田布川　186, 192, 206
粘板岩　59
野尻湖湖底堆積物　292
野岳・休場型　19

は　行

破壊分析　29, 30, 197, 198, 208
八号沢川　44
波長分散型蛍光X線分析装置（WDX）
　　29–31, 33, 208
服部台型彫器　46, 140, 145, 174, 181
バリエーション　14, 145, 159, 160
バルク厚　188, 191
東山石器群　87, 98, 255, 265, 267, 271

事 項 索 引　　　　　　　　　　381

非在地石材　　92, 297
非削片系　　16, 93
肘折尾花沢軽石（Hj-O）　　73, 78, 82,
　　87, 162, 287-89
被熱検定　　30, 192, 203, 209, 218, 235,
　　243, 246, 248, 249, 257, 271
被熱痕跡　　203, 209, 246, 257, 319
非破壊分析　　31, 37, 197, 207, 208
氷橋　　306
微隆起線文　　92
美利河技法　　14, 18
広郷型細石刃核　　16, 53, 66, 73, 169
広郷技法　　73, 213, 215
ファーストスポール　　15, 16, 57, 74,
　　87, 89, 91, 95, 142, 157, 161, 169,
　　177, 179, 215, 235, 239, 248, 250-
　　52, 297, 298, 301, 302
フィッション・トラック法　　29, 31
風化検定　　30, 192, 203, 209, 216, 225,
　　243, 246, 248, 249, 257
福井型細石刃核　　99
船野型細石刃核　　26, 99
フラクチャー・ウイング　　116
碧玉　　81
飽和厚　　188, 216
北方系細石刃石器群　　4, 5, 19, 21, 22,
　　24, 26, 27, 33, 35-37, 79, 82, 84, 92,
　　147, 271, 275, 279, 292, 300, 305
幌加型細石刃核　　4, 24, 27, 53, 73, 74,
　　89, 91, 100, 114, 118, 136, 140, 158,
　　160, 169, 171, 174, 182, 271, 272, 286
ホロカ技法　　14, 16, 18, 22, 62, 79, 91,
　　113, 117, 150, 157, 158, 161, 169,
　　239, 278, 297, 304

ま　行

満蒙学術調査　　7
三面川　　87, 323
神子柴・長者久保石器群　　4, 26, 27,
　　36, 74, 82, 84, 89, 91, 147, 290, 305
宮川　　93, 95, 246, 298

武利川　　206
瑪瑙　　62, 65, 278
最上川　　70, 74, 81, 221, 278, 281, 294,
　　297
モービル・トゥール　　22
紅葉山型細石刃核　　16

や　行

有舌尖頭器　　59, 127, 287
湧別川　　44, 48, 49, 52, 59, 66, 206,
　　207, 269
湧別技法　　3, 12-16, 18, 21, 22, 36, 39,
　　73, 74, 78, 91, 99, 129, 145, 157-61,
　　167, 169, 213, 215, 239
　　湧別技法札滑型　　24, 55, 59, 62, 79,
　　　108, 142, 159, 239, 286-88, 304
　　湧別技法白滝型　　3, 5, 6, 16, 22, 39,
　　　59, 62, 91, 99, 108, 119, 129, 136,
　　　142, 144, 147, 148, 157-59, 161,
　　　169, 177, 180, 181, 239, 250, 301-04
湧別技法複合文化　　16
湧別・幌加沢テクノコンプレックス　　14

ら　行

ライフヒストリー　　155, 156
ラマン分光法　　31
蘭越型細石刃核　　16
蘭越技法　　16
ランドマーク　　306
隆起線文　　92, 93, 248, 289
流紋岩　　82, 85, 150, 296, 298
稜柱系細石刃石器群　　19, 21, 36, 246,
　　250, 271, 272, 275, 281, 274
類峠下技法　　16
連動システム　　24, 177, 301, 304, 305

欧　文

C字状の痕跡　　101, 152
ICP発光分光分析法　　30, 208

黒曜石原産地および分析結果 索引

あ 行

青森　275, 277
赤井川　43, 186, 192
安島　193, 196, 248–50
生田原　59, 203, 206, 186, 192, 203
板山　81, 193, 195, 216–18, 221, 272, 274, 277, 294
岩木山　193, 195, 260
魚津　193, 248–50, 282, 298
男鹿　34, 89, 98, 155, 156, 167, 193, 195, 208, 209, 213, 215, 216, 221, 222, 225, 231–33, 235, 238, 239, 242–46, 248–52, 254–57, 259, 260, 265, 267, 270, 272, 274, 275, 277–79, 281, 282, 284, 294, 296–300, 302, 303, 306
隠岐　36, 274, 277, 278
置戸　27, 136, 167, 186, 192, 206, 242
　所山　4, 186, 1921, 206
　置戸系 I　203, 206
男女倉　193, 216–18, 221, 274, 277, 294
折腰内　195, 275

か 行

月山　85, 98, 193, 195, 221, 222, 225, 277, 278, 282, 312
霧ヶ峰　191, 193, 217, 218, 221, 248–50, 260, 272, 274, 275, 277, 281, 282, 294, 298
下呂　193, 196, 248, 249
神津島　191, 193, 274, 275, 277, 278, 281

小泊　195, 272, 274, 275, 277
小深沢　92, 193, 233, 242, 255–57, 259, 265, 267
ケショマップ　192, 194, 203, 206, 207

さ 行

札幌 K19 遺物群　41
佐渡　193, 195, 221
新発田　193, 195, 218
社名淵　48, 192
白滝　27, 35, 48, 121, 136, 167, 187, 206–08, 213, 215, 216, 240, 242, 255–57, 259, 265, 267–71, 277–79, 281–83, 297, 299
　赤石山　41, 43, 46, 48, 78, 186, 187, 200, 202, 206, 239, 240, 268–70
　十勝石沢　48, 186, 187, 200, 202, 206, 268–70
　白滝系 I　203, 206, 209, 213, 235, 238, 260, 268
　白滝系 II　203, 206, 209, 257, 259, 260, 265, 268, 270
　八号沢露頭　28
　あじさいの滝露頭　268
　IK 露頭　268, 192
信州系　167, 221, 250, 275, 278, 279, 281, 299, 302

た 行

蓼科　81, 216–18, 221, 294
土屋橋西　193, 248–50, 298
出来島　193, 195, 255, 256, 259, 260, 270
十勝　41, 186, 192

三股　　186
　然別　　186, 192, 202
戸門　　275

は・ま　行

箱根　　274, 277, 278
深浦　　193, 195, 243, 244, 255–57,
　　259, 265, 267, 270, 274, 275
星ヶ塔　　34, 255, 256, 259, 260, 272

丸瀬布　　48, 192, 206
宮崎　　195, 222, 225, 231, 233

や・わ　行

八ヶ岳　　33, 34, 193, 216–18, 221,
　　248–50, 252, 254, 274, 275, 277,
　　279, 282, 294, 298

湯ヶ峰　　95, 193, 249, 277, 298
湯の倉　　85, 155, 195, 221, 222, 225,
　　231–33, 282, 294, 299, 302

脇本　　92, 193, 195, 233, 242, 255, 256,
　　259, 265, 267
和田峠　　27, 34, 81, 89, 193, 216–
　　18, 221, 235, 238, 239, 242, 245,
　　246, 250, 257, 259, 265, 267, 270–
　　72, 274, 275, 277–79, 281, 282, 294,
　　296–300

欧　　文

NK 群　　34, 193, 274, 277
TYX1 群　　193, 248–50, 274, 279, 282,
　　298, 299
TYX2 群　　193

遺 跡 索 引

あ 行

赤柴遺跡　273

暁遺跡　116, 118, 286

旭ヶ丘遺跡　133, 314

荒川台遺跡　21, 272, 274, 281

荒屋遺跡　6, 8, 10, 12, 22, 24, 51, 78,
158, 169, 216, 218, 239, 275−78,
287, 288, 290, 292, 294, 304

池ノ原遺跡群　93

石川1遺跡　18, 19, 160

井島遺跡　8

板橋岡坪遺跡　273, 274

一里段A遺跡　276

五川目（6）遺跡　21, 272

稲沢山遺跡　16

稲荷山V遺跡　162, 163, 168, 279, 283

岩宿遺跡　8

越中山遺跡　26, 96, 147, 160, 163,
171, 174, 181, 242, 243, 279, 289,
306

越中山D遺跡　17, 276

越中山S遺跡　271

大平山元遺跡　290

大平山元Ⅱ遺跡　306, 276

大平山元Ⅲ遺跡　272−74

大刈野遺跡　161, 162, 168, 169, 279,
283, 289

雄勝嘉藤遺跡　29

奥土入遺跡　17

置戸安住遺跡　10, 131, 133, 136, 138

オサツ16遺跡　286

小竹貝塚　193, 196, 250

オルイカ2遺跡　39, 108, 112, 115,
116, 118, 286

下嵐江遺跡　272, 273

恩原1遺跡　21

恩原2遺跡　21, 35, 278

か 行

学壇遺跡群　276

角二山遺跡　6, 12, 22, 24, 35, 70, 71,
169, 191, 208, 209, 213, 240, 268−
70, 275−78, 287, 288, 294, 304

上原E遺跡　4, 5, 26, 27, 84, 89, 91,
147, 148, 157−61, 163, 169, 171,
174, 177, 180, 181, 233, 235, 242,
243, 268, 270, 279, 281, 289, 290,
297, 299, 300

上幌内モイ遺跡　116, 286

狩太遺跡　10

北上4遺跡　113, 114, 118, 133

北美瑛遺跡　133

旭東南出地点遺跡　133

空港南A遺跡　287, 316

栗原遺跡　8

小石ヶ浜遺跡　17

小出Ⅳ遺跡　265

越遺跡　273−75

小瀬ヶ沢洞窟　240

さ 行

坂田北遺跡　273−75

笹山原No.27遺跡　275−78

札滑遺跡　12

清水西遺跡　242

志高遺跡　240

島名熊の山遺跡　273, 274

射的山遺跡　133

遺 跡 索 引　　　　　　385

祝梅川上田遺跡　　40, 43, 108, 112,
　　115, 116, 118
正面中島遺跡　　276, 288
白草遺跡　　22
白滝遺跡群　　3, 12, 44, 131
　　上白滝 5 遺跡　　57
　　白滝第 4 地点遺跡　　118
　　白滝第 30 地点遺跡　　13, 132, 135,
　　136, 138–40, 285
　　白滝第 32 地点遺跡　　285
　　白滝服部台遺跡　　19, 44, 100, 108,
　　109, 112, 115, 118, 119, 129, 132,
　　136, 140, 286, 304
　　白滝服部台 2 遺跡　　16, 133
下堤 D 遺跡　　276
新堤遺跡　　265
曽根遺跡　　8

　　　　　　た　　行

田井 A 遺跡　　272–74
大正 3 遺跡　　52, 57, 59
高稲場遺跡　　272–74, 281
滝 1 遺跡　　73, 242
タチカルシュナイ遺跡群　　5, 39, 46,
　　49, 52, 66, 70, 100, 131, 136
　　タチカルシュナイ遺跡（1958 年調査）
　　10, 13, 26, 48, 49, 51, 53, 66, 67, 118,
　　132, 133, 135, 138
　　タチカルシュナイ遺跡 M–Ⅰ地点
　　52, 57, 59
　　タチカルシュナイ第Ⅱ遺跡　　55,
　　102, 118, 133
　　タチカルシュナイ第Ⅴ遺跡　　13, 51,
　　59, 100, 108, 118, 121, 135, 136, 140,
　　142, 197, 198, 202, 206, 207, 286,
　　303
立川遺跡　　13, 59
樽口遺跡　　24, 26, 34, 87, 99, 147, 163,
　　167, 169, 171, 174, 179–82, 245,
　　248, 265, 271, 279, 289, 290, 292,
　　296, 299, 300, 304

月岡遺跡　　276
手代木田向西遺跡　　273, 274
峠下遺跡　　100, 133, 135, 136, 138,
　　306
豊田遺跡　　8, 10

　　　　　　な　　行

中里遺跡　　133
中ッ原第 1 遺跡　　34
中ッ原第 5 遺跡　　33, 193, 196, 275,
　　277, 278
仲町遺跡　　250, 274
日進遺跡篠原地点　　133
日東遺跡　　133
根ノ上遺跡　　8

　　　　　　は　　行

八ヶ入遺跡　　275–78, 288
早坂平遺跡　　276, 287, 288
早月上野遺跡　　193, 196
日向洞窟遺跡　　240, 242
ピリカ遺跡　　286
幌加沢遺跡遠間地点　　118, 133

　　　　　　ま　　行

真野遺跡　　35, 275–78
松岡山遺跡　　240
丸子山遺跡　　131, 133, 285
丸山遺跡　　275–77, 306
瑞穂遺跡　　133
耳取Ⅰ遺跡　　272, 273
宮ノ前遺跡　　93, 161, 163, 174, 177,
　　181, 246, 251, 279, 289, 290, 297–99
宮山坂 F 遺跡　　276
名生館官衙遺跡　　276
向遠軽遺跡　　51
向野池遺跡　　193, 196, 250
狸崎 B 遺跡　　276
元町 2 遺跡　　91, 100, 118, 131, 133,

135, 136, 138-40, 142, 158, 169, 286

や・わ 行

薬菜山 No.34 遺跡　　4, 5, 26, 27, 82,
　　84, 91, 92, 147, 148, 157, 159-161,
　　163, 171, 174, 177, 181, 221, 222,
　　242, 279, 289, 290, 294, 298, 299,
　　303, 306
谷地前 C 遺跡　　16

矢出川遺跡　　8, 10, 273-75
山屋遺跡　　17
ユクエピラチャシ跡　　132, 133, 138,
　　311
湯の花遺跡　　26, 35, 91, 147, 158, 160,
　　161, 163, 169, 240, 242, 246, 255,
　　257, 268-70, 304
米ヶ森遺跡　　16

鷲羽山遺跡　　8

Paleolithic Humans Across the Strait

Change in Lithic Technology and Consumption of Lithic Raw Material
of Microblade Industry in Northeastern Japan

By
AOKI Yosuke

Niigata University Humanities Research Series 20

CHISENSHOKAN, Tokyo
2025

青木　要祐（あおき・ようすけ）

1992 年福島県生まれ，埼玉県出身。2021 年，東北大学大学院文学研究科歴史科学専攻博士後期 3 年の課程を単位取得退学，2022 年修了。博士（文学）。日本学術振興会特別研究員，新潟大学人文社会科学系助教などを経て，現在は新潟大学人文学部学術研究員。日本旧石器学会 2021 年度若手奨励賞，日本文化財科学会 2023 年度奨励賞など受賞。

〔主要業績〕　青木要祐ほか「本州における白滝型細石刃石器群の石材獲得・消費戦略」『旧石器研究』第 19 号（日本旧石器学会，2023 年）。青木要祐・佐々木繁喜「山形県湯の花遺跡出土黒曜石製石器の原産地分析とその含意」『文化財科学』第 86 号（日本文化財科学会，2023 年）。青木要祐・鹿又喜隆編『越中山遺跡の研究―2023 年度発掘調査報告書―』（越中山遺跡調査団，2024 年）ほか。

〈新潟大学人文学部研究叢書 20〉

〔海峡を越えた旧石器人類〕　　　　　　　ISBN978-4-86285-432-2

2025 年 3 月 25 日　第 1 刷印刷
2025 年 3 月 31 日　第 1 刷発行

著　者　青　木　要　祐
発行者　小　山　光　夫
印刷者　藤　原　愛　子

発行所　〒 113-0033 東京都文京区本郷 1-13-2　　株式会社 知泉書館
　　　　電話 03（3814）6161 振替 00120-6-117170
　　　　http://www.chisen.co.jp

Printed in Japan　　　　　　　　　　　印刷・製本／藤原印刷

新潟大学人文学部研究叢書の
刊行にあたって

　社会が高度化し，複雑化すればするほど，明快な語り口で未来社会を描く智が求められます。しかしその明快さは，地道な，地をはうような研究の蓄積によってしか生まれないでしょう。であれば，わたしたちは，これまで培った知の体系を総結集して，持続可能な社会を模索する協同の船を運航する努力を着実に続けるしかありません。

　わたしたち新潟大学人文学部の教員は，これまで様々な研究に取り組む中で，今日の時代が求めている役割を果たすべく努力してきました。このたび刊行にこぎつけた「人文学部研究叢書」シリーズも，このような課題に応えるための一環として位置づけられています。人文学部が蓄積してきた多彩で豊かな研究の実績をふまえつつ，研究の成果を読者に提供することを目ざしています。

　人文学部は，人文科学の伝統を継承しながら，21世紀の地球社会をリードしうる先端的研究までを視野におさめた幅広い充実した教育研究を行ってきました。哲学・史学・文学を柱とした人文科学の分野を基盤としながら，文献研究をはじめ実験やフィールドワーク，コンピュータ科学やサブカルチャーの分析を含む新しい研究方法を積極的に取り入れた教育研究拠点としての活動を続けています。

　人文学部では，2004年4月に国立大学法人新潟大学となると同時に，四つの基軸となる研究分野を立ち上げました。人間行動研究，環日本海地域研究，テキスト論研究，比較メディア研究です。その具体的な研究成果は，学部の紀要である『人文科学研究』をはじめ各種の報告書や学術雑誌等に公表されつつあります。また活動概要は，人文学部のWebページ等に随時紹介しております。

　このような日常的研究活動のなかで得られた豊かな果実は，大学内はもとより，社会や，さらには世界で共有されることが望ましいでしょう。この叢書が，そのようなものとして広く受け入れられることを心から願っています。

　2006年3月

新潟大学人文学部長

芳 井 研 一

〈 新潟大学人文学部研究叢書 〉

宮﨑裕助	**判断と崇高** カント美学のポリティクス	A5/328p/5500 円
城戸 淳	**理性の深淵** カント超越論的弁証論の研究	A5/356p/6000 円
阿部ふく子	**思弁の律動** 〈新たな啓蒙〉としてのヘーゲル思弁哲学	A5/250p/4200 円
吉田治代	**ブロッホと「多元的宇宙」** グローバル化と戦争の世紀へのヴィジョン	A5/308p/5400 円
福島 治	**自己概念のゆらぎ** 対人関係におけるその分化と変動	菊/218p/4000 円
本田仁視	**視覚世界はなぜ安定して見えるのか** 眼球運動と神経信号をめぐる研究	A5/168p/4000 円
原田健一	**戦時・占領期における映像の生成と反復** メディアの生み出す社会的記憶	A5/370p/5500 円
鈴木孝庸	**平曲と平家物語**	A5/292p/5500 円
高木 裕編	**〈声〉とテクストの射程**	A5/378p/6800 円
馬場英子	**語りによる越後小国の昔ばなし**	四六/490p/4500 円
三浦 淳	**若きマン兄弟の確執**	A5/344p/5800 円
大石 強	**英語の語彙システムと統語現象**	菊/194p/4200 円
阿部昭典	**縄文の儀器と世界観** 社会変動期における精神文化の様相	菊/272p/5000 円
堀 健彦	**古代中世における領域編成と空間的思考** 歴史地理学にみる日本	A5/308p/5600 円
關尾史郎編	**環東アジア地域の歴史と「情報」**	菊/316p/6500 円
芳井研一	**近代日本の地域と自治** 新潟県下の動向を中心に	A5/264p/4800 円
芳井研一編	**南満州鉄道沿線の社会変容**	菊/288p/5200 円
山内民博	**戸籍からみた朝鮮の周縁** 17–19 世紀の社会変動と僧・白丁	菊/280p/4500 円
伊藤嘉高	**移動する地域社会学** 差異・共生・アクターネットワーク理論	菊/328p/4000 円
青木要祐	**海峡を越えた旧石器人類** 東北日本における細石刃石器群の技術と石材の変化	菊/400p/7500 円

(既刊 20 点，以下続刊)